黄榦思想研究

A Study of Huang Gan's Thought

邓庆平 著

中国社会科学出版社

图书在版编目(CIP)数据

黄榦思想研究 / 邓庆平著. -- 北京：中国社会科学出版社，2025.3. -- ISBN 978-7-5227-4242-7

Ⅰ. B244.99

中国国家版本馆 CIP 数据核字第 20249YC029 号

出 版 人	赵剑英
责任编辑	郝玉明
责任校对	谢　静
责任印制	李寡寡
出　　版	中国社会科学出版社
社　　址	北京鼓楼西大街甲 158 号
邮　　编	100720
网　　址	http://www.csspw.cn
发 行 部	010-84083685
门 市 部	010-84029450
经　　销	新华书店及其他书店
印　　刷	北京君升印刷有限公司
装　　订	廊坊市广阳区广增装订厂
版　　次	2025 年 3 月第 1 版
印　　次	2025 年 3 月第 1 次印刷
开　　本	710×1000　1/16
印　　张	28.75
字　　数	517 千字
定　　价	159.00 元

凡购买中国社会科学出版社图书，如有质量问题请与本社营销中心联系调换
电话：010-84083683
版权所有　侵权必究

国家社科基金后期资助项目
出版说明

后期资助项目是国家社科基金设立的一类重要项目，旨在鼓励广大社科研究者潜心治学，支持基础研究多出优秀成果。它是经过严格评审，从接近完成的科研成果中遴选立项的。为扩大后期资助项目的影响，更好地推动学术发展，促进成果转化，全国哲学社会科学工作办公室按照"统一设计、统一标识、统一版式、形成系列"的总体要求，组织出版国家社科基金后期资助项目成果。

全国哲学社会科学工作办公室

序

向世陵

朱子学是南宋以后中国古代社会最重要的学术思想体系,并在相当长时期作为国家的意识形态,对中国人的思想和整个社会生活产生了十分深远的影响。这一影响之得来,不只是朱熹自身极高的学术成就,也包括他的学生和后学的努力。这些努力,既包括完成朱熹的未竟事业,修补其体系中不足和缺失的部分,也包括对朱熹思想的传播弘扬。而且,更重要的是,随着朱熹思想的传播推广,朱子门人和后学发挥了自己的所长,在不同广度和深度上完善和推进了朱子的学术,使朱子学这一凝聚了师生共同心血的学术成果,始终能走在时代的前列,既是为培育人的健全人格和提升精神境界,也是为整个社会文明和制度建设提供必需的思想资源。

黄宗羲当年在评价明代前期学术时,曾有"此亦一述朱,彼亦一述朱"[1]之经典论说,但其含义,流行的看法就是其字面意义,即后人都只是传承朱熹旧说而缺乏创新。的确,在全祖望"至广大,尽精微,综罗百代"[2]的对朱熹学术贡献的概括获得历史认可的背景下,后来研习朱子学的学者要想在学问和理论上完全实现超越,事实上是很困难的。不过,若是只着眼于朱熹个人,说"此"与"彼"均在"述朱",尚不具有充足的理由,因为到黄宗羲的时候,这个"朱"实际已意味着整个的朱子学,而不仅仅是朱熹个人的学术成就了。这就有必要将眼光从朱熹个人扩展到朱子学的群体,扩展到朱熹的近五百位门人,从而使"述朱"问题获得更为妥当的解答。这即是庆平对此问题的思考。可以说,从他先前出版的《朱子门人与朱子学》到目前的新作《黄榦思想研究》,都是在为更为合理地

---

[1] (清)黄宗羲著,沈芝盈点校:《姚江学案》,《明儒学案》卷十,中华书局2008年版,第178页。
[2] (清)黄宗羲原著,(清)全祖望补修,陈金生、梁运华点校:《晦翁学案·序录》,《宋元学案》卷四十八,中华书局2009年版,第1495页。

解答这一问题做出的努力。

在撰著中，庆平详细考察了朱子门人如何具体参与朱熹的注经事业和理论创建。他提出，在《朱子语类》朱熹师徒的对话中可以清楚看到，正是数百位朱子门人的不同提问促使朱熹深入地思考，终成就了朱熹理论体系的极大拓展，从而实现了朱子学整体水平的提升。那么，对此进行研究并归纳总结朱子门人的学术贡献，就是十分值得去做的工作。

但是，朱子学的整体与朱熹个人的学术不只是有共性，也具有个性，在朱熹自身的学术与门人的学习思考之间，从源到流、从主流到支脉，必然会产生差异，这些差异，一方面是在朱熹学术的理解、解释和传播当中无意识或被动地产生的，但在思想内容上已经具有新意；另一方面则是在对朱熹思想进行深入思考之中，为完善朱子的思想，自觉或主动地进行修补、充实和扩展，从而使朱子学在不断地自我审视中能够始终走在时代的前列。

鉴于这一事实，庆平提出了一个重要的看问题的视角，那就是他坚持从门人自身特定的问题意识和时代任务出发，避免以学派宗师的问题意识代替门人的问题意识。在他看来，如果只是以学派宗师的问题意识为中心，那么门人的特定贡献必然会被遮蔽。例如对朱子门人的研究，如果将重心就放在理论的创新程度上，多半会得出门人并没有根本性突破的结论，从而难以揭示门人自身的学术贡献。因此，他的研究有意识地将朱子门人与朱熹本人适当拉开距离，根据朱子门人的不同实际情况，力求发现朱子门人自身的问题意识和不同环节中门人的学术进展，阐明在后朱熹时代，精致化和规范化的义理诠释是朱子学义理的重要存在形态，而问题意识的拓展和经学哲学体系的丰富则是朱熹学向朱子学的转化的标志。至于朱熹历史形象的重建、朱子门人群体的凝聚、朱子学道统论的确立，以及朱子学的社会推广和制度化，无疑都发生于后朱熹时代，它们都离不开朱子门人群体的努力。

由此引申出一个问题，就是理论创新与实践体道的关系。儒学是实践的学问，儒学之称为"学"，固然是一种知识性的理论体系，但它同时也是一种个体安身立命的生活方式。我们看待儒学、这里是理学的发展，就不能只关注那些做出重要理论贡献的一流思想家，也应注意到那些学习朱学并坚持以身体道的普通朱子门人。庆平以为，他们对于理学理论虽未必有多大创新，但是他们自觉地学习并亲身实践，最终形成为以身体道的社会阶层。而这一阶层的形成，是理学从私人学问转变为社会思潮和官学的关键，也体现了理学真实的生命力所在。因此，如果从门人的角度来看待理学的发展，可以看到信奉和实践理学的一般门人后学在理学发展史上所扮演的角色，也更容易把握理学从理论创造转向实践形态并最终进入民族生命与文化传统的真正奥秘所在。这样的观点，与我们通常从理论发展的角度看待理学史无疑存在着差异，他提醒我们，理学除了"学"的史外，还有践行此学的"人"的史，后者实际构成了理学发展的社会基础。门人在以身体道实现其精神寄托的同时，也在实践中为理学理论的完善提供了必要的补充。

当然，《黄榦思想研究》不是研究朱子门人的群体，而是对朱子学派核心人物黄榦的个案研究。的确，相对于其他朱子门人如蔡元定、蔡沉、陈淳等人，学界对黄榦的研究并不显得深入，还有大量的推进空间。所以，有必要在整体考察朱子门人群体的学术贡献之后，进入到对黄榦等门人的个体思想研究。

在这里，如同当年孔子死后儒分为八，朱熹死后，朱子学也分化为不同朱子门人创立的学派，其中，黄榦创立的勉斋学派，可谓后朱熹时代朱子学最重要的学派，它与黄榦本人成为朱熹之后最主要的朱子学者是互相发明的。庆平为此进行了论证并提供了相应的理由，认为黄榦在多个方面丰富和发展了朱熹的学术与思想。

这一论断，可以南宋末理学史家黄震对黄榦学术的总结为例加以说明。在黄震这里，黄榦对朱子不是亦步亦趋，而是有他自己的学术意识和思想创发。按他所举例：朱熹以为《春秋》不过就是直载当时之事，并没有所谓一字褒贬之说，黄榦却认为史事之中也存有微言大义；朱熹编《近思录》以太极开篇，黄榦以为开卷就讲道体、太极，不是"近思"而是"远思"；朱熹解《论语》"人不知而不愠"承接程子，以为"成德者"不愠而乐正是谓君子，黄榦却认为首先是君子，然后才能够"不愠"；朱熹又解"敏于事而慎于言"为因谨慎而不敢尽道出心中所想，黄榦却言"慎"并没有这样的意思，孔子只是表明说话易放肆而需谨慎。从而，黄震评论说："凡其于晦庵殁后，讲学精审不苟如此，岂惟确守其师之说而已哉？"[①]

就此来看，黄榦的经学哲学尤其是《论语》学研究，的确不是仅守其师说，而是也有他自己的思想，这既包括与朱熹有别的学术观点，也体现了黄榦治经讲学力求"精审"的原则和"不苟"的学风，可以说是推进了朱熹的学术。庆平为此给予了黄榦较高的评价。然而，黄榦的"精审"

[①] （宋）黄震：《读本朝诸儒理学书·八》，《黄氏日抄》卷四十，郑州：大象出版社2019年版，第66页。

和"不苟"终究是与他的学识和眼界相关联的，所以他对朱熹注疏的补正又不一定恰当。

例如：《论语·雍也》之"君子博学于文，约之以礼，亦可以弗畔矣夫"条，朱熹以"要"释"约"而要求守礼不畔，黄榦引入《子罕》篇颜渊言夫子"博我以文，约我以礼"，认为以"约之谓为要之，已觉不顺。若谓约我为要我，则尤非文理"，而当以"约"为"束"解，"谓反而束之以极其要，则于文义庶皆得之"①。一方面，黄榦将此两处博文约礼合一而以后者解前者，有他的合理之处，但也存在一定的问题，即这两处孔子言说的语境并不相同：前者的重点是君子的不畔，所以朱熹承程子，都是以守礼为解，而守礼必"欲其要"，故以"要"释"约"②；而后者是颜渊称孔子以博文约礼次序引进自己的修身，所以朱熹此处便是引侯氏说，以"克己复礼"释"约我以礼"③。事实上，"克己"的约束义本来也是朱熹主张的。两处博文约礼之间，一是一般性行为的守要循礼，一是个体特定的修身工夫和德性进阶，双方虽形似而实有别。另一方面，即便按黄榦所解，"要"其实也不与"束"冲突，因为它本来就有约束义，《左传·隐公三年》："君子曰：'信不由中，质无益也。明恕而行，要之以礼。'"或许有可能，朱子以"要"释"约"就是从《左传》来的。"要之以礼"就是"约之以礼"，要以礼约束国家的行为。所以黄榦的修补尚不具备充足的理由。

又如：《论语·子罕》之"子在川上，曰：逝者如斯夫！不舍昼夜"条。朱熹承程子，注疏突出"道体"，称"天地之化，往者过，来者续，无一息之停，乃道体之本然也。然其可指而易见者，莫如川流。故于此发以示人，欲学者时时省察，而无毫发之间断也。"④。黄榦则一言以概之曰："夫子所云，盖合道器、兼体用而言。"⑤ 似乎程朱只言道体而忽略了器用。其实并不如此。因为程朱之意其实很清楚，就是天地变化不息不止，道体之本然正是表现于其中。所以，学者需从"指而易见"的川流不息的江水（器用）中时时省察潜藏于其中的道体，而并没有割裂道器体用

---

① 见（明）胡广、杨荣、金幼孜等纂修，周群、王玉琴校注《四书大全校注》，武汉大学出版社2009年版，第465页。
② （宋）朱熹：《论语集注·雍也》，《四书章句集注》，中华书局1983年版，第91页。
③ （宋）朱熹：《论语集注·子罕》，《四书章句集注》，中华书局1983年版，第111页。
④ （宋）朱熹：《论语集注·子罕》，《四书章句集注》，中华书局1983年版，第113页。
⑤ （明）胡广、杨荣、金幼孜等纂修；周群、王玉琴校注，《四书大全校注》，武汉大学出版社2009年版，第536页。

之意。那么，黄榦强调合道器、兼体用，可以说是对朱子思想的简要概括，上升不到庆平所说纠朱子之偏的高度；而且，概括如此简略，反倒不容易理解程朱想要借此表达道体流行而学者应当时时省察体贴之意。在这里，不论是"不舍昼夜"还是"无一息之停"，都在强调"无毫发之间断"，这也是黄榦的简要概括未能涵盖的。

当然，黄榦对朱子注解，也有不少的确起到了补充完善的作用。譬如《颜渊》篇："子曰：君子成人之美，不成人之恶。小人反是。"朱熹疏解成人之美是"成者，诱掖奖劝以成其事也"，并指出君子小人有厚薄之殊和善恶之异，所以用心不同①。但对于小人如何"反是"则阙如，黄榦则补充说："小人成人之恶，谓迎合容养，以成其为恶之事也；不成人之美，忌克诋毁，使不得成其善也。"② 即"反是"具体表现为助成为恶之事和阻止成善之举。

黄榦的《论语》诠释及他的《论语通释》著作，是在朱熹《论语集注》及《或问》的基础上生成的，庆平归纳它的特点有四：一是围绕阅读朱子注解过程中通常会引发的问题作解；二是重视辨析文本的基本概念，其精细程度有超过朱子注解之处；三是不局限于某一经文的字面意思，强调基于整体义理的综合理解；四是多在朱子注解基础上再加推广，引申发挥的内容较多。这四点大致还是准确的，它在说明朱熹留下的经学遗产对黄榦有巨大影响的同时，也表明了黄榦的经典诠释对朱子学派《论语》学的丰富与发展。

在经学哲学的层面，庆平指出，黄榦对作为朱子学核心的理气论关注有限，而更倾心于讨论太极阴阳五行及其动静的关系。一般来说，由于太极即理而阴阳五行是气，故太极与阴阳五行的关系也是理气关系，所以人们通常并不把二者分离。但他以为，讨论太极阴阳五行主要是宇宙论的问题，而研究理气关系包含动静先后等更多是本体论的问题。黄榦不是不注意本体论问题，而是将理气论问题融入到太极阴阳五行的宇宙论问题中去讨论的。对此，可以从黄榦解《太极图说》得到大体的印证。

如此的理论简别，注意到宇宙论与本体论问题的分野，在哲学史无疑是具有意义的。但这其实主要是西方哲学而非中国哲学的问题。在西方哲学中，本体论与宇宙论（生成论）可以明显区分，并且，西方哲学从巴门

---

① 见（宋）朱熹《论语集注·颜渊》，《四书章句集注》，中华书局1983年版，第137页。
② （明）胡广、杨荣、金幼孜等纂修；周群、王玉琴校注，《四书大全校注》，武汉大学出版社2009年版，第606页。

尼德之后转向关注存在问题，本体论哲学思辨由此起源并成为主流。但在中国哲学，二者始终是联系在一起的，最明显的就是朱熹自己的话："理未尝离乎气。然理形而上者，气形而下者。自形而上下言，岂无先后？""有理，便有气流行，发育万物。"① 尽管讨论形而上下问题，但以理为本的宇宙观，是一定要强调理的先在性的，"上下"与"先后"问题同在共生。不然，便难以揭示气化世界的生育流行。

在这里，黄榦与朱熹的确有不同。比方"一阴一阳之谓道"的经典，朱熹利用它来推导理生气，如称"有是理后生是气，自'一阴一阳之谓道'推来"②。意味"道"虽然通过阴阳的对立变化展现自己的存在，但正是因为预设了道作为原因根据，才有表现道的存在的阴阳气化。所以，天地万物所以能够生生不息，毁灭又再生，就是因为有作为生成原因的理常在。而在黄榦："天道是理，阴阳五行是气，合而言之，气即是理，一阴一阳之谓道也。分而言之，理自为理，气自为气，形而上下是也。"③ 理气分形而上下是朱熹本有的思想，但黄榦的重心，明显已转移到理气的和合不离上，并且明确提出了"气即是理"的命题。尽管他一般仍信守朱熹理先气后的原则，但在具体讨论中，实际上已转到理气合一的气学立场上，阴阳即是道，形而上下并无先后。

庆平将朱熹学说的内容划分为理学、道学、仁学诸个方面，但此"理学"与"道学"不是通常学派意义的，而是特指重"理"之学与重"道"之学。在此意义上，他认为黄榦对朱熹"理"学部分的继承很少，而重在以"道"为核心概念的道学部分。后者包括对"道"本身的哲学阐释与对道统论的丰富发展，凸显了"道"作为本体的维度，具有明显的一元论特征。所以如此说，是因为他认为"理"在朱子学当中具有实体化的特征，理气问题作为朱子学的基本问题，在本体论上导致了二元论的倾向，而后世朱子学由于对理的活动性和气一元论的强调，朱子学之"理"呈现一种去实体化的趋势。而黄榦对"道"的重视与阐发，则展示了另一条消解理的实体意义、从二元论回归一元论并强化"道体"流行的路径。此路径一方面回避了朱子学中存在理学与仁学两个体系的内在不一致导致的理气二元与仁本一元的内在冲突，在"道""道学""道统"的意义上保证

---

① （宋）黎靖德编，王星贤点校：《朱子语类》卷一，中华书局1986年版，第3、1页。
② （宋）黎靖德编，王星贤点校：《朱子语类》卷一，中华书局1986年版，第2页。
③ （明）胡广等撰，程林、彭荣校点，北京大学《儒藏》编纂与研究中心编：《性理大全》卷二十六《理气一·总论》，北京大学出版社2024年版，第993页。

了理论体系的内在融贯性，另一方面也因理学思维的去实体化后果而对朱子理学体系构成一定的消解。同时，朱子的仁学体系也是以道论为基础的，仁是一体生生，故不再强调理气的二分。

庆平的这些观点，应该说是有新意的，他看到了朱熹讲理、言道、谈仁虽相互发明却又有差别，如以理为本、道体流行、仁者生生等便各有其理论目的，它们之间一定程度的不协调性，正是黄榦学术的用功之处。黄榦对朱子学发展中的出现的问题进行了有创发的修补和完善，实际推动了朱子学的发展。

但是，就朱熹自身的学术而言，我们看到"理"学、"道"学和仁学的差别无疑是必要的，也是有意义的，可是不能忽视这不同"学"之间的内在联系和总体的统一。在朱熹，道体流行同时就是理本体的展开，太极生阴阳也就是理生气，朱熹基于天地生物之心说仁，离不开理气论的根基。即作为"仁之意思"的浑然温和之气，是"无迹"之理的寓托处，双方仍是理气合一的产物，观气识仁不能离开理说话。"其气则天地阳春之气，其理则天地生物之心"①。天地生物之心是理，它通过所依存的天地阳春之气而显现出生生之用。朱熹并非是二元论者，理本论是一元论，不论在理气论还是仁学都是如此。

总体上，黄榦的学术贡献，庆平总结了六条。一是黄榦续修《仪礼经传通解》，细致深入地疏解朱子四书学的诠释；二是黄榦在理论上有极高的造诣，成为朱子学义理阐释的重要代表；三是黄榦在全面总结与推尊朱子的基础上撰成《朱子行状》，成为官方认定朱子道统地位的基础；四是黄榦讲学授徒，创立勉斋学派，成为凝聚朱子学者的中心；五是宋元时期主要的朱子学者和学派，均出自于黄榦门下；六是黄榦的著作与思想传播到海外，构成为韩国性理学发展的重要思想资源。庆平为这六条提供了他的论据。同时，《黄榦思想研究》还将《朱子语类》中涉及黄榦的语录归纳为两类：一是黄榦向朱子问学和讨论的部分，其中，明确记录有黄榦的理解得到朱子的肯定；另一类是其他朱子门人向朱子问学时，朱子的回答与黄榦的回答与被同等重视，甚至还有其他同门直接问学黄榦的情形。

那么，前述六条加此二类，可以表明黄榦十分重要的学术地位，以致后人有黄榦是"朱熹最重要的门人"和"朱熹之后最主要的朱子学者"的定位。当然，这里又涉及到判定的标准和为此提供的论据的充实性。

联系学术著作来看，朱子学的学术地位自南宋以后显著提升，尤其是

---

① （宋）黎靖德编，王星贤点校：《朱子语类》卷六，中华书局1986年版，第111页。

元明清时期成为了官方学说和统治思想，对整个社会发生了深刻的影响。而这个影响中最重要的，就是以四书五经的经典注疏为代表的国家教科书体系。其中，著作者非朱子而又为朱子门人的唯有蔡沈。蔡沈的学术地位与《书集传》密切关联，蔡沈《传》实际具有朱子《传》的地位是经学史的事实。庆平曾引李退溪高弟李德弘提及的一则史实：

> 先生讲《书传》，每诵蔡《注》，叹味不已曰，朱门传道之人，虽称勉斋为第一，以《注》观之，九峰当为第一也。勉斋著述未得多见，不知所言所见能有过于此乎。①

就此而言，蔡沈《传》水平很高以致退溪"叹味不已"，而推为朱门第一。不过，从退溪所言"朱门传道之人，虽称勉斋为第一"来看，以黄榦为朱门第一似乎已在学界流行，只是退溪未能见到黄榦的更多著作，仅据《性理大全》所引材料而无法做出这样的判断。当然，对退溪此说，还可以有另一种解读，即将"传道"限定性地理解为传播推广，那的确应当是黄榦第一。

在四书五经的体系之外，在经学史或经学哲学史上也有重要意义的朱学著作，还有二书也是门人参与完成，这就是《易学启蒙》和《仪礼经传通解》。蔡元定协助朱熹完成的《易学启蒙》实际奠定了宋以后易学象数学尤其是图书学的经典基础；而黄榦、杨复续朱熹修成的《仪礼经传通解》，则是汇集古代礼制记载之大成，是了解古代礼制和朱子礼学思想的主要代表作。由于杨复既是朱子弟子后又从学于黄榦，所以《仪礼经传通解》的最后完成可以归结到以黄榦为代表的勉斋学派的共同努力。由此也体现了黄榦在朱子门人中的突出地位。朱熹在去世前一日致黄榦的信中，嘱托"凡百更宜加勉力，吾道之托在此者，吾无憾矣"②。"吾道"既泛指朱学的道统，又特谓礼书的修订编纂事业，而这都寄托在黄榦为首的朱门学人身上。也正因为如此，传承朱子之道与续修《仪礼经传通解》成为黄榦余生念念不忘的学术使命。这也从旁说明，黄榦最主要的贡献，就是对朱子学的传播推广，这尤其表现在他对道统论的完善和讲学授徒的业绩上。

---

① [朝鲜] 李德弘：《溪山记善录下》，《艮斋先生文集》卷六（韩国文集丛刊51），韩国古典翻译院1990年版，第96页。
② （宋）朱熹：《与黄直卿书》，见朱杰人等主编：《朱子全书》（修订本）第21册，上海古籍出版社、安徽教育出版社2010年版，第1286页。

首先，在道统论上，黄榦最重要的贡献，是撰著了后来作为《宋史·朱熹传》模板的《朱子行状》，这是理学史上第一次对朱熹生平学术进行的全面总结，论定了朱熹作为道统继承人的正统地位："由孔子而后，曾子、子思继其微，至孟子而始著。由孟子而后，周、程、张子继其绝，至先生而始著。"从而，"继往圣将微之绪，启前贤未发之机，辨诸儒之得失，辟异端之讹谬，明天理、正人心，事业之大，又孰有加于此者"[1]? 高度肯定和论证了朱熹承接自孔孟至周敦颐、二程、张载学术又发扬光大的圣贤事业，并树立起"绍道统，立人极，为万世宗师"[2]的理学宗师形象。在此之后，经过作为国家意志的《宋史·道学传》的强力推崇，朱熹在整个古代社会后期的地位无人可以撼动。而《宋史·道学传》既采纳了黄榦的《朱子行状》，实际也认可了黄榦的思想，故其对朱子道统传承的看法，自然也受黄榦影响，在其所列仅有的六位"朱氏门人"中，黄榦排列第一。其余像蔡元定、蔡沈父子等人，则与吕祖谦、陆九渊弟兄等一道被归入到《儒学传》中。

其次，朱子学的传播推广无疑是朱子诸多门人共同努力的结果，但黄榦由于其杰出的教学授徒活动，在其中做出了非常重要的、无可替代的贡献。庆平考察得出结论，在朱子门人当中，黄榦的弟子人数应该是最多的，其考得现存留有姓名的门人就有70位。就地域来看，福建、江西、浙江等地的朱子学的发展直接受惠于黄榦的学术传播和影响，而作为黄榦门人的何基开创北山学派，饶鲁开创双峰学派，董梦程开创介轩学派，更是将后朱熹时代的朱子学推向了一个高潮。由此，黄榦及其勉斋学派可以称作为朱熹去世之后最重要的朱子学人和朱子学派。再加上黄榦作为与其他同门广泛联系交往的中心人物，其被视为朱熹之后最主要的朱子学者也就可以成立。

在这里，一个重要的方面是朱子学的海外传播。这不仅涉及朱熹本人的学术，也关联到朱子门人的学术影响。例如朝鲜半岛学者最初便从《性理大全》中获知了黄榦的思想，后来《仪礼经传通解》和《勉斋集》相继传入朝鲜，其中黄榦的思想引起了朝鲜学界的普遍关注。就主要的两方面即太极与阴阳五行说和四端七情之辨而言，太极与阴阳五行化生本身是中国学者讨论的一大主题，道学、性学、心学和气学各家都参与了进来；

---

[1] 见（宋）黄榦《朱先生行状》，见朱杰人等主编：《朱子全书》（修订本）第27册，上海古籍出版社、安徽教育出版社2010年版，第566、564页。

[2] 见（宋）黄榦《朱先生行状》，见朱杰人等主编：《朱子全书》（修订本）第27册，上海古籍出版社、安徽教育出版社2010年版，第559页。

而四端七情之辩则主要是朝鲜学者自己"发现"并热衷的问题，因为在中国学者的视域中，它似乎本不应该成为问题。然而，正是这两方面，构成为朝鲜性理学讨论的重要课题，黄榦本人的学术及经他传播推广的朱子学在其中发挥了极为重要的作用，由此也体现出黄榦思想的独特价值。从理学史发展的全局来看，朝鲜性理学家对包括朱子门人在内的朱子学的广泛研读与批判性理解，事实上超过了同一时期中国学者的朱子学理论水平，它不但构成了15、16世纪乃至之后较长一段时间内朝鲜性理学发展的重要组成部分，也成为明中期后朱子学发展中心由中国转到朝鲜半岛的一个证明。

那么，从道统论的再造和朱子学传播推广的层面看，以黄榦为朱熹最重要的门人是可以成立的。黄震总结说："勉斋之生，虽在诸儒后，故以居乾淳三先生之次，明晦庵之传在焉。"① 这一观点，后来在全祖望予以继承。他在《勉斋学案·序录》中评价说："嘉定而后，足以光师传，为有体有用之儒者，勉斋黄文肃公其人与？玉峰、东发论道统，三先生之后，勉斋一人而已。"② 即将黄榦直接置于了南宋领一时风骚的"东南三贤"——朱熹、张栻、吕祖谦"之次"而"一人"的极高的地位。它或许意味着，在南宋后期，学者对于黄榦作为朱子学代表的学术地位已具有普遍性的认可，并明确视他为朱学道统的继承人，"盖论学统，以勉斋为第一"③ 也。由此，也容易理解后世不少收录朱子门人名录的著作，都是从黄榦开始。

庆平有志于研究朱子门人，《黄榦思想研究》是《朱子门人与朱子学》之后研究朱子学的又一部力作，虽可喜可贺，但不能止步于此。譬如黄榦门人饶鲁就颇有学术创新精神，其在心性论和仁学上有不少见解后来得到王夫之的称赞，说明朱子学或朱子后学的研究，在思想的深度和广度上，都还留有大量的问题需要去探讨。

读庆平新作有感，书以为序。

2024年10月31日于北京昌平寓所

---

① （宋）黄震：《读本朝诸儒理学书·八》，《黄氏日抄》卷四十，郑州：大象出版社2019年版，第67页。
② （清）黄宗羲原著，（清）全祖望补修，陈金生、梁运华点校：《勉斋学案·序录》，《宋元学案》卷六十三，中华书局1986年版，第2020页。
③ （清）黄宗羲原著，（清）全祖望补修，陈金生、梁运华点校：《沧州诸儒学案·曹彦约传》，《宋元学案》卷六十九，中华书局2009年版，第2273页。

目　录

绪论：儒学门人研究模式 …………………………………… （1）

第一章　研究概述 ………………………………………… （10）
　　第一节　研究现状 …………………………………… （10）
　　第二节　研究价值 …………………………………… （15）
　　第三节　章节说明 …………………………………… （16）

第二章　从学与交游 ……………………………………… （20）
　　第一节　从学过程 …………………………………… （20）
　　第二节　同门交往 …………………………………… （41）

第三章　事功与理念 ……………………………………… （51）
　　第一节　为政经历 …………………………………… （51）
　　第二节　为政理念 …………………………………… （57）

第四章　著述考论 ………………………………………… （68）
　　第一节　元刻本与四库本《勉斋文集》比较 ……… （71）
　　第二节　勉斋文献辑佚 ……………………………… （74）

第五章　四书诠释 ………………………………………… （75）
　　第一节　《大学》疏解 ……………………………… （76）
　　第二节　《中庸》论说 ……………………………… （89）
　　第三节　《孟子》讲义 ……………………………… （96）
　　第四节　《论语》通释 ……………………………… （109）

第六章　哲学思想 ………………………………………… （125）
　　第一节　宇宙论 ……………………………………… （126）
　　第二节　本体论 ……………………………………… （155）

第三节　心性论……………………………………………（170）
　　第四节　工夫论……………………………………………（202）

第七章　道学史论………………………………………………（224）
　　第一节　推崇濂溪…………………………………………（224）
　　第二节　问读二程…………………………………………（231）
　　第三节　说解《西铭》……………………………………（236）
　　第四节　数论文公…………………………………………（238）

第八章　朱学传承………………………………………………（246）
　　第一节　授徒讲学…………………………………………（246）
　　第二节　门人全貌…………………………………………（262）
　　第三节　个案解读
　　　　　　——蔡念成……………………………………（269）

第九章　韩国传播………………………………………………（277）
　　第一节　《勉斋集》流传朝鲜经过考……………………（277）
　　第二节　退溪对黄榦思想的理解与接受…………………（285）

结　语……………………………………………………………（296）

附录一：黄榦年谱………………………………………………（303）

附录二：《勉斋集》信文写作时间考…………………………（315）

附录三：《性理大全》中的黄榦资料…………………………（385）

附录四：《四书大全》中的黄榦资料…………………………（408）

参考文献…………………………………………………………（434）

后　记……………………………………………………………（440）

绪论：儒学门人研究模式

儒学发展史上出现过若干流派，每一流派由宗师和门人构成。儒学发展的具体承担者可以分为儒学宗师和以门人为代表一般儒家学者。儒学宗师的理论贡献是显著的，因此也就成为儒学研究的重点关注对象。儒学门人则是宗师的学习者与追随者，在儒家学者群体当中具有特定的问题意识和时代任务。如果将儒学视为一个学派、一种思潮、一大传统、一种生活方式，那么儒学必然是多数人的学术努力与生命实践所共同构成的。儒学门人是儒学研究的学术积累到一定程度后必然需要面对的重要研究对象，儒学门人研究是儒学研究的必要内容。

近几十年来，儒学门人研究最为兴盛的当属有关王阳明门人的研究，此类研究已经成为阳明学研究的重要进展。笔者近十年来主要从事朱子门人的研究，出版《朱子门人与朱子学》[1] 一书。虽然学界对朱子门人的考订已有不少成果，但系统研究朱子门人群体学术思想的专著，在国内外这还是第一部。该书认为，伴随着朱熹学术思想的形成和发展，逐渐聚集在朱熹周围的所有朱子门人是朱子学派的重要组成部分，构成了一个南宋中后期最为庞大复杂的学术群体，在朱子学形成、发展以及推广传播的过程中扮演了非常重要的多重角色。其中存留有姓名的朱子门人至少有492位，他们极大拓展了朱子学的问题体系，深入参与了朱子学学术思想体系的形成与发展，丰富与完善了朱子学的经学哲学研究，推动和实现了朱子学义理诠释的精致化与规范化。在重建朱熹历史形象的同时，凭借同门间的学术交往等活动凝集散居各地的朱子门人，并通过道统论建构在理论上确证朱子学的正统地位，使得朱子门人与亲近朱子学的社会力量一起形成一个整体的合力，以各种具体方式和途径实际促进朱子学的社会推广，最终实现朱子学与国家制度的良性互动与结合，在朱子学的历史传承和海外

---

[1] 邓庆平：《朱子门人与朱子学》，中国社会科学出版社，2017年。该书是由笔者博士学位论文和国家社科基金项目部分结项成果修改而成。

传播等诸多方面具有重要影响。

基于目前的研究经验，我们日益发现，门人在儒学发展史上的地位和研究价值也需要重新估量，有必要明确一种儒学门人研究模式。① 此种模式适用于儒家每个学派，通过对儒家学派当中众多门人的聚焦发掘儒学传统当中除了理论体系之外的其他维度，进一步加深我们对儒学传统的认识，并为这一传统的现代命运乃至复兴提供更多启示。

一 门人在儒学史上的地位需要重新认识

以往人们对于儒学门人弟子的印象通常都是作为一流思想家的学习者、追随者，对门人弟子的叙述也总是作为论据对一流思想家影响力的说明和论证。然而我们如果突破以一流思想家为中心的视野，坚持从门人自身的问题意识、时代任务和学术努力出发，我们就会发现门人在儒学发展史上扮演了不可或缺的独特角色，具有非常重要的地位。先秦儒学创立时期，正是孔门七十二贤使得孔子之后儒分为八，以致后来影响最大的孟学和荀学两大流派均发端于孔子门人，以此也可见孔子门人的学术贡献。拙作《朱子门人与朱子学》经过系统研究，最后指出，朱子门人群体在朱子学形成发展过程当中扮演了多重角色：其一，朱子门人是朱子学最早的学习者、信从者和践行者；其二，朱子门人是朱子学学术思想体系创立过程中的重要参与者与完成者；其三，朱子门人是南宋中后期朱子学哲学思想体系的重要创立者与主要代表；其四，朱子门人是朱子学思想义理的系统理解与规范化的再诠释者；其五，朱子门人是朱熹历史形象的初次重建者，是朱熹道统地位的论定者；其六，朱子门人是朱子学走向社会化和制度化的主要推动者；其七，朱子门人是朱子学向后世发展的主要传人；其八，朱子门人是中国朱子学向海外传播的重要组成部分，是整个东亚朱子学的重要代表。②

由上可见，儒学门人在学派发展过程中具有不可或缺的作用，他们与自己的老师即儒学宗师一起构成一个个完整独立的儒家学派，不仅在各自的时代发挥广泛的社会影响，而且在儒学史上也往往处于学派理论从初创形态过渡到长期存续与逐渐分化的转折期，具有重要的学术地位。

---

① 这一部分的讨论曾以《儒学门人研究模式刍议——以朱子门人研究为例》为题刊于《河南教育学院学报》（哲学社会科学版）2019 年第 3 期。
② 邓庆平：《朱子门人与朱子学》，第 449~451 页。

二 重视门人研究，就是重视儒学存在的社会性与演变的延续性，是对以抽象义理和儒学宗师为中心的儒学道统论和儒家发展史的叙述方式的重要补充

作为一个延续两千多年未曾中断的文化传统，儒学呈现出强大的内在生命力。但这一生命力何在，如何理解这一生命的具体成长过程，这是个重要的问题。从宋明理学看来，儒学道统论就与这个问题相关。道统论的主要内容包括相关联的两个方面问题：儒家传承的道是什么以及传承此道的历史人物有哪些。前一个关联儒学核心义理的具体内涵，是儒道内涵的丰富发展史，是儒学的内在生命力；后一个事关儒学发展史上的代表性思想家，是儒家人物传承谱系，构成儒学生命的成长过程。道统论就是传统儒学中从核心义理和具体人物两方面来描述的儒学发展史。一般来说，对于儒学核心义理的阐发作出重要创新的大思想家毕竟少数，不是任何儒家知识分子都可以进入儒家的传承谱系。宋明理学家尤其是程朱理学一派通常列举的都是孔孟周程等代表性儒家思想家，他们在儒学史上都是开宗立派的一代宗师。即便是在现代学术的今天，学界通常关注的焦点就是这些开宗立派的历代儒学大家，这些人物成为我们划分儒学发展各阶段的标志，如孔子是儒学的真正开创者，周敦颐是宋明理学的宗主。对这些人物的叙述也就构成了我们现代学术研究中常见的儒学史。也就是说，儒学研究者所列举的儒学发展谱系往往只是各个时代的代表性学者，而一般的儒家知识分子在儒学发展史的叙述上通常是缺席的，属于沉默的多数。无疑，这样的儒家道统论和儒学发展史是精炼简单的，比较清晰地勾勒出儒学发展的阶段性。但其中的问题在于，如此叙述的道统论和儒学发展史，与现实的儒学发展实际进程有一定距离，这种叙述是对历史事实的抽象与简化，在强调儒学发展阶段性特点的同时构成对儒学发展连续性的重视不足。这种叙述方式的背后存在一种现代化的评价模式，这种评价以儒学理论创新与否和理论创新程度作为评判儒学发展的标准，聚焦于儒学概念和命题的创新。然而，如果我们回归传统儒学本身，无论是孔子的述而不作，还是汉唐经学的"注不违经"与"疏不破注"，还是宋明理学的不断回到孔孟，又或是以回复汉学为宗旨的清代朴学，历代儒家学者都以恢复传统反对刻意创新为致思目标，理论创新本身并未成为儒家学者主观的核心追求。在这个意义上，基于核心义理发展的儒家道统论与强调概念命题创新的现代学术评价模式比较吻合，而与儒家本身的保守倾向存在一定张力。

儒学常被现代学者视为生命的学问，其讨论的问题和终极的关怀都指向生命本身。这里的生命除了儒学宗师的生命之外，首要的就是众多学习者即门人的生命，儒学宗师的重要工作就是通过回应门人的生命困惑、指导门人的生命成长，进而影响更多社会成员的生命。更进一步说，儒学对生命的这种影响主要落实在儒学所提倡的合理生活方式上，这种生活方式是历代儒家所共同倡导的。一般地讲，儒家的重心并不在于对此种合理生活方式进行理论说明与论证，而在合理生活方式的养成。养成的基本路径是作为修养基本路径的道德实践，道德实践应该普遍地落实在日用行常当中，因而从本质来讲，儒家所倡导的生活方式是一种合理的生活实践过程。这点也被称为儒家的实践本性。理论说明与论证在儒家的地位有一个随着理论需要的复杂化而逐步增强的过程。在孔孟时期，儒家虽处于诸子百家的学术思想氛围当中，儒家首先是以理论说明与教化的方式显示其作为百家之一的理论存在，但更重要的是以修身与外王实践的方式作为一个以身体道的社会群体而存在。此后，随着佛教进入，经过魏晋玄学的洗礼，作为社会精英阶层的知识分子，他们的理性思辨能力得到了大大加强，由于佛老在形上层面的精密高远，终于到隋唐时期导致了多数精英知识分子信佛老而儒门惨淡的局面。就儒家来说，对于儒家生活方式进行理性说明与论证的需要也变得越发紧迫与重要。这种理论需要就是两宋道学兴起的内在动力。故此，从形上层面对儒家生活方式进行理论论证与说明便成为两宋道学的主要任务。虽然这种理论论证与说明总是以经学的方式体现于儒家传统经典的当代诠释之中，这种诠释是当时道学家们最重要的工作，但要注意的是，这种经学诠释并非道学的终极目标。道学的终极目标依然是在儒家生活方式的养成上，他们所提出的道学理论只是对这一生活方式的理论说明与合理性论证，这种说明与论证主要是与佛老相抗衡，以重新争取作为社会精英阶层的广大知识分子对儒家生活方式的接受与认可。这个理论任务最终在朱子学派那里以遍注群经的方式初步完成，不仅形成了一个儒学史上最庞大的学术思想体系，而且也培养了一个以数百位朱子门人为主体的以身体道群体。正是这一以身体道群体的存在，儒学的真精神得以实现，儒学的历史传承得以继续，朱子学才最终得以代表两宋道学实现儒学的一次伟大复兴。

因此，如果我们不只是把儒学理解为一种知识性的理论体系，而是把它理解为一种塑造个体生活方式的实践性理论，那么我们在描述儒学发展史的时候就不能只是关注那些作出重要理论创新的一流儒家思想家，那些以门人为代表的不断学习儒学并坚持以身体道的儒家普通知识分子也应该被充分重视。他们虽然对于儒学理论本身未必做出重大创新，但正是他们对儒学的学习、接受乃至信仰，最终成为以身体道的社会阶层。而这一阶层的形成是儒学和儒学内部的流派从私人学问转变为社会思潮、官学乃至民族文化传统的关键，儒学的兴盛是儒家以身体道阶层的壮大，儒学的衰微是儒家以身体道阶层的瓦解甚至消失。从儒学的实质精神来看，载之四书五经、表现为语言文字的儒学理论不一定是儒家最核心的部分，相反，表现为现实社会成员的生活方式即以身体道才是儒学生命力的真正所在。因此，如果从门人的角度来理解儒学发展史，那么我们可以看到作为沉默多数的一般儒家知识分子在儒学存在与发展史上所扮演的多重重要角色，也就可以发现儒学长期存续乃至发展的深层奥秘。以身体道阶层是儒学存续的社会土壤。在这个土壤中，儒学理论才可能不断获得创新，而且这种理论创新也总是要指向和落实在以身体道的阶层，终将推进该阶层生存方式的与时俱进。在这个意义上，学习儒学的实质是成为儒家门人，发展儒学的关键是培养越来越多的儒家门人进而壮大以身体道的阶层，以身体道是儒学最重要的表达方式。

　　作为生活方式的儒学，它的真正完成必然由个体生活方式转变为群体生活方式，最后再成为全体社会成员的生活方式。这是儒学从理论形态转化为实践形态，在现实的生活实践当中落实并得到完整表达，融入民族的生命存在与成长当中，真正形成并进入民族传统。儒学宗师的突出贡献就是在儒学面临危机逐渐失去理论征服力和吸引力的时候，进行儒学理论说明与论证。后世儒学的复兴，其主要环节也就是重建儒学理论论证，重新争取信从者，恢复并壮大以身体道的阶层。这种论证首先说服和吸引的是个体，然后是群体，最后是全体社会成员。这里的个体首先是儒学宗师，群体首先就是门人群体。因此，门人群体在儒学从理论创造转化为实践形态最终进入民族生命与传统的真正完成中处于承前启后的关键地位。

　　此外，儒学一贯重视文化的历史传承，在这个意义上，可以说所有儒家学者都首先以门人的身份存在在思想史上。这里的门人包括存在明确师生传承关系的弟子，也包括虽未见面但心向往之的私淑。通常的情况是私淑的身份在儒学史上几个阶段性的开创者那里表现得比较明显，门人的身份则在某个阶段内儒学流派的存续与演化史上占主导。孔子是尧舜禹汤文武周公的私淑，是上古文化的集大成者。此后，孔子的弟子曾子授学子思，子思授学于孟子，这一段儒学师生传承史是先秦儒学的主线，是后世儒学尤其是宋明理学不断试图回归的儒学黄金童年时期。宋明理学的开山鼻祖周敦颐承继先秦儒家经典《周易》与《中庸》，可以视为先秦儒学的私淑者，而后授学于二程，二程之学经弟子杨时到罗从彦再到李侗，最后四传至朱熹，朱熹也自认为二程的私淑。与朱熹同时的陆九渊自认为读孟子而自得，可视为孟子的私淑。朱熹之后有明确师生传承线索的门人后学一直可以推演到元明。而明代最重要的儒学者王阳明曾向娄谅学习，黄宗羲在《明儒学案》中称"姚江之学，先生（娄谅）为发端也"①，而娄谅为明初朱子学者吴与弼的弟子。此后，明阳学经几代门人一直传至明末，甚至现代新儒家学者也常自认为继承程朱理学或陆王心学。由此可见，即便是儒家历代宗师，其中的一个重要身份也是门人，注重儒学人物的门人身份能够帮助我们更好地理解儒学前后相续不断的学术传承和生命精神的内在贯通。

因此，如果说儒学是在特定时空当中不断拓展与演变的一个文化传统，那么只是关注那些代表儒学发展阶段性的一流思想家，不足以展示儒学的完整面貌。如果把儒学比喻为一个不断成长的生命体，那么一流思想家就是其中的骨骼，而门人为代表的其他儒者就是血肉，骨骼与血肉才真正构成一个完整的充满生命力的生命体。虽然骨骼决定了这一生命体的基本结构，尤其是高度，但血肉对生命体的宽度和厚度非常重要，是其体重的决定因素，同时血肉给予骨骼营养和支持，对骨骼健康成长与功能维系是不可或缺的。门人是儒学从私人理论转变为群体思想直至社会思潮的关键环节，同时也儒学由某一阶段逐渐演化到下一阶段的必要过渡。重视门人研究有助于我们完整理解儒学的内在生命力，建构一种以身体道阶层为核心视角的侧重连续性的儒学发展史。

三 儒学门人研究有利于推动当前儒学与地方历史文化的研究

在一般的观念中，儒学史上的任一新理论，其形成、演化、推广、落实等进程首先与一流思想家的学术努力分不开，是一流思想家的个体天赋和后天努力综合作用的结果。因此，儒学史上总是长期存在一种将儒家思想家圣化的历史现象。最典型的就是自认为不是圣人的孔子在后代却不断被追认为超凡脱俗的圣人。对孔子之后的儒家思想家来说，最高的尊崇就是从祀孔庙。然而从思想史实际出发，儒学史上的新理论除了一流思想家个体的因素之外，通常还有必要注意围绕在这些思想家身边的众多门人，这些门人在实现儒学理论创新方面也扮演了重要角色，需要研究者重新挖掘。

---

① （清）黄宗羲：《明儒学案》，沈芝盈点校，中华书局，2008年，第44页。

与学界有关王阳明门人的研究相比较，在朱子学研究领域，目前学界关于朱熹的研究非常丰富，而对于朱熹近五百位门人的研究则比较欠缺。全祖望所概括的"至广大，尽精微，综罗百代"①，一直被认为朱子学理论体系的恰当形容词，近八百年朱子学史上也有一个普遍接受的印象，那就是后来的朱子学者，无论宋元还是明清时期，他们都很少在学问理论体系上完全超越朱子学，正如黄宗羲所谓"此亦一述朱，彼亦一述朱"②。朱子学理论体系何以如此广大精微以致具有强大的统摄力，如果只是从朱熹个人的角度来说明，显然不够。如果我们注意到朱熹近五百名门人，那么这个问题就可以得到更为合理妥当的解释。在笔者的研究当中，不仅详细考察了朱子门人如何具体参与朱熹的注经事业，与朱熹一道完成了朱子学派对所有儒家经典的注解；而且还特别注意到问题体系的拓展是理论体系拓展的内在原因。从朱子门人后学所完成的《朱子语类》当中可以清楚地看到，正是数百位朱子门人的大量提问促进了朱子学问题体系的极大拓展，从而实现了朱子学理论体系的极大拓展。正如相关评阅专家所言，"如此对朱子学体系的辨析和以《朱子语类》为中心探讨朱子学问题体系的路径，本身就是值得引起注意的新的思考"③。

此外，门人研究是地方历史文化研究的重要部分。朱熹一生主要在福建、江西和浙江等地活动，从籍贯上来看，朱子门人"这一群体遍布在当时南宋全国各地，甚至还有一些籍贯在北方的弟子，其中以福建、江西、浙江籍门人较多"④，因此，朱子学随之传播到各地生根发芽，并成为各地地方历史文化的重要组成部分。近几十年朱子门人研究的重要力量就是地方历史文化研究，而且目前各地兴起的地方历史文化研究必然涉及包括这些朱子门人在内的所有儒学学派门人。

四 儒学门人研究需要注意的两个问题

简单来说，儒学门人研究的主题是门人与儒学，最终目标是充分揭示儒学门人在儒学史上所扮演的角色和重要影响，推进和丰富儒学研究，建构一个连续而非断裂的儒学发展史。在儒学门人研究的具体过程中，我们有必要注意如下两点。

---

① （清）黄宗羲原著，（清）全祖望补修：《宋元学案》，陈金生、梁运华点校，中华书局，1986年，第1495页。
② （清）黄宗羲：《明儒学案》，第178页。
③ 邓庆平：《朱子门人与朱子学》，"序"第3页。
④ 邓庆平：《朱子门人与朱子学》，第59页。

1. 坚持从门人自身特定的问题意识和时代任务出发，避免以学派宗师的问题意识代替门人的问题意识。

以问题为导向是现代学术研究活动的灵魂。在儒学门人研究过程中，如果只是以学派宗师的问题意识为中心，那么门人的特定贡献必然会被遮蔽。就如朱子门人研究当中，人们总是将重心放在理论创新程度的比较上，多是得出门人很难突破朱熹学术思想的结论，相反对于儒学门人自身问题意识和所处学术发展阶段所赋予的特定时代任务重视严重不足，如此门人研究必然难以充分揭示门人的学术价值。因此，笔者的朱子门人研究就有意识地将朱子门人与朱熹适当拉开距离，基于朱子不同门人自身的不同实际情况，坚持发现朱子门人自身的问题意识，明确朱子门人处于朱熹学向朱子学转化、朱子学由地方性私人学问经群体思想向社会思潮和官学转化、朱子学从朱熹时代迈向后朱熹时代、朱子学从中国走向世界等几大进程中的重要环节，最后在综合上述三种认识的基础上分别从十个方面展开研究。其中，问题体系拓展和经学哲学的丰富是朱熹学向朱子学的转化，精致化和规范化的义理诠释是朱子学义理在向后朱熹时代的重要存在形态，朱熹历史形象的重建、朱子门人群体的凝聚、朱子学道统论的论定、朱子学的社会推广以及制度化都主要发生在后朱熹时代，同时也是解释朱子学由私人性地方学问经群体思想转变为社会思潮和官学全过程的重要环节，而朱子学传承则明显是朱子学向后世发展，朱子门人在海外则是朱子学走出中国的重要代表，通过这诸多方面的研究，最终系统揭示朱子门人群体的学术价值。

2. 突破中国儒学的视野，引入韩、日、越南等海外儒学的视野。

从源头来看，韩、日、越南等地的儒学都属于中国儒学的门人后学，在理论创新程度上与中国儒学门人接近，故而与中国儒学相比，他们不仅重视那些标志性的儒家思想家，而且对儒家门人后学也非常关注，对于我们研究儒学门人必然具有新的启发。甚至在现代学术研究当中，海外儒学研究对儒学门人的重视和研究也较大陆学界先进，值得借鉴，典型的如王阳明门人研究首先在日本兴起。在拙著绪论当中明确东亚朱子学视野对朱子门人研究的重要性和必要性，在多个章节引入韩国性理学的材料进行相关讨论，并专设一章集中研究朱子门人流传并影响韩国性理学发展的情况。可以说，此类研究就是儒学门人研究有必要引入海外儒学视野的又一实证。

正如上面提到的，几乎每位儒家学者都具有儒学门人这一身份，同时儒家一流思想家多有众多门人后学。就儒学研究现状来看，无论是先秦孔子门人、思孟学派门人与荀子门人等，还是汉唐董仲舒门人、韩愈门人、柳宗元门人等，又或是宋明时期的二程门人、陆九渊门人、朱子门人和王阳明门人等研究领域，虽然各自取得了一定研究成果，但也都存在进一步推动的研究空间，因此，儒学门人研究大有可为。同时，随着全社会对儒学的逐渐认可和接受，儒学的现实生存环境正在好转，儒学的当代复兴也日益成为可能，在历史上推动儒学发展乃至复兴的儒学门人也应该成为今后儒学研究的重要对象。应该说，基于朱子门人研究经历，本文提出的儒学门人研究模式具有普适性和典范意义，对于推动儒学研究具有重要价值，对于把握当前儒学的社会推广与存在乃至真正复兴也具有深层启示。

就基本研究类型来说，儒学门人研究可以是整体性的群体研究，也可以是个案式的专人专题研究，二者之间相互促进。门人群体研究离不开对专人和专题的研究，但着眼的侧重点是群体在学派形成发展过程中各个方面的学术思想贡献，是学派研究的重要组成部分。个案研究则聚焦于具体的思想家或专门的问题而展开深入具体的讨论。就笔者的研究设想来说，朱子门人群体研究之后，进行专人专题的个案研究就是推进朱子门人后学研究的必然选择。本书选择被后世视为朱子最重要弟子的黄榦进行专门讨论，就是个案研究的第一项任务。

需要说明的是，在朱子门人群体研究的专著《朱子门人与朱子学》当中已经有关于黄榦的研究内容，如黄榦的道统论、黄榦编辑《仪礼经传通解续》、黄榦在朱熹去世之后通过与同门的交往来凝聚学派以及传播朱子学等方面，下面的研究在原有主题方面不再重复，仅就其中认识发展的地方作些补充，然后重心放在此前没有涉及的部分。因此，关于黄榦的完整研究成果包括此前研究与这里的专题研究两个部分。

第一章 研究概述

黄榦（1152~1221年），在《勉斋先生黄文肃公年谱》① 中称其字季直②，而《宋史》本传称其字为直卿，后世一般都认同《宋史》的讲法，号勉斋③。据我们考定，现今留有姓名的朱子门人共有492位④。在这个庞大的学术群体当中，黄榦无疑是首先应当被重视的。他是朱熹门人当中自蔡元定之后的首要弟子，在朱熹去世以后逐渐成为朱子学派的核心人物。朱熹的许多弟子在问学朱子的同时也从黄榦学，特别是在朱熹去世以后更是成为黄榦弟子，《朱子语类》当中有不少记录黄榦言论的语条，后世记录朱子门人的材料也多排黄榦为第一，他所创立的勉斋学派是朱熹之后最重要的朱子学派。

下面首先梳理和回顾国内外学界针对黄榦的主要研究成果，然后揭示黄榦思想研究的主要价值指向，最后就本书的研究主题与章节安排作一简要说明。

第一节 研究现状

现代学术研究范式确立以来，我们最初对黄榦的研究通常是在中国哲

---

① （宋）陈义和编撰：《勉斋先生黄文肃公年谱》，吴洪泽校点，四川大学古籍整理研究所编儒藏，四川大学出版社，2007年。下文引用该书均为此版本，引用其他版本时会再标明。
② 《勉斋先生黄文肃公年谱》的编校者将原文"先生讳榦字季直父御史公之第四子也"断句为"先生讳榦、字季直父、御史公之第四子也"（第737页），故在"校记"中认为黄榦"字季直父"（第883页），我们认为在"父"字前面断句似更妥，故以黄榦字季直。
③ 据黄榦年谱记载，嘉定五年（1212），始有勉斋之号，因文公诀别之书有勉学之语，故先生因以自号。参见（宋）陈义和编撰《勉斋先生黄文肃公年谱》，第810页。
④ 关于朱子门人群体概况，可以参见邓庆平《朱子门人群体特征概述》，《中国哲学史》2012年第1期。

学史、宋明理学著述当中的相关部分。如 1916 出版的、被称为中国哲学史学科开山之作的谢无量《中国哲学史》第十二章以个案的形式介绍了四位朱子门人，而黄榦即其中之一；同年 9 月，谢无量还出版了民国时期第一部以朱子学为专题的学术著作《朱子学派》，对黄榦思想有所阐释。总体上，谢氏的研究处于传统学术与现代学术转型期，具有较强传统学案的痕迹，而其所使用概念与诠释方式却是现代学术研究的成熟范式。之后随着中国哲学研究的逐渐展开，陆续出现的中国哲学通史、理学史和伦理学史类的著作中也多对朱子门人（也有称朱子学派、朱子门人集团、考亭学派等名称）的思想进行过介绍，这些介绍基本上都包括黄榦，但篇幅均不大。① 这种情况在日本也大体相近。

20 世纪 80 年代开始的地域性朱子门人研究当中涉及黄榦，这主要是在福建朱子学的研究方面。高令印先生首先提出"福建朱子学"的概念，并出版了专著《福建朱子学》和《朱子学通论》，其中涉及了黄榦，但也仅有一小节，他从黄榦的生平事迹谈起，对黄榦进行了较为全面的研究和评价，除了论及黄榦的哲学思想外，还就黄榦对朱子学的传播方面所作的贡献进行了高度评价，认为黄榦是朱子学通向元代的桥梁。此外，还对黄榦著作作了提要式简介。

与此同时，出现了一些关于黄榦哲学思想研究的论文。孙明章《略论黄干及其哲学思想》一文，论及黄榦的哲学思想，他从本体论、发展观、认识论和道德论几个方面阐述黄榦的哲学思想，认为理学分化的根源是朱子理学的内部矛盾，分化的端倪却始于黄榦。谭柏华硕士学位论文《黄榦思想研究》系统地对黄榦的哲学思想进行研究，阐述了黄榦的本体论、认识论、道德论、道统论等方面的哲学思想，并论述了黄榦对朱子学的贡献，主要表现在推广朱子学，致朱学北传，确立朱子的道统地位，调和各学派。蔡文达的硕士学位论文《黄榦生平及理学研究》叙述了黄榦的讲学与从政，并主要从哲学层面探讨了黄榦的理学思想。值得注意的是，蔡文试图探讨黄榦的理学实践，但只是列举了黄榦从政的成绩但并未作进一步的探讨。而黄保万《黄榦在朱子学中的地位与贡献》一文，认为黄榦对朱子学的贡献主要有以下四方面：弘扬朱熹爱国思想；阐发朱熹的理学体系；确立朱熹在道统中的正统地位；传播朱子学的特殊贡献。他的另一篇文章《朱熹对黄榦的影响》讨论了朱熹对于黄榦在学术与做人方面的影

---

① 1975 年钱穆在作《灵魂与心》时，其中一文《中国思想史中之鬼神观》中还关注到黄榦的祭祀论，以为宋明鬼神观的重要代表。

响。台湾学者如蔡仁厚、王德毅等有关黄榦学术经历等问题的研究论文，如王德毅的《黄榦的学术与政事》一文把黄榦放进历史学的视野下观察，在学术方面，认为黄榦著述颇丰，崇尚学术研究自由，无门户之见；在政事方面，从黄榦振兴文教、建先贤祠，推行德政，善于决狱、平息讼风，整修边备、抗御外侮等四个方面说明黄榦是一个讲求吏治、以经世济民为职志的理学家，关于黄榦的学术和政事是如何结合的，提及的并不多。同一时期，陈荣捷先生认为朱子学之所以能在元、明、清大树旗帜，不是因为幸运而实有其原因。原因不一，而门人乃其极重要者。历来谈朱子学系者，大都以地域言，或以籍贯再分。陈先生认为，地域和籍贯都不是思想分野与传授的线索，在学术史上意义不大。而关于朱子学系的传承，陈先生认为："最有意义的为清代黄百家的说法。黄百家云：'黄勉斋榦得朱子之正统。其门人一传于金华何北山基（1188~1268年），以递传于王鲁斋柏（1197~1274年）、金仁山履祥（1232~1303年）、许白云谦（1270~1337年），又于江右传饶双峰鲁（壮年~1256年）。其后遂有吴草庐澄（1249~1333年），上接朱子之经学。可谓盛矣。'"[1] 黄百家之言叙朱学之由宋而元，路线分明。陈先生肯定黄百家的观点，认为以黄榦为中心而形成的几个学派在思想的分野上是有意义的，在传授的线索上是有据可查的，而且，在朱子学传向元代的过程中，以黄榦为中心的这一传授线索起着最重要的作用。

进入新世纪，除了如田浩的《朱熹的思维世界》、何俊的《南宋儒学建构》等专著部分地涉及黄榦，黄榦的专题、个案研究还有一些新进展。方彦寿的《黄榦著作版本考述》一文主要从版本、卷数、存佚等考证了黄榦著作。方彦寿在另一篇文章《朱门颜曾——黄榦》中认为黄榦对朱子学发展的贡献主要体现在黄榦继承了朱熹书院讲学的优良传统，论定了朱熹的道统地位，促进了理学北传。在新近的一些专著当中，比如王锟先生的《朱学正传——北山四先生理学》视黄榦为北山四先生的源头，他专著有一节专论黄榦，围绕继承和创新两方面，对黄榦的理学观进行分析。黄榦作为相关朱子学研究的一部分，在研究朱子学的专著中也有专门的章节讨论黄榦。张加才《诠释与建构——陈淳与朱子学》一文第四章有陈淳与黄榦思想的比较，从陈淳与黄榦的学术交往出发，分析比较了黄榦与陈淳在圣贤道统与性理体系、对朱陆之争的不同态度，他认为陈淳和黄榦对朱子学的阐发和传播都作出过重要贡献，而其思想和努力又各具特色。认为陈

---

[1] 陈荣捷：《朱子门人》，华东师范大学出版社，2007年，第17页。

淳对朱子学性理体系所做的工作,在一定程度上更有成效,影响也更为深远。而在道统论方面,因为黄榦的门人传衍较盛,尤其是金华一系非常注重道统,故黄榦的道统论略胜一筹,产生了更大的影响。傅小凡先生的《朱子与闽学》当中设了一节研究黄榦的哲学思想。陈支平先生的《朱熹及其后学的历史学考察》对黄榦的从政经历作出一些梳理。此外,尚有一批硕士学位论文以黄榦为题进行研究,福建当地作家出版了两部黄榦传记。一部是路漫编著的《朱子学第一传人——黄榦》,另一部是黄家鹏著的《黄榦传》。在个案研究方面最重要的当属三篇博士学位论文:第一篇是韩国留学生池俊镐2000年在北京大学完成的博士学位论文《黄榦哲学思想研究》。该论文是目前为止对黄榦哲学思想讨论最为详细的一部,八万余字,概述了黄榦一生的主要学术活动,并根据《勉斋先生黄文肃公文集》的版本考察,对勉斋的儒家经注材料进行辑佚的基础上,从体用论、太极论、心性论和格物穷理等方面对其理学思想进行研究;最后指出,黄榦自认朱子学的传人,对朱子学的阐发和传播都作出过重要贡献,他晚年广收生徒,对元代朱子学有着重要的影响;其研究模式基本上是借鉴一般理学人物研究的常见思路,但对于黄榦的资料考辨较细致,而理学思想讨论相对简略,篇幅较小(仅两万余字),对于黄榦自身独特的问题意识关注不多。第二篇是华中师范大学2012年单晓娜先生的博士学位论文《理念与行止——黄榦研究》,后来正式出版。正如该书序言指出,该书从"理念与行止"的互动着手开展黄榦研究,重点不是黄榦如何思想,而是如何行动的。该书注重黄榦的实践及在实践中表现出的理念以及它们是如何结合互动,以黄榦道学理念的形成过程与实践活动的开展过程为主要研究对象,主要讨论了黄榦从学朱熹逐渐确立道学理念的过程、从政经历与传播推广朱子学等问题,是黄榦综合研究的重要成果。第三篇是西北大学2021年李思远博士的《黄榦理学思想研究》,该论文主要关注黄榦的道统体论、心性论、为学修养论和社会政治观念,认为黄榦是朱熹理学思想在南宋后期转变,并发生实际社会作用的关键人物,他的理学思想在道体论中展开,而道体论本质上是对朱熹理学理气论的继承和变化。此外,在黄榦的《论语》学与弟子传承等方面也有一些专门论文讨论。

就黄榦在南宋中后期思想史上的地位来说,通常是与朱子门人后学的整体定位问题相关,而这一问题在南宋理学史的论著中大多都会涉及。关长龙先生在其博士学位论文基础上出版的《两宋道学命运的历史考察》一书的最后一章"庆元政争之后的理学主潮化"当中,以理学正统地位的确立过程来界定朱子门人后学的思想史境遇,对朱子门人后学的基本定位在于推动朱子学的官学化,但他对朱子门人后学的叙述比较笼统与粗略。田浩先生的《朱熹的思维世界》最后一章以"朱熹门人与其他道学家"为标题,依据陈荣捷先生的《朱子门人》考察了朱熹学生的人数、活动、思想,并结合当时的思想潮流,对朱子门人后学在朱熹去世之后与其他学派的交往以及学派内部交往有一些描述,并特别提到朱子门人后学的道统论,认为促使政府解除对道学的禁令并推尊朱熹促使朱子学成为官学是朱子门人后学的主要贡献。余英时先生的《朱熹的历史世界》则以道学与政治的互动为线索,考察了宋代士大夫的政治文化,特别是朱子学在南宋政治发展变革过程中地位的浮沉,其中涉及部分朱子门人的政治实践。可惜的是,此三书对黄榦仅是提及,并未详论。相比之下,何俊先生的《南宋儒学建构》对黄榦的思想史地位讨论得较为细致。该书第五章以"思想向文化转型"为标题诠释后朱熹时代的儒学转型,这是他对朱子门人后学的基本定位。他指出"在朱熹的众多弟子中,黄榦无疑是最重要的。……他在朱熹逝世后,为朱学的形态化建设以及传播作出了重要的努力"①,"作为朱熹逝世以后的学派掌门人"②,黄榦被视为思想形态化及其向生活落实的典型。

由上可见,关于黄榦的研究主要从实践的角度(黄榦的学术生平,包括日常生活、学术与政事活动)与思想理论的角度(其理学思想)展开,最后归结到黄榦的学术贡献。就其学术贡献来说,学者至少有两个共同的认识:一是认为黄榦论定了朱子作为道统传人的正统地位;二是认为虽然朱子学的传播是朱子所有弟子共同努力的结果,但黄榦对朱子学的传播作出了非常重要的、无可替代的贡献。

总体上,黄榦在朱子门人当中属于被关注较多的人物,但受中国哲学研究历史等原因的限制,目前的研究还是存在不少可以拓展与深化的可能。(1)在文献方面,对《勉斋先生黄文肃公文集》(以下简称勉斋文集)之外的勉斋材料关注不多。现存研究包括相关博士学位论文在内,主要依据的资料是《勉斋先生黄文肃公文集》。然而,黄榦一生著述颇丰富,其中不少部分虽已散佚,但不少散佚的材料被保存在元明时期的一些理学汇编类著作当中,这些材料对于《勉斋先生黄文肃公文集》而言是非常重要的补充,可惜目前的研究对这部分材料关注得较少。(2)研究视野较为单一。目前的多数研究主要是在朱子学发展历史的角度,以朱熹作为评判

---

① 何俊:《南宋儒学建构》,上海人民出版社,2004年,第310页。
② 何俊:《南宋儒学建构》,第317页。

唯一标准，因此黄榦等朱子学者的理论与实践贡献通常为朱熹的光芒所掩盖，本书的研究将突破单一视野，突出黄榦自身的问题意识与时代责任，选择新的多学科研究视野，以充分展现黄榦的独特研究价值。(3) 专门研究尚待深入。黄榦作为朱子学的重要传人，朱熹去世之后他在朱子学派居于核心位置。对于这样重要的朱学人物，目前仅三本博士学位论文，即便是思想研究方面关注的主题也较狭窄，黄榦在朱熹去世之后极力维系朱学学派、详尽总结朱熹学术思想、黄榦与其他同门的比较研究，以及黄榦思想的海外传播与影响等不少问题未充分展开。这些都是有待于专门深入研究的主题。故而就黄榦的专门研究而言，尚大有空间。

第二节 研究价值

当前的学术研究已日益朝着精细化、专业化、地域化、本土化的方向深入，以郭齐勇教授为代表的一批学者有鉴于学术论文选题仅限于论孟老庄几位超一流学者所带来的选题狭窄、多有重复的弊病，呼吁须研究二三流学者，盖这些学者在各自时代各自地域为儒学思想的传播深入、社会价值观念的建构作出了不可磨灭的贡献，理应在学术史上拥有一席之地。

在中国哲学史方面，近年来阳明及其后学研究持续走向深入，不仅对阳明一传弟子有深入系统研究，对于阳明二传三传等思想人物也有系统讨论。与此同时，随着朱子学会与中华朱子学会的成立，朱子学也正逐渐成为研究热点，其中一个重要突破点就在于朱子门人后学研究方面。黄榦是追随朱熹时间最长、受教最为频繁的首要弟子，也是朱熹的女婿，其学术教化活动频繁，著述颇丰，在朱子学建构、朱子门人群体、朱子学历史传承与海外传播过程当中均具有重要影响，势必成为研究的重点。

基于目前的研究现状及其存在的问题，我们选择黄榦思想作为研究的重心，试图在以下几个方面有所突破。(1)《勉斋先生黄文肃公文集》的黄榦书信写作年代考证。在黄榦生平著述方面，借助黄榦年谱，其一生大体经历已经比较清楚，但对于与生平经历相关的思想成熟过程，还有需要结合其文集中的书信等材料来细致考察的需要，而目前尚无关于文集材料著作时间等问题的全面细致考证。(2) 勉斋散失资料的辑佚。目前学界对黄榦的研究主要依据的资料是《勉斋先生黄文肃公文集》，而黄榦的著述非常丰富，几乎涉及所有儒家经典与理学问题，虽然这些著述多数散佚了，但在南宋、元、明时期的许多理学汇编类著作当中还保留了较多黄榦的材料，这些材料在目前的《勉斋先生黄文肃公文集》中是没有的。因此，对这些散失资料的辑佚就非常有必要，也势必推动黄榦研究。然而，在黄榦的哲学思想诠释方面，由于受制于常见理学家思想研究概念框架的限制（对于朱子门人后学而言，这种研究框架的背后就是朱子这一评价标准，而此标准是基于朱熹自身问题意识以及相应的理论贡献所形成的，运用到朱子门人后学身上并不完全恰当），对于黄榦自身学思经历当中逐渐发生的特定问题意识与理论兴趣关注不够，导致无法妥帖地重建其理学思想结构，也就无法完全彰显其理论特色所在。

就学术价值来说，黄榦思想研究表现在以下几个方面。（1）在对黄榦资料辑佚和系统考察的基础上，系统揭示黄榦和勉斋学派的学术思想体系，推动朱子门人的个案研究。（2）深化朱子学的相关研究。关于朱熹思想形成过程、学术体系建构过程、朱熹去世之后朱子学发展状况以及朱子学社会推广等问题是朱子学研究的重要课题，仅以朱熹为考察对象是不够的，对参与朱子学形成与发展全过程的重要门人黄榦的研究将深化和推动这些问题的研究。（3）有助于完整再现南宋后期道学整体发展的状况。朱子门人处于朱熹与元明清朱子学之间的过渡阶段，除在朱子学史上具有重要地位与影响之外，同时也与当时佛老、湖湘性学、江西陆学、永嘉事功学派等有着广泛的接触与交往，其中黄榦的表现在朱子门人群体当中是最突出的。（4）有助于深化地方文化研究。黄榦作为朱子学派的重要代表人物，出生成长均在福建，其受学朱熹受当时福建思想文化氛围的影响，在朱熹生前与逝后与其他福建同门与学术名家均有广泛交往，其学术思想贡献对福建地方文化的发展也具有深远影响。

第三节　章节说明

本书研究对象为南宋中后期朱子学视野下的黄榦。我们力图在全面掌握现存黄榦资料的基础之上，对黄榦学术思想进行深入讨论。从研究思路上来说，一方面是对现有黄榦资料的整理与研究，主要包括两方面的工作，一是对散落其他理学汇编类著作（如《性理大全》《四书大全》）当中的黄榦资料进行辑佚，二是对《勉斋先生黄文肃公文集》所有文章的写作时间进行考订。这个工作是推进黄榦思想研究的重要基础。另一方面便是着眼于黄榦自身的问题意识，选择多角度来揭示黄榦思想体系，以描绘出黄榦在朱子学创立与发展过程当中的思想史作用与贡献。以朱熹去世为界限，黄榦身处前后两个不同的思想史阶段：前一阶段，自淳熙三年（1176）春始见朱熹之后直到朱熹去世之前，作为从学朱熹最为密切的弟子，黄榦通过全面学习朱熹学术思想不断促进自身学术思想成熟的同时，也深度参与朱熹学术思想不断走向成熟与完善的全过程。后一阶段，在朱熹去世之后，作为朱熹最重要的弟子，也是后朱熹时代的朱子学代表，黄榦在从事具体政治实践的同时，通过与同门、弟子等频繁聚会讲学、书信往来与著述等多种学术活动，进一步完善朱子学学术思想体系，推动朱子学的广泛传播与后世传承，成为当时最具影响力的道学人物，为南宋后五十年朱子学的生存与发展奠定重要基础。本书具体章节安排如下。

绪论主要是在前期朱子门人群体研究的基础上，提出一种儒学研究新模式即儒学门人研究的模式，指出该研究模式的重要性与要注意的两个问题，这是整个黄榦研究的背景与具体方法论指导。

第一章主要梳理黄榦研究历史及其主要成就，掌握黄榦研究的现状，并从中发现进一步研究的空间，以此凸显黄榦研究的学术价值，最后就本书主要章节内容作一简单介绍。

第二章主要对黄榦的生平经历进行详细叙述，这是研究黄榦思想的前提。我们主要围绕从学朱熹的全过程与同门交游两方面展开阐述。通过对黄榦长期从学朱熹的过程考述，以发现黄榦思想逐渐成熟和走向独立的阶段性特征。同门交往则主要关注黄榦与散居各地同门的聚讲活动、书信论辩以及生活互动等交往，正是这些交往使得朱熹去世之后散居各地的朱子门人群体得以继续凝聚成一个以黄榦为核心的整体力量，在南宋中后期政治与学术思想领域发挥重要影响，这也是黄榦与同门一道维系朱子学派所作出的重要努力。

第三章是事功与理念，首先梳理黄榦近二十年的从政经历，然后从为官之道、进退之节和面对诉讼的态度等角度解读黄榦的从政理念，以见其体用兼备的政治实践特征。这是黄榦事功与政治思想的重要内容。

第四章主要针对的是黄榦的著述活动与著作作一考察，这是黄榦思想研究的基础。这里包括勉斋重要著述活动的个案讨论，也有不同版本《勉斋先生黄文肃公文集》的比较研究，还有勉斋文献辑佚。这一章的内容与附录部分一同构成了对于勉斋著述资料的深入研究。

第五章是四书学诠释研究。依据《勉斋先生黄文肃公文集》以及辑佚的资料，我们发现黄榦对四书有丰富的讨论，比如专门的《大学》疏解、《中庸》论说、《孟子》讲义与《论语通释》等，这种讨论既是对朱熹四书思想的进一步诠释，同时也体现出黄榦经学诠释的独特创新。

第六章主要是黄榦哲学思想的研究，这是黄榦思想研究的核心部分。我们主要围绕宇宙论、本体论、心性论和工夫论等四个方面，对黄榦哲学思想进行深入解读与重建，力图发掘黄榦哲学思想的独特之处。基于太极、阴阳、五行以至万物的宇宙论模式，黄榦在太极概念诠释、动静与阴阳五行的关系、五行次序等问题上有所创发，相对而言，理气关系问题阐发不多；本体论上，他的重心在以"道"为核心概念的道论上，非常重视对"道"本身的论述，对道的整体义与过程义都有发挥，具有明显的一元论特征；心性论上，围绕心、性、情等基本概念诠释，在人心道心和性情问题上，黄榦与同门有较多讨论，其思想在韩国性理学当中引发集中讨论；在事事用功、处处用功和重视规划用功实践的同时，黄榦在工夫论上强调"为学无非就身心上用功""敬义是附身符"与致知力行等观念。

第七章讨论黄榦对两宋道学传统的细致诠释与总结，以此呈现黄榦视野中的道学史世界。这里首先逐一解读了黄榦对周敦颐、二程和张载著述的理解与推崇，接着从时间的角度考察了黄榦对朱熹思想的不断总结过程，如实呈现黄榦对朱熹生平经历与学术思想的认识深化过程。

第八章是从朱子学发展史的角度，揭示黄榦在传承朱子学方面的贡献。首先梳理了黄榦主要的讲学授徒活动，然后围绕几个重要的讲学讲义揭示黄榦讲学的内容，最后对于黄榦弟子作一完整介绍，并就以蔡念成为例对黄榦弟子作一个案解读。

第九章则从东亚朱子学的角度，选择韩国性理学为例，考察黄榦思想在海外的传播与影响。这里首先考察了黄榦资料尤其是《勉斋先生黄文肃公文集》传入韩国的具体过程，接着以韩国最著名的性理学家李退溪为代表，梳理了黄榦思想及其行为实践对韩国性理学发展的诸多影响。

附录主要有三类：一是勉斋年谱，梳理生平重要经历，这对于理解其思想是有帮助的；二是《勉斋先生黄文肃公文集》信文写作时间考证，对《勉斋先生黄文肃公文集》中黄榦所有书信与文章写作时间逐一考证，这是我们进行黄榦资料研究的重要收获，对于提升黄榦思想研究水准关系重大；三是从《性理大全》和《四书大全》当中辑得黄榦资料，这些资料多数不在《勉斋先生黄文肃公文集》当中，是完整理解黄榦思想必不可少的重要材料。

从总体上来看，本书内容分为两大类：第一类是黄榦研究现状与生平著述，涉及第一、二、三、四、八章和附录部分，围绕黄榦思想的形成、发展、展开与传播，分别阐述了黄榦的从学经过、同门交往、讲学活动、著述活动等内容；第二类是黄榦思想内容解读，除了第五、六、七和九章的专门讨论外，其他各章也都有相关部分，涉及为政理念、经学诠释、哲学思想、道学史论等多方面内容。在此前朱子门人群体研究的基础上，本书一方面全面梳理黄榦的从学经历、同门交往、从政经历与讲学著述等学术思想活动；另一方面系统解读其从政理念、讲学内容、四书诠释、哲学思想、道学史论以及海外影响等内容，力图全面展示其独具特色与价值的思想世界。

第二章　从学与交游

了解黄榦的生平经历是理解其思想的前提。作为朱熹的首要弟子，黄榦的生平大体可以分为两个阶段。一是朱熹生前，黄榦长期追随朱熹左右，问学异常频繁，在朱子学理论方面具有极高造诣，成为朱子门人的重要代表。二是在朱熹去世之后，黄榦开始在多个地方任职从政，政绩卓著；同时，黄榦也与诸多同门保持了频繁密切的交往，在朱熹去世之后逐渐成为朱子门人群体的领袖与中心人物。

第一节　从学过程

在朱熹去世之前黄榦的学习经历，尤其是从学朱熹的全部经过，这是黄榦思想成长的关键期，从中可以看出黄榦学术思想活动的阶段性与某些特点。

宋高宗绍兴二十二年（1152）六月壬申亥时，黄榦出生于三山城东故居。其先世居福州长乐县青山，后乃徙家郡城之东，为闽县（今福建省闽侯县）人。其父黄瑀，朝散郎，曾为监察御史，其母安人叶氏。黄榦为御史公第四子。御史公有五子"其长曰杲，仕至江西提刑司检法官；次曰东，乐安知县；次曰杳，不仕；次则先生；又次曰枳。蚤世，先生表乐安之墓曰：惟吾家自御史公以刚方廉洁、慈爱惠利著闻当世，伯兄杲亦以才气超逸克世其家，今君所植立，又如此"[①]。从小受父兄家学教育，积累了一些儒家基础知识，培养了"会看文字"的本领。

关于黄榦早年的从学经历，特别是黄榦从学朱熹的过程，在黄榦年谱中有不少记录，但多是线索性而没有具体专门学术问题的讨论，同时由于黄榦自己的记载不多，而且黄榦给朱熹的书信保留下来的较少，在勉斋文

[①] 参见（宋）陈义和编撰《勉斋先生黄文肃公年谱》，第736页。

集中仅有十一封,且除了第一封作于淳熙十年(1183),其余均在绍熙二年(1191)之后,主要是朱子晚年,此时黄榦及门已经多年;而相比较而言,朱熹给黄榦的信倒保留了不少,共有九十六封之多,写作时间从二人第一次见面的淳熙三年(1176)到朱熹去世前,特别是其中不少早期的书信,成为我们考察黄榦从学朱熹经历的重要材料。故下面的论述只能依据黄榦的线索然后借助朱熹给黄榦的书信来作介绍。

乾道四年(1168),黄榦之父去世,居丧期间,黄榦皆遵古礼,而不用浮屠。① 此后即从学于乡先生淡斋李公深卿,先学词赋,又学古文,然非其所好也;后又入拙斋林公少颖之门;此时从二先生学时,与潘立之父子是同门。② 在受学于二先生之前,黄榦主要是受家学教育;从二先生学的是为科举服务的文学之类。

淳熙元年(1174),因其仲兄到湖北为官,黄榦遂应湖北漕举。漕举即漕试是宋代科举考试当中的初级考试,主要针对一些官员子弟,同州、府解试,漕试合格,即赴省试。这应该是黄榦第一次参加科举考试,从绍熙三年(1192)朱熹给黄榦的信(《黄直卿》之"晦伯人来"③)中提及推荐黄榦应同属科举初级考试的牒试一事来看,此次应举的结果应该是不中。淳熙二年(1175)冬,其仲兄调任吉州(今江西吉安),黄榦随行侍母,因而拜识同在吉州的清江(今江西樟树)刘清之(1133~1189年)。据《朱子门人与书院考》称,刘清之最迟于1168年即从朱熹学。④ 故此时刘清之已是朱熹高弟,刘清之见过黄榦之后,对黄榦品性资质非常赞赏,推荐黄榦前往朱熹处受学。关于受学朱子的缘由,在年谱中还有细致记述,现抄录以下:

> 潘瓜山曰:刘公一见奇之,曰:"子乃远器,时学非所以处子也。"遂以书进公于朱文公之门。门人陈伦师训曰:先生性禀高明,家法严重。自少年勇于有立,即有任重道远之意。一日岁晚,刘公叩门,约同拜朱夫子,入禀母夫人,即日命行。先生留客邸,坚苦思索,盖卧起一榻,不解衣者两月,而后夫子归,遂终身焉。其得道之传自此始。先生每从容与伦言及此事,曰"此吾母之明且决也。"盖

---

① 参见(宋)陈义和编撰《勉斋先生黄文肃公年谱》,第738页。
② 参见(宋)陈义和编撰《勉斋先生黄文肃公年谱》,第739页。
③ (宋)朱熹撰:《朱子全书》第25册,朱杰人、严佐之、刘永翔主编,上海古籍出版社、安徽教育出版社,2002年,第4655页。
④ 方彦寿:《朱熹书院与门人考》,华东师范大学出版社,2000年,第48页。

> 先生得斯道之传，虽其天资绝人，亦察院刚明风烈、叶夫人懿行远识之所助也。①

所谓时学是科举之学，也是黄榦此前所习的词赋作文等文学方面的学问。"子乃远器，时学非所以处子也"，是刘清之对黄榦志识高远的赞许，刘清之看出黄榦资禀高明，故而推荐其到朱熹处问学。这里有一个小问题，潘瓜山记录为"遂以书进公于朱文公之门"，今人于是以为刘清之推荐黄榦到朱熹处受学，而陈伦师的记述则明确为刘清之约黄榦一同前往拜会朱熹。参考朱熹淳熙三年（1176）给黄榦的信：

> 子澄遂以忧归，闻之惊骇。渠素体羸，能堪此苦否？今有一缣，烦为货之，置少酒果物，往致奠礼。鄙文一通，并烦令人读之也。直卿向留东阳之久，做得何功夫？诗及论语看到甚处？因便喻及。②

此时应是黄榦第一次见朱熹之后身在东阳已有一段时间，此信中讲子澄以忧归，并请黄榦代为致礼。于此可知刘清之刚刚自朱熹处返回，这里有两个可能，一是若黄榦与刘清之一同前往武夷拜会朱熹，黄榦在朱熹处停留两月之久，那么刘清之则在朱熹处停留更久，不太合常理；二是刘清之此次会见朱熹是第二次，那么较短时间两见也似不太合理。故而很可能潘瓜山的记录准确，黄榦先见了朱熹，而后刘清之亦来拜会朱熹，二人此次并未同时拜见朱熹。据年谱记载，同一年（1176）黄榦又受刘清之影响，至金华吕祖谦处问学。

第一阶段，问学朱熹

据年谱载，淳熙三年（1176）春，黄榦始见朱文公于五夫。③ 在具体描述这次见面之前，我们先了解一下此时朱熹所处的状态。

头一年，即淳熙二年（1175），朱熹46岁。四月吕祖谦自浙江东阳来寒泉与朱熹相会，相聚四十多日，共编订《近思录》。五、六月，与吕祖谦一同到江西信州，会陆氏兄弟于鹅湖之鹅湖寺。七月，在云谷著述讲学。

淳熙三年（1176）正月，朱熹与刘珪、刘子翔游天湖、将军岩、金斗，有诗唱酬。刘韫将五夫故居赠朱熹。三月中旬，往婺源祭扫先祖墓。

---

① （宋）陈义和编撰：《勉斋先生黄文肃公年谱》，第741~742页。
② （宋）朱熹撰：《朱子全书》第25册，第4667页。
③ （宋）陈义和编撰：《勉斋先生黄文肃公年谱》，第742页。

途中同吕祖谦约会于开化县讨论学问,即朱、吕三衢之会。四月十二日至婺源。六月二十一日降省札除秘书省秘书郎。七月初、八月底连上二道辞免状。不允,再辞,并请祠。七月为衢州江山县新建县学大成殿作记,作《定性说》、作《释氏论》。八月往邵武拜谒老儒黄中,讲论十日,问进退大节。九月差管武夷山冲祐观。秋邀袁枢、傅伯寿等游武夷、泛舟九曲碧溪。十二月十三日令人刘氏卒,享年四十六岁。观《列子》书,作《观列子偶书》,与张栻共作《四家礼范》。

此时的朱熹有较长的时间读书讲论学问,是其学术思想发展的一个重要阶段。他通过编撰《近思录》对两宋理学人物的学问思想有集中整理,与吕祖谦频繁约见,与江西陆学也有第一次正面交锋,同时也对佛学有所辨析,可以说,朱熹的学派意识得到一定加强。

黄榦的来访就处于这样一个时期,具体时间是在该年正月间,是时黄榦25岁。关于这次见面的具体情形,年谱中有黄榦弟子的描述:

> 先生尝言,初见文公,年二十五岁,文公令人邀去一所在看文字,乃是临溪一小屋,在大樟树下,四顾全无人声,屋中旧只有一村老翁,日间寄他做三顿饭,村翁出去作息,则做了一日饭而后去,夜间村翁往田中,其寥寥可知。某自拜先生后,夜不设床,记得旧有大椅子,倦时跳上去坐,略睡一瞌,又起看文字,如是者三两月。或夜间只坐到天晓,孤灯独坐,听屋头风声,令人悚然,那时岂有如今这样书册,都是去寻觅,费多少力,而今人讨得见成好书读,更不去读。①

朱子将其安置于屏山谭溪之侧,教其"读书"看文字。之所以会教黄榦读书看文字,一方面读书看文字是朱熹自己极为看重的为学方式,此时也是朱熹注释经典的重要时期,另一方面黄榦本人也非常擅长读书看文字。至于所教如何,直接的记录不多,《朱子语类》中两则材料可供参考:

> 因言读书法,曰:"且先读十数过,已得文义四五分;然后看解,又得三二分;又却读正文,又得一二分。向时不理会得孟子,以其章长故也。因如此读。元来他章虽长,意味却自首末相贯。"又问读书心多散乱。曰:"便是心难把捉处。知得此病者,亦早少了。向时举《中庸》'诚者物之终始,不诚无物',说与直卿云:'且如读十句书,上九

---

① (宋)陈义和编撰:《勉斋先生黄文肃公年谱》,第742~743页。

句有心记得,心不走作,则是心在此九句内,是诚,是有其物,故终始得此九句用。若下一句心不在焉,便是不诚,便无物也。'"明作。①

"大率把捉不定,皆是不仁。人心湛然虚定者,仁之本体。把捉不定者,私欲夺之,而动摇纷扰矣。然则把捉得定,其惟笃于持敬乎!"直卿。端蒙。②

这里提到如何结合注解与本文来反复理会文字义理,在谈到如何克制读书时心不在焉、注意力不集中的毛病时,朱熹举出其教黄榦读书的例子,说明读书需要做诚的工夫来把心把捉得定,而把捉心的实质是守定人心湛然虚定者即仁之本体,心不定的实质便是私欲动摇本心,这里的关键在于坚持切实的持敬工夫。朱熹的这个教导不仅对读书体会书之义理有帮助,同时还指出作为一种行为的读书活动与日常的持敬工夫之间的内在一致。这样,读书也便是切实的修养实践,认真严谨的读书方法与习惯也是持敬工夫的一部分。自此,读书看文字成为黄榦一生为学的重要方式,朱熹也称许"黄直卿会看文字"③。此外,黄榦在用功看文字的同时,与朱熹也有许多谈笑讲论,黄榦自己后来在《祭晦庵朱先生文》中对此有所回忆:

榦丙申之春,师门始登,诲语谆谆,情犹父兄,春山朝荣,秋堂夜清,或执经于坐隅,或散策于林坰,或谈笑而春容,或切至而叮咛,始受室于潭溪,复问舍于星亭。④

潭溪即五夫紫阳书堂,星亭为考亭书院。这里用文学化的语言对第一次从学到后来追随朱子问学的情形进行描述,呈现出一幅温馨的师生论学画面。可能由于朱熹三月中旬往婺源祭扫先祖墓,于是黄榦在朱熹处待了两三个月才离开。⑤

第一次拜见朱熹,便留两三月之久,一方面说明朱熹对黄榦资禀异常

---

① (宋)黎靖德编:《朱子语类》,王星贤点校,中华书局,2004年,第190~191页。
② (宋)黎靖德编:《朱子语类》,第213页。
③ (宋)黎靖德编:《朱子语类》,第2807页。这个评价在《朱子语类》当中"训门人五"部分,是语类中可见到的朱熹对黄榦的唯一一个评价。
④ (宋)黄榦:《勉斋先生黄文肃公文集》,载四川大学古籍整理研究所编《宋集珍本丛刊》本,线装书局,2004年,第161页。下引勉斋文字除特别标注外均为该版本,不再标注。除特别说明外,行文中简称勉斋文集亦为此版本。
⑤ 这一年黄榦还从建安到金华,去吕东莱处问学,一直到第二年才回来。参考(宋)陈义和编撰《勉斋先生黄文肃公年谱》,第744页。

器重，悉心教导，正如黄榦后来回忆所说的"诲语谆谆，情犹父兄"；另一方面也可看出黄榦向学的意志坚毅与为学过程的笃实刻苦。故此一年黄榦见过朱熹之后，二人即有频繁书信往来，在现存朱子文集中保留了作于这一年的四封书信。也就是说，从一开始，黄榦问学朱熹就非常频繁，因而年谱在记述"淳熙三年丙申，春，始见朱文公于五夫"一事后即讲"文公深知其有得于道，于是有传授付畀之意"①。这样的推论也符合朱熹此一时期学派意识有所增强的心境。

从这些书信的内容来看，多是讨论读书，涉及《孟子》《论语》《诗经》等。其中一封信说"子澄遂以忧归，闻之惊骇。……直卿向留崠阳之久，做得何功夫？《诗》及《论语》看到甚处？因便喻及"②。从朱熹的问询可知，此时黄榦主要用功在《论语》与《诗》方面。另据"所示《论语》疑义，足见别后进学之勤，甚慰所怀。已各奉报矣"③。可见，此时黄榦将有关于《论语》的疑义呈送朱熹以求指正。

此后数年，黄榦与朱子见面及书信往来也比较频繁，常就自己为学所得去信朱熹以求指导。如朱熹在淳熙四年（1177）给黄榦的信中就讲道："所喻先天之说，后来看得如何？若如所论，即天人各是一般义理，不相统摄矣，恐更当子细玩索也。"④

同时朱熹也将自己学术活动的近况告知黄榦：

> 近见朋友殊少长进，深可忧虑。任伯起到此，昨夕方与痛说，觉得上面更无去处了，未知渠能领略否耳。广西寄得语孟说来，粗看亦多合改。以医药之扰，未得专心，方略改得数段。甚恨相去之逮，不得子细商量也。⑤

这里既提到其他学者到访的情况，也讲到自己修改论孟经注的情况。就朱子学问生平来看，此年是朱子著述活动的重要时期。参考束景南先生的《朱熹年谱长编》可知：淳熙四年（1177）二月在崇安，作《江州重建濂溪先生书堂记》，修订《纲目条例》。序定《四书集注》。编成《论语集注》《孟子集注》及《论语或问》二十卷、《孟子或问》十四卷，序定

---

① （宋）陈义和编撰：《勉斋先生黄文肃公年谱》，第 742 页。
② （宋）朱熹撰：《朱子全书》第 25 册，第 4667 页。
③ （宋）朱熹撰：《朱子全书》第 25 册，第 4667 页。
④ （宋）朱熹撰：《朱子全书》第 25 册，第 4656 页。
⑤ （宋）朱熹撰：《朱子全书》第 25 册，第 4656 页。

《诗集解》八卷、《易传》。六月二十四日，《论语集注》《或问》，《孟子集注》《或问》，《大学章句》《或问》，《中庸章句》《或问》《辑略》成，序定之。八月作《与张敬夫论癸巳论语说》。十月二十二日，修订《诗集解》成，序定之。从该信最后一句"甚恨相去之逮，不得子细商量也"，可见，朱熹期望能够与黄榦仔细商量，这里固有自谦之意，但也可看出其对黄榦看文字功夫的肯定，才有意让黄榦参与到自己的著述活动当中来。

黄榦一开始就参与到朱熹的著述活动当中，另一重要原因便是，自是黄榦从第一次见到朱子开始，他与朱熹的关系就非常密切。正如年谱中在"淳熙七年（1180）"条中的说明"案，先生今岁始与文公有经年之别"①，也就是说，自淳熙三年（1176）黄榦第一次拜见朱熹之后，与朱熹相聚非常频繁，每次分开的时间不会超过一年。这段时间里，一方面黄榦听从朱子教诲，认真读书论学，故朱子书信中常有相关问询与讨论；另一方面也由于黄榦读书认真、学问进步较快，逐渐得到朱熹的认可，参与到朱熹学术活动当中，并越来越扮演着重要角色。因此，黄榦很快就成为朱熹身边最密切的弟子之一。据年谱载，淳熙六年（1179）文公守南康，先生从行，因游白鹿、历观庐阜之阳。② 而且在该年六月十七日朱熹在给吕东莱的书信中就明确讲道：

> 以此两月只看得两篇《论语》，亦是黄直卿先为看过，参考异同了，方为折中。尚且如此。渠昨日又闻兄丧归去，此事益难就绪矣。③

注意信中所言"亦是黄直卿先为看过"，可见黄榦参与到朱熹的著述活动当中在此前就已经开始。信中"闻兄丧归去"是指四月时黄榦伯兄检法兄府君卒，黄榦奔丧而归家。这里的"此两月"是在四月黄榦离开之前的两个月。由此可见，黄榦不仅早已参与到朱子著述活动当中，而且在其中起到了非常重要的作用，以致黄榦奔丧离开后，朱子感叹编注《论语》工作受阻，"难就绪矣"。朱熹直到淳熙七年（1180）十一月才补定《语孟精义》，改名为《语孟要义》，刻版于隆兴（今南昌）。

---

① （宋）陈义和编撰：《勉斋先生黄文肃公年谱》，第 746 页。
② （宋）陈义和编撰：《勉斋先生黄文肃公年谱》，第 744 页。
③ （宋）朱熹撰：《朱子全书》第 21 册，第 1484~1485 页。

淳熙七年（1180），黄榦留在福州，与文公有经年之别，此年朱熹与黄榦的书信往来频繁，现存朱子文集中保留了五封之多。其中不仅提及自己"诸经旧说皆看得一过，其间亦有改定处"①，还向黄榦感叹道学人物的亡故：

> 南轩云亡，吾道益孤，朋友亦难得十分可指拟者，所望于贤者不轻，千万勉旃！②
>
> 昨收书，报及郑台州之讣，执书惊愕失声，何天无意于斯世，而偏祸吾党如此之酷？痛哉！痛哉！自此每一念，未尝不酸鼻也。③

在这里朱熹向黄榦感叹张南轩与郑台州之亡，所谓吾道益孤与偏祸吾党，均是哀叹于道学阵营的损失，对黄榦有所期望之意溢于言表。此外，另一信中还提到自己丐归之后希望与黄榦一起相与讲论读书之意：

> 力请丐归，计亦未必可得，但恐自以罪戾罢逐耳。世态不佳，老病益厌俯仰，但思归卧林间，与如直卿者一二人相与讲论，以终素业耳。④

这里也可见此时朱熹对黄榦的高度称许之意，黄榦与朱熹的关系益加密切，黄榦已经成为朱熹最为器重的弟子之一。

到了淳熙八年（1181）闰三月，朱子代归，黄榦前往南康，一路同游庐山之北。十月，朱子被召至京，黄榦从行。在淳熙九年（1182），黄榦31岁，朱子把自己的二女儿嫁给黄榦。朱熹有这样的安排自然与其对黄榦的称许与期望相关，按潘瓜山的说法："文公语公以道德性命之旨，言下领悟，遂厌科举之业，慨然有志于道，深观默养，殆几十年。文公喜其用意清苦，遂妻以女。时文公声名已盛，公卿名家莫不攀慕争欲以子弟求昏。公家清贫，门户衰冷，文公独属于公者，以吾道所在，欲有托也"⑤。自此，二人相与读书讲论学问的机会更多了一层缘由。

婚后，朱熹将黄榦一家安置于紫阳书堂。这里有个现实的原因是，由

---

① （宋）朱熹撰：《朱子全书》第25册，第4646页。
② （宋）朱熹撰：《朱子全书》第25册，第4645页。
③ （宋）朱熹撰：《朱子全书》第25册，第4645页。
④ （宋）朱熹撰：《朱子全书》第25册，第4646页。
⑤ （宋）陈义和编撰：《勉斋先生黄文肃公年谱》，第747~748页。

于家贫，黄榦的母亲一直跟随其各处为官的仲兄黄东。据年谱，淳熙十三年（1186），三月仲子辅出生。① 这一年仲兄黄东在沙邑做官，黄榦于是常在建安与沙邑之间往来，侍奉母亲。直到淳熙十五年（1188）戊申，夏，黄榦以妇氏及辂、辅归于太夫人侍下。② 对这次回归太夫人处，朱熹还曾与黄榦之兄黄东去信说明情况："累承谕及女子归期，即已随事经营，以赴此月中澣之期，忽得直卿书，欲且缓行，殊不可晓，不免且令儿辈送此女及二甥，定三十日就道，约直卿来建剑间接去。"③ 又与黄榦去信叮嘱："此女得归德门，事贤者，固为甚幸。但早年失母，阙于礼教，而贫家资遣不能丰备，深愧恨。想太夫人慈念，必能阔略。然妇礼不可缺者，亦更赖直卿早晚详细与说，使不至于旷败为善。"④ 可见，这是黄榦之妻儿第一次离开朱熹，黄榦婚后长期居在朱熹身边。当然，这段时间中，黄榦时常往来归家侍亲。在居家侍亲时，黄榦也未尝不笃实看文字。在淳熙十年（1183）他给朱熹的信中：

> 榦侍亲，幸安，病余倦乏无他，往还翻阅旧书，不敢自废。向日看书独《盘诰》殊未通，今始玩绎，俟异日求质正……又看《大学》《中庸》《易传》，循环读之，乃知人心持守，常欲明觉，然义理未通贯，则群疑塞胸，触事面墙，所谓明觉者，殆不足恃。朋友犹以辨析已甚为疑，恐卒坠于灭裂卤莽擒填索涂之地也。……三哥比得书，意思甚佳。盖天资之美，诗礼之训，自应若此。榦以来岁，彼中不招馆客，欲得朋友相切磋，遂欲开岁四五日即离此。适得彦忠书，闻欲来春归寻地，季通蔡丈亦同行，恐其至此无他深密相识，势须少候，已与之约二十日，不到此，榦当即启行，不审尊意如何。⑤

书称主馆徽猷先生，又有岁晚天寒之问。朱熹淳熙九年（1182）除直徽猷阁，淳熙十年（1183）二月拜命主管台州崇道观，此信当是此年冬。此信至少透露出黄榦此时为学的几点信息：第一，黄榦在居家侍亲之余，依然仔细读书看文字，对《盘诰》篇心存疑惑并有试图有所解决，对《大学》《中庸》《易传》也是反复研读，有所悟解；第二，所谓"榦以来岁，彼

---

① （宋）陈义和编撰：《勉斋先生黄文肃公年谱》，第750页。
② （宋）陈义和编撰：《勉斋先生黄文肃公年谱》，第750页。
③ 转引自（宋）陈义和编撰《勉斋先生黄文肃公年谱》，第750~751页。
④ 转引自（宋）陈义和编撰《勉斋先生黄文肃公年谱》，第751页。
⑤ （宋）黄榦：《勉斋先生黄文肃公文集》，第556页。

中不招馆客，欲得朋友相切磋"，黄榦此时已经开始有意充任馆客，训导蒙童子弟，独立授学；第三，黄榦在问学朱熹之余，与其他同门也有密切往来论学。

第二阶段，协助朱子著述

生活在朱熹身边的这段时间，黄榦更加广泛地参与到朱熹的著述活动当中。淳熙十一年（1184），黄榦33岁，留在建安时，协助朱子著述。对此潘瓜山介绍道："文公退居山谷者三十年，专讨论经典、训释诸书，以惠后学。时从游者独公日侍左右，纂集考订之功居多。"① 这里指出，黄榦在朱子众多门人当中，是留在朱熹身边时间最长的，其协助朱熹著述讲学之功也最突出。年谱中还引黄榦《论语通释》中的一段来佐证：

《论语通释·卫灵公篇》"谁毁谁誉"章记云：先师之用意于《集注》一书，愚尝亲睹之，一字未安，一语未顺，覃思静虑，更易不置。或一二日而不已，夜坐或至三四更。如此章乃亲见其更改之劳，坐对至四鼓。先师曰"此心已孤，且休矣。"退而就寝，目未交睫，复见小史持版牌以见示，则是退而犹未寐也，未几而天明矣。用心之苦如此，而学者顾以易心读之，安能得圣贤之意哉。追念往事，著之于此，以为世戒。②

于此，黄榦详细记述了朱熹编订《论语集注》的一个具体场景，固然可以看出朱熹殚精竭虑的为学态度，也可以看出黄榦对朱熹《论语集注》的具体编撰过程最为熟悉。这种熟悉使得黄榦能够更加准确地理解朱熹著作的本意，能够更为准确地接受朱熹的思想理论。这是黄榦后来能够作出《论语通释》的一个重要前提。这里黄榦虽然没有具体描述如何与朱熹讨论《论语集注》的修撰问题，但结合前面的一些材料来看，我们从朱熹修撰过程中黄榦的在场作出其参与其中的推论也是合情合理的。同一年，在黄榦离开朱熹后，朱熹在给他的信中也明确讲到"近日讲论及修改文字颇多，当候相见面言之"③。淳熙十二年（1185）春，朱熹修订《大学集解》新本。

除了《论语集注》之外，黄榦还参与到朱熹其他著作的编撰讨论之

---

① （宋）陈义和编撰：《勉斋先生黄文肃公年谱》，第748页。
② （宋）陈义和编撰：《勉斋先生黄文肃公年谱》，第748~749页。
③ （宋）朱熹撰：《朱子全书》第22册，第2156页。

中。黄榦对先天、太极相关主题一直非常有兴趣，此前如《答黄直卿》之"所喻先天之说"①（1177）。淳熙十一年（1184）黄榦与朱熹的这类讨论更多些，如：

> 所论太极散为万物，而万物各具太极，见得道不可须臾离之意，而与一贯之指、川上之叹、万物皆备之说相合，学者当体此意，造次颠沛不可间断，此说大概得之。但周子之意若只如此，则当时只说此一句足矣，何用更说许多阴阳、五行、中正、仁义及《通书》一部种种诸说邪？②
>
> 示喻读书次第，甚善。但所谕《先天》《太极》之义，觉得大段局促。……子细已别录去，可更详之。③
>
> 前书所论《先天》《太极》二图，久无好况，不暇奉报。先天乃伏羲本图，非康节所自作，虽无言语，而所该甚广。凡今《易》中一字一义，无不自其中流出者。《太极》却是濂溪自作，发明《易》中大概纲领意思而已。……近日讲论及修改文字颇多，当候相见面言之。④

朱熹的这三封信均作于淳熙十一年（1184），信中因黄榦来信引发朱熹对周敦颐的《通书》《太极图说》和邵雍《先天图》中相关易学的讨论。可见黄榦此时正用心于周敦颐、邵雍之学，黄榦对《先天》《太极》皆有自己的理解，并认为周敦颐思想的关键在于"太极散为万物，而万物各具太极"，朱熹在信中指出其局促之处，认为对《太极图》与《通书》应该更仔细领会，且对于日用工夫来说，要求先有个自家亲切要约处作为立脚处，尔后再向外推扩使得胸中万理洞然明晓。此外，朱熹还明确指出，"近日讲论及修改文字颇多，当候相见面言之"，可以肯定的是，朱熹此时的讲论与修改文字在他们见面时定会有所讨论。

此后不久，朱熹相继完成《大学集解》新本、《通书解》《太极图说解》《易学启蒙》《周易本义》等书的编撰。参考束景南先生《朱熹年谱长编》可知：淳熙十二年（1185）春，朱熹修订《大学集解》新本；四

---

① （宋）朱熹撰：《朱子全书》第 25 册，第 4656 页。
② （宋）朱熹撰：《朱子全书》第 22 册，第 2156~2157 页。
③ （宋）朱熹撰：《朱子全书》第 22 册，第 2156 页。
④ （宋）朱熹撰：《朱子全书》第 22 册，第 2155~2156 页。

月同陆九渊为首的陆学论辩太极。淳熙十三年（1186）三月十六日，《易学启蒙》成，序定之；与郭雍、程迥、程大昌、赵善誉、袁枢、林栗等进行《易》学论辩，作《蓍卦考误》；作《易学启蒙》四篇、《孝经刊误》一卷；五月修订《四书集注》；八月十二日《孝经刊误》成；十月《诗集传》成，作《诗序辨说》附后，刻版于建安；十二月致书陆九韶，再论无极太极与《西铭》理一分殊之说。淳熙十四年（1187）三月一日，《小学》书成；五月致书陆九韶，停止太极论辩；又致书陆九渊，批评陆氏心学；九月六日，《通书解》成；淳熙十五年（1188）三月十八日启程入都奏事。出示《太极图说解》（《太极图通书》）、《西铭解义》。《周易本义》稿成。二月始出《太极图说解》《西铭解》以授学者，为作后跋。四月一日上札再辞，请祠。与辛弃疾相会于信州。七月《周易本义》成。

由于材料缺乏，我们无法描述黄榦在朱熹这些著作的编撰过程中到底起到了哪些具体作用，但联系到前面《论语集注》的情况，黄榦作为被朱熹赞为"会看文字"的弟子且又是在朱熹身边相处时间最长的弟子，可以推论，黄榦同样会参与到朱熹其他著述活动当中去。而且黄榦与朱熹关于这些易学相关问题的讨论，对朱熹的著述活动是有重要影响的，朱熹提出的许多观点在后来相关著述中有所体现。

第三阶段，独立授学聚讲

淳熙十三年（1186），仲兄黄东带着母亲在沙邑做官，而且逐渐在沙邑定居下来。黄榦于是常在建安与沙邑之间往来，侍奉母亲，在沙邑的时间更多些。于是，淳熙十四年（1187，朱子命自己的三子朱在（1169～1239年）到沙邑向黄榦学习。朱在自小受学于朱熹，13岁时，赴金华拜理学家吕祖俭（吕祖谦之弟）为师。在金华期间，与吕祖谦之女结婚，婚后住在吕家。此时朱在已经19岁，朱子命其向黄榦学习，可见朱熹对黄榦学问非常肯定，必定认为黄榦在理学方面已有相当成就，可以为人师。第二年，朱熹还期望黄榦能教育朱在："埜儿挈其妇归，粗慰老怀。……此儿粗知向学，它时稍堪直卿诸人提挈足矣。"[1]

到淳熙十五年（1188），黄榦37岁。夏，朱子还让黄榦把自己夫人与两个儿子一起接到太夫人处。后黄榦又回到建安朱熹处，时自己妻儿尚留沙邑；冬，又回到沙邑。总体来说，此后黄榦依然往来于朱熹处与沙邑之间，但因为家庭的缘故，黄榦居于沙邑的时间较长。

黄榦不在身边的日子，朱熹与之书信较多。朱子文集中现存的仅淳熙

---

[1] （宋）朱熹撰：《朱子全书》第25册，第4670页。

十五年（1188）朱熹写给黄榦的书信就有七封之多。这里仅列两封：

> 辞免文字至今未得遣去，盖封事字数颇多，昨日方写得了，更须装三两日方得发也。所欲言者，不论大小浅深，皆已说尽，明主可为忠言，想不至有行遣。但能寝罢召命，即为幸耳。万一不遂，不免一行，更不能做得文字，只是面奏乞归也。或更要略说道学。《大学中庸集注》中及《大学或问》改字处附去，可子细看过，依此改定令写。但《中庸或问》改未得了为挠耳。①
>
> 此间番阳近有二一朋友来，颇佳。恨直卿不在此，无人与商量文字耳。②

这里既有讨论自己辞免文字，更流露出对黄榦的不舍和急迫期待与黄榦一起商量文字的心情。朱熹一直在不断修订自己所注之书，这里提到自己对《大学集注》《中庸集注》与《大学或问》有修改，而后寄给黄榦令其仔细看过。

据年谱载：光宗绍熙元年（1190）春，朱熹病中，黄榦携妻儿回到朱子身边；夏，朱熹赴任漳州，黄榦从行；秋，黄榦自临漳返回三山；十月，黄榦与诸君（有赵仲宗、赵舜和、潘谦之、曾鲁仲等）同游三山；十一月，又回到临漳朱熹身边，在临漳停留月余。③ 朱熹在给黄榦的信中也提及黄榦的一些行踪：

> 知与刘、潘诸人相聚甚乐，恨不在近，资讲论之益。但《春秋》难看，尤非病后所宜。且读他经论孟之属，如不食马肝，亦未为不知味也。所以答子约者甚佳，但恐亦不必如此。今所虑者，独恐物不格、知不至耳。知至则自见得义利公私之下毫发不放过也。④

这里可以看到，黄榦在离开朱熹时，与刘、潘等人相聚讲论，并且应该在看《春秋》，同时与吕子约有书信往来。也就是说，黄榦不在朱熹身边时积极向学，与同门和其他学者有不少相聚讲学与书信往来，这是黄榦此时

---

① （宋）朱熹撰：《朱子全书》第25册，第4649页。
② （宋）朱熹撰：《朱子全书》第25册，第4670页。
③ 参见（宋）陈义和编撰《勉斋先生黄文肃公年谱》，第752~753页。
④ （宋）朱熹撰：《朱子全书》第25册，第4653页。

生活的一个常态。

据年谱载：绍熙二年（1191）正月，黄榦携妻儿从临漳回到三山；与朋友生徒在新河旧居处聚会；这一年赵忠定公儒愚为七闽帅，舍先生于登瀛馆，诸生从学于所馆，已而移会叶氏悦乐堂；五月，同诸君（同游者有同郡潘谦之、赵舜和、郑成叔、唐去华、括峰叶味道、永嘉徐君居父、仁父）游鼓山大顶峰。① 淳熙十四年（1187），朱子曾令自己的儿子朱在到黄榦处学习。②

此时朱熹还在漳州为官，朱熹给黄榦的信件却一封接一封，现存七封之多。其中一封为我们提供了一个重要信息，那就是虽然多年来家人一直希望黄榦能够参加科举，而黄榦此时已决意不再参加科举考试。朱熹说："闻今岁便欲不应科举，何其勇也。然亲闻责望，此事恐未得自专。更人思虑，如何？"③ 自淳熙元年（1174）黄榦应湖北漕举失利之后，家人一直希望黄榦能够继续参加科举。信中朱熹赞其能脱离世俗价值观念，但还是劝黄榦要考虑家人的期待，这也符合朱熹对科举并非一味排斥的立场。甚至第二年（即绍熙二年）朱熹还去信试图说服黄榦参加科举，并一度试图为其谋求牒试的机会：

> 晦伯人来，得近问，知山中读书之乐，甚慰。但不应举之说终所未晓，朋友之贤者，亦莫不深以为疑，可更思之。固知试未必得，然以未必得之心随例一试，亦未为害也。痰嗽已向安否？亦不可不早治也。牒试中间辛宪、汤倅过此，皆欲为问，既而皆自有客，不复可开口。其伪冒者固不容复动念，知却刘倅之请，甚善。宗官衡阳之嫌，固亦所当避也。吾人所处，着个"道理"二字，便自是随众不得。此是不可易之理，但看处之安与否。④

朱熹在信一开头就对黄榦乐于居家读书表示相当欣慰，但对黄榦立志不参加科举，朱熹还是有所劝说，他说即便是参加科举未必一定会得中，但以平常心随众一试对自己也没什么害处；而且朱熹为帮助黄榦通过科举的初级考试，还曾想让黄榦参加牒试。这也是宋代科举考试中针对官员子弟门

---

① 参见（宋）陈义和编撰《勉斋先生黄文肃公年谱》，第 753~755 页。
② 参见（宋）陈义和编撰《勉斋先生黄文肃公年谱》，第 750 页。
③ （宋）朱熹撰：《朱子全书》第 25 册，第 4670 页。
④ （宋）朱熹撰：《朱子全书》第 25 册，第 4655 页。

生的初级考试，通过后才有机会参加省试乃至于殿试，其录取比例比一般士子的解试要高。朱熹曾想请辛宪与汤倅帮忙推荐，但因他们已经各有自己要推荐的人而作罢。当时牒试中假冒门生和篡改籍贯的舞弊现象突出，而信中提到黄榦不愿假冒门生而主动"却刘倅之请"，并回避"宗官衡阳之嫌"，主动放弃牒试机会。于此也可看出，即便是家人一再期望，朱熹也再三劝说，但黄榦沉浸于读书讲学之乐，对参加科举考试并无太大兴趣。

到该年秋，文公自漳州请祠南归，道经三山；黄榦从文公至武夷，寻复归乡。根据黄榦给朱熹的信：

> 榦初八晚，已抵侍旁，老幼幸无恙，更留二十余日，方可告归。一房儿女，久劳抚念，重以为愧。家兄此间亦能尽职，俸虽薄，亦足奉亲。凡事只得逐日驱遣，不暇为异日谋也。特老人于榦一房尤所钟爱，甚欲令挈为此来，亦俟相度事势如何耳。①

此信作于绍熙二年（1191）八月十日。此时黄榦在三山，计划停留二十余日，九月再回朱熹处。信中说的"初八晚"是黄榦从朱熹所在建阳返回三山母亲处，此时自己的妻儿尚在建阳朱熹处，这应该是该年秋间朱熹从漳州途经三山时，黄榦与妻儿一同随朱熹归至武夷，后留在朱熹处。

在这一年，朱熹在信中还与黄榦讨论了经注中一些新的想法，如：

> 《大学》向所写者自谓已是定本，近因与诸人讲论，觉得"絜矩"二章尚有未细密处。②

> 《中庸》三纸已细看，但元本不在此，记得不子细。然大概看得，恐是《或问》简径而《章句》反成繁冗。如"鸢鱼"下添解说之类。又《集解》逐段下驳诸先生说，亦恐大迫，不稳便，试更思之。只如旧而添《集解》《或问》以载注中之说，如何？③

> 此间数日来整顿《纲目》，事却甚简，乃知日前觉得繁，只是局生。④

---

① （宋）黄榦：《勉斋先生黄文肃公文集》，第559页。
② （宋）朱熹撰：《朱子全书》第25册，第4648页。
③ （宋）朱熹撰：《朱子全书》第25册，第4648页。
④ （宋）朱熹撰：《朱子全书》第25册，第4648页。

这里涉及《大学》《中庸》与《纲目》等著作的一些新想法。此外，朱熹还提及：

> 湖南初且以私计不便，未可往。今缘经界住罢，遂不可往矣。已草自劾之章，旦夕遣人。若且得祠禄，亦已幸矣。生计逼迫非常，但义命如此，只得坚忍耳。闻欲相访，千万速来，所欲言者非一。知彼中学徒甚盛，学业外，亦须说令知有端的合用心处及功夫次第乃佳。①

按朱熹年谱，绍熙二年（1191）九月，朱熹除荆湖南路转运副使。十月九日辞，不允。十二月再辞，以漳州经界法不行自劾。故此信即作于该年十二月。此时黄榦不在身边，应是在三山授学，朱熹急迫希望黄榦速来。朱熹还告知其陈淳来受学之事：

> 书来，知甚长进，可喜。近得漳州陈淳书，亦甚进也。今老病无它念，只得朋友多见得道理，即异时必须有立得住者，万一其庶几耳。②

据年谱载，绍熙三年（1192），春，约表兄弟发两集于城外僧舍，诸生从学于城东古寺。黄榦独立授学活动愈加频繁，对此，朱熹极为鼓励：

> 世道如此，吾人幸得窃闻圣贤遗教，安可不推所闻以拯斯人之溺？政使不得行于当年，亦须有补于后也。③

朱熹指出，黄榦所行教化的目的乃在于将陷溺于功利异端的世人拯救出来，即便不能立即显示其意义，也必将有助于后世。此外，朱熹还向黄榦指点一些授学之方：

> 为学直是先要立本，文义却可且与说出正意，令其宽心玩味，未

---

① （宋）朱熹撰：《朱子全书》第25册，第4670页。
② （宋）朱熹撰：《朱子全书》第25册，第4670页。
③ （宋）朱熹撰：《朱子全书》第25册，第4647页。陈来先生以为此信作于绍熙四年（1193），而据《勉斋先生黄文肃公年谱》当在绍熙三年（1192）。参见（宋）陈义和编撰《勉斋先生黄文肃公年谱》，第756~757页。

可便令考校同异，研究纤密，恐其意思促迫，难得长进。将来见得大意，略举一二节目，渐次理会，盖未晚也。此是向来定本之误沁牛见得，却烦勇革，不可苟避讥笑，却误人也。①

这里从为学先要立本的观点出发，指出看文字理解文义时需要宽心玩味，切不可急迫。

关于这一年，还有一个重要的事情就是：据年谱载，绍熙三年（1192）初，文公编集《仪礼经传通解》，先生分掌丧祭二礼；是秋，黄榦开始与朋友讨论《仪礼经传通解》。②

绍熙三年冬，自三山如建安。第二年（1193）春，又自建安归三山所居。钟山赵氏（即赵善绰，字友裕，庸斋赵汝腾之父）馆先生以为诸子师。黄榦将此事告知朱子，"直卿告先生以赵友裕复有相招之意。先生曰：'看今世务已自没可奈何。只得随处与人说，得识道理人多，亦是幸事。'贺孙"③。在朱子的鼓励下，黄榦接受聘任，传播道学思想。他在此授徒讲学之余，也时常与朋友聚会论学。秋，泛舟九龙山，哭故人林丕显，并访郑文遹成叔于象山下。在祭文中提到头一年林丕显曾与黄榦约来年为"旬日之集"④。可见，此时黄榦与朋友们的聚会论学已经逐渐形成较稳定的形式。

绍熙四年（1193）冬，仲兄奉太夫人之官衢州，先生又回到建安朱子身旁。十二月，归三山。

第四阶段，俨然朱学正传

绍熙五年（1194）春，先生将如三衢省母，道建安，会文公为湖南帅，先生从行。七月，宁宗即位，文公以捧表恩奏补先生将仕郎。据郑元肃录云："先生初受官时，力辞于文公，诸公以为不可而止。先生尝谓，某初辞官，非为过高……仰禄既不足以为贫，居官又未足以行志，而枉费心力于簿书米盐之间，孰若隐居山林，讲学问道之为乐哉……盖先生于未仕之前，誓以清苦传家，必毋忝先训，而进退浩然，又非爵禄之所羁縻也。"⑤

---

① （宋）朱熹撰：《朱子全书》第25册，第4648页。陈来先生以为此信作于绍熙二年（1191），而据《勉斋先生黄文肃公年谱》称，此信应是作于绍熙三年（1192），从信中内容也可知是对黄榦授学活动的告诫。参见（宋）陈义和编撰《勉斋先生黄文肃公年谱》，第757页。
② （宋）陈义和编撰：《勉斋先生黄文肃公年谱》，第757页。
③ （宋）黎靖德编：《朱子语类》，第2916页。
④ （宋）黄榦：《勉斋先生黄文肃公文集》，第160页。
⑤ （宋）陈义和编撰：《勉斋先生黄文肃公年谱》，第758~759页。

面对官职，黄榦甘心清苦传家，隐居山林，尽享讲学问道之乐。

当时赵忠定公为丞相，召文公为侍讲，黄榦从至京师。据林梅坞曰："赵公与文公厚善，闻先生抵中都，每对客念其贫，且意其必来见也；先生闻之，曰：'丈夫岂可为人怜。'卒不见之。"① 面对权贵，黄榦持守有道，不媚权势，坚持独立的人格气节。

正如杨信斋所解读："进道之要固多端，且刊落世间许多物欲外慕，见得荣辱、得失、利害皆不足道，只有直截此心，无愧无惧，方见之动静语默，皆是道理。故先生平日居正位，行大道，得失、利害、祸福不足以动其心，由其见道之明，故能守道之笃也。"② 这两件事，充分显示一个道学人物高洁的志向与气节。自此，无论是追随朱熹、独立授学、与学者交往论学，还是面对各种人生境遇，都越来越呈现出一个成熟道学家的风范。

此后，随着道学的政治环境越来越紧张。黄榦的道学气节又体现在当时因韩侂胄用事而忠定公及文公俱罢之时，道学处境逐渐严峻起来，而黄榦一直追随朱子出京，后留于三衢。对此，先生尝言："赵丞相、朱文公初得贬时，或问某所以自处之计，某语之曰：'已办一杖双屦，欲从先生度岭过海矣。'盖先生于文公恩深义重，以死相从，已决于心。其后尝举'子畏于匡''颜渊后，吾以汝为死矣'等语以励学者，皆有深意云。"③ 若无坚实的道学修养，很难有此明确的立场与清醒的认识。

朱熹被贬回建阳之后，专心讲学，在自己屋后作精舍："见谋于屋后园中作精舍，规摹甚广，他时归来，便可请直卿挂牌秉拂也。作此之后，并为直卿作小屋，亦不难矣。"④ 这里讲到的计划是在屋后作精舍，时在绍熙五年（1194）十二月。朱熹明确有意让黄榦来执教鞭，为求学者讲学，并计划为黄榦作一小屋。⑤ 朱熹认为黄榦可以代为接引从学者，堪为道学导师，这充分说明朱熹对黄榦学问的高度认可。

宁宗庆元元年（1195）春二月，铨中；四月，授迪功郎、监台州户部赡军酒库，至行都与吕公子约（讳祖俭，东莱先生弟）、赵公子钦（讳彦

---

① （宋）陈义和编撰：《勉斋先生黄文肃公年谱》，第761页。
② （宋）陈义和编撰：《勉斋先生黄文肃公年谱》，第760页。
③ （宋）陈义和编撰：《勉斋先生黄文肃公年谱》，第761~762页。又见于（宋）朱熹撰《朱子全书》第25册，第4669页。
④ （宋）朱熹撰：《朱子全书》第25册，第4667~4668页。
⑤ 此屋最终在庆元三年（1197）建成，参见（宋）陈义和编撰《勉斋先生黄文肃公年谱》，第767页。

辅)等交游论学，因以礼书图证相与讲明之，显示出一个成熟的朱子学者与其他学者论学往来时的学术自信。后吕公以言事得罪，被贬赴瑞州，当时，朝命甚峻，吕公之行，莫敢饯之者，先生独出城与之别；送卒有侵吕公者，先生以义责且谕之，其人感服。① 这又看出黄榦不畏权势的正直。

时六月，朱熹草拟封事数万言，极陈奸邪蔽主之祸，黄榦接连去信两封，力劝朱熹避祸。朱熹后避居长溪黄榦、杨楫家，讲学于石湖馆、龟龄寺、石堂等。八月三十日，与黄榦、刘淮诸弟子游浮翠亭。朱熹居家时常感叹："逐日幸有讲论，足以自警。其间亦颇有可说话者，所恨直卿不在此，不得与之琢磨也。"② 于是，十一月后，黄榦自京还，留文公之侧。

庆元二年（1196），自建安归三山，诸生从学于城南。时文公被旨落职，罢祠闲居，分界门人编辑礼书。先生实为分经类传，文公删修笔削条例，皆与议焉。

是秋，自三山复如文公之侧。是时陆九渊弟子包显道等人来访朱熹，朱熹让黄榦代为讲论。据黄义刚录云："显道请先生为诸生说书。先生曰：'荷显道与诸生远来，某平日说底便是了，要特地说，又似无可说。……直卿与某相聚多年，平时看文字甚仔细。数年在三山，亦甚有益于朋友。今日可为某说一遍。'直卿起辞，先生曰：'不必多让。'显道云'可以只将昨日所说有子章申之。'于是直卿略言此章之指，复历述圣贤相传之心法。"③ 这里明确记录朱子让黄榦代自己为来访的象山弟子讲学，等于是在象山学派成员面前直接肯定黄榦在朱子学派当中的地位，堪为朱子之代表，这说明后来朱子有意托道于黄榦而并非全无征兆。

随着党禁带来了道学生存环境越来越严峻，朱熹身边一些弟子纷纷离开。由于家庭变故和授学任务加重，黄榦不在朱熹身边的时间也更长了，然而黄榦与朱熹的交往不仅没有减少，反而有所增加，朱熹托道于黄榦的意愿更加强烈。现存《勉斋先生黄文肃公文集》中保留的《与晦菴朱先生书》有一半多作于庆元党禁期间；在朱熹生命的最后几年，他与黄榦之间的往来更加频繁，光书信在庆元三年（1197）有十三封，庆元四年（1198）有十四封，庆元五年（1199）有二十封，庆元六年（1200）有一封。这不仅表明朱熹与黄榦的关系更加密切，也充分显示伪学禁中黄榦鲜明而坚定的道学立场。

---

① 参见（宋）陈义和编撰《勉斋先生黄文肃公年谱》，第762~764页。
② 朱熹撰：《朱子全书》第25册，第4651页。
③ （宋）黎靖德编：《朱子语类》，第2869~2870页。

庆元三年（1197），仲兄之官庐陵，黄榦从行。而此时朱熹在考亭新居之旁专门为黄榦筑室，以待黄榦来时居住。七月，皇妣安人叶氏卒，黄榦与仲兄护丧来归，居于箕山先茔之精舍。一直到庆元四年（1198），诸生从学黄榦于箕山庐居。对此，朱熹去信黄榦说："居庐读礼，学者自来，甚善甚善。但亦不易彼中后生乃能如此。"① 在党禁的政治环境中，了解到黄榦身边求学者较多，朱熹感到非常欣慰。朱熹又云，"斋中诸友，甚不易相信得及。年来此道为世排斥，其势愈甚，而后生乡之者，曾不少变，自非天意，何以及此？"② 对于黄榦与朋友相聚讲学论道，身处伪学禁中的朱熹也生出不少感叹。

在这一年（1198），文公得疾，曾贻书先生为诀，因以深衣及平生所著书授之。先生诸子以为此书今不复存，唯深衣尚在耳。这是黄榦弟子所见，应是可信的记载。在这里，深衣与授书颇有传道的象征意味，一直为后来学者认可黄榦为朱熹正传的重要佐证之一。

庆元五年（1199），诸生从学于新河所居，文公遣其诸孙来执经。这一年朱熹给黄榦书信非常频繁，有二十封之多。对于黄榦开馆授徒，朱熹非常关注，频频询问，在给黄榦的信中表达了自己的喜悦之情："知斋馆既开，慕从者众，尤以为喜。规绳既定，更且耐烦勉力，使后生辈稍知以读书修己为务，少变前日浅陋儇浮之习，非细事也。"③ 也提出了期待与告诫。同时，朱熹还非常希望黄榦能来相聚，所谓"闻欲迁居此来，甚慰，不知定在何日也。但授徒之计复何如？此中甚欲直卿来相聚，亦恐此一事未便，不知曾入计度否耶？"④

此时，黄榦在授徒之余，还会聚朋友修纂丧祭二礼，各为长编以纳于文公之所。七月，免丧，还迁朋友于城南；八月朔日，始课诸生，日讲易一卦，孟子两版，休日毕集于僧舍，设汤饼供迭请五六人覆讲，不通者罚，从容终日而罢；直到十一月，登栗山，访故旧；回来后再到考亭，并迁于新居。⑤

庆元六年（1200）二月十二日，自考亭登舟至家；二十一日，诸生拟试，遂行舍菜之礼；三月一日，立定课程读书，诸生从学于闽县学。（先生与潘瓜山书）与此前被私人延为馆客不同，此时黄榦于闽县学当中授

---

① （宋）朱熹撰：《朱子全书》第 25 册，第 4658 页。
② （宋）朱熹撰：《朱子全书》第 25 册，第 4659 页。
③ （宋）朱熹撰：《朱子全书》第 25 册，第 4662 页。
④ （宋）朱熹撰：《朱子全书》第 25 册，第 4669 页。
⑤ 参见（宋）陈义和编撰《勉斋先生黄文肃公年谱》，第 771~772 页。

学，其礼仪、课程均更为正规。据黄榦第二年（1201）三月所作的《辞晦庵朱先生几筵》："榦也不才，去年之春，里之父兄以其从游于先生之门久而意其粗有所闻也，帅其子弟而相与讲学焉，榦方固辞，而先生督之愈力，是以不获隅坐执烛以听垂殁之诲，至今抱恨无有穷也。今先生练祭，近一二月而里之子弟复有所请，榦窃惟先生之治命不敢违，乡人之善意不敢沮，遂舍先生之几筵以行，不能筑室于场以终三年之礼。俯仰太息，绝愧古人，卮酒告行，痛彻心肺。"① 可以知道，此次于县学任教，黄榦是在朱熹的鼓励与督促之下而接受的，并且在黄榦为朱熹守孝一年之后，又提出聘请。这也说明黄榦的学问在当时已有一定社会影响，得到了官方的一定认可。

三月甲子朱熹去世。前一日还去信黄榦：

> 三月八日，熹启：人还得书，知已至三山，一行安乐，又知授学次第，人益信向，所示告文规约皆佳，深以为慰。今想愈成伦理，凡百更宜加勉力。吾道之托在此者，吾无憾矣……礼书今为用之、履之不来，亦不济事，无人商量耳。可使报之，可且就直卿处折衷。如向来《丧礼》，详略皆已得中矣。《臣礼》一篇兼旧本，今先附案，一面整理。其它并望参考条例，以次修成。②

这最后的遗信中朱熹以勉学传道及修正礼书为言，一直影响着黄榦后来的命运。自此，传承朱子之道与续修《仪礼经传通解》成为黄榦后来念念不忘的学术使命。

总体来看，朱熹生前，与黄榦关系非常密切，往来频繁，侍奉朱熹时间长。黄榦的主要为学经历有向朱熹当面问学，与朱熹书信往来，与同门相与讲论，自己独立授学等方面。并且全面参与朱熹的著述讲学活动，在朱熹的论语、礼书编撰方面，黄榦参与最多。这可能是因为黄榦读书看文字非常用功、细致与严谨。这也是黄榦此后主要的为学方式，他对四书乃至五经均有不少注释，如《论语通释》等，今已散失，但在《四书纂疏》（赵顺孙编著）、《四书大全》等书当中保留了不少。在绍熙元年（1190）之后，黄榦的学问得到了朱熹的认可，开始独立授徒讲学。到朱熹晚年，黄榦越发呈现出一个成熟道学家的气象。

---

① （宋）黄榦：《勉斋先生黄文肃公文集》，第162页。
② （宋）朱熹撰：《朱子全书》第21册，第1285~1286页。

第二节 同门交往

黄榦生平非常注重与学友交往，我们曾专门考察过黄榦与同门的交往，以彰显在朱子去世之后，黄榦作为朱子学派的核心人物在维系学派整体性方面所作的努力。① 这里我们以黄榦与同门李燔、郑文遹、陈宓的交往为例，进一步展示黄榦与同门交往的频繁及其内容。

一　与李燔的交往

李燔不仅是南康的朱子门人群体的核心与领导者，也是整个朱子门人群体当中最重要的人物之一。李燔本人的资料流传下来很少，保存在宋集珍本丛刊之《勉斋先生黄文肃公文集》中黄榦给李燔的书信《与李敬子司直》（共33封）比较详细地记录他们的交往经历，对了解李燔也非常具有意义。在黄榦所交往的同门学侣之中，李燔可以说是最为黄榦所尊崇的人，所以在黄榦所交往的同门之中与李燔是最频繁的。黄榦在信中尊称李燔为契兄，高度赞许李燔的学问思想，认为"向来及门之士，惟尊兄端可承衣钵之传"②。因此黄榦非常重视向李燔"请教"。

从时间方面来看，借助黄榦年谱等资料，经考证，现存这些书信主要是从嘉定四年（1211）到嘉定十二年（1219），这段时间也是黄榦主要的从政时间，这期间黄榦与李燔的交往比较典型地代表了黄榦与同门的交往情况。下面就以年表的方式撰述其中重要的19封信，重点在于详考黄、李交往的时间及内容。

嘉定四年（1211）二月，临川秩满，黄榦从江右到行都，写信给李燔讨论《大学》"明德章"、《西铭》。③

嘉定四年（1211）六月，黄榦主张综合多处解说来理解"明德"。④

---

① 参见邓庆平《朱子门人与朱子学》，第236~273页
② （宋）黄榦：《勉斋先生黄文肃公文集》，第574页。
③ 信中开始就提到"榦只得仆仆入京，为调官计漕幕之请。……其拳拳于胡公之意厚矣"。[（宋）黄榦：《勉斋先生黄文肃公文集》，第565页] 黄榦年谱（（宋）陈义和编撰的《勉斋先生黄文肃公年谱》，四川大学古籍整理研究所编儒藏，四川大学出版社，2007年）中：嘉定四年（1211）二月，临川秩满，李公又以为请，先生又辞。自江右如行都。
④ 嘉定四年（1211）六月，循从政郎，授南剑州剑浦县令，待次考亭。（《勉斋先生黄文肃公年谱》，第806页）

嘉定五年（1212）五月赴任到新淦，"比之临川，却有读书工夫，有疑当请教也"①。

嘉定五年（1212），新淦任上，去信调停李燔、余国录与漕使之间的矛盾，强调此道之振兴需要朋友相互扶持。②

嘉定六年（1213），推荐后学辅孙前往李燔处问学。③

嘉定六年（1213）六月，在改差监六部门之命下达以后，黄榦计划访问李燔，所谓"相见在即，他不暇及"④。

嘉定七年（1214）九月，在汉阳时，时有朋友前来相聚。"正以无朋友讲习为苦，忽桑胡谭三兄偕来，黄伯新亦继至，得以朝夕讲贯，此天授非人力也。已相约编礼书王朝礼十篇，仍日温《论语集注》，以相磨切。"⑤

嘉定八年（1215）自汉阳归途之中，黄榦给李燔的信中提及为自己籴客米、发常平以赈旱灾，并因此得罪漕司，于"岁终再力请祠，当必可得，若遂此志，则当有承教之幸矣"⑥。经常挂念与李燔相见论学。

嘉定十年（1217），嘉定十年赴任安庆途中，黄榦向李燔打听他经过豫章时所见陈巡检名毅者。⑦

嘉定十年（1217）四月，初到安庆任上，黄榦给李燔的信中提到，羡慕李燔与李贯之、胡伯量等同门相聚交游之乐，并希望他们能够来安庆相见。⑧

嘉定十年（1217）十一月，在汉阳请祠，期待与李燔相见。"再上丐祠……遂迁太乙观，俟得请，却过山南也，承教有期，预以为喜。"⑨

嘉定十一年（1218）九月，李武伯自临川随黄榦到三山，留三月余。"榦以九月一日抵家，因得杜门绝人事，遂其坚僻以度余生。过临川见朋友讲学颇盛，殊可喜。此契兄往者守官善诱之力也。国秀兄近况如何。"⑩

嘉定十一年（1218）十一月，黄榦居家（三山）之时，推荐李武伯前往李燔处受教。⑪

---

① 参见（宋）黄榦《勉斋先生黄文肃公文集》，第566页。
② 参见（宋）黄榦《勉斋先生黄文肃公文集》，第566页。
③ 参见（宋）黄榦《勉斋先生黄文肃公文集》，第568页。
④ （宋）黄榦：《勉斋先生黄文肃公文集》，第569页。
⑤ （宋）黄榦：《勉斋先生黄文肃公文集》，第571页。
⑥ （宋）黄榦：《勉斋先生黄文肃公文集》，第571页。
⑦ 参见（宋）黄榦《勉斋先生黄文肃公文集》，第572页。
⑧ 参见（宋）黄榦《勉斋先生黄文肃公文集》，第572页。
⑨ （宋）黄榦：《勉斋先生黄文肃公文集》，第573页。
⑩ （宋）黄榦：《勉斋先生黄文肃公文集》，第573页。
⑪ 参见（宋）黄榦《勉斋先生黄文肃公文集》，第573页。

嘉定十一年（1218）十一月，李武伯回去后，家本仲前来相聚。①

嘉定十一年（1218）十一月，三山，余国秀刚刚去世②，黄榦去信问及余宋杰（字国秀）之后事，并提到蜀人方明父（甫）来访，黄榦感慨吾道得明甫数十人布在四方，并欲令其与其他朱子学者经常进行学术往来。③

嘉定十一年（1218）在三山，去信论及李贯之。"更得司直同南康诸人与贯之厚者，各为题数语，以见其为人。庶几祠可不废，亦足以见吾辈交游之情也。"④

嘉定十二年（1219），闲居家中只是杜门教子温习故书而已，闲居无朋友讲习，秋试后须有一二相识可以相聚。诸子亦可督以读外翁之书也。曾去信李燔询问"朋友相聚想如常？"⑤ 并且希望胡伯量能前来一同编礼书。⑥

嘉定十二年（1219），居家，去信讨论曾点言志章。⑦

嘉定十二年（1219），居家，去信认为读书讲学之时，更须注意在身心上用工，进行实际的道德修养实践。⑧

黄榦大概每年有三、四封信寄给李燔，而且黄榦多次表达希望拜会李燔以相聚讲学的意愿⑨，也曾访问李燔⑩。虽然，现在没有见到李燔给黄榦的回信，但从黄榦去信的频率我们依然可以合理地推论黄、李此时交往的频繁与密切。这在黄榦与同门的交往当中是非常突出的。黄榦与李燔的书信只是朱熹之后两个弟子之间的交往，但从中依然可以看出朱熹之后其众多门人之间相互交往的许多共同特征。从效果来看，这样的同门交往不

---

① 参见（宋）黄榦《勉斋先生黄文肃公文集》，第 575 页。
② 嘉定十一年（1218）九月，黄榦还去信问国秀兄近况如何，"榦以九月一日抵家……国秀兄近况如何"［（宋）黄榦：《勉斋先生黄文肃公文集》，第 573 页］。
③ 参见（宋）黄榦《勉斋先生黄文肃公文集》，第 575 页。
④ （宋）黄榦：《勉斋先生黄文肃公文集》，第 574 页。
⑤ （宋）黄榦：《勉斋先生黄文肃公文集》，第 573 页。
⑥ （宋）黄榦：《勉斋先生黄文肃公文集》，第 574 页。
⑦ 参见（宋）黄榦《勉斋先生黄文肃公文集》，第 574 页。
⑧ 参见（宋）黄榦《勉斋先生黄文肃公文集》，第 576 页。
⑨ 这样的意愿在信中屡屡提及，此处仅列出几例：嘉定四年（1211）二月，临川秩满，黄榦从江右到行都，"今既无所考正，姑守今说为得其本。异日出见更商量也。榦求静处而未可得，秋凉或走见不知可遂此愿否"［（宋）黄榦：《勉斋先生黄文肃公文集》，第 565 页］。嘉定五年（1212）五月赴任到新淦，"比之临川，却有读书工夫，有疑当请教也"。参见（宋）黄榦《勉斋先生黄文肃公文集》，第 566 页。
⑩ 嘉定六年（1213）六月，在改差监六部门之命下达以后，黄榦计划访问李燔，所谓"相见在即，他不暇及"（《与李敬子司直》，第 569 页）。嘉定十年（1217）十一月，在汉阳请祠，期待与李燔相见。"再上丐祠……遂迁太乙观，俟得请，却过山南也，承教有期，预以为喜。"参见（宋）黄榦《勉斋先生黄文肃公文集》，第 573 页。

仅对于交往双方各自的学问思想发展都有收益，而且，也正是朱子同门的相互交往活动，使得朱熹之后虽然分散各地的同门群体依然能够保持内在的密切联系，从而维系着整个朱子学派的整体性，在当时的思想界依然作为一个学术整体发挥着主流和主导的影响。

二 与郑文遹的交往

郑文遹，一名遹①，字成叔，号庸斋，闽县象山人。嘉泰四年（1204）贡士，系黄榦门人，并经黄榦推荐至朱熹处学习，故其与黄榦既为同门又为师生关系，且交谊深厚。② 黄榦曾为其父作墓志铭，称郑家乃闽县象山的大姓，乐善好施，在乡邻具有很高的声望，严守家法，重文教。

从现有记录来看，在绍熙二年（1191）春，赵汝愚舍黄榦于福州登瀛馆，后移至叶氏悦乐堂。五月黄榦同诸君游鼓山大顶峰，其中即有郑成叔。这是两人交往的开始。据宋端仪《考亭渊源录》、张伯行《道南源委》诸书，郑文遹又因黄榦的荐引，得以从朱熹学，地点在建阳考亭。时间则与林学蒙同时，即绍熙四年和庆元三四年。故朱熹庆元六年（1200）逝世，黄榦在建阳写信给闽县诸学友，信中提到郑成叔也应即赴考亭吊丧。

对郑文遹的从学经历，《道南源委》有如下记载："闻勉斋得朱子之学，往师之。即与俱登朱子之门。朱子命编次《丧礼》。观周子《太极图》，而悟性善之旨。著有《易学启蒙或问》《春秋集解》《丧礼长编》《庸斋集》等书。"③

黄榦与郑文遹两人交往非常密切，尤其是黄榦晚年居家时常相聚。仅就现在保留在《勉斋先生黄文肃公文集》中黄榦写给郑成叔的三十封书信④来看，从中也可以看出二人交往的如下一些信息。

1. 绍熙三年（1192）夏，成叔请黄榦作《怡阁记》。
2. 绍熙三年（1192）秋深之前，讨论传议的删修之事。

---

① 《勉斋先生黄文肃公文集》卷三五有《郑处士墓志铭》，乃黄榦应郑文遹之请为其父郑伦所作，文中称郑伦有四子，分别名"遹、遹、迈、适"。由此可知，郑文遹又名郑遹。
② 笔者此前对黄榦与郑文遹的交往有过简单介绍（参见邓庆平《朱子门人与朱子学》，第254~255页），这里则基于我们所考证的写作时间对黄榦书信内容的逐一分析，进一步揭示二人交往的具体情况，并据宋集珍本丛刊本补充第二十五封书信。
③ （明）朱衡撰：《道南源委》，中华书局，1985年，第95页。
④ （宋）黄榦：《勉斋先生黄文肃公文集》，第605~613页。

3. 绍熙三年（1192）秋收前，邀成叔同编《仪礼》，成叔问其借阅《诗集传》。信中讲到读书问题：语孟近思是初读书用工紧要处，须是熟读精思，其可圣贤意思，则以此读世间书，是非得失方有尺度。另黄榦提及吕东莱的《诗记》亦有益。

4. 绍熙四年（1193）正月十五之前，《诗集传》写本未找到，《仪礼》不曾点。据年谱载，黄榦曾访成叔于象山。

5. 庆元二年（1196），自建安朱熹处返回家中后不久，告知近况。

6. 庆元四年（1198）先妣葬事，选墓地之事。邀约相见。

7. 庆元五年（1199）正月初，成叔兄弟将来访。礼书之成有日。还请林公度、潘谦之一起来此集会，同编礼书。

8. 庆元五年（1199）会聚朋友相与编礼书，按前后两封信来看，应是在上半年，于前后两封信之间。

9. 庆元五年（1199）七月初一前，欲携《丧礼》登箕山集中十日编完，《周礼》编到了地官一半，希望今年能完成。希望成叔他日可以完成《礼记》《祭礼》。可见，成叔的任务应该是《礼记》《祭礼》部分。

10. 庆元五年（1199）七月初九前，移居陈膺仲旧屋一两日，整治《丧礼》，并请成叔见示丧服制度注疏。

11. 庆元五年（1199）八月十五日前，详细讨论礼书编撰的具体问题。

12. 庆元五年（1199），成叔外祖母去世，请黄榦作墓志铭。讨论陈太丘、赵苞之事。

13. 庆元五年（1199），邀约来访。

14. 庆元五年（1199）十一月，黄榦入栗山，访周必大，请成叔关照开正。

15. 庆元六年（1200）三月至五月，朱子去世之后，黄榦患病初愈，去信鼓励成叔以使师传不废，并就九月以下之丧除服月日的问题记上自己的意见给成叔。

16. 庆元六年（1200）五月，疽发，右臂彻夜痛楚，为先兄办葬事。

17. 庆元六年（1200）九月二十四日陈彦忠去世，黄榦与成叔共商其后事。黄榦决定就栗山书院之聘。

18. 嘉泰元年（1201）六月，教弟子习举业，再讨论陈彦忠后事。

19. 嘉定二年（1209）六月，告知宰临川已一考半。

20. 嘉定五年（1212），在新淦任前，告知自己近一年为获得新的任职在中都的一些活动。

21. 嘉定九年（1216），告知近况，罢汉阳守，奉祠居考亭，此时成叔在东府郑景绍书院。

22. 嘉定九年（1216），告知家事，请托关照小侄子的事。

23. 嘉定九年（1216）十二月，投老来归，告知近况。修缮法云寺僧庐居住。

24. 嘉定十年（1217）新年前，居家教授后生，与成叔之子元肃书。

25. 嘉定十年（1217）二、三月，已拜安庆之命十一日，出门十五日，长行更得一见，以别幸甚。此信不在四库本《勉斋先生黄文肃公文集》中，而保留在宋集珍本丛刊之《勉斋先生黄文肃公文集》中。

26. 嘉定十年（1217）冬，在舒州写信，告知政事，并表达欲归家的想法，此时筑城已经完成。

27. 嘉定十一年（1218）七月，罢辞召命而归，行至临川时去信成叔，告知近况。

28. 嘉定十二年（1219）正月后，痰嗽不止，礼书已经完成。与成叔讨论贫苦与所学理义之间的关系，认为所学应该坚守。但习举业也是可以理解的，不能说得太高而不顾现实。

29. 嘉定十三年（1220）九月至十二月写信，从夏间为气疾所苦，一直至今，恐与之同死。

30. 嘉定十三年（1220）十一、十二月，近觉向来朋友讲论不亲切，后未有不束之高阁者。近却有一二真可共学，独恨不能相与欵语也。

这里的时间是我们考证出的黄榦写信时间①，后面的信息基本上从信中透露出来。从这些书信来看，黄榦与成叔的交往大致可以分为三个阶段：一是两人初识的两三年，主要在读书问题上，黄榦对成叔有些指导；二是庆元五年（1199）年前后，讨论礼书编撰比较多，时常邀约成叔前来集会；三是黄榦晚年居家期间，关于政事、家事讨论较多。总体上来说二人交往比较频繁，除了他外出任官期间两人书信往来不多之外，在朱熹去世前后和黄榦晚年归家时两人都有密切交往。

从两人交往的内容来看，在庆元五年（1199）前后讨论礼书的编撰问题较多，其中提到了礼书编撰过程的一些具体信息对于了解朱子门人参与《仪礼经传通解》的编撰过程具有重要价值，从中也可以看出郑成叔是礼书编撰的重要成员；其他的学术问题除了早期围绕读书有些讨论，理学义理的讨论很少。另外讨论了不少家事和自己的近况，而且黄榦多次邀请成

---

① 详细考证可以参考本书的附录部分。

叔前来相见，可以看出两人乃至交，关系亲密；另有一封书信，提及"访丈者于象山之中以快平昔慕用之私"，恐为黄榦与郑成叔之父的书信。

三 与陈宓的交往

陈宓（1172~1234年）①，字师复，学者称复斋先生，莆田（今属福建）人。《宋史》卷408有传。年少时与其兄守、定和蔡元思、李燔等曾同学于朱熹，后又从黄榦卒业。其父为丞相陈俊卿，故陈宓得以以父荫入仕，曾出知南康等，尤其是嘉定十四年（1221）知南剑州，嘉定十五年（1222）开始创建延平书院。② 陈宓对朱子学思想有很好的理解，同时对朱子、黄榦等朱子学者的著作出版和思想传播等方面作出了重要贡献。其文多保留在《复斋先生龙图陈公文集》。关于陈宓目前已有一定研究③，这里主要关注陈宓与黄榦的交往情况。

陈宓与黄榦既是同门，又是师生关系。黄榦曾将《读中庸纲领》分六段授陈宓，其内容是对《中庸》的理解，这点在后面黄榦的四书诠释部分有细致讨论，在此就不详论。此外，两人的交往在两人的文集中均有一定记载。在黄榦去世之后，陈宓应黄榦之子黄辅的邀请，作《黄勉斋先生云谷堂记》时就自述从学黄榦的缘起与经过。在《勉斋文集》中保留了黄榦给陈宓的书信八封，另有为陈宓所作的《仰止堂记》一篇。

1. 嘉定八年（1215）九月后不久黄榦所作《复陈师复监簿》中提到，近三四年常听潘谦之讲起陈宓，赞赏和鼓励陈宓笃志好学；并向陈宓告知自己从政近况。陈宓自述嘉定丙子即嘉定九年（1216）第一次拜会黄榦。这应该是二人交往的开始，此后两人往来渐多。

《复斋集》中有三处叙述了丙子拜见之事。陈宓《黄勉斋先生云谷堂

---

① 这里采用刘向培的《南宋陈宓生卒年考辨》（刊于《经学文献研究集刊》2018年第2期）的观点，目前关于陈宓生年还有乾道七年（1171）之说，卒年还有绍定三年（1230）、宝庆二年（1226）与端平三年（1236）等三种说法。
② 延平书院是福建历史上第一所官方认可的官办书院，关于陈宓与延平书院的相关问题，学界有较详细的研究，尤其是指出延平书院修建的时间不是嘉定二年，而应该是嘉定十五年。相关研究可以参见陈国代：《陈宓与延平书院》，《海峡教育研究》2017年第1期；顾宏义、刘向培：《道统之传：南宋南剑州书院与闽学的传播》，《湖南大学学报》（社会科学版）2019年第3期。
③ 除了上面提到的延平书院相关研究，还有如徐泉海的《陈宓哲学思想研究》（2022年南昌大学博士学位论文）、李娟的《陈宓研究》（2012年华东师范大学硕士学位论文）、马俊的《陈宓理学思想研究》（2016年南昌大学硕士学位论文）、方彦寿的《关注民生与书院建设的朱门弟子陈宓》（《哲学与时代：朱子学国际学术研讨会论文集》，华东师范大学出版社2011年10月）等。

记》云：

> 嘉定丙子岁，某自外府丞丐，外得垒南康道，出建阳，拜朱先生像于考亭精舍，遂获拜黄先生师焉。先生不鄙，示以问学大端。①

又，《跋叶云叟示朱文公书轴》云：

> 某丙子岁，蒙恩畀南康郡符。道建阳拜文公先生像于祠堂，始见黄先生于寓舍。②

《与信斋杨学录复书三》云：

> 闻文公先生高第有知府司门黄先生者，慕用久矣，十载差他，去岁之冬，始得拜于考亭书堂。③

此后至少还有两次会面：嘉定十年（1217）五月至十月，陈宓曾赴安庆拜会黄榦，事见《复胡伯量书》之"闻果州之兄病，令人终日忧恼"部分。嘉定十三年（1220）陈宓拜会黄榦于箕山精舍。他在《黄勉斋先生云谷堂记》中记道："因叹往年侍坐时，与潘君谦之，俱至丙夜皆疲，思寝先生方研墨著书，益精明不倦，未明已起矣。二人皆曰先生寿未艾，斯文其昌也，岂谓曾不一年而先生殁耶。"④ 这里记录自己与潘谦之拜会黄榦的情形，这应该是黄榦去世前一年，当在嘉定十三年（1220）黄榦居家讲学之时。据黄榦年谱记载，嘉定十三年，陈师复、潘谦之自莆来会，山间题名在焉。⑤

2. 嘉定九年（1216）黄榦为陈宓作《仰止堂记》，简述道学基本义理，"道原于天，圣贤体天之道而示诸人，若乔岳焉，可望而登也。人皆仰之……今之学者有不蹈此者乎，吾惧斯道之日晦也，诚能居敬以立其本，穷理以致其知，力行以践其实，体高山景行，一仰一行，相为先后之

---

① （宋）陈宓：《复斋先生龙图陈公文集》，宋集珍本丛刊，线装书局2004年版，第459页，下引该书，均为此版本，不再标注。
② （宋）陈宓：《复斋先生龙图陈公文集》，第482页。
③ （宋）陈宓：《复斋先生龙图陈公文集》，第539页。
④ （宋）陈宓：《复斋先生龙图陈公文集》，第459页。
⑤ （宋）陈义和编撰：《勉斋先生黄文肃公年谱》，第857页。

意，循序而渐进，自强而不息，始见其弥高，终见其卓尔，羹墙舆立无非道也，则于斯堂之义庶乎无愧矣，岂有他哉"①。这里从居敬、穷理与力行三方面概括为学之要，是黄榦比较成熟的说法。

3. 嘉定十年（1217）五月，黄榦到任安庆不久，与陈宓通信，告知安庆的情形，并计划筑城。

4. 嘉定十年（1217）秋冬，黄榦赞赏陈宓在南康赈济灾民，并就赈济之方提供详细的指导，并告知安庆筑城的具体进展。据陈宓《复斋先生龙图陈公文集》中保留《上勉斋先生书》，此信不久即抵达陈宓处，陈宓在嘉定十年（1217）末即回信黄榦，感谢黄榦给出的建议，并就赈济灾民的举措进行详细讨论。

5. 嘉定十年（1217）十月至冬，黄榦去信告知安庆政事。

6. 嘉定十一年（1218）初，黄榦去信告知政事，互通消息。

7. 嘉定十一年（1218）初，黄榦去信告知安庆情形。

8. 嘉定十三年（1220）十二月下旬，黄榦居家读书，与陈宓信中讨论讲习的重要性。

此外，在大概嘉定十一年（1218）十二月黄榦写给李燔的书信（"榦屏居如常，人事绝不讲"）中，黄榦向李燔特意提到，得真德秀的书信，认为真德秀"嗜学之志甚至"，而得陈宓书信，也有同样感觉，并说"此二公者，异日所就又当卓然，真护法大神也。先师没，今赖有此耳，可喜可喜"②。对陈宓的评价与期待很高。信中还提及陈宓为李贯之立祠之事。与此相应，陈宓对黄榦一直有很高的评价。陈宓在《赞勉斋黄先生像》称"貌之癯有颜之乐，气之刚得轲之养。以身任道，老而益壮。仰止朱门，谁出其上"③，视黄榦为朱门第一人。在《祭勉斋黄先生祠》中，陈宓也指出"维先生传道之嫡以淑诸人"④。如果从后世对黄榦作为朱子嫡传的地位的广泛认可来看，陈宓这里明确将黄榦纳入朱子学道统谱系是非常准确的。此后不久，宋理宗在端平元年（1234）提出"朱某嫡传是黄某，黄某嫡传为谁？"⑤ 这一问虽然是追问黄榦之后的传人问题，但从语气来看，肯定黄榦为朱子嫡传是当时较为普遍的共识。

---

① （宋）陈宓：《复斋先生龙图陈公文集》，第472页。
② （宋）黄榦：《勉斋先生黄文肃公文集》，第575页。
③ （宋）陈宓：《复斋先生龙图陈公文集》，第455页。
④ （宋）陈宓：《复斋先生龙图陈公文集》，第611页。
⑤ （宋）黄榦：《勉斋先生黄文肃公文集》"附录"，北京图书馆古籍珍本丛刊第90册，书目文献出版社1987年版，第848页。

陈宓还在延平刊刻黄榦的著作《孝经本旨》《论语通释》，并为黄榦的《孝经本旨》《论语通释》作序，即卷十的《孝经本旨序》《跋论语集义或问通释》①。在《复斋集》中保留了陈宓给黄榦的书信共六封，即卷十三的《上勉斋先生书》四封，卷十五的《回勉斋黄先生》两封，多是嘉定十年（1217）黄榦安庆任上筑城之后直到他去世前所作。信中陈宓一方面汇报自己的近况、施政措施乃至时政意见等，另一方面是具体问学，多次表达希望到黄榦处切身问学的意愿，并讨论编修《仪礼经传通解》及其出版事宜。

---

① 内容涉及黄榦两本书的内容与出版等信息，具体解析参考本书第二章的"著述考论"部分，这里就不再赘述。

第三章 事功与理念

黄榦在朱熹去世之后就踏入仕途，在江西、福建、浙江、安徽、湖北等地从事实际政治实践，虽然各个阶段的任期不一定很长，但每一地都留下了黄榦勤政为民的突出成绩。黄榦在事功层面的贡献，主要就是这些政治成就。下面首先梳理黄榦为政经历，然后从理论上讨论黄榦的为政理念。这点既涉及黄榦的事功，也是黄榦政治思想的重要体现。

第一节 为政经历

黄榦自从问学朱熹之后，一心向学，虽然几次追随朱熹到南康和漳州等地任职，但黄榦自己并未具体从政。在朱熹去世之后，黄榦才开始从政生涯。这当中既有家境艰难仅靠教书无法养家的原因，也有黄榦作为一个道学家有兼济天下的情怀。总体而言，黄榦从政不过十几年的时间，所任也多是地方基层官职，但每次任职都坚守儒家知识分子的本分，勤政为民，取得了非常突出的实际政绩，得到当时其他官员与百姓的高度认可。黄榦的这段从政经历是南宋晚期地方官员的典型，南宋史学界已有一定关注。[①] 如果说朱熹生前，黄榦主要进行的是问学求道的内圣事业，那么下面就依据《勉斋先生黄文肃公年谱》和《勉斋文集》等相关材料对黄榦的从政经历作一简单叙述，以观其外王事功的表现。

一 初治政事

因为朱熹的奏补，黄榦于绍熙五年（1194）获得将仕郎的官职。庆元元年（1195）春，黄榦到临安参加铨试终于及第，四月获迪功郎一职，负

---

① 〔日〕近藤一成：《宋代的士大夫与社会——黄榦的礼世界与判词世界》，载《宋元史学的基本问题》，中华书局，2010年，第215~245页。

责管理监台州户部赡军酒库。后因庆元党禁发生，朱子学派受到政治打压，黄榦主要进行讲学与编纂礼书等学术活动。后朱熹去世，黄榦决定持守心丧，三年不就官位。

一直到嘉泰二年（1202）三月文公大祥之后，勉斋先生的心丧结束。夏，赴行都听候迁调，到八月，得监嘉兴府崇德县石门酒库，在家里等待上任。一直到次年（1203）冬，才赴石门酒库，十二月到任。

待次一年多的时间，黄榦主要做了几件事。葬其兄长黄东于桃枝山、会朋友于城南乌石山寺，并且续修《仪礼》，以完成文公之遗志。修书地点在神光寺、仁王寺，参加人物有：以书招郑文遹，同门刘励用之，门人郑宗亮惟忠，潘徽茂修，分任其事。嘉泰三年（1203），刘忠肃公之子学雅正之（号遂初居士），延聘黄榦为家塾老师，教育其二子。

在石门酒库任上，针对当时的贪腐等问题，黄榦勤勉为政。到嘉泰四年（1204），因石门酒政处理得当，成效明显，故当年冬，又得监管新市、乌青诸库。开禧元年（1205），浙西三库酒政皆有成效，部使者遂向朝廷推荐黄榦。开禧二年（1206）春，黄榦往来处理三库事务。他一共在石门任职两年零两个月，这一年春间解罢，政绩卓著。

当时边境有兵事，荆湖北路安抚使吴猎出师江陵，躬至石门黄榦处访问筹策，并奏辟先生入幕。开禧二年（1206）三月授黄榦荆湖北路安抚司檄赏酒库、兼准备差遣，黄榦五月到任。随后尽力招军买马，非常辛劳，获上级赏赐而谢辞不受。七月，檄措置极边关隘总领、宣抚二司，就委提点八关，黄榦往来光、黄、德安、信阳四郡之间。十一月金人攻枣阳、破随州。帅司檄先生归，在途绝粮成疾。未几，吴公改除京西湖北，抚使北宣抚，黄榦随之解罢职务。

开禧三年（1207），宇文绍节代吴公为帅，再次邀请黄榦入幕。四月，复授黄榦以湖北帅属，黄榦力辞。后又别与干官差遣，但黄榦又辞。丐岳祠未报，黄榦直接回归建安。

二　知临川

开禧三年（1207）十一月，江西提举常平赵希怿知抚州，高商老奏辟黄榦知临川县事。十二月，黄榦启程赴任，至嘉定元年（1208）正月正式到任。任上处理临川政事、决讼理冤等效果很好，这些事件的详细情况可参见《勉斋黄文肃公文集》中留下的《上漕使理王氏饶珉讼书》《与江西安抚抚州知郡辩危教授诉熊祥书》，以及《办王寺簿买山事书》及任内前后判语。

在政事明朗之外，嘉定二年（1209）春正月，郡守以礼延先生于郡庠讲学。黄榦先生为学生讲四德四端之要。三月新修了临川县学。当时州郡方以催科为急，先生力言其弊，且为经理之，现文集保留有该文。

嘉定三年（1210），春，帅檄票议，从临川到豫章，李敬子之徒两三人亦来相聚。当时邑中仍岁旱蝗，至是民益艰食。先生为平籴价、宽征敛，民赖以安。

临川任上，黄榦依然卓有成效，郡守、部使交荐于朝，如知抚州陈蕃孙、江西安抚使赵希怿、李珏、运判胡槻、提举常平章良肱、提举常平王顾问举政绩奏云，吏部尚书汪逵特以先生政绩奏闻。

当时溪峒盗起，调发益急。先生为郡治酒政，宪司招兵，皆赖其用。嘉定四年（1211）春，江西提刑李珏檄黄榦兼督捕节制司干官，且闻于朝，黄榦力辞不就。至二月临川任满，在任共三考零二十四日。李公又以为请，先生又辞。黄榦自江右到行都，六月循从政郎，授南剑州剑浦县令，待次于考亭。

三　知新淦

嘉定五年（1212），黄榦时年61岁。二月改黄榦为宣教郎、知临江军，卢子文奏辟先生知新淦县事，四月命下，五月到任新淦。

漕使杨楫延先生于东湖书院讲《中庸》第四章。黄榦尝言，江西诸公有言，学不必讲，可以一蹴而至圣贤之域，因此申说此章之义以辨之。

此时开始有勉斋之号。初文公诀别之书有勉学之语，故先生因以自号。

嘉定六年（1213），新淦政成，部使者、郡太守交荐于朝，如运判杨楫、提举常平袁燮、知军卢子文、安抚使李珏等，江西安抚使王补之檄先生摄南安军，黄榦没有立即前往。

四　通判安丰

嘉定六年（1213）六月，又除监尚书六部门，黄榦未赴。后改差通判安丰军，黄榦九月到任。到任不久就为郡将诬陷，黄榦于是引疾请归，朝廷不许。近臣如谏议大夫郑绍、吏部汪逵等人论荐先生堪守边郡。十二月，黄榦自安丰如历阳鞫狱。安丰在任总共五月二十一日，以明年二月罢。

在此期间，黄榦开始编辑文公语录，后收录于蜀人李道传刊于池阳的朱子语录，该语录凡四十三家。

嘉定七年（1214）二月，特添差通判建康府事，仍厘务。谏官为辨安丰之谤，郡将坐黜。自安丰巡历淮垠守御要害，道经仪真，与李道传胥会。五月到任，制使檄权太平州，未几还任。五月四日交贱事。①

五　知汉阳军

嘉定七年（1214）九月，除权发遣汉阳军，提举义勇民兵，黄榦欲辞不许。十月到任。

黄榦于开禧二年（1206）曾亲见武昌之民望汉阳之烽火以决去就，而略无城郭之固。故此次到任后增兵积粟，为城筑计。嘉定八年（1215），大旱，黄榦竭力提供各种措施赈济灾民。因吴漕拦截米船之事，与制垣漕使不合。六月请求丐祠，却不报。漕使上书表彰黄榦的救荒之功，乞留在任。秋，开始整顿学政，五日一下学，劝课诸生讲诵，躬督教之。十一月五先生祠堂、凤山书院都建成。

黄榦一直尽快希望完成老师要他编纂礼书的遗命，因此，六月、九月、十一月一再请求丐祠，终于十二月，上司差其主管建宁府武夷山冲佑观，而漕使则一再乞留。

嘉定九年（1216），二月转通直郎。三月，自汉阳道经庐山之下以归。汉阳在任共一年多。

嘉定九年（1216）四月黄榦回到考亭，诸生从学于文公竹林精舍。因文公之子朱在之请，黄榦开始草作文公行状。② 闰七月，新作草堂三间于考亭之寓舍，名为环峰，以毋忘御史之遗训。草堂经始，实在此年。十月自考亭还三山旧居。十一月，寓居城南法云寺僧舍。

六　知安庆府

嘉定九年（1216）十二月，除权发遣安庆府事，力辞不许。第二年春，朋旧生徒毕集于法云寺寓居，先生为立同志规约以示学者。二月，始拜安庆之命，单骑赴任。四月到任。此时外虏攻破光州，沿边多警戒，漕司欲发安庆民运粮。先生拒之而止。于是竭力经营安庆城池，大为战守之备。"以绍兴名臣陈公规守城之法锓木以示邦人。"③ 江淮制置使李珏奏请

---

① 《答潘谦之》："榦碌碌远宦，无足言者，极边重地，守贰之间，意见不协，朝廷宽恩，姑令易地，初亦欲乘此丐归，而台论义为之辩白，不欲激抗，黾勉就职，已于五月四日交贱事。"参见（宋）黄榦《勉斋先生黄文肃公文集》，第645页。

② 叶士龙曰："季子……请先生述其事，先生至是始为草定其状。"参见（宋）陈义和编撰《勉斋先生黄文肃公年谱》，第829页。

③ （宋）陈义和编撰：《勉斋先生黄文肃公年谱》，第839页。

辟先生为参议官。十一月命下,仍待新城毕工日赴司供职,又辞不许。

嘉定十一年(1218),黄榦时年67岁。春正月,虏犯黄州、砂锅诸关,诏以先生提督五关守御,督战光州,节制江、池三州戍兵和光、黄、蕲、安庆四州民兵。二月,改除权发遣和州,兼管内安抚、节制戍兵,黄榦力辞,却不许。

当时王师败绩于泗水,制帅请令先生赴司禀议。自龙舒来金陵,从制帅劳军维杨、寻以所议不合引归。四月,依旧知安庆府,兼制置司参议官。六月,召赴行在奏事,屡辞不就。由池阳如江州,寓居庐山楼贤僧舍,以俟朝命。朋友生徒游从讲学于山间。此时,安庆新城内外皆筑成。

七月,除大理寺丞,黄榦又辞。监察御史李楠奏罢之命下,先生已至临川,遂游麻姑,取道顺昌以归。

黄榦离开后,安庆百姓怀思不忘。三年后,金兵大举侵入,边城多被祸害,唯独安庆没有金兵,时人益感先生之德。在安庆时,百姓立生祠于城北。待黄榦离开后,复立祠于城南。

七 归家

嘉定十一年(1218)九月,黄榦归至福州法云寺寓舍。十一月差主管建宁府武夷山冲佑观。开始重修《仪礼经传续卷》,置局于寓舍之书室及城东张氏南园,四方生徒会聚讲学。自蜀、江、湖来者日众,江西学子和岳阳方遹明父、蜀人家演本仲皆来问学。

嘉定十二年(1219),诸生移寓于山之嘉福僧舍。最初是因为法云寓居迫狭,无以容朋友,于是再建草舍三间于门侧,黄榦坐卧寝食于其间。到后来,前来讲学的人越来越多,又不能容,乃假嘉福寺居之。林梅坞曰:"先生朝往夕返,日以为常。诸生质疑请益,气象如文公时。或有过于思索者,先生曰:'以心照书,无以书入心,可也。'又尝言学者役其精神于文义,而不反求诸心,终未免有口耳之学。故于讲论之际,必宛转而归诸求放心、存天理者焉。"[1]

五月,在法云寓居之右新建书楼,其牓曰云谷,以示毋忘文公之训,也是取文公隐庐之旧名。十二月,门人张元简想以古昏礼出嫁妹妹,请先生指导。先生为之正其仪法行之。

嘉定十三年(1220)春,先生躬相丘宅于北山刨牺原,结庐置旁,牓曰高峰书院。诸生从学于山间。其地在怀安县灵山乡遵化里林洋寺。这一

---

[1] (宋)陈义和编撰:《勉斋先生黄文肃公年谱》,第853~854页。

年，陈师复、潘谦之自莆前来相会。三月，门人陈仍以古冠礼冠其长子，请先生指导。黄榦为之正其仪法，且亲自参与其事。

夏，历经多年，《仪礼经传通解续卷》之《丧礼》终于完成。

五月，门人赵师恕率乡党朋友习乡饮酒仪于补山，先生以上僎临之。潘瓜山曰："先生尝谓乡饮酒之礼久废不讲，率诸生习而行之。习礼之日，时官、寓公以与集为荣观者千百辈，无一人敢非笑者，盖公率之以诚故也。"①

嘉定十三年（1220）六月，朝廷追谥周敦颐曰元，程颢曰纯，程颐曰正。八月，黄榦转为奉议郎。九月除权发遣潮州，黄榦以年老再辞。十二月差主管豪州明道宫。此时，《孝经本旨》修成，其门人陈宓刊之于延平。黄榦上书以年老乞致仕。

嘉定十四年（1221），黄榦已经七十岁。正月，《文公行状》终于完成，有告文公祠堂文。三月壬寅（即三月二十九日），黄榦逝于所居之正寝，年七十。自此，朱熹最重要的弟子回到了朱熹身边。

嘉定十四年（1221）四月乙丑（四月二十一日），灵柩停放于高峰书院。其间，门人弟子执绋者二百余人，皆衰绖官屦，引柩三十余里至山间，丧仪如礼。乡人叹息以为前此未之有。八月壬子，孺人朱氏卒。十月，合葬于高峰之原。十二月，朝廷下文黄榦转承议郎致仕。

此后理宗宝庆三年（1227），瓜山潘柄与门人杨复、陈宓等诸生于龟峰精舍建祠纪念先生，即嘉福僧舍，旧日从游之地。绍定六年（1233），下诏谓朝奉郎，仍与一子恩泽。端平元年（1234）五月，理宗下诏曰："黄榦、李燔、李道传、陈宓、楼昉、徐宣、胡梦昱，皆厄于权奸，而各行其志，没齿无怨，其赐谥、复官、存恤，仍各录用其子，以旌忠义。"②端平三年（1236），黄榦得谥号文肃。景定五年（1264），即黄榦去世四十四年之后，由门人郑元肃所录、陈义和编撰的勉斋年谱刊行。③ 雍正二年（1724）黄榦与陈淳二人被增祀于孔庙。

以上以黄榦的年谱为基本依据，简略叙述了黄榦人生最后二十年的从政经历。可以看出，黄榦在从政期间主要精力一方面放在各种具体政务、诉讼的处理上面，另一方面特别关注地方教化，不但修建所任地方的官学与书院，还亲自讲学其间。同时，这一时期也是黄榦学术活动较为频繁的

---

① （宋）陈义和编撰：《勉斋先生黄文肃公年谱》，第861~862页。
② （元）脱脱等撰：《宋史》，刘浦江等标点，吉林人民出版社，1995年，第501页。
③ （宋）陈义和编撰：《勉斋先生黄文肃公年谱》，第883页。

时期。在这段时间,他时刻不忘先师续修礼书的遗嘱,他多次乞求奉祠归乡,利用居家期间,组织礼书的续修。同时,无论是任官还是居家,他与同门友人频繁讨论学问,授学后生,而且还完成许多重要的理学著作,如《文公行状》《孝经本旨》等。

第二节　为政理念

黄榦多次提到自己晚年从政的一个重要缘由就是家中人口众多,生活比较贫困,只好出来做官施俸禄,一来正好解决自己的衣食问题,二来还可以有点余钱接济家人和亲朋。这就是因贫食禄。当然,更为重要的是,学而优则仕是儒家一贯的传统,出仕是儒家知识分子承担社会责任、实现理想抱负的重要途径。虽然道学家对出仕并没有特别强烈的愿望,但出仕对于朱子学来说也并不排斥。因此,当黄榦有机会出仕的时候,他也欣然前往。

《钦定四库全书总目》中特意表彰黄榦从政时展现的实干才能,说:"榦在安庆府筑城,部署有方,民不劳而事集,及金兵大至,淮东西震恐,独安庆安堵如故。又在制置李珏幕中,力以军政不修、边备废弛为言,珏不能用,厥后光、黄继失,卒如其言,尤非朱学末流空谈心性者可比。亦见洛闽设教之初,尚具有实际,不徒以峨冠博带刻画圣贤矣。"[1] 程朱理学创立形成之初,并非只是专言心性修养,更有面向实际事功的经世之学的部分。[2] 这点在程朱等人的从政实践中可以看出,这里提到的黄榦在安庆筑城、修军政与边备的从政经历也是典型实例。事实上,黄榦既有儒家传统政治伦理的指导,又有忠于职守的杰出政治才干,他在多年的从政经历中取得了非常突出的政绩。

从时间来看,黄榦43岁由朱熹推荐为官,但很快因庆元党禁而归乡。嘉泰三年(1203),黄榦52岁时到石门酒库担任库务官,开始真正地从政实践,后又兼任另外两个酒库;到55岁时,入幕荆湖幕府任职,因过于操劳而患病近四年。56岁时被任命为临川县令,第二年一月到任,从57

---

[1] 《钦定四库全书总目(整理本)》下册,四库全书研究所整理,中华书局,1997年,第2151页。
[2] 朱子学后来实现的制度化在一定程度上遮蔽了朱子学的实学面向,这点可参考邓庆平《朱子门人与朱子学》,第363~368页。

岁到60岁，约三年时间。61岁，知新淦县五个月。63岁知汉阳军一年整。66岁，知安庆府未及一年，67岁奉祠返乡。除去其间的居家时间，实际在任时间近十年。这期间，黄榦基本上都是任地方官。

在宋代，知县等地方官的职责主要涉及一县的民政、行政、财政、司法、军政等多方面，有学者将其归纳为以下六个方面：第一，实户口、征赋税、均差役；第二，兴修水利，劝课农桑；第三，兼领一县兵政、维持一县社会治安；第四，惩恶扬善，以德化民，兴办学校；第五，安抚水旱流亡及赈济贫民；第六，平决狱讼。① 对照这些职责，黄榦为官过程中均有涉及，且表现优异，是非常杰出的地方官员。如嘉定三年（1210）春，黄榦任职临川时，时邑中仍岁旱蝗，至是民益艰食，黄榦为平籴价，宽征敛，民赖以安。嘉定八年（1215），任职汉阳，时遇大旱，黄榦竭力为荒政备，并因此与制垣漕使不合。正如前面研究现状的梳理当中提到的，学界对于黄榦的从政实践已有不少梳理，如单晓娜依据时间线索对黄榦任地方官生涯的治国理念与事功表现有些介绍。下面我们将基于对黄榦为官事功的理解，对可进一步讨论的三个重要理念作一阐述。

一 "律己居官"的为官之道

黄榦并非科举出身，他的从政最初源于朱熹的举荐与朝廷的荫补制度，他的整个从政经历都有较为成熟的伦理思考。他在给江西转运使的一封书信《上江西运转使》中专门提到为官之道：

> 居于其职，而不知事之曲直，不智也；知其事之曲直，而不为之处当者，不仁也；受人特达之知，而无以报之者，不忠也；报之不以其道，而陷人于有过者，不义也。②

为官时要遵循的原则是儒家基本伦理规范，即智、仁、忠与义，其具体内涵，首先是理智上能够分辨是非、善恶、曲直，然后这种理智上的分辨可以落实到行动上，做到处事恰当，其次是能够有效报答他人的知遇之情，同时这种报答是符合道德规范而不会陷入有过。智与仁是对处事履职的道德要求，忠与义是与举荐者的相处之道，这是地方官员的优秀品质，构成儒家政治伦理的重要原则。无论是处理诉讼纠纷，还是处理民生、赋税乃

---

① 邢琳:《宋代知县、县令的职能》,《中州学刊》2008年第2期。
② （宋）黄榦:《勉斋先生黄文肃公文集》,第586页。

至筑城、军政等各种具体行政事务，黄榦后来的从政实践就严格遵循了这些为官之道。

黄榦从政还受父兄与师友为官之道的影响。初出仕时他就说"早岁父兄诲以传家之清白，平生师友勉其刻意于丹铅"①。父兄与师友的从政经历及教训构成黄榦政治经验的重要来源。

> 榦不敢益励初心，坚持晚节，陈篇誓报，不敢为事实之佞言，律己居官，惟毋负圣贤之明训。②

黄榦之父黄瑀，曾任朝散郎、监察御史；其长兄黄杲，仕至江西提刑司检法官；次兄黄东，乐安知县。黄榦曾表乐安知县黄东之墓曰："惟吾家自御史公以刚方廉洁、慈爱惠利著闻当世，伯兄杲亦以才气超逸克世其家。"③ 父兄为官的道德操守对黄榦影响很大。此外，其师朱子的为官之道也是黄榦效法的对象。律己居官，黄榦的晚年从政就是一位杰出的儒家知识分子的为官历程。

二 "事论义理之当否"的进退之节

对于许多人来说，为官不仅是个体承担社会责任的重要方式，更是光耀祖宗的重要途径。在为官过程当中，升官晋职是他们竭力追求的目标；而辞退乃至免职则是尽量避免的负面处境。所谓进退之节就是为官过程中的这种前进与后退时所遵循的原则、标准。这是属于为官者道德品质的重要内容。

在《勉斋先生黄文肃公文集》的三十二卷中保留了一些黄榦的辞官申述文，如《申省辞兼知和州》《申制司乞备申省丐祠》《申省再丐祠》《申省辞依旧兼知安庆府》《申省再辞依旧兼知安庆府》《申省三辞依旧兼知安庆府》《申省辞免奏事指挥》《申省辞知潮州》《申省再辞知潮州》《新除知安庆府申省辞免》等。在黄榦十余年的实际任官经历当中，辞官是比较频繁的。其中的缘由有一些现实考量，例如朱子逝世时对黄榦有编修礼书的嘱托，这是黄榦多年一直挂念的重要学术任务，他在为官过程中也时刻注意与同门共同编撰礼书。除了这些现实考量外，我们仔细研读这些文献，可以比较清楚地了解黄榦为官时的进退之节，这在他晚年面对提拔任

---

① （宋）黄榦：《勉斋先生黄文肃公文集》，第748页。
② （宋）黄榦：《勉斋先生黄文肃公文集》，第748页。
③ （宋）陈义和编撰：《勉斋先生黄文肃公年谱》，第736页。

用时的态度中表现明显。

在黄榦年谱中记录：嘉定十三年（1220）八月，转奉议郎，九月除权发遣潮州，黄榦再辞。权发遣是宋代的一种官制，是指将只具有知县资格的优秀人才连升两级，提拔到知州的职位上。黄榦担任知安庆时也是这种方式。嘉定七年（1214）九月黄榦知汉阳军，嘉定九年（1216）九月知安庆府，嘉定十一年（1218）二月，改除权发遣和州，兼管内安抚、节制戍兵，力辞，不许。再加上这次任命，均为这种提拔任用。这原本就是难得的提拔任用，但黄榦一再主动推却而不就任。当时有人劝先生上任：

> 杨信斋曰：时食指颇众。祠禄将满，或以为贫，勉先生赴上。先生曰：事论义理之当否，岂可言贫。若徒曰为贫而已，则贫之一字，何时而能足哉。志士不忘在沟壑，勇士不忘丧其元，死不足恤，何畏于贫。况明年七十，当挂冠。若到官不久便请挂冠而归，进退何所据哉。①

"食指颇众"是指家中人口众多的意思。因为黄榦家中一直比较贫困，因贫出仕本是黄榦晚年从政的一个重要的现实原因。祠禄将满之际，朝廷下旨任命提拔黄榦为潮州知州，这对于解决家庭贫困原本是非常重要的机会。然而，黄榦却一再推辞，认为事当以义理是否恰当为选择标准。这个义理就是儒家的伦理道德规范。对此，他讲了两方面的原因：一是如果是为了贫困而接受任职，那也只能解决暂时的问题，何况贫困对于有志之士来说并不可怕；二是自己明年就将七十岁，应该辞职退休，现在如果接受潮州知州这一官职，那么就是到任不久后就辞职，这是对所任之职的轻慢，明显是不合义理的。从这段说明我们可以明白看出黄榦以儒家义理而非个人贫富为根据的进退之节。

三 以"理""法"为据的诉讼态度

在中国传统社会，审理诉讼一直是地方官员的重要职责。儒家也一直关注诉讼问题，《论语》中提出："听讼，吾犹人也，必也，使无讼乎？"这里涉及儒家对诉讼的两种态度，一是如同其他官员一样慎重处理诉讼，二是提出了一个理想的境界，这是儒家与其他学派不同的地方，那就是通过道德教化等活动使得人与人之间纠纷与诉讼不至于发生，即无讼。黄榦

---

① （宋）陈义和编撰：《勉斋先生黄文肃公年谱》，第862~863页。

在历任地方官期间，也非常注意处理诉讼，而且他对诉讼的处理非常出色。他执笔的许多书判都保留在《勉斋文集》当中，这些文献对我们了解黄榦的诉讼思想乃至南宋时期的诉讼情况都具有非常重要的价值。曾有学者专门把黄榦执笔的书判共 36 份列举出来①，以此对黄榦的政治实践行为作出一些讨论。我们在这里则主要通过对这些判词的理解，总结黄榦对待诉讼的基本态度。

（一）依"理""法"听讼

建阳县考亭人吴居仁是朱熹的邻居，曾历任县尉、县丞，后官至融州节度推官，黄榦在给他的墓志铭中，专门称赞其为官听讼，"君仕所至，勤于职业，以儒饰吏，听讼必以人伦大谊断曲直，部使者下其所断为州县式"②。其实黄榦自己在历任地方官的从政期间，听讼时也非常注意以儒家义理来帮助判断是非曲直，表现得非常突出。

李良佐诉李师膺取唐氏归李家案，李师膺是李世英养子，他在养父去世之后，把自己的生母唐氏接到李家，李氏族人李良佐以此为由，认为异姓不可收养，想把李师膺遣除。黄榦分别从理和法两方面来审查：

> 在礼，为之后，为之子。师膺既归李氏，则以世英为父，以孔氏为母，今复取唐氏归李家，则是二母也。……李师膺为李世英之子，已经历年深，亦尝为世英持斩衰之服，善事孔氏，母子无间言，友爱师勉，兄弟无异意。……在法，祖父所立之子，苟无显过，虽其母亦不应遣逐。③

这里的礼就是儒家所重视的人伦之礼。甚至可以说，人伦之理是儒家与其他学派最重要的区别。在判词中直接以此来作为依据是儒家官员的常规做法。

在王显论谢知府占庙地的案件中，黄榦指出理义、条法是士大夫必须遵循的：

> 士大夫欲创造屋庐以子孙无穷之计，亦须顾理义、畏条法，然后心安，而子孙可保。④

---

① 单晓娜：《理念与行止——黄榦研究》，中国社会科学出版社，2014 年，第 223~235 页。
② （宋）黄榦：《勉斋先生黄文肃公文集》，第 143~144 页。
③ （宋）黄榦：《勉斋先生黄文肃公文集》，第 211 页。
④ （宋）黄榦：《勉斋先生黄文肃公文集》，第 203 页。

在新淦任上，郭氏刘拱礼诉刘仁谦等冒占田产案是一个比较棘手的复杂案件，六处官员的处理意见各不相同，"自淳熙十二年（1185）以至嘉泰元年（1201），凡十六年绝无词诉，盖畏兄不敢诉也。嘉泰元年拱辰死，拱武、拱礼始讼之于县，又三诉之，宪台又两诉之帅司，经本县郑知县，吉州董司法，提刑司金厅，本县韩知县、吉州知录及赵安抚六处定断。郑知县及提刑司金厅则以为拱礼拱武不当分郭氏自随之产，合全给予拱辰。吉州司法及知录则以为拱辰不当独占刘下班所得，郭氏随嫁之产合均分与拱武拱礼，韩知县、赵安抚则以为合以郭氏六贯文税钱析为二分，拱辰得其一，拱武拱礼共得其一。六处之说各不同然"①。案中，刘下班之妻为郭氏，生子刘拱辰，刘下班之妾生刘拱武和刘拱礼。在刘下班去世和郭氏去世之后，在分配父母留下的财产时，刘拱辰认为拱武、拱礼只能分父亲刘下班的财产，郭氏自娘家带来的财产只能归自己一人所有。这种分配方案在十六年间没有起争执。然而在十六年后刘拱辰去世后，刘拱武、刘拱礼对这一分配方案提出异议，因此六次诉至官府，官府给的判断不一样。黄榦从法和理两方面综合分析：

> 以法论之，兄弟分产之条，即未尝言自随之产合尽给与亲生之子，又自随之产不得别立女户，当随其夫户头，是为夫之产矣，为夫之产则凡为夫之子者皆得均受，岂亲生之子所得独占。以理论之，郭氏之嫁刘下班也，虽有嫡庶之子，自当视为一体，庶生之子既以郭氏为母，生则孝养，死则哀送，与母无异，则郭氏庶生之子犹己子也，岂有郭氏既死之后，拱辰乃得自占其母随嫁之田。拱辰虽亲生，拱武、拱礼虽庶出，然其受气于父则一也。以母视之，虽曰异胞，以父视之则为同气。拱辰岂得不体其父之意而独占其母随嫁之田乎。以此观之，则六贯文之税当分而为三兄弟均受，方为允当。②

从法律规定上和情理上来看，黄榦都认为刘拱辰不得独占其母的随嫁田产，这部分田产也应该由三兄弟平分。这个判断有理有据，很有说服力。而且，在这个判词当中，黄榦还对前面六份判决逐一作出自己的评价："今试以郑知县及提刑司金厅所断，而较之吉州司法知录之所断，则郑知县金厅之所见甚狭，而司法知录所见甚广，郑知县金厅之用意甚私，而司法知录之用意甚

---

① （宋）黄榦：《勉斋先生黄文肃公文集》，第213页。
② （宋）黄榦：《勉斋先生黄文肃公文集》，第213页。

公。从司法知录之所断，则在子为孝于其父，在兄为友于其弟，从郑知县及金厅之所断，则在子为不孝于其父，在兄为不友于其弟，一善一恶，一是一非，岂不大相辽绝哉。"① 不同判词背后会带来不同的社会影响，这些社会影响的背后是公私、善恶、是非不同的价值观念。接着黄榦指出："官司理对公事，所以美教化，移风俗也，岂有导人以不孝不友而自以为是哉，如韩知县赵安抚所断已是曲尽世俗之私情，不尽合天下之公理，刘仁愿刘仁谦尚且抗拒，则是但知形势之可以凌蔑孤寡，而不复知有官司，今且照韩知县赵安抚所断，刘仁愿、刘仁谦拨税钱三贯文，付拱礼郭氏候毕日放，仍申诸司及使军照会。"② 为官者处理诉讼官司，表面上来看是处理纠纷争执，实质是在处理具体案例时对于是非善恶的准确判别，这种判别是美教化、移风俗的重要途径，因此诉讼问题必须重视和谨慎。

在临川危教授与熊祥的纠纷当中，对于危教授反诉熊祥的诬告，黄榦指出除了依照法律来判定是非，也有必要对案件发生背后的原因进行考量。在这个案件当中，危教授为了侵占熊祥的田产，诬告熊祥唆使盗贼去他家偷盗，致使熊祥被捕。而且危教授之子打伤盗贼，盗贼后来的死亡与被打伤也是有关联的。这些都是实情，是熊祥唆使盗贼之子去状告危教授的前因，在这个案件判决时要充分考量。只有这样，才可能有公正的裁决。"熊祥固未必是教唆，若是教唆，亦因危教授诬告停藏而起。原情定法，实有可怜。"③ 正是对这些因素的考量，黄榦主张将熊祥释放。

即便是对于已经判决的案件，黄榦也不轻易放过。在与朱熹的一封书信中，黄榦自述自己与赵汝愚之间关于如何对待前任官员已经判定案件的态度：

> 赵帅小不安，未欲见之，渠遣人相呼，昨晚往见之，问及先生，所以戒其用宽之实，榦谓不知其故，想是自有见处，帅云：南康之政，凡事皆欲搜索理会，虽前官已结断者，亦多改正，又谓如前官已断者，合只令经由以次，官司不必理会，一是免得发前人之失，二亦得事简，若一一理会，恐反长奸猾。榦答以事到面前，亦只得为他理会，况前官所断已错，人情或有冤抑，安能不为之动心？帅却云：只令经以次官司亦不到全无一人理会得。偶渠坐间人吏群立，不欲力与

---

① （宋）黄榦：《勉斋先生黄文肃公文集》，第213页。
② （宋）黄榦：《勉斋先生黄文肃公文集》，第213页。
③ （宋）黄榦：《勉斋先生黄文肃公文集》，第57页。

之辩，似此等议论，百姓何赖焉。义理不明，虽有美质，终为邪说所惑也。①

束景南以为此信在绍熙二年（1191），而赵汝愚在庆元元年（1195）十一月即被谪永州，庆元二年正月在赴永州的途中即染病去世。此信当在此期间。赵汝愚对朱熹的南康之政有些意见，主要是朱熹在南康时常常改正前官已经判定的案件，而在赵汝愚看来，前此类案件不应该再去理会，原因有二，一是避免揭发前官的过失，二是增加麻烦，若大家都来翻案，反而会助长奸猾之风。黄榦则坚持有错必纠的原则，赵汝愚的做法事实上是义理不明的表现，这是不对的。

（二）惩治健讼之风

诉讼是现实的具体纠纷，需要及时处理。黄榦对于诉讼的态度并不仅仅局限于这些具体诉讼的处理上，更体现在他对诉讼背后深层问题的理解与应对上。

宋代江西有健讼好讼之风，对此学界有不少关注。黄榦曾在江西临川、新淦等地担任地方官，对此有很深的感触。

在临川任上，黄榦几次提及临川的健讼之风，在危教授与熊祥之间的纠纷中，黄榦曾直指"临川风俗素号健讼，豪民猾吏动辄生事，以害良民。情伪万端，无所畏惮"②。身为临川当地的士大夫，危教授为了想要侵吞邻居熊祥家的山林陂塘，先是诬告熊祥唆使盗贼到危教授家中偷盗，后又状告熊祥唆使被危教授之子打伤致死的死者之子来诬告他，致使熊祥两次被抓捕。黄榦直接指出，"危教授以高科自负，以高材自居，居于村落，人畏如虎，当啜菽饮水之时，为健讼珥笔之事"③。对于这样的健讼者，黄榦主张不能从其诉请，坚决主张应当释放熊祥。

在《曾适张潜争地》一案中，黄榦揭露金溪县士大夫曾适的十大虚妄，认为"有此十妄，晓然易见，反覆参考，然后知曾适者，真横豪健讼之人也"④。对于这样试图通过健讼来恃强凌弱者，黄榦主张必须打击，"今后曾适更敢妄状，严行追治，庶几无辜之民不至被害，而健讼之人稍知畏戢"⑤。

---

① （宋）黄榦：《勉斋先生黄文肃公文集》，第557~558页。
② （宋）黄榦：《勉斋先生黄文肃公文集》，第29页。
③ 曾枣庄、刘琳主编：《全宋文》，上海辞书出版社、安徽教育出版社，2006年，第329页。宋珍本丛刊本《勉斋先生黄文肃公文集》中省去此段文字。
④ （宋）黄榦：《勉斋先生黄文肃公文集》，第193页。
⑤ （宋）黄榦：《勉斋先生黄文肃公文集》，第193页。

《崇真观女道士论掘坟》一案中，临川崇真观中女道士王道存欲挟官府之势，侵占百姓熊氏等十余家的坟墓、房屋等，黄榦特别感叹："江西之俗，固号健讼，然亦未闻有老黠妇人如此之健讼者。"① 主张将王道存逐出道观，另选有戒行道士居之。

在《谢文学诉嫂黎氏立继》一案中，原告谢骏是非常恶劣和典型的健讼者。他状告自己的嫂子"不立其子五六冬郎为嗣，而立堂兄谢鹏之子五八孜为嗣"②。该案"自嘉泰三年论诉至今，经隔五年，宁都杨知县、柯知县、赣州金厅及本州赵司法，皆以为立嗣当从黎氏，谢文学不应争立，援法据理极为明白"③。而对于这样的判决，谢骏再次提出诉讼，这是典型的健讼不已，黄榦严加痛斥："谢文学骏健讼不已，复经转运使台必欲争立，且法令以为不当立，两知县以为不当立，本州金厅以为不当立，提刑司委送赵司法亦以为不当立，其族长以为不当立，其嫂黎氏亦以为不当立，谢骏何人乃敢蔑视官府，违慢条法，欺凌孤幼，斥责族长，显是豪横，难以轻恕，照得提刑李吏部，恶其健讼，尝将谢骏枷禁州院，今来尚不悛改，今据谢骏复遣干人谢卓前来本县投词，锢身解转运使衙，欲乞并追谢骏，痛赐惩治，以为豪猾健讼者之戒。"④ 对于这样的健讼之人，黄榦主张将谢卓给以锢身之刑，并押送转运使衙门，并对幕后主使谢骏严加惩治，以此作告诫豪猾健讼者。

健讼之人多是地方上恃强凌弱的有权有势者，所谓豪强奸猾之人。"健讼之人，凡欲兴诉，多是装饰虚词，亦难以便行尽信。"⑤ 他们的诉讼往往是虚妄之词，不可轻信。黄榦于此特别警惕，他在听讼过程中尤其注意辨明是非曲直，以理、法为依据。其判决往往对于健讼之人是严加惩治，以为训诫。

他在离任临川时专门作了《临川劝谕文》，申明健讼的危害，并倡导儒家无讼主义的基本立场：

> 窃以天地之间万类杂糅，惟人也得其秀而最灵，民，吾同胞，物，吾同与，亦惟明理者见其大则心泰，兽相食且人恶之，况人受天地之中以生而逞忿忘身，君子耻之。临川之民秀而能文，刚而不屈，

---

① （宋）黄榦：《勉斋先生黄文肃公文集》，第198页。
② （宋）黄榦：《勉斋先生黄文肃公文集》，第212页。
③ （宋）黄榦：《勉斋先生黄文肃公文集》，第212页。
④ （宋）黄榦：《勉斋先生黄文肃公文集》，第212页。
⑤ （宋）黄榦：《勉斋先生黄文肃公文集》，第66页。

故前辈名公彬彬辈出,惟临川为盛,然其流俗之弊,亦以其刚而喜于争,以其文而工于讼,风俗不驯,莫此为甚。当职不才,误叨邑寄,两月之间批阅讼牒几数千纸,毫末之争,动经岁月,赢粮弃业,跋涉道途,城市淹留,官府伺候,走卒斥辱,猾吏诛求,犴狱拘囚,箠楚业毒,何以堪忍。讼而不胜,所损故多,讼而能胜,亦复何益。何不思天地之性惟人为贵,均气同体,谁无善心,岂可萌此恶念,自绝天地;何不思父母生育以有此身,爱护发肤以至成立,岂可轻以小忿毁辱父母;何不思祖先勤劳置立产业,亦欲百世以永其传,岂可争较毫末破荡家业;何不思生育子孙以求嗣继,亦当殖福,庶可久长,岂可包藏祸心殃及后代。所争甚微,所失甚大,其讼愈工,其祸愈酷。故易曰:'不永所事,讼不可长也。'又曰:'以讼受服,亦不足敬也。'盖古人不可争讼,讼而虽胜亦不足以为贵也。孰若士农公贾,各务本业,起居出入,常存道心,孝顺父母,友爱兄弟,亲戚乡党,交相和睦,利则思义,忿则思难,既无争竞,亦无祸殃,既无迫孙,自无怨恨,心平气和,身安家足,其可乐哉。当职身膺民社,断讼曲直,自当详审推究,至于虚公畏志,健讼百姓,亦不敢不严加惩儆,然亦深念愚民惟兹王纲宪纲。一朝之忿以忘其身,则讯鞠之下,诚恐有不明之罪也,故敢以愚见广敷哀矜劝尔,百姓各宜交相告戒,毋轶后悔。①

"惟人也得其秀而最灵"出自周敦颐《太极图说》,"民,吾同胞,物,吾同与"就是张载《西铭》中提出的民胞物与思想。黄榦在这里一开始就标出儒家理学的基本理念。以此作为理论依据,他对临川健讼之风的发生缘由、现状和危害一一作了说明,认为健讼是有害无利之事,所谓"讼而不胜,所损故多,讼而能胜,亦复何益"。黄榦特别从天地之性、父母、祖先和子孙等角度对健讼者提出有力的反问,以此进一步揭示健讼的危害。这四个反问背后也是典型的儒家立场。此外,他还进一步援引儒家经典《周易》"讼卦"中的重要命题,认为"盖古人不可争讼,讼而虽胜亦不足以为贵也",倡导儒家一贯的无讼主义。接着他描绘了一幅无讼的和谐社会图景,"孰若士农公贾,各务本业,起居出入,常存道心,孝顺父母,友爱兄弟,亲戚乡党,交相和睦,利则思义,忿则思难。既无争竞,

---

① (宋)黄榦:《勉斋先生黄文肃公文集》,第178页。此文有缺漏,此处据四库本《勉斋文集》而有所整理而成。

亦无祸殃,既无诒孙,自无怨恨。心平气和,身安家足,其可乐哉"。显然,这里提到的各务本业、常存道心、孝顺、友爱、和睦等道德规范都是典型的儒家立场。最后,黄榦提出自己面对诉讼的态度包括两个方面,一是对已经发生的诉讼,"断讼曲直,自当详审推究",二是对健讼百姓者,"严加惩儆"。黄榦在新淦任上,有无讼堂,其对联为:"但觉堂中无愧作,不应门外有纷争。"这两句也比较全面地表明黄榦对诉讼的态度,堂中无愧作,说的就是堂上审理案件时不犯错误,不落遗憾;不应门外有纷争,讲的就是和谐的无纷争状态,即无讼状态,这是儒家面对社会矛盾冲突时既现实又超越的基本态度。

诉讼是常见且普遍存在的社会现象,听讼也就成为地方州县官员的重要职责。黄榦在任官过程中,也时常遇见诉讼之事。他一方面以儒家伦理和法律为根据,用心审查案件,力求公正合理的判决;另一方面,又特别注意通过惩治与道德教化来改变当地的健讼之风,移风易俗,从根本上解决诉讼问题产生的内在根源。

对照宋代知县的几项职责,从黄榦几任地方官的任职成绩来看,黄榦是一位擅长治理民政、军政、财政及司法等实务的贤能之士,在朱子学群体当中也是非常突出的。他的为政理念符合儒家政治伦理要求,是朱子学派经世致用思想的重要组成部分,不容忽视。

第四章　著述考论

黄榦一生著述较为丰富。他不仅在朱熹生前参与朱子著述活动，潘瓜山曾指出："文公退居山谷者三十年，专讨论经典、训释诸书，以惠后学。时从游者独公日侍左右，纂集考订之功居多。"[1] 还有自己的著作，其中明确记录的专著就包括《书传》《易解》《仪礼经传通解》《论语通释》《孝经本旨》《系词传解》《尚书说》《论语原意》《六经讲义》等，另有收录黄榦书信、讲义、公文和墓志铭等文章的文集传世。

《仪礼经传通解》是黄榦著述活动的重要成果。黄榦曾指出，"昔者闻诸先师曰'礼者，天理之节文，人事之仪则也'"[2]，从宇宙论的层面揭示礼的实质，黄榦对此解释为："盖自天高而地下，万物散殊，礼之制已存乎其中矣，于五行则为火，于四序则为夏，于四德则为亨，莫非天理之自然而不可易。人禀五常之性以生，则礼之体始具于有生之初。形而为恭敬辞逊，著而为威仪度数，则又皆人事之当然而不容已也。"[3] 礼并非简单外在的行为规范而已，礼有宇宙论的根源，是天理具体规则的体现；礼在人之初生时便已具备，是人事当然的客观规则。黄榦还指出，"世降俗末，人心邪僻，天理堙晦，于是始以礼为强世之具矣"[4]。人心邪僻与天理堙晦是两宋道学一直致力于拯救与改变的社会现状，而礼则可以拯救人心与天理，这是礼的重要价值，也是道学家重视礼学的根本原因。朱熹一生非常重视对礼学的研究，编修《礼》书是朱熹一项重要的工作。除编著《家礼》一书之外，朱熹与弟子一起又编修了《仪礼经传通解》[5]。一直到朱熹去世，该书尚未全部完成，尤其是《丧礼》与《祭礼》部分此

---

[1] （宋）陈义和编撰：《勉斋先生黄文肃公年谱》，第748页。
[2] （宋）黄榦：《勉斋先生黄文肃公文集》，第739页。
[3] （宋）黄榦：《勉斋先生黄文肃公文集》，第739页。
[4] （宋）黄榦：《勉斋先生黄文肃公文集》，第739页。
[5] 初名为《仪礼集传集注》，这一名字也显示朱子试图汇集综合各家《仪礼》注疏而成为一书的初衷。

时尚未完成，一直到绍定四年（1231）《仪礼经传通解》才在众多朱子门人的努力下全部完成。我们此前曾专门考察过黄榦、杨复等人在朱熹去世之后编撰《仪礼经传通解》的过程，认为《丧礼》与《祭礼》的编撰主要是由黄榦与杨复等朱子门人完成的，大体可以分为两个阶段：（1）从庆元二年（1196）到嘉定十三年（1220），黄榦完成了《丧礼》十五卷的编撰；（2）从嘉定十三年（1220）到绍定四年（1231），经过杨复的努力，《祭礼》最终修定。[1] 杨复是朱子弟子，在朱熹去世之后，又从学于黄榦，亦为黄榦弟子，因此，就《仪礼经传通解》的最后完成来说，虽然有多人参与，但应该说主要还是勉斋学派的努力。关于黄榦与杨复编撰《仪礼经传通解》的思路与做法，有学者曾围绕黄榦和杨复的按语作过专门讨论[2]，不再赘述。

此外，我们还专门考察过黄榦参与编辑朱子语录的详细过程与相关问题。[3]

黄榦著作中不少文本已经散佚，例如《孝经本旨》。据黄榦年谱记载，嘉定十三年（1220）十二月，《孝经本旨》成。其备注曰："初，文公尝欲掇次他书之言，可发明孝经之旨，别为外传，而未暇为。今先生之为此书，盖成其志也。门人陈宓刊于延平。"[4] 此书原是朱熹有意为之，但来不及做就去世了，于是黄榦乃作此书。该书后来散失了，一直以来我们不甚清楚该书的基本信息。陈宓曾在刊刻该书时专门作《孝经本旨序》，对该书主要内容有较详细介绍，保留在《复斋集》中，其序曰：

> 朱文公尝刊孝经之误，今传于世。勉斋黄先生继文公之志，辑六经论孟之言孝者，编为一书，厘为二十四篇，名之曰《孝经本旨》。盖谓夫子与曾子未答问之前，而本旨已存于六经之中矣。又欲因本旨条目附之以古今嘉言善行而为之外传。其忧天下后世之心切矣。某窃尝闻先生所以次辑之意谓，人之道莫大于孝，道犹路也，乃人所当行之路，舍是则无所由也。故首之以孝道，圣人因人之所当行者修之以为教，达之于天下而天下治，故次之以孝治，道之根于心者谓之德，故次之以孝德，德之形于事者谓之行，故次之以孝行，孝行之实莫大

---

[1] 参见邓庆平《朱子门人与朱子学》，第122~128页。
[2] 参见王志阳《〈仪礼经传通解〉研究》，社会科学文献出版社2018年版，第247~315页。
[3] 邓庆平：《朱子门人与朱子学》，第80~88页。
[4] （宋）陈义和编撰：《勉斋先生黄文肃公年谱》，第863页。

于养也，有养其外者养体是也，有养其内者养志是也，故次之以养体养志。养必有爱敬之心焉，爱而不敬非真爱也，敬而不爱非真敬也，惟爱敬之交致其极，然后能尽孝子之心也，故次之以致爱致敬，敬则必顺矣，爱则必慕矣，顺则无一事之敢专，慕则无一念之敢忘，是故孝子之心无所不用其极也，故次之以致顺致慕，尽心者必能尽其力，故次之以服劳，爱亲者，必能爱于人，故次之以广爱，未有不自爱而能爱人者，故次之以爱身，必能立身然后可以为人，可以为人，然后可以为子，故次之以立身亲爱者，欲措之于无过之地，故次之以谕道，有过而谏之，有恶而讳之，是皆人子爱亲至情之所存也，故次之以谏过讳恶，以至曰赴难曰复仇，曰养疾曰执丧曰奉祀曰处变，此六者又极处事之常变，尽人道之始终，其关系于纲常者为尤重，故以是终焉。一戾乎此，则陷于不孝，故不得不以是而警之于后也。此其次辑之大略也。是道也，散在六经论孟之书，混而未别，隐而未著，先生表而出之本末，精粗，粲然著见昭如日星，然一章之中，言近旨远，其蕴无穷，一篇之内，次叙精密，各有深意，善读者诚能因其言以求其心，然后知先生晚岁与诸生讲学于高峰之下，既著论语通释，继述此书，是为绝笔。属纩时，尝曰人家子弟谁无凯风蓼莪之心，只为文兄者教之无其道，无以感发之耳，又曰这便是格物，识得许多样方尽得个孝，其拳拳于是书如此。尚有外传未及编次，为百世之遗憾，继而成之将有俟于后之君子，于是刻寘延平书院，用示同志云。①

从这篇序，我们可以发现黄榦的《孝经本旨》的不少重要信息。其一，黄榦的《孝经本旨》是继承朱子的孝道思想，把六经、《论语》《孟子》当中言孝的部分，按照一定主题分类汇编而成，这种编排方式是学习朱子编《小学》《仪礼经传通解》等书的方式。该书分为内外两个部分，外传是汇聚古今嘉言善行为成，可惜未完成。内篇为二十四篇，内容涵盖非常丰富，其篇名应该是：孝道、孝治、孝德、孝行、养体、养志、致爱、致敬、致顺、致慕、服劳、广爱、爱身、立身、亲爱、谕道、谏过、讳恶、赴难、复仇、养疾、执丧、奉祀、处变。从篇名来看，该书着重阐发作为人子侍奉父母的道德规范意义上的个体之孝道，而非《孝经》所侧重的政治治理内涵，这也是朱子对孝道问题的基本立场。其二，该书是黄榦晚年

---

① （宋）陈宓：《复斋先生龙图陈公文集》，第 473~474 页。

在高峰书院讲学时所作，是为黄榦最后的绝笔之作。序中还特别提到，黄榦临终之时还非常挂念和推荐该书。其三，陈宓是在延平书院刊刻了该书。

《论语通释》的部分内容保留在后世一些理学汇编类著作当中，比如《四书大全》《四书纂疏》等。本文后面附录部分对《四书大全》中的黄榦解读《论语》文献有所辑佚。在后面黄榦四书诠释部分，还涉及其他地方的一些黄榦解读《论语》的材料。

以上大体可以一窥黄榦的著述活动，下面就现存文献的版本与辑佚问题作些阐述。

第一节　元刻本与四库本《勉斋文集》比较

有关黄榦文集的版本问题，近来有学者专门考察①。本书所用《勉斋先生黄文肃公文集》主要有两个版本，一是《勉斋先生黄文肃公文集》（元刻本），四川大学古籍整理研究所编，宋集珍本丛刊第六十七册；二是四库本，是为景印四库全书《勉斋先生黄文肃公文集》。本书除特别说明外，《勉斋文集》是指前一版本。

大体来说，两版本除了卷次安排顺序不同，于某些书信文章标题与内容有如下差异：

1. 元刻本卷一《诗》，与四库本卷四十《诗》相对应，大体相同。
2. 元刻本卷二至十六为《书》，与四库本卷四至十八相对应。其中：
   卷二与四库本卷四相对应，四库本部分内容缺失，但多出篇名《与某书失名》。
   卷三与四库本卷五相对应，大体相同。
   卷四与四库本卷六相对应，但四库本多出：《复芦子陈监酒》《与嘉兴钟知府》《与或人》。
   卷五与四库本卷七相对应，大体相同。
   卷六与四库本卷八相对应，大体相同。
   卷七与四库本卷九相对应，大体相同。

---

① 有关文章主要有两篇：一是方彦寿《黄榦著作版本考述》，《历史文献研究》第 25 辑，华中师范大学出版社 2006 年；二是陈启远《黄榦文集版本源流考》，《古典文献研究》第 27 辑上，2024 年。

卷八与四库本卷十相对应，四库本多出《再与侍制李梦闻书》。

卷九与四库本卷十一相对应，大体相同。

卷十与四库本卷十二相对应，大体相同。

卷十一与四库本卷十三相对应，大体相同。

卷十二与四库本卷十四相对应，四库本有《与某某书》，元刻本多出：《与黄去私》《与余国秀》《复余道夫》，但有缺文。

卷十三与四库本卷十五相对应，大体相同。

卷十四与四库本卷十六相对应，大体相同。

卷十五与四库本卷十七相对应，大体相同。

卷十六与四库本卷十八大体相同，四库本多《石门酒器五铭》。

3. 元刻本卷十七为《铭》和《记》，与四库本卷十九相对应，元刻本多一个《铭》为《酒器五》（该文即四库本卷十八《石门酒器五铭》），其他大体相同。

4. 元刻本卷十八为《记》，与四库本卷二十相对应，大体相同。

5. 元刻本卷十九为《序》，与四库本卷二十一相对应，大体相同。

6. 元刻本卷二十为《题跋》，与四库本卷二十二相对应，但元刻本多出《书晦菴先生正本大学》，四库本《代书晦庵先生四斋箴》不全且糅杂了《书晦菴先生正本大学》的部分内容。

7. 元刻本卷二十一为《启》，与四库本卷二十三相对应，大体相同。

8. 元刻本卷二十二为《婚书》《疏》《青词》《祝文》《奏状》，与四库本卷二十四相对应，但元刻本将《安庆府祈晴》作为《青祠》，而四库本卷二十四将《安庆祈晴文》归入《祝文》。

9. 元刻本卷二十三为《拟奏》《代奏》《论》，与四库本卷二十五相对应，元刻本多《中庸总论》，其他大体相同。

10. 元刻本卷二十四、二十五为《讲义》，与四库本卷一、二相对应，大体相同。

11. 元刻本卷二十六为《经说》，与四库本卷三相对应，大体相同。只是四库本卷三《经说》中有《中庸总说》《中庸总论》，而元刻本卷二十三《论》中有《中庸总论》，卷二十六《经说》中《中庸续说》。

12. 元刻本卷二十七为《策问》《公札》，与四库本卷二十六相对应，大体相同。

13. 元刻本卷二十八、二十九为《公札》，与四库本卷二十七相对应，大体相同。

14. 元刻本卷三十至卷三十二为《公状》，与四库本卷二十九至三十一相对应，但元刻本卷三十二《公状》比四库本卷三十一卷多出：《申省土功告毕》《申省乞拨本府前政椿管修城余钱包砌城壁》《申制司乞拨修城米赈粜》《申帅司乞免起本府民兵万弩手守庐州城》《申省辞兼知和州》《申制司乞备申省丐祠》，但亦有缺文。

15. 元刻本卷三十三、三十四为《行状》，与四库本卷三十六、三十七相对应，大体相同。

16. 元刻本卷三十五为《志铭》，与四库本卷三十八相对应，大体相同。

17. 元刻本卷三十六为《祭文》，与四库本卷三十九相对应，大体相同。

18. 元刻本卷三十七为《杂著》，与四库本卷三十四、三十五相对应，但四库本无：《族长奠仪咨目》《晓示纳苗和籴优恤》《宋文聚等乞丐骚扰断配牓文》《桃符》（包括《壬戌考亭寓舍堂门》《新淦鼓门》《中门》《软门》《客位门》《狱门》《无讼门》《自公门》《汉阳谯门》《汉广堂》《法云寺寓舍》），第一篇有缺文。

19. 元刊本卷三十八至四十为《判语》，对应于四库本卷三十二、三十三，大体相同。

由上可见，元刻本与四库本互有出入，且即便同一篇文章也有某些文字不同的情况。元刻本有些正文没有编入目录中。相对而言，元刻本更佳，本研究以元刻本为主，同时参考了四库本。

附录：

元刻本《勉斋先生黄文肃公文集》目录：

　　卷一：诗；卷二至十六：书；卷十七：铭、记；卷十八：记；卷十九：序；卷二十：题跋；卷二十一：启；卷二十二：婚书、疏、青词、祝文、奏状；卷二十三：拟奏、代奏、论；卷二十四、二十五：讲义；卷二十六：经说；卷二十七：策问、公札；卷二十八、二十九：公札；卷三十至三十二：公状；卷三十三、三十四：行状；卷三十五：志铭；卷三十六：祭文；卷三十七：杂著；卷三十八至四十：判语。

四库本《勉斋先生黄文肃公文集》目录：

　　卷一、二：讲义；卷三：经说；卷四至十七：书；卷十八：书十五，铭；卷十九、二十：记；卷二十一：序；卷二十二：题跋；卷二十三：启；卷二十四：婚书祝文；卷二十五：拟奏；卷二十六：策问；卷二十七、二十八：公札；卷二十九、三十、三十一：公状；卷三十二、三十三：判语；卷三十四、三十五：杂著；卷三十六、三十七：行状；卷三十八：志铭；卷三十九：祭文；卷四十：诗。

第二节　勉斋文献辑佚

如上所述，黄榦常年从事讲学与著述活动，但可惜的是，其中许多材料已经散失。除《勉斋先生黄文肃公文集》和《仪礼经传通解续》有所保留之外，其他著作都没有保留。但在宋末一直到明初的许多理学汇编类著作当中，还保留了不少黄榦的材料，对这些材料进行辑佚非常有价值，有助于我们丰富对黄榦思想的理解。

我们在《性理大全》《四书大全》当中辑录黄榦材料四万余字，涉及理学主要问题，其中对周敦颐的《太极图说》《通书》有较系统的诠释，对四书尤其是《论语》的疏解较丰富，详见附录二、三。就思想研究而言，这些材料是除《勉斋先生黄文肃公文集》外必然不可忽略的。[1]

---

[1] 此外，笔者研究当中还涉及其他文献中的勉斋文献，如《朱子语类》《元公周先生濂溪集》《西山文集》与韩国性理学文献等。田智忠先生正在进行勉斋文集的编辑整理，据目前所知，其辑佚的思路与此不同，思想类文献超出这两个地方的不多。

第五章　四书诠释

众所周知，朱熹一生勤于著述，对许多儒家经典都有专门注解的著作，已经完成的主要包括：《四书章句集注》为代表的四书学著作，以《周易本义》和与蔡元定合著的《易学启蒙》为代表的《易》学著作，以《诗集传》为代表的《诗》学著作。此外，对于《尚书》《礼》经、《春秋》，朱熹生前并未完成注解工作，但在朱熹去世之后也由朱子门人完成。

面对朱子所作的大量注解四书、五经的著述，朱子门人在长期从学过程当中不断消化吸收，逐渐形成自己的经学思想，取得了一定成就。黄榦在五经方面的工作主要是编修礼书，对五经的具体诠释不多。与之相对的是，受朱子影响，黄榦对四书也极为关注，在四书的诠释方面做了不少重要工作，是朱子之后四书诠释的重要代表。黄榦晚年在讲学之余，"方欲成先志，取文公诸书以次通释。《论语》仅已，抱恨九泉矣"①，原计划对所有朱子注解进行疏解，但最后仅完成《论语通释》。所谓通释主要是针对朱熹的四书注解，最初是"欲合《集注》《集义》《或问》《语录》四书而通释之，其后语录未果入也"②，可能因为相关语录繁杂，最后只是"合文公《集注》《集义》《或问》三书而通释之"③，一方面因为"《集注》之辞简而严，学者未能遽晓。于是作《或问》一书，设为问答，以尽其书，且明取诸家之意。先生恐学者不暇旁究，故直取疏解《集注》之辞，而列之于后，以便观览"④。黄榦作通释的目的是让学者更好地理解朱子四书学思想；另一方面"然《集注》《或问》间有去取之不同，发挥之未尽，先生追忆向日亲炙之语，附以己意，名曰通释"⑤。《集注》与《或问》都是对四书的注解，但分别于不同时间因不同目的而撰写，之间

---

① （宋）陈义和编撰：《勉斋先生黄文肃公年谱》，第854页。
② （宋）陈义和编撰：《勉斋先生黄文肃公年谱》，第856页。
③ （宋）陈义和编撰：《勉斋先生黄文肃公年谱》，第854页。
④ （宋）陈义和编撰：《勉斋先生黄文肃公年谱》，第854~855页。
⑤ （宋）陈义和编撰：《勉斋先生黄文肃公年谱》，第855页。

必然存在一些理解和表述上的差异，这就为后来学者在理解上造成一定困惑，对此，黄榦根据自己对朱子思想的理解进行诠释。

除已完成的《论语通释》（可惜完本已经散佚，部分保留在现有《勉斋文集》中和后来的《四书纂疏》《四书大全》《性理大全》等理学汇编类著作当中）外，黄榦还对《大学》《中庸》和《孟子》有一些专门的诠释文章或讲义讨论。他的这些诠释和讨论在很多方面对朱熹的注解而言是重要补充与推进，黄榦的理学思想也直接得到了展现。

第一节 《大学》疏解

朱熹一生在《大学》上用力最多，直到去世前三天还在修订《大学》"诚意"章的注解。他曾自述："我平生精力尽在此书。先须通此，方可读书。"①《大学》被朱熹列为四书之首，具有奠定为学规模的意义，在朱子学经典体系当中具有非常重要的地位。这点也为朱子最重要的门人黄榦所重视。黄榦作有《大学经一章解》②和《大学章句疏义》③，在新淦县学讲解《大学》"古之欲明明德于天下者"一章，并就明德等问题与同门多次讨论。黄榦对《大学》经一章有完整疏解，对朱子《大学章句》有所发挥与补充，比较突出的表现在《大学》经一章的结构、明明德、工夫论以及道统论等方面。④

一 《大学》经一章的结构

朱子在解释《大学》的首句"大学之道"⑤时指出："大学者，大人之学也。"⑥《大学》即大人之学。在解释《论语》"君子有三畏章"中的

---

① （宋）黎靖德编：《朱子语类》，第258页。
② （宋）黄榦：《勉斋先生黄文肃公文集》，第1~2页。
③ （宋）黄榦：《勉斋先生黄文肃公文集》，第2~4页。
④ 这部分内容为笔者与所指导博士生刘晓伟合作论文《黄榦对〈大学〉的疏解》，刊于《黑龙江社会科学》2023年第5期。
⑤ 对于《大学》经文中的"大学"二字，有的学者认为当指《大学》一书，故加上书名号，而朱子注解中的"大学"二字则未加书名号，如中华书局版的《四书章句集注》。这里便造成一个矛盾，那就是朱子用"大人之学"来界定的"大学"并非经文首句"大学之道"的《大学》，因此，首句"大学之道"中的"大学"并不是指《大学》一书。
⑥ （宋）朱熹撰：《四书章句集注》，中华书局，1983年，第3页。

"畏大人"一句时，朱子说，"不止有位者，是指有位、有齿、有德者，皆谓之'大人'"。① "朱子承认大人的年龄义与权位义，但最终侧重的是道德义。"② 黄榦在《大学章句疏义》中则明确"大人之学者兼齿德而言也"③，此大人既指年龄较大的成年人，亦指道德高尚的君子。

关注文本结构是黄榦诠释经典的重要特点。在吸收朱熹《大学章句》做法的基础上，他在《大学经一章解》中将《大学》经一章分为五个部分，认为每个部分主旨不同。

第一，大学之道在明明德，在亲民，在止于至善。"此言《大学》之纲领，其本末当如此也。"④ 第二，知止而后有定，定而后能静，静而后能安，安而后能虑，虑而后能得。"此言《大学》工夫，其始终当如此也。"⑤ 第三，物有本末，事有终始，知所先后，则近道矣。"此承上文两节明大学之道，以起下文两节之意。"⑥ 第四，古之欲明明德于天下者，先治其国，欲治其国者先齐其家至国治而天下平。"此推言上文三节之意，言明德新民之目，知止能得之序，本末始终之有先后也。"⑦ 第五，自天子以至于庶人至未之有也。"上文所言大学之道尽矣，此复申言修身齐家乃大学之要，无贵无贱，皆当自勉，其示人之意至矣。"⑧ 在《大学章句疏义》中他将第四部分分为两个部分，因此，在《大学章句疏义》中是分为六个部分。

这样的划分符合朱子的理解，但黄榦对于各部分之间的逻辑结构有详细说明。在他看来，这五部分当中，第一、二部分是重点，第三部分是承上启下，第四部分是在前三部分基础上的推论，可以看作明德新民的具体展开。至此，大学之道尽矣。第五部分强调修身齐家为大学之道具体展开过程当中的关键环节。因此，黄榦对《大学》的注解以及对朱熹《大学章句》的疏解重心就放在第一、二部分。

二 "明明德"章释义

朱子明确："学者须是为己。圣人教人，只在大学第一句'明明德'

---

① （宋）黎靖德编：《朱子语类》，第1173页。
② 邓庆平、熊慧心：《简论朱子的大学思想》，《河南教育学院学报》（哲学社会科学版）2023年第1期。
③ （宋）黄榦：《勉斋先生黄文肃公文集》，第3页。
④ （宋）黄榦：《勉斋先生黄文肃公文集》，第1页。
⑤ （宋）黄榦：《勉斋先生黄文肃公文集》，第1页。
⑥ （宋）黄榦：《勉斋先生黄文肃公文集》，第2页。
⑦ （宋）黄榦：《勉斋先生黄文肃公文集》，第2页。
⑧ （宋）黄榦：《勉斋先生黄文肃公文集》，第2页。

上。"① "明明德指称主体道德生命本性的自我觉醒与显明"②，为大学三纲领之根本，也是大学之学的根本。在黄榦的注疏当中，"明明德"章也是首要的重点。他曾与同门多次反复讨论《大学》这一章。如开禧二年（1206）在与李燔的书信当中，黄榦提出：

> 承见教明德章，更平心将诸处说明德参考，如克明峻德，以至于光被四表、懋昭大德、自昭明德、辉光日新其德、予怀明德之类，看两个明字作如何说，与今《大学》是同是别。又看格物、致知、诚意、正心、修身用功处，如何能明其明德。《或问》所谓明之端、明之实，是如何?③

李燔为朱熹重要门人，为《宋史·道学传》中六位朱熹门人之一，曾代朱熹讲学，朱子学造诣较深，黄榦与其有多次书信往来。④ 这里黄榦一口气提出了众多问题，可见其讨论深入程度。"克明峻德""光被四表"出自《尚书·尧典》，"懋昭大德"出自《尚书·仲虺之诰》，"自昭明德"出自《周易·晋·象》，"辉光日新其德"出自《周易·大畜·彖》，"予怀明德"出自《诗经》，均与明德有关。首先黄榦类聚《大学》之"明明德"与其他经典中的这些明德说，比较其异同，提出"明明德"中两个明字如何理解，是否有内在关联。朱子在《四书章句集注》注"明明德"时讲："明，明之也；明德者，人之所得乎天，而虚灵不昧，以具众理而应万事者也。"⑤ 第一个"明"是动词，使之明的意思，第二个"明"与"德"构成一个专有名词即明德，这是人所具有的某种虚灵不昧的东西。至于两个"明"字之间的关系是朱子所未提及深入辨析的，此明德到底是性还是心，朱子与弟子有很多讨论，在现代朱子学研究当中也存在一定的争议⑥；其次，黄榦提出八目何以明其明德，这是涉及明明德的实现问题；再次，如何理解《或问》当中所言明之端、明之实，这是对朱子理解的追问。《大学或问》中朱子指出："是以圣人施教，既已养之于小学之中，而后开之以大学之道。其必先

---

① （宋）黎靖德编：《朱子语类》，第261页。
② 邓庆平、熊慧心：《简论朱子的大学思想》，《河南教育学院学报》（哲学社会科学版）2023年第1期。
③ （宋）黄榦：《勉斋先生黄文肃公文集》，第565页。
④ 参见邓庆《朱子门人与朱子学》，第264~271页。
⑤ （宋）朱熹撰：《四书章句集注》，第3页。
⑥ 可参见杨祖汉《朱子的"明德注"新诠》，《朱子学年鉴》（2019），华东师范大学出版社，2021年。

之以格物致知之说者，所以使之即其所养之中，而因其所发，以启明之端也；继之以诚意、正心、修生之目者，则又所以使之因其已明之端，而反之于身，以致其明之之实也。夫既有以启其明之端，而又有以致其明之之实，则吾之所得于天而未尝不明者，岂不超然无有气质物欲之累，而复得其本体之全哉！"① 格物致知乃是在小学工夫基础上的明明德的开端，而诚意、正心与修身则是以此开端来反之于身，以求明德在意、心和身上充分彰显和实现。尽管书信中没有向我们提供关于这些问题的答案，但这些问题的提出本身就说明黄榦及其同门对《大学》"明明德"章的深入讨论。

黄榦专门作了一篇疏解朱熹《大学章句》的文章即《大学章句疏义》，就朱熹解《大学》时所使用到的许多概念进行了进一步的界定与阐发。其中关于"明明德"，他如是说：

> 明明德者，明其在己所禀至明之德也。明谓虚灵知觉，纯莹昭著者也。德谓所具之理也。新犹明也，既自明其明德，又当推以及人，亦使之去其蒙蔽污浊而复其本然之明也。止谓必至于是而不迁之谓也。至善者，德之当明、民之当新，皆当止于至善，尽天理之极而无一毫人欲之私，是明②明德新民之至善而学者之所当止也。注云大人之学者兼齿德而言也，又云虚灵不昧者，虚谓知觉，不昧谓纯莹昭著者也。知觉者，物格知至也，纯莹昭著者，意诚心正而可以齐家治国平天下也。注云具众理应万事者，德即理也，而曰具众理又兼夫应万事而言，此乃直指人心，合全体大用而为言也。具众理者，德之全体，应万事者，德之大用也。云"新者，革其旧之谓"。又云"其旧染之污"者，旧谓蒙蔽污浊，新则去其蒙蔽污浊，故新亦明也。云"至善谓事理当然之极"者，言凡事理皆有当然之对当然之则，乃所谓善也，其极则至善也，不至于当然，不以为善，不至于当然之极不足以为至善。盖言明而新之者，必"尽夫天理之极而无一毫人欲之私也"。③

这一段文字围绕"明明德"与"新民""止于至善"展开，至少有三层意思值得我们关注。第一，就"明德"而言，朱子《大学章句》将明德视为虚灵不昧的一个整体，而黄榦在此基础上疏解："明谓虚灵知觉，纯莹昭著者

---

① （宋）朱熹撰：《朱子全书》第 6 册，第 508 页。
② "明"，底本原为"民"字，文意不通，据《大学》及四库本改。
③ （宋）黄榦：《勉斋先生黄文肃公文集》，第 3 页。

也，德谓所具之理也。"将明德分为明与德两部分，明即虚灵知觉、纯莹昭著之意，此为本然之明，而德从本质上来说是所具之理。朱子认为"德者，得也，得其道于心而不失之谓也"①。所谓得其道，也即得其理。黄榦以所具之理来讲德应该说也是可以成立的。对于朱子原注中的"虚灵不昧"一词，黄榦逐一解释"虚谓知觉，不昧谓纯莹昭著者也"，且结合八目来进一步理解，他说："知觉者，物格知至也，纯莹昭著者，意诚心正而可以齐家治国平天下也。"虚灵知觉是对物格知致的要求，而纯莹昭著则是对意诚心正乃至修身齐家治国平天下的要求。对于朱熹原注"明德"一词中"以具众理而应万事者"，黄榦认为"具众理应万事者，德即理也，而曰具众理又兼夫应万事而言，此乃直指人心，合全体大用而为言也。具众理者，德之全体，应万事者，德之大用也"。德者即理，那么明德自然而然地就具备了众理，此乃德之全体，而应万事者乃是德之对外的功能作用。

在后来与同门李燔的讨论当中，黄榦进一步阐发"明德"之明应该具有内外两层内涵：

> 《大学》首章旧说以德之发于外者，昭著而不可掩为明德，今解以德之存于中者，昭彻而无所蔽为言，故鄙意欲合内外而言之，亦似有理。②

此信作于开禧三年（1207）。黄榦指出，明德既指德发于外之昭著不可掩，也指德之存于中而昭彻无所蔽，也就是说明德之明应该包括在外的昭著不可掩和在内的昭彻无所蔽。这里的内外与上面从"合全体大用"的角度将明德分解为具众理与应万事是相对应的，具众理即内在的昭彻无所蔽，应万事为明德发于外者而昭著而不可掩。

大约在同时，黄榦与胡伯量的信中也表达了同样的观点：

> 《大学》首章无他疑。但向者以为明德之发于外者，昭著而不可掩也。今之解注，乃存于中者，洞彻而无所蔽也。故鄙意以为莫若合内外而言之。虚灵指存于中者而言，昭著指发于外者而言。如辉光之类，皆指外者而言。③

---

① （宋）朱熹撰：《四书章句集注》，第94页。
② （宋）黄榦：《勉斋先生黄文肃公文集》，第565页。
③ （宋）黄榦：《勉斋先生黄文肃公文集》，第596页。

虚灵乃是对内在洞彻无所蔽的描述,是德之存于中者,而昭著则是德之外在发显的状态,明德应该合内外而言。

第二,在《大学章句疏义》当中,针对朱熹在"既自明其德又当推以及人"①的意义上由明明德引出新民之说,黄榦这里直接点出"新犹明也",并对朱熹的"新者,革其旧之谓也"②"旧染之污者"③,黄榦进一步指出新与旧的实质所指:"旧谓蒙蔽污浊,新则去其蒙蔽污浊,故新亦明也。"在黄榦看来,"明明德"的第一个"明"字为动词,和"新民"之"新"字义相同,都是"其蒙蔽污浊而复其本然之明也",即恢复本然之明。这点一方面回答了上文提及与李燔书信中讨论两个"明"字义的问题,"明明德"的第一个"明"字和第二个"明"字含义是内在一致的。另一方面,将"明明德"与"新民"贯通起来。

第三,对于"止于至善",黄榦的疏解特色在于区分善与至善,"言凡事理皆有当然之对、当然之则,乃所谓善也,其极则至善也,不至于当然,不以为善,不至于当然之极不足以为至善"。至善是由"明明德"至"新民"的当止之处。

至此,黄榦对朱熹《大学章句》进行了逐渐深入的两层疏解,不仅有对经典原文的理解,而且包含他对这些理解的再行疏解,在疏解"明明德"的基础上将"新民""止于至善"的思想内涵也一并融通起来。这种疏解是以概念的更细致界定来展开的。

"明德究竟是指心还是性,指心之本体还是性之本体,在《大学章句》及其《或问》中尚难得出答案。"④ 因此,以致造成后来学者对此产生分歧,如牟宗三主张朱子之明德"是就性理说明德之本身"⑤。对此,黄榦明确指出:

> 明德不言性而言心。杨德渊惠书亦录示所答之语,此但当答以心之明便是性之明,初非有二物,则直截简径。使之自此思索,却见得分晓。今观所答,是未免以心性为两物也。如"回也,其心三月不违仁",则心自是心,仁自是仁。如《孟子》言"仁,人心也",则仁又便是心。《大学》所解明德,则心便是性,性便是心也。所答之病,

---

① (宋)朱熹撰:《四书章句集注》,第3页。
② (宋)朱熹撰:《四书章句集注》,第3页。
③ (宋)朱熹撰:《四书章句集注》,第3页。
④ 陈来:《朱子哲学研究》,生活·读书·新知三联书店,2010年,第338页。
⑤ 牟宗三:《心体与性体》下册,上海古籍出版社,1999年,第338页。

既误以心性为两物，而又欲安排并合，故其说颇觉费力。心之能为性情主宰者，以其虚灵知觉也。此心之理炯然不昧，亦以其虚灵知觉也。自当随其所指，各自体认，其浅深各自不同。心能主宰，则如谢氏常惺惺之谓。此只是能持敬，则便能如此。若此心之理，炯然不昧，如《大学》所谓明德，须是物格知至，方能如此，正不须安排并合也。①

明德不言性而言心，此心并非一般意义上杂善恶的人心，而是纯善的具有虚灵知觉的能为性情主宰者的本心，是物格知致之后的心，此时之心不仅有虚灵知觉的功能，还因致知等为学工夫后而内具众理，故黄榦又说对于明德来说"心便是性，性便是心"，心性并非两物。故此关于明德是心还是性的问题便消解了。这个认识与现代学者对朱子"明德"说的最新理解较为接近，如杨祖汉认为，"明德是心性（理）相关联，而性理在心中呈现之意。明德不能单指心或理（性），而是两者关联在一起"②。王凯立也指出，"朱子对'明德'的阐述乃兼心性言之，这意味着，'明德'是心性合一的"③。

三 《大学》之工夫

朱子讲"'欲明明德于天下者先治其国，至致知在格物。''欲'与'先'字，谓如欲如此，必先如此，是言工夫节次"④。《大学》八条目是讲工夫次序的。当朱熹弟子问"知止至能得，其间有工夫否？"时，朱子说："有次序，无工夫。才知止，自然相因而见。只知止处，便是工夫。"⑤从"知止"到"能得"有次序，但此次序并非工夫次序，工夫全在"知止"上，只要知止，后面的定、静、安、虑、得的效验也就自然出现。在黄榦的划分中，"知止至能得"是《大学》经一章的第二部分。与朱子不同的是，黄榦明确将此部分视为《大学》工夫之始终次序，即"此言《大学》工夫，其始终当如此也"⑥。而大学的八目是明德新民的具体条目。

---

① （宋）黄榦：《勉斋先生黄文肃公文集》，第648页。
② 杨祖汉：《朱子的"明德注"新诠》，载《朱子学年鉴》（2019），华东师范大学出版社，2021年。
③ 王凯立：《明德"即"本心"——重检朱子道德哲学》，《道德与文明》2020年第5期。
④ （宋）黎靖德编：《朱子语类》，第310页。
⑤ （宋）黎靖德编：《朱子语类》，第280页。
⑥ （宋）黄榦：《勉斋先生黄文肃公文集》，第1页。

在黄榦这里，工夫问题与知行观密切相关。知行是宋明理学当中的核心问题之一，至少包括知行的界定以及知行关系两方面。程颐明确提出"须是知了方行得"①，"故人力行，先须要知"②，区分知与行，并主张知先行后，同时他也指出"未致知，便欲诚意，是躐等也"③，将诚意与力行联系起来。朱熹提出"论先后，知为先；论轻重，行为重"④，既区分了知与行，且从先后轻重来论知行。这里的行是道德实践，是指从洒扫应对进退到齐家治国平下的客观行为。而致知被认为是对事物之理的认知。这种知行观过于强调知行在时间意义上先后之别，容易引发的一个重要问题便是知而不行的知行不一问题。这一问题也是现实道德生活当中的常见现象，是理学家极力解决的理论与实践困境。对此，朱熹提出真知的概念，认为"真知则未有不能行者"⑤。这一回答看似解决了知行不一的问题，但是何谓真知、真知何以必能行等问题在朱熹那里并没有得到详细讨论。

朱子重要门人陈淳则公开否定知行先后说，认为知行无先后、知行交进而互相启发的观点，认为"二者当齐头著力并做，不是截然为二事，先致知然后力行，只是一套底事。真能知则真能行"⑥（《北溪大全集》四门卷十四）。知行是一个整体，具有知行合一思想，这对朱熹知行二分的观点是一大进步，接近于王阳明的知行合一说。但是陈淳并未进一步说明为何致知与力行是一事，知行何以齐头并做。相比之下，黄榦在新淦县学讲学时指出："盖始之以致知，则天下之理洞然于吾心而无所蔽；终之以力行，则天下之理浑然于吾身而所亏。知之不至，则如摛埴索涂而有可南可北之疑；行之不力，则如弊车羸马而有中道而废之患。"⑦ 知行的目的是身心活动全然合乎天下之理，与理合一。其中知是理存于心，而行是理合于身。

在嘉定十二年（1219）作的《知果州李兵部墓志铭》中，黄榦提出："大学之道曰知与行，博文约礼，玉振金声，知而不至如眇斯视，行而不力如跛斯履。"⑧ 大学之道曰知与行，而且强调知须至、行须力。

黄榦在解读《大学》时明确表达了一个颇有意思的知行观：

---

① （宋）程颢、程颐：《二程集》，王孝鱼点校，中华书局，2004年，第187页。
② （宋）程颢、程颐：《二程集》，第187页。
③ （宋）程颢、程颐：《二程集》，第187页。
④ （宋）黎靖德编：《朱子语类》，第148页。
⑤ （宋）朱熹撰：《朱子全书》第24册，第3483页。
⑥ （宋）陈淳：《北溪大全集》卷二十六，台北：台湾商务印书馆，1987年，第704页。
⑦ （宋）黄榦：《勉斋先生黄文肃公文集》，第780页。
⑧ （宋）黄榦：《勉斋先生黄文肃公文集》，第148页。

盖尝求其所以为学之纲领者，曰致知曰力行而已。《大学》曰："物格而后知至，知至而后意诚，意诚而后心正，心正而后身修。"物格知至者，知之事也；意诚心正者，行之事也。《中庸》曰："博学之，审问之，慎思之，明辨之，笃行之。"学问思辨者，知之事也；笃行者，行之事也。《书》之所谓"惟精惟一"，《易》之所谓"知崇礼卑"，《论语》之所谓"知及仁守"，《孟子》之所谓"始终条理"，无非始之以致知，终之以力行。盖始之以致知则天下之理洞然于吾心而无所蔽，终之以力行则天下之理浑然于吾身而所亏。知之不至则如擿埴索涂而有可南可北之疑，行之不力则如弊车羸马而有中道而废之患。然则有志于圣贤之域者，致知力行之外无他道也。秦汉以来，一世之士不骛于词章则溺于训诂，不陷于功利则惑于异端，是固不足以语圣贤之学矣。①

这是黄榦在新淦县学的讲学，当时共四讲，这是其中之一，从知与行的角度理解大学的"古之欲明明德于天下者"一章。在这里黄榦明确界定了知与行，并从知行观的角度贯通诸部经典和道统。他指出知行问题是为学纲领，物格知至是知之事，而意诚心正则是行之事。《中庸》中的学问思辨都是知之事，而笃行是行之事。知是意识当中的认知，行则包括诚意、正心等意志与情感活动，也包括日用之间的身体活动，也就是既包括内在的除了认知之外的主观心理活动，也包括外在的客观活动。而且，黄榦还指出格物致知为始之事，诚意正心修身等力行为终之事。这里的知为始行为终看上去与朱子提倡的知先行后是一致的，但其实质还是不同。要讲清楚这点，需要注意黄榦如何理解格物、致知、诚意、正心、修身，这点可以参考《大学经一章解》：

明明德于天下者，治国齐家，新民之事也。不曰新而曰明，新即明也，曰治曰齐，皆所以新之也。修身正心诚意，明明德之事也，曰修曰正曰诚，皆所以明之也。致知者，明德新民皆欲止于至善，然非知所止则无以得所止焉，故新民必本于明德，而明德又本于致知也，格物者，亦知不可以徒致，必事事物物皆有以穷极其理也，物格而后知至，物者，理之寓也，物之理无不穷则吾之知无不致矣。知无不至则是非昭晰而意无不诚矣，意者，心之发，意诚则心无不正矣。心者，身之主，心正则身无不修矣，身者，家之仪，身修则家无不齐矣。自家以及天下，则推此以及彼尔，曰齐曰治曰平，远近亲疏之势也。

---

① （宋）黄榦：《勉斋先生黄文肃公文集》，第780~781页。

此推言上文三节之意,言明德新民之目,知止能得之序,本末始终之有先后也。①

所谓格物致知,那是事事物物皆有以穷极其理,也即穷尽物之理,此可谓知致。但必须注意,这里穷尽的物之理并非如今天科学所追求的客观知识,而是人们处事接物之理,是人们应对外在事事物物的道德原理与规范,即道德知识。因此,格物致知便是要求人们掌握为人处世的所有道德原理与规范,并推之极致,即至善。修身正心诚意是明明德之事,新民须以明德为本,而明德则又以致知为本,即格物致知为诚意、正心、修身之本。值得注意的是,黄榦这里对格物致知与诚意正心修身关系的描述使用的是"本于",而没有使用始与终的讲法。《大学》经文当中的明确讲"事有终始",而此"事"是指《大学》"知止而后有定,定而后能静,静而后能安,安而后能虑,虑而后能得"。

如果注意到黄榦对知止的诠释,我们会发现,上文中"始之以致知"并非工夫实践的开端之意:

承上文明德新民皆当止于至善,而欲得其所止则当先知其所止。谓一事一物必先研究其至善之所在,使此心晓然所谓知止也。事物所当止之地,既知之矣,则此心之中皆有一定不可易之理,所谓有定也。理既有定,事物未接则无所疑惑,湛然而静矣,所谓能静也。心既能静,则事物之来莫能动摇泰然而安矣,所谓能安也。能静能安,则酬酢万变思虑精审,所谓能虑也。能虑则动容周旋无不中理,所谓能得也。大学之道在于明德新民,明德新民之功在于至善,至善之理又在于必至而不迁,故此一节但以止为言。曰知曰得,止之两端。定者,知所止之验,虑者,得所止之始。曰静曰安,则原于知而终于得,有必至不迁之意矣。注云志有定向则必至之意也。注云心不妄动,所处而安则不迁之意也。②

在这里,黄榦通过对朱熹《大学章句》的进一步疏通阐发了大学工夫实践的始终次序。知止即心中清楚一事一物的至善之理,也就是知道应对一事一物的最佳道德原理和规范,即心中皆有一定之理。定乃是心中对理的确定,

---

① (宋)黄榦:《勉斋先生黄文肃公文集》,第2页。
② (宋)黄榦:《勉斋先生黄文肃公文集》,第3~4页。

静乃未曾接物时的宁静状态，安则是指外来事物不能动摇我们的安定心境，虑即在任何情境下都能思虑精审，进而使得各种举止容仪行为都合乎天理，是为能得。由知止而进于意志之定向、情感之宁静、心境之安定、思虑之精审和举止、仪容、交际等外在客观行为之中理，从知止到能得是一个由知止而引发的一系列内在心理变化最后导致外在客观行为改变的过程，是一有始有终之事。"知止为始，能得为终。物既有本末，事既有终始，则学者行事处物必当知所先后，则交用其力而进为有序，则去道不远矣。"① 这一过程在黄榦看来，便是《大学》所言的工夫全过程，这里的始终是指工夫的实际发生过程，从知止开始，一直经历定、静、安、虑，最后到能得。

从知止到能得的次序和大学八目之始终次序当是不同。如上文所讲，以格物致知为始之事，诚意正心修身等力行为终之事。我们可以说，大学八目的始与终并非工夫实践的实际开始与结束，更多的应该是逻辑意义上的基础与完成，即所谓"故新民必本于明德，而明德又本于致知也"。

当然，这种逻辑意义上的始终对于工夫展开的实际过程来说，依然具有指导意义。黄榦强调"盖始之以致知则天下之理洞然于吾心而无所蔽，终之以力行则天下之理浑然于吾身而所亏。知之不至则如摘埴索涂而有可南可北之疑，行之不力则如弊车羸马而有中道而废之患"。知与行，也就是致知与后面的诚意正心修身并非相隔绝的两个不同阶段，而是有着内在关联，这种关联就在于它们都统一于由知止开端的工夫实践当中。所谓知之始也便是知止这一工夫开端。知止而后有定，"定者，知所止之验"，也就是说，知止包含了格物致知之意，但并非只是单纯的认知，还内在包含了必至的力行意志，是知与行的统一。由于缺乏诚意正心这些情感意志活动的重视，故而常常发生知而不行的现象。这是后世对朱子以格物致知为工夫起始说的最大批评。黄榦虽然也持知行相分的观点，但这种相分更多的是理论逻辑上而非工夫实践。他以知止作为工夫实践的开端，从根本上避免了朱子思想当中以格物致知为大学工夫开端可能导致知行分离不一的倾向，表达了知行合一的观点。

《大学》明言"所谓诚其意者：毋自欺也，如恶恶臭，如好好色，此之谓自谦"。朱子讲："致知，知之始；诚意，行之始。"② 而且"格物、致知，便是要知得分明；诚意、正心、修身，便是要行得分明"③。从行

---

① （宋）黄榦：《勉斋先生黄文肃公文集》，第 2 页。
② （宋）黎靖德编：《朱子语类》，第 305 页。
③ （宋）黎靖德编：《朱子语类》，第 264 页。

上讲诚意、正心、修身，诚意为行之始。黄榦也明确指出"意诚心正者，行之事也"①。对诚意的这种理解在王阳明那里得到了强化。王阳明为避免知行二分所带来的知而不行等问题，主张知行合一。他认为"今人学问只因知行分作两件，故有一念发动，虽有不善，然却未曾行，便不去禁止。我今说个知行合一，正要人晓得一念发动处便即是行了"②。他对行的界定和朱熹等人不同，"凡谓之行者，只是着实去做这件事"③，于是好好色、恶恶臭等一类的意识活动也叫作行，"见好色属知，好好色属行。只见那好色时已自好了，不是见了后又立个心去好。闻恶臭属知，恶恶臭属行。只见那恶臭时便已自恶了，不是闻了后别立个心去恶"④。对好色的喜好、对恶臭的厌恶，这既是一种情感同时也是一种意志活动，是见闻之时自然而然同时发动相应的好恶情感以及随之而来的行为，很难截然分开。也就是说，从整体上来看，这种发动是知行合一的。在这个意义上，知行不一的问题也被消解。

四 《大学》的道统地位

朱子讲"学问须以《大学》为先，次《论语》，次《孟子》，次《中庸》"⑤。《大学》作为四书之一，在道统传承当中意义重大。

黄榦认为，孔子在道统谱系的地位与创作《大学》密切相关：

> 至于夫子，既无位以行其道，于是博采古先帝王教人之法而著为《大学》之书，其言大学之道必先之以格物致知，而继之以诚意正心，以修其身，亦不过于知与行而已。⑥

孔子之前的传道人物都是圣王合一的，有学也有位，而孔子开始圣王分离，他并无王者之权位，就博采古先帝王教人之法而作《大学》，其言在知行关系，即知为始，行为终。另在《圣贤道统传授总叙说》中，黄榦进一步指出：

---

① （宋）黄榦：《勉斋先生黄文肃公文集》，第780页。
② 陈荣捷：《王阳明传习录详注集评》，华东师范大学出版社，2009年，第180页。
③ （明）王阳明：《王阳明全集（新编本）》卷六，吴光等编校，浙江古籍出版社，2011年，第222页。
④ 陈荣捷：《王阳明传习录详注集评》，第19页。
⑤ （宋）黎靖德编：《朱子语类》，第249页。
⑥ （宋）黄榦：《勉斋先生黄文肃公文集》，第794页。

> 至于夫子则曰:"博学于文,约之以礼。"又曰:"文行忠信。"又曰:"克己复礼。"其著《大学》则曰格物、致知、诚意、正心、修身、齐家、治国、平天下,亦无非数圣人制心制事之意焉,此又孔子得统于周公者也。颜子得于博文约礼、克己复礼之言,曾子得之《大学》之义,故其亲受道统之传者如此。……先师文公之学,见之《四书》,而其要则尤以《大学》为入道之序。①

该篇文献通常被视为黄榦道统思想的集中表达,我们考证创作时间大概是嘉定五年(1212)到嘉定七年(1214)十月②,其中对孔子传道内容的阐发更为详细。《大学》是孔子吸收先圣教人之法而作,传之曾子。其思想主旨是孔子所得的周公之道,也是颜曾乃至后来朱熹所得道统的重要内涵。朱熹之所以在道统谱系中影响巨大,其中之一便是精心为《大学》作注解,为后来弟子传承。因此,《大学》在儒家道统当中地位非常重要。

在《复李公晦书》中黄榦还反复论证《大学》为四书之首,对"先《近思》而后四子"的观点予以辩驳。黄榦明确指出,"'先《近思》而后四子',却不见朱先生有此语,陈安卿所谓'《近思》,四子之阶梯',亦不知何所据而云。而且朱先生以《大学》为先者,特以为学之法,其条目纲领莫如此书耳,若《近思》则无所不载,不应在《大学》之先。至于首卷,则尝见先生说其初本不欲立此一卷,后来觉得无头,只得存之,今《近思》反成'远思'也"③。朱熹在关于读书次第的问题上,并没有对《近思录》有直接的安排,但由于陈淳记录的"《近思录》,四子之阶梯"④ 这条语录,《近思录》被视为学习朱子学的首要文本。然而,黄榦对此语录的真实性表示怀疑,坚持朱子以《大学》为首要读物的立场,并且指出《近思录》本身存在不适合初学者的问题。由此引发的如何看待《近思录》以及《近思录》与四书的关系问题成为朱子学发展早期的一个重要争议。⑤

此外,黄榦还在《书晦庵先生正本大学》对朱子修订《大学章句》

---

① (宋)黄榦:《勉斋先生黄文肃公文集》,第10页。
② 详细考证过程可见第七章第四节。
③ (宋)黄榦:《勉斋先生黄文肃公文集》,第602页。
④ (宋)黎靖德编:《朱子语类》,第2629页。
⑤ 相关讨论可参见许家星《经学与实理:朱子四书学研究》第六章第五节"'《近思录》,四子之阶梯'说之重思",中国社会科学出版社,2021年,第524~537页。

及其最初出版情况进行介绍：

> 先生《大学》修改无虚日，诸生传录几数十本，诚意一章犹未终前三日所更定，既以语门人曰："《大学》一书至是，始无憾矣。"今惟建阳后山蔡氏所刊为定本，潮倅廖君德明得之以授潮阳尉赵君师恕，赵君锓板县庠，且虑传本之多，无以取信后来，因属榦记之。①

此文作于朱熹去世后一年，即嘉泰元年（1201）十一月，明确了朱熹《大学章句》的最后定本以及早期的刻印传播状况。这也是朱子及其门人高度重视《大学》的一个直接佐证。

如果综合前面提到的明德与新民贯通理解、心与性统一和知行观，似乎可以看出黄榦对心的重视，但这并意味着其有转向心学的倾向。一则黄榦的这些思想基本源自朱子，二则这里对心的理解与陆王心学中的心还是有所不同，且从宇宙论、本体论的角度来说，黄榦还是坚定的朱子学立场。

综上所述，作为朱子最亲密和最重要的传人，黄榦一方面坚持朱子对《大学》的基本态度和义理诠释，另一方面在疏解《大学》以及朱子的《大学》诠释方面有所推进与具体补充，既涉及《大学》文本的整体把握，也与《大学》关键章节、核心命题与概念的细致解读相关，呈现出系统性与精微化的特点。黄榦对《大学》的理解成为朱子《大学》注解体系之后朱子学派《大学》疏解的重要代表，在《大学》诠释史上具有鲜明特色与学术价值。

第二节 《中庸》论说

黄榦重视《中庸》，曾在隆兴府东湖书院讲中庸"子曰道之不行也，我知之矣"一章，晚年曾作《中庸总论》②《中庸续说》③。在《四书大全》当中还收录黄榦的《读中庸法》。此外，黄榦曾授《读中庸纲领》④于陈宓，在后来赵顺孙的《四书纂疏》中也收录了一些黄榦对《中庸》的

---

① （宋）黄榦：《勉斋先生黄文肃公文集》，第736~737页。
② （宋）黄榦：《勉斋先生黄文肃公文集》，第774~775页，下引该文不再标注。
③ （宋）黄榦：《勉斋先生黄文肃公文集》，第8~10页，下引该文不再标注。四库本《勉斋先生黄文肃公文集》卷三将此篇题作"中庸总说"。
④ （宋）黄榦：《勉斋先生黄文肃公文集》，第239~240页，下引该文不再标注。

诠释。这里我们从文本结构、主旨两方面来讨论黄榦对《中庸》的理解。

一 《中庸》结构

《中庸》总共 3544 字,关于《中庸》文本的结构历史上有不同说法。按《礼记正义》中郑玄的说法,一般分为两大部分和三十六章;有其他学者晁说之将其分成八十二章,清代李光地将其分成十二章。① 现代新儒家代表人物杜维明先生认为《中庸》有三个核心概念——君子、政和诚,将《中庸》分为三个部分。

黄榦在研究经典时,特别注重经典的结构问题。除了上一节他将《大学》分为五个部分,他还将周敦颐的《太极图说》分为三个部分,对张载《西铭》的理解也是将其分为两个部分,自乾称父坤称母一直到颠连无告者也是一部分,而于时保之以下则是另一部分。对于《中庸》,黄榦认为"然此书之作,脉络相通,首尾相应,子思子之所述,非若语孟问答之言,章殊而指异也,苟徒章分句析,而不得一篇之大旨,则亦无以得子思著书之意矣"②。和记录言行为主的《论语》《孟子》相比较,《中庸》在内容上相对完整,前后呼应、脉络相通,是一篇结构较完整,思想较为成熟的儒家思想著作。因此,发现《中庸》的内部结构对于理解《中庸》思想就非常重要。

朱熹在《中庸章句》将之分成三十三章,而且对这三十三章他还分为三大部分。

1. 第一至第十一章。第一章,"子思述所传之意以例言……杨氏所谓一篇之体要是也,其下十章,盖子思引夫子之言,以终此章之义"③。

2. 第十二至第二十章。"子思之言,盖以申明首章道不可须臾离之意也,其下八章,杂引孔子之言以明之。"④

3. 第二十一章至第三十三章。"子思承上章夫子天道、人道之意而立言。自此以下十二章,皆子思之言,以反复推明此章之意。"⑤

黄榦则在继承朱子思想的基础上,在《读中庸纲领》中,将《中庸》分为六个部分。

1. "天命之谓性"至"万物育焉"。此一篇之纲领。

2. "仲尼曰"至"圣者能之"。此《中庸》明道之体段,唯有知仁勇

---

① 参见杜维明《〈中庸〉洞见》,段德智译,林同奇校,人民出版社,2008 年,第 15 页。
② (明) 胡广等纂修:《四书大全》,山东友谊书社,1989 年,第 319 页。
③ (宋) 朱熹撰:《四书章句集注》,第 18 页。
④ (宋) 朱熹撰:《四书章句集注》,第 23 页。
⑤ (宋) 朱熹撰:《四书章句集注》,第 32 页。

之德者为足以尽之。

3. "君子之道费而隐"至十九章之半"不明乎善不诚乎身矣"。言中庸之道无所不在，无时不然。

4. "诚者天之道也"至"纯亦不已"。道皆实理，人唯诚实足以尽道。至此，《中庸》一篇之义尽矣。

5. "大哉圣人之道"至"孰能知之"。此后六章，总括上文一篇之义以明道之大小，无所不该，唯德之大小，无所不尽者，为足以体之。中间"仲尼祖述尧舜"，再提起头说，仲尼一章，言大德小德无所不尽者，唯孔子足以当之。此子思所以明道统之正传，以尊孔子也。至圣者，至诚之成功，至诚者，至圣之实德，此又承上文称仲尼而赞咏之也。

6. "《诗》云'衣锦尚䌹'"至"无声无臭至矣"。末章言人之体道，先于务实，而务实之功有浅有深，以至于"上天之载、无声无息"而后已，至此，则所谓"大而化之，圣而不可知"之谓也。

对照朱子的《中庸》说，可见前三章基本与朱熹第一、二部分一致，将朱子第三十三章列为第六部分也是可以从朱子思想当中推导出来。其差异主要是在黄榦第四、五部分所涉及的章句，在这里黄榦不仅将朱熹所定第十九章一分为二，故在黄榦看来，《中庸》有三十四章。而且，为了突出"诚"，黄榦还将朱子所以言天道、人道的第三部分分为两部分，即一个集中讲"诚"的第四部分和圣人之道无所不该的第五部分。

关于黄榦将《中庸》分为六部分，有学者已经有所研究。[1] 我们要注意的是，黄榦之所以突出《中庸》"诚"的思想，可以说也是来源于朱熹。朱熹在解释《中庸》第二十章中"知、仁、勇三者，天下之达德也，所以行之者一也"时指出"一则诚而已矣"[2]，故而朱熹总论此章时明确提出"章内语诚始详，而所谓诚者，实此篇之枢纽也"[3]。因此，黄榦也讲"朱子以诚之一字，为此篇之枢纽，士人切矣"[4]。而且，黄榦以此章原文"诚者，天之道也；诚之者，人之道也"视为朱子所谓"语诚始详"的地方，故将此章一分为二，并以"诚者，天之道"作为第四部分的开始。这样看来，黄榦对《中庸》结构的区分虽然在形式上与朱熹存在较大

---

[1] 可参见许家星《"勉斋之说，有朱子未发者"——论勉斋的〈中庸学〉及其思想意义》，《江汉论坛》2016年第1期。
[2] （宋）朱熹撰：《四书章句集注》，第29页。
[3] （宋）朱熹撰：《四书章句集注》，第32页。
[4] （明）胡广等纂修：《四书大全》，第319页。

差异，但实质上，这种区分可以说是在充分吸收与领会朱子《中庸》说基础上的进一步总结，这种总结同样体现出黄榦之学"具体而微"① 的特点，具体明晰且重点突出，对于后来学者更好理解与掌握朱子学《中庸》说是具有规范化意义。

二 《中庸》主旨

如果说《中庸》结构是对《中庸》的分解，那么《中庸总论》和《中庸续说》便是对《中庸》的总结，从本体论和工夫论两方面揭示《中庸》的主旨。

在嘉定戊寅（1218）楼贤寺完成的《中庸总论》当中，黄榦用体用这一范畴来统贯《中庸》全文："程子以为始言一理，中散为万事，末复合为一理。朱先生以诚之一字为此篇之枢纽，示人切矣。今辄述其遗意而言之。窃谓此书皆言道之体用，下学而上达，理一而分殊也。"

接着在《中庸总论》他举出《中庸》当中言及道之体用的概念有：

> 首言"性"与"道"，则性为体而道为用矣。次言"中"与"和"，则中为体而和为用矣。又言"中庸"，则合体用而言，又无适而非中庸也。又言"费"与"隐"，则分体用而言，隐为体，费为用也。自"道不远人"以下，则皆指用以明体。自言"诚"以下，则皆因体以明用。"大哉，圣人之道"一章，总言道之体用也。"发育万物，峻极于天"，道之体也。"礼仪三百威仪三千"，道之用也。"仲尼"一章，言圣人尽道之体用也。"大德敦化"，道之体也。"小德川流"，道之用也。"至圣"则足以全道之用矣。"至诚"，则足以全道之体矣。末言"上天之载，无声无臭"，则用即体，体即用，造道之极至也。虽皆以体用为言，然首章则言道之在天，由体以见于用。末章则言人之适道，由用而归于体也。

可以看出，黄榦所谓道之体用在《中庸》文本当中有多种表现，体用范畴可以贯穿全文。需要指出的是，黄榦所谓"道之体用"中的"道"与《中庸》首章就提出的"道"并非同一个概念。黄榦所谓有体有用之"道"乃是作为宇宙万物本体的"道"，而《中庸》中"率性之谓道"的道是"道犹路也，人物各循其性之自然，则其日用事物之间，莫不各有当

---

① （宋）黄榦：《黄勉斋先生文集》，中华书局，1985年，"原序"第1页。

行之路，是则所谓道也"，此道乃是本体之道的发用。

既然《中庸》反复讲论道之体用，那么对这样的道我们应该如何去体认？黄榦从工夫论的角度指出"其所以用功而全夫道之体用者，则戒惧谨独，与夫知仁勇三者，及夫诚之一言而已，是则一篇之大指也"。戒惧谨独、知仁勇和诚之是《中庸》原文中就提示的工夫论。

子思何以在《中庸》中必言道之体用？黄榦认为实在是有其初衷：

> 子思之著书，所以必言夫道之体用者，知道有体用，则一动一静，皆天理自然之妙，而无一毫人为之私也。知道之有体，则凡术数辞章非道也；有用，则虚无寂灭非道也。知体用为二，则操存省察，皆不可以不用其力。知体用合一，则从容中道，皆无所用其力也。

子思著书的根本用意在于从理论说明和工夫实践上给后学者以正确指导。理论上，《中庸》有助于让人明白万物动静皆是天理支配而无任何人为因素，术数辞章之学并非道论，虚无寂灭也非道；在工夫实践上，《中庸》强调认知与涵养皆应用力，而最高的圣贤境界即从容中道而丝毫无人为刻意的痕迹。

最后，黄榦指出"善言道者，未有加于此者也。"并以此回应了四个对此提出的疑问，在回应中黄榦也正好基于体用观来简要梳理出道统谱系：孔子、曾子、子思、孟子，然后是周敦颐与二程。

无疑，道之体用概念是儒家本体论的核心概念。此后不久，在《中庸总论》的基础上，黄榦借助一个工夫论的提问作出《中庸续说》：

> 或者问：《中庸》之书，言道之体用，则既闻之矣。戒惧谨独、知仁勇之德，与夫诚之一言，所以全道之体用者，可得而详言之乎？

《中庸》原文中提到的工夫主要有三点：戒惧谨独、知仁勇与诚之。此处的问题便是此三点如何能够完全体认并实现道之体用。对此，黄榦指出"若昔圣贤所以立教垂世，不过欲人全其固有而无不善者。然其大旨，固非有异，而开导之方，亦各不同"。也就是说，三个工夫都是指向如何保全人所固有的至善本性。紧接着，黄榦提出，从《中庸》经文语意可以看出，每一工夫的提出都有其特别相应的必要性：

> 至于学者之所以用功者，又必反复包罗而极其详且切也。盖尝以

其本而考之。首言戒惧谨独，因天命予率性之道固有而无不善者而为言，欲人防其所未然，而察其所以然也。其言要而易知，其事简而易行，学者于此而持循焉，则吾之固有而无不善者，将不待他求而得之也。次言知仁勇三德者，因君子之中庸，小人之反中庸，皆生于气禀之清浊，物欲之多寡，而有异也，故必知之明，行之力，而终之以勇，而后气禀物欲不能以累其固有而无不善也。末言诚之一字者，又因天道人道之分，以见天下之理无不实，欲人实用其力，以全天理之实也。

天命之谓性，且此性是至善无恶，因此为避免至善本性被遮蔽与抛弃，黄榦提出戒惧谨独的教诲；人皆生于气禀，但由于气禀清浊、物欲多寡，故提出知明、行力与终勇的工夫要求；最后基于天道与人道之分，提出诚之工夫来实现二者合一。

黄榦还从工夫效验的角度指出每一工夫的特定价值：

> 此即子思子所以教人之大旨也。曰戒惧谨独者，静存动察之功。能若是，则吾之具是性而体是道者，固已得之矣。又曰知仁勇者，致知力行之功也。能若是，则由性以达夫道者，举合乎中庸，而无过不及之差也。曰诚者，则由人以进夫天，圣贤之极致也。是非其言之极其详乎？戒惧于不睹不闻之际，谨独于至微至隐之中，则所谓静存动察者切矣。曰知矣而继之以仁，曰仁矣而继之以勇，加之以弗措之功，而勉之以己百己千之力，则所谓致知力行者切矣。其言诚也，本于择善固执之始，而成于无声无臭之极，盖至于所谓大而化之。过此以往，莫之或知也者，岂非又极其切者乎？若不极其详，则学者用心，或安于偏见；不极其切，则学者用功，或止于小成。此子思子忧虑天下后世而为是书也。

戒惧谨独是为静存动察之功，知仁勇则是致知力行之功，而诚则是由人道进乎天道的关键。

以上两篇文章分别侧重于本体论和工夫论，既注意到道之体用的概念可以统贯《中庸》全文，又认为《中庸》提出了三个修养工夫，从此工夫可以看出子思教人之大旨在于帮助后学完全实现对道之体用的体认。后一篇紧随前一篇而作，两篇文章逻辑性非常强，既有正面论述，又有反面驳斥，非常紧凑且有深度。这便是黄榦对《中庸》的整体理解。

此外，黄榦晚年试图将《中庸》与其他儒家思想联系起来：

> 近读《中庸》，因推考古元圣贤言学无非就身心上用工。人心道心、直内方外都未说近讲学处，夫子恐其识见易差，于是以博文约礼对言。博文先而约礼后，博文易而约礼难。后来学者专务其所易而常惮其所难，此道之所无传。须是如《中庸》之旨戒惧谨独为修身事业，不可须臾废，而讲学穷理所以求其明且正耳。若但务学而于身心不加意，恐全不成学问也。①

此信应作于嘉定十二年（1219）末。人心道心说出自《尚书》，直内方外说出自《易传》，博文约礼是孔子所言，这些都汇集到《中庸》之说上。

大约同时，黄榦在与饶鲁的信中更进一步指出：

> 《中庸》之书首言戒惧谨独，次言智仁勇，终之以诚，此数字括尽千古圣贤所以教人之旨。戒惧以致夫中者，居敬之谓也；谨独以致乎和者，集义之谓也；致中和岂非检点身心之谓乎。知，求知夫此者也，仁，行夫此者也，勇，勉夫此者也。亦不过求所以致夫中和也，如此而加之以诚，则真知实行而其勇不可及矣。故学者立心，便当以持养省察为主，至于讲学穷理而持养省察之意未尝少懈，乃所以使吾敬愈固而养愈精矣，不以持养省察为主，而曰吾惟讲学穷理者，皆务外者也。②

黄榦在这里，将《中庸》的工夫论与孔孟等其他儒家圣贤所言居敬、集义、检点身心、持养省察等工夫联系沟通起来，指出《中庸》所言工夫实质上囊括了千古圣贤教人之旨。

嘉定十三年（1220）春，黄榦去信黄会卿，指出：

> 一二年来，于《中庸》之旨，玩之殊有味。此乃子思子于其家学中备见本末源流，作为此书，尽发圣贤底蕴，虽非初学所能尽晓，而亦初学所不可不知。始之以戒惧谨独，次之以智仁勇之三德，终之以诚之一字。戒惧谨独不待勉强，不假思索，只是一念之间，此意便在

---

① （宋）黄榦：《勉斋先生黄文肃公文集》，第 576 页。
② （宋）黄榦：《勉斋先生黄文肃公文集》，第 690~691 页。

初学，岂可不以汲汲奉持，则天之所以予我者，便已浑然在此矣。然后加讲学力行之功以尽其所谓知仁勇，则理之浑然者又灿然各有着落，而无毫厘之差矣。于是又进其所谓诚者，亦不过讲学力行而实用其力焉，则天理流行无少间断矣。今但曰讲学而不先之以戒谨，不终之以力行，而诚心不加焉，则恐亦未免坠于口耳之习。若但曰躬行而智识之不通，则恐亦未为得也，是则学者之所不可不加之意也，试与朋友商榷之。①

此时为黄榦去世前一年，他指出自己近一二年来对《中庸》玩味较多。这点于上两封书信也可看出，上述《中庸总论》与《中庸续说》也是嘉定十一年（1218）六月之后不久的作品。在这封信之中，黄榦认为初学者应该重视《中庸》，尤其是其中的三个工夫说法。在这里，黄榦认为戒惧谨独、知仁勇和诚三者之间存在一个内在的逐渐上升的先后次序。对于初学者需要恪守戒惧谨独之功，如此则天所命于我之性便全然具备；此后再加上讲学力行之功来成就知仁勇三德；最后进以诚之之功，由人道上达天道。今日口耳之习、但有躬行而不通智识等为学弊病都没有遵循《中庸》的这一工夫次第。至此，黄榦对《中庸》工夫论作了一贯通式理解，可视为其《中庸》定见。

第三节 《孟子》讲义

四书是朱熹最重要的著作，也受到朱子门人的普遍重视。黄榦也不能例外，他既有《论语通释》这样的专著，对《大学》作有《大学经一章解》和《大学章句疏义》等专门文章，对《中庸》也作过《中庸总论》和《中庸续说》通解文章。唯独对《孟子》既没有疏解的专著，也没有统论的专门文章，但这不等于黄榦没有对《孟子》深入研究。黄榦曾在汉阳任上专门在军学讲解《孟子》二十章，所幸的是，该讲义保留在现存文集②当中。在该讲义的最后，黄榦自述："榦疏谬不才，蒙恩假守，每念此郡士风简质浑厚，可与适道，辄诵所闻以与士友讲说，为孟子讲义二十章，衰晚愚昧废学日久，不足以发明圣贤之蕴奥，然孟子之书明白切至，

---

① （宋）黄榦：《勉斋先生黄文肃公文集》，第 688 页。
② （宋）黄榦：《勉斋先生黄文肃公文集》，第 788~801 页，下面引该文不再标注。

诵其本文亦足以使人兴起。于此二十章之中，玩味而有得焉，则七篇之旨可以类推，圣贤之道可以驯致。惟诸友勉之。庶几异日汉水之滨将有圣道为诸儒倡者矣。嘉定乙亥长至后学黄榦谨书。"在这个叙述中，黄榦除了告知自己讲学的缘起，还特别提到"于此二十章之中，玩味而有得焉，则七篇之旨可以类推，圣贤之道可以驯致"，他认为自己所讲的这二十章大体涵盖了《孟子》一书的主要思想，甚至整个儒家思想都可以由此一窥。可见，虽然此时黄榦并非赋闲居家，但此次讲学是黄榦精心挑选和用心准备的，所选《孟子》经文可以代表《孟子》主要思想，所讲内容是黄榦基本儒学思想的体现。如果我们仔细通读该讲义，我们更会发现黄榦此次讲学的良苦用心。下面我们就对这二十章讲义作一个详细解读，以一窥黄榦对《孟子》的基本理解。

要说明的是，该讲义历来称为二十章，而事实上并非只是涉及《孟子》二十章的经文，而是涉及了二十五章，之所以称其二十章，是因为一共有二十讲，其中有五讲是涉及《孟子》的两章，另十五章讲义分别各涉及《孟子》一章。

从经文和讲义所涉及的主题来看，《孟子》二十章讲义的结构非常清晰。按照讲学顺序，可以分为六个部分。

一　引言

1. 王子垫问曰士何事孟子曰尚志一章（每一章前面的数字序号是笔者所加，表示第几讲，以明黄榦讲学的次第，讲义名称为四库本《勉斋先生黄文肃公文集》原文，后面同此）

孟子曰自暴不可与有言也一章

此讲涉及《孟子》两章内容：

> 王子垫问曰："士何事？"孟子曰："尚志。"曰："何谓尚志？"曰："仁义而已矣。杀一无罪非仁也，非其有而取之非义也。居恶在？仁是也；路恶在？义是也。居仁由义，大人之事备矣。"（《孟子·尽心上》）

> 孟子曰："自暴者，不可与有言也；自弃者，不可与有为也。言非礼义，谓之自暴也；吾身不能居仁由义，谓之自弃也。仁，人之安宅也；义，人之正路也。旷安宅而弗居，舍正路而不由，哀哉！"（《孟子·离娄上》）

黄榦将此两章放在一起来讲，借助于"士何事"的问题作为引言，其所讲的主题就是回答士人应当作什么这个问题，其提供的答案是居仁由义。

黄榦的重点在于对此进行了论证，其论证思路是比较人物异同，然后指出士异于一般人，就此指出士应当居仁由义。从人物之生讲起，指出人物生天地之间，在气上是相似，而"灵于物而谓之人，贤于人而谓之士"，接着黄榦提出的问题，"士居其中，独超然，有以异于人与物，何哉？""以其能立吾志，而惟仁义之是趋也。……故为士者，要当以立志为先，而立志者，要当以仁义为主，仁义者，天理之自然人心之固有也。为宅也，而安为路也。而正人之不可以不居而由之也。"结合经文，黄榦指出"言而非之，是自害也。委为不能，是自弃也。士之异于人物者，以其立志而惟仁义之趋也。自暴自弃，是舍其所以异于人与物者，而不足以谓之士矣"。这里紧紧围绕人应答何为（或说理想人格问题）的问题，指出居仁由义作为答案。这一讲，黄榦提出了整个系列讲义的主题，也即儒家成人之道。以此作为引言，后面的十九讲可以看作对此主题的进一步展开与相应解答。

2. 滕文公为世子将之楚过宋而见孟子一章

本讲涉及《滕文公上》：

> 滕文公为世子，将之楚，过宋而见孟子。孟子道性善，言必称尧舜。世子自楚反，复见孟子。孟子曰："世子疑吾言乎？夫道一而已矣。成覸谓齐景公曰：'彼，丈夫也；我，丈夫也；吾何畏彼哉？'颜渊曰：'舜，何人也？予，何人也？有为者亦若是。'公明仪曰：'文王，我师也；周公岂欺我哉？'今滕，绝长补短，将五十里也，犹可以为善国。《书》曰：'若药不瞑眩，厥疾不瘳。'"

黄榦的讲解是从一个看似合乎情理的设问开始的。滕国乃是夹持在数个大国之下的小国，滕文公向孟子询问自全之策，孟子应该告知如何富国强兵，但是孟子的回答则是性善和尧舜。对此，黄榦提出了一个冲击力较强的问题，"何其迂阔而不切事情耶？"这个问题也是滕文公对孟子回答的疑惑。第二次孟子与滕文公的对话的用意在于消除此疑惑。在此，黄榦则直接从理论上揭示了性善论与尧舜之道的内在关联，"性者，人之所得于天之理也，尧舜者，尽此性者也。苟尽此性，尧舜可为也，况于区区之富强乎"。性善是孟子人性论的基本观点，也是孟子整个思想的基础；尧舜是性善的充分实现而已，而作为政治理论的尧舜之道就是性善论在政治治理当中的运用，表达的是孟子所提倡的仁政理论。最后，黄榦还从文公对孟子理论的疑惑引申到道之不明的问题，指出"道之不明久矣，举天下之仁汩没于利欲之中，贪夫徇财，烈士徇名，夸者死权，众庶冯生，天之所以与我，而尧舜可为者，懵然莫觉也，辟如瓮盎之间，百千蚊蚋，须臾之顷，乍起乍灭，何足道哉"。认为正是世间追名逐利的风气使得上天所赋予我们每个人的善之本性被遮蔽，使得人们对于"尧舜可为"缺乏信心，从而造成"道之不明久矣"的结果。对此，黄榦大力疾呼"诸君诚能深思孟子之言而厉之以自强之志，则将有以超然独立乎，万物之表，而天下之至贵，无以复加矣"。

在这一章中孟子第一次提出"性善"这一概念，"尧舜"既是儒家圣人的代表，尧舜之道也是儒家仁政理论。黄榦选择此章作为讲学的主题其用心独到。性善是上一章居仁由义说的理论基础，尧舜是充分实现居仁由义之道的理想人格之代表，仁政理论则是居仁由义在政治生活当中的运用。因此，这一章即是对上一章内容的展开，同时这里涉及的三个方面也是后面所有讲义的基本纲领。这一章具有承上启下的作用。

二 性善论

这个部分讨论涉及三章讲义，其主题就是孟子的性善理论。

3. 孟子曰人皆有不忍人之心至不足以事父母

这一章经文出自《公孙丑上》，是《孟子》一书中讨论四端的主要地方。黄榦首先点出该章主题，"仁、义、礼、智，心之体也。恻隐、羞恶、辞让、是非，心之用也。古之言道未有若是之深切著明也"。性为心之体，情为心之用，这是此章最突出的两个概念。然后他基于朱子学的基本观点，从宇宙论的角度论述"四端"之说的理论基础。"人禀五行之气以生，有是气则必有是理，仁、义、礼、智者，木、火、金、水之理也。有是体则必有是用，恻隐、羞恶、辞让、是非者。仁、义、礼、智之用也。人莫不有是气，则莫不有是理；莫不有是体，则莫不有是用。此天之所以与我而人之所以为人者也"。一再强调，性体情用乃是天赋予我，而且是人之所以为人的根本特点。但是现实的人们却常常对此一无所知，所谓"饥食而渴饮、趋利而辟害，则知之矣，至于天之予我而人之所以为人者，乃反不知焉"。孟子的贡献就在于反复开示这一道理，"孟子悯斯人之愚而莫之觉也，故为之反复开示之，既启之以孺子入井之端，又告之以火然泉达之始，知是理而充之，则足以保四海，不充之则不足以事父母，充不充之间，而功用之辽绝，乃如此，其教人之意亦切矣"。最后黄榦有感于士人阅读《孟子》时的误会，"世之学者未有不读七篇之书者也，而莫有知其立言之为切者，何哉？习俗之所汩，利欲之所昏，既无明师良友以示之，又无诚心坚志以求之，譬如大明当天而瞽者，莫之见也，岂不甚可悯也哉"。提出学者阅读《孟子》一书时必须用心体会孟子立言的深刻用意，"学者诚能于此玩味而有得焉，则圣贤之道庶几其有入德之门矣"。

4. 公都子曰告子曰性无善无不善也一章

如果说上一讲的主题是性善，那么这一讲便是围绕性论来讲。这里讲解的是《告子上》关于告子性论的一章，黄榦在其讲解当中较为系统地梳理了历史上主要的性论思想。如商书所言常性，周书中的节性，孔子所言性相近，孟子所言性善，荀子的性恶，杨子的性善恶混，韩愈的性三品说，佛学以知觉言性等，对于诸多性论，黄榦从本体论入手——进行分别判定，认为商书和孟子之性都是指理而言，周书与孔子之性是指气而言，所指随异但内在存在共同处；荀、杨、佛之性则为异端之说，皆非理之本然；唯独韩愈的性三品说与孔孟性说相近；到宋代关洛之学的性即理、性无不善、天地之性与气质之性等，发明孔孟之说，在性论史上贡献巨大，于学者为学也是非常关键的理论问题。这一讲可以看作黄榦所梳理的性论史，其最终意图是让学者理解儒家性善论的基本立场与发展线索。

5. 孟子曰三代之得天下也以仁一章

这一讲集中于对善之本性的具体揭示，所讲经文来自《离娄上》，经文主要指出仁与不仁对天下、国、天子与个人的意义。但是黄榦这里解释的重心在于融通对人之本性的不同说法，如仁义礼智信、仁义礼智、仁义、仁等，通过分析各自言说背景及其内在的一致性，多层次揭示性善的具体内涵。对于这些讲法当中共同的仁，黄榦也作了详细解读。"盖仁者，天地生物之心，而人之所得以为心者也。"四序运行、人伦规范皆可自仁的角度予以解读。可惜的是，"世教不明，人心邪僻，父子兄弟之间犹不能以相保，况敢望其仁民爱物乎？举天下之间莫非私意之流行，相倾相诈，相戕相贼，无一物得遂其生者，至于天下之人牧未有不嗜杀人，则私意横生，天理灭矣，不知人心既失，国其有不殆者乎？"最后黄榦力陈"孟子于战国之际，深明荣辱得失之辨，其忧世之心切矣，诸君日处庠序，可不知孔孟教人之先务，而思所以自勉乎？"关于人之本性内涵的不同讲法是对善性具体内涵的不同揭示，这些揭示在朱熹那里也有相关讲法，但朱子的表述散见于《四书章句集注》和《朱子语类》等著作当中，黄榦的讲法集中且系统，揭示了人性论的基本理论类型。

三　修养论

6. 孟子曰今有无名之指屈而不信一章
孟子曰拱把之桐梓人苟欲生之一章

此讲涉及《孟子》两章。借用指与人的对比，所谓"指不若人，则知恶之；心不若人，则不知恶，此之谓不知类也"，黄榦此讲指出人应当修养自己的身心。黄榦对此的讲解不是简单的就事论事，而是从理论根源即宇宙论来讲清楚人物之生和人物之异，基于人之灵于万物，故人应该知道所以自贵。接着黄榦从修养工夫的角度对如何自贵逐步作出说明，他指出："所谓正其心、修其身者，亦尽吾当然之理而已。"又从身之理与心之理的角度对当然之理作出界定，"耳目手足，百体具焉，身也，视明而听聪，手恭而足重，此身之理而所以为身者也。虚灵知觉，百虑生焉，心也，仁、义、礼、智以为体，恻隐、羞恶、辞让、是非以为用，此心之理而所以为心者也。"对应这两种理，学者应该"内而察诸精神念虑之间，外而审诸动容周旋之际，无适而不当于理，此心之所以正，身之所以修也。苟为不然，则狥情纵欲悖理伤道，亦将无所不至矣。虽曰具人之形而与禽兽奚异哉"。精神念虑属于人之内在精神活动，而动容周旋则是外在客观化的身体行为。最后，黄榦对"孟子忧世之心切，故举其至轻以明其至重，欲使斯人反而思之，庶乎有以全吾身心之理，而无愧于所以为人也"。"读孟子之书者多矣，孰能深味其言而力行之乎，以至贵之身心沉溺于利欲之中，自暴自弃而不自知也，其亦可哀也哉。诲尔谆谆，听我邈邈，其是之谓夫。"人们在阅读《孟子》时，必须注意领会孟子这里对身心陷入利欲之人的循循善诱之心。

7. 孟子曰牛山之木尝美矣一章
孟子曰无惑乎王之不智也一章

此讲涉及《孟子》两章。上文提示了修养身心于自贵的重要性，这一讲接着就修养具体过程作出解释。

首先，黄榦指出性禀于天，情发乎性，无不善之性亦无不善之情。但现实生活中不善之情是常见的现象，对此，黄榦明确指出"所以不善者，气昏之，欲汨之也"，故此，身心的修养其实质便是"迨其气清而欲窒则善端未有不油然而生者，性善故也"。接着，黄榦引《尚书》《诗经》与《孟子》观点来证明人皆有爱亲敬长之善心，而"有是心而不能养之，养之而不能致其志，善端虽萌，而为气所昏，为欲所汨，天固予我而我固贼之，则与禽兽奚异哉！"因此，我们应该"存养于斋庄静一之中，省察于念虑云为之际,使吾善端之萌通达而无窒碍,充足而欠缺",这里存养相当于朱子所言涵养,审察即认知,二者亦为朱子修养此心的两个基本点。"故为人而合乎天,为士而至于圣,亦即此心而充养之耳,孟子发明养心之论而申之以专心致志之戒,其示人之意切矣。读书至此而犹不悟焉,则亦终于为小人之归也。岂不深可叹哉。"孟子发明养心之说,并告诫必须专心致志,否则终归成为小人。

8. 孟子曰仁人心也义人路也一章

此一讲重在言心,对孟子求放心说进行了系统阐述。黄榦指出,"古昔圣贤垂世立教,载在方策,凡言心者不一而足"。引尧舜禹传心的十六字诀、孔子操舍之戒、孟子求放心之论,说明"圣贤之事业大矣,而拳拳于心之一说",顺着这一思路,黄榦追问为什么要养心。他对此的回答是从界定心开始的,他讲"心者,神明之舍,虚灵洞彻,具众理而应万事者也"。这里对心的界定与朱子在《大学章句》中对"明德"的解释极其类似。接着,他从对心的界定转到宇宙论上的推论,认为宇宙万物总是呈现规律性,其中必定有主宰者,而此主宰者落实在人身上便是心,即"人禀天地之气以为体,而得其所以主宰者,以为心,故人心之妙,可以参天地,可以赞化育,可以修身而齐家,可以治国而平天下,孰非此心之所为乎?"此心作用的对象非常广泛,从天地到天下国家再到个人,都受此心之主宰。"然人心至微而攻之者众",如"耳目口鼻之欲,喜、怒、哀、乐之私,皆足以为吾心之累也。此心一为物欲所累,则犇逸流荡,失其正理而无所不至矣,是以古之圣贤战战兢兢静存动察,如履渊冰,如奉盘水,不使此心少有所放,则成性存而道义行矣"。这里从理论上说明了圣贤存心养性的原因和必要性。"此孟子求放心一语所以警学者之意切矣。"但是在孟子之后,士人为学多逐于外物,不明白求放心的必要性。一直到宋代道学人物如"周程先生倡明圣学,以继孟子不传之绪,故其所以诲门人者尤先于持敬,敬则此心之自存,而所以求放心之要旨也,学者即其说而力行之,庶几乎其有入德之门矣"。黄榦于求放心之学,在工夫论上特别揭示两宋道学对持敬工夫的强调。

9. 孟子曰养心莫善于寡欲一章

接着上一讲孟子所言求放心,这一讲主要是辨析《孟子》当中关于养心的寡欲工夫与操存工夫的异同。黄榦一上来就提出"孟子尝言求放心矣,又言存其心矣,操之则存,舍则亡。心之存亡,决于操舍,而又曰莫善于寡欲,何也?"接着他对操存与寡欲分别作了说明,"操存,固学者之先务……夫心之所以易放而难操者,以其有欲也",并指出"出门如宾承事如祭，夫子之告仲弓，操存之谓也。非礼勿视，非礼勿听，非礼勿言，非礼勿动，夫子之告颜渊，寡欲之谓也"。操存为正面肯定陈述，是应该做什么，而寡欲则是否定陈述，是禁止做什么。对于为何既言操存又言寡欲，黄榦接着解释为"二子之问仁则同，而夫子告之之异者，岂其所到固有浅深欤，高城深池，重门击柝固足以自守矣，内奸外宄，投隙伺便，一有少懈，而乘之者，至矣。良将劲卒，坚甲利兵，扫除妖气而乾清坤夷矣。此孟子发明操存之说而又以为莫善于寡欲也"。操存与寡欲都指向同一目标，均有其价值。黄榦还进一步指出"然寡欲固善矣，然非真知夫天理人欲之分，何以施其克治之功欤。故格物致知，又所以为寡欲之要，此又学者之所当察也，圣贤谆谆之诲，无非为人心虑也"。在朱子对格物致知的界定当中，格物致知通常是求理进学的必要环节，而黄榦却将其视为寡欲之要，将《大学》工夫与《孟子》工夫沟通起来，这是有新意的。

10. 公孙丑问曰敢问夫子恶乎长曰我知言我善养吾浩然之气至圣人复起必从吾言矣

这一章经文涉及孟子工夫论当中的养浩然之气说，黄榦的讲解重点关注之前的养心与养气、养性说之间的同异。他一上来就沟通养心与养性说，"孟子尝言养心矣，又尝言养其性矣，性即理也，心具此理者也，有以养之则人欲不能为天理之害，操存寡欲养之之方也"，接着又将其与养气说沟通起来，"而又有所谓养浩然气者，何哉？阴阳五行，气也，所以然者，理也，精粗本一，源微显本，无间也。阳一嘘而万物生，阴一翕而万物成，寒暑之往来，风雷之鼓舞，无非是气之用也。负阴抱阳以生，则吾之气固与天地相为流通矣"。这里从阴阳五行之气成就万物的宇宙论立场出发，说明养气的重要性，"所谓浩然而至大至刚者也。有以养之则富贵不能淫，贫贱不能移，威武不能屈，尧舜之事业，孔孟之道德，孰非是气之所为乎？苟失其养，则委萎靡巽懦，卑陋凡猥，锥刀之得，则跃跃以喜，毫末之失，则戚戚以悲，闻公卿大人之名，则侧肩，帖耳若不可及，语贤人君子之道，则望洋向若，怳然以惊，为媚竈，为墦间，为妾妇，此岂气之本然哉。养不养之间，君子小人之所由分也"。特别肯定："孟子发明养气之论，有功于后世大矣。"就如何养气，黄榦归纳道："然其所以养气者，必先于集义，所以集义者，必先于知言，能知言则是非邪正晓然于胸中，动容周旋无适而不合于义。夫是以仰不愧俯不怍，有以全吾浩然刚大之体矣。"因此，在黄榦看来，"养性也，养心也，养气也，盖亦一理而已"。

11. 孟子曰伯夷圣之清者也至其中非尔力也

这一讲主要阐发圣之事知与行而已的观点，这是儒家工夫论的两个大纲，这个讲义是黄榦知行观的系统表达。在这个讲义当中，黄榦的重心是从知行观的角度梳理儒家道统源流，认为尧舜禹之授受时所言人心道心的十六字真言为"圣贤言道自此始也"，而傅说之告高宗有所言"王人求多闻"一章是圣贤言学的开始；至周以来，学校教育发达，圣贤之道彰著，人们在入学考校时离经辨志以至于知类通达，见之明，强力而不反。至孔子"博采古先帝王教人之法而著为《大学》之书，其言大学之道必先之以格物致知，而继之以诚意正心，以修其身，亦不过于知与行而已"。此外，引用《易传》《中庸》再到《孟子》此章，黄榦以此指出"始条理者，知之事，终条理者，圣之事，知与行之谓也"。而且，知行在程度上至与不至也是孔子与三者相异的地方，所谓"孔子之异于三子者，知之至，行之尽；三子之所不及孔子者，知有所蔽于始，而行有所缺于终也。此孔子之所以独得其全，而三子仅得其偏也"。对此，"虽以伊尹、夷惠之资，尚不能无愧于孔子，而况学者乎？"学者更应该用力于致知与力行。

然而，回到现实，"世之学者，溺于卑近浅陋之习，既未尝有志于圣贤之道，其有志焉者，则或务于方策而践履有所不察，或专于性情而知识有所不周，道之不明不行由此其故也"。黄榦最后指出"诚能即孟子之说而思之，则始终两尽而无惑乎纷纷之论矣"。

四　人生论

以下四章讲义主要是涉及人生日常的为人处世原则，故称为人生论。

12. 浩生不害问曰乐正子何人也一章

出自《尽心下》，其原文为：

> 浩生不害问曰："乐正子何人也？"孟子曰："善人也，信人也。""何谓善？何谓信？"曰："可欲之谓善，有诸己之谓信，充实之谓美，充实而有光辉之谓大，大而化之之谓圣，圣而不可知之之谓神。乐正子，二之中、四之下也。"

孟子这里标明了德之高下之次序：善、信、美、大、圣、神。黄榦的讲解首先就是具体解释这六个不同阶段，认为这六个阶段是人人可至，"盖人性皆善，圣神者，亦全吾性之所固有尔，学者岂以不能为患哉，患不为也"。但孟子教人总是"炳而易知，简而易行"，他从至易晓处开示"人道之门",也是从可欲之谓善讲起。"盖学者入道之初,将以决其趋向,不必它求也,求之于可欲不可欲之间而已。"可欲者为孝悌忠信乐善不倦,可恶者为不仁不智无礼无义,"学者反而思之,凡吾言行之间,果可欲乎,果可恶乎,从其所欲,舍其所恶,斯可以为善人矣。由是而进焉,虽圣神可为也"。这种教人之法,"勉之以人之所难能,而晓之以人之所易能,圣贤之望于学者如此",学者当深思之。

13. 孟子曰鸡鸣而起孳孳为善者舜之徒也全章

这一讲的主题是行为准则,主要概念是善与利。黄榦指出"事所当为之谓善,有所为而为之谓利",善意味着应然的价值标准,利则直接指向功利性的目标。并且"善者,天理之公;利者,人欲之私。公私之间相去甚近,而一则为舜,一则为蹠,乃由是而分焉"。善与恶的区别就在于行为准则上的公心与私心。除了道德评价上的正反两面,黄榦还进一步指出"一善利之间,而上智下愚之分",善与利的区别还是认知能力上的上智与下愚的根源。"孟子发明善利之论,而尤谨其所谓间者,盖欲学者精别于毫厘之际,而审其所趋向也。"由是,"一念之差,固若此哉,学者不可不察也"。具体来说,"凡吾一念之发,果善乎,果利乎,善则行之,利则避之。朝于斯,夕于斯,就其如舜者,去其不如舜者,是亦舜而已矣。苟为不然,计较于毫发之微,而甚至于父子兄弟不能保,其不同禽兽者,无几尔"。察此行为动机上的善与利,对于为学来说是非常重要的。

14. 孟子曰有天爵者有人爵者一章

孟子曰欲贵者人之所同心也一章

此讲涉及《孟子》两章。黄榦这里讲解的主要是如何看待富贵。一上来,黄榦就提出了一个具有普遍性的问题,"富与贵,是人之所欲也。圣贤之论乃独重理义而轻富贵,何哉?"这里的理义并非抽象的义理,而是人之本性,即仁、义、礼、智,重理义轻富贵是儒家一贯的立场。"若夫真知富贵之为轻,理义之为重,非知道者孰能识之",知道者才能真正明白这二者何为贵何为轻。黄榦此讲的重心就在揭示这一立场的内在理论依据。他认为"理义,天之所赋也,富贵,人所予也。人之所予,人得而夺之,天之所赋,根于人心,不可易也。一轻一重,盖有不能辨者"。理义乃天之所赋予,是人所固有的,根源于人心;富贵则来源于他人的给予,那么他人也可以夺之。具体来说,操存理义还有若干利益,"充吾之仁,则爱人利物,而居天下之广居;充吾之礼则别嫌明微,而立天下之正位;充吾之义,则体常尽变,而行天下之大道;充吾之智,则察伦明物,而成天下之大业。以之为心则和而平,以之为人则爱而公,推之天下国家则利泽施于今，令名垂于后"。这里分别揭示了扩充仁、义、礼、智本性的效果，并认为这些对于获得和平之心态、爱且公之待人之道、利于国家，名垂后世。而且"回视世之所谓富贵者，不过舆马之赫奕，饮食之丰美，宫室之壮丽。贤者得志有所不为，不贤者亦以豢养其不肖之身而遗臭于万世。曾狗彘之不若，而又何足以夸于人哉"。理义与富贵的这种区别也是内外轻重之别，"故善学者要当深明夫内外轻重之分，在内者重，在外者轻，在外者愈轻，在内者愈重，真积力久，胸中泰然，天理流行，一毫物欲不能为之累"。并因颜回、曾点作为实证，并认为理义乃是天下最为贵重的。

15. 孟子曰舜发于畎亩之中傅说举于版筑之间全章

上一讲谈的是如何看待富贵，这一讲的主题就是如何面对贫贱忧戚。我们知道贫贱忧戚是人之所恶，但"圣贤之论乃独以是为进德之地，何哉？"也就是说，对于儒家来说，贫贱忧戚往往被视为修养自己德性的时机。黄榦此讲详细讲述了为何贫贱忧戚有助于进德。他说"恐惧修省常生于忧患，骄奢淫逸必起于晏安"。当羁穷困踬之余，其操心危，其虑患深，其刻厉奋发以进于善，有不期而然矣。首先，从根本上来说，贫贱忧戚往往有其客观必然性，所谓"天地之间有阴则有阳，有昼则有夜，祸福吉凶贫富贵贱死生忧乐之变，二者常相对而不能以偏无也"。面对这种人生遭遇时，"与其戚戚于贫贱而卒不能以自免，孰若因其所遇而反以成吾德耶"，这点在古之君子圣贤那里是可以找到实证的，如安贫乐道的颜渊、原宪等人，如"贫而无谄""不改其乐""以为天降大任于我而反以为进德之地者也"等命题。这种面对贫贱忧戚的态度其实质乃是"其胸中泰然一毫外物不能为之累"。

五 从政之道

16. 景春曰公孙衍张仪岂不成大丈夫哉全章

此讲的主题是为仕之道。黄榦一开始就指出古今为仕者的根本差异："古之仕者为道，故知有己而不知有人，后之仕者为利，故知有人而不知有己。"为道与为利的差异与上文讲到善与利的行为准则是一致的。古之君子存仁行义，而对贫富贵贱死生皆不在意；而后之君子则对仁、义、礼、智皆无觉悟，其追求仅在功名利禄而已，因而常常一切求售于人、顺于人，如公孙衍、张仪等战国游士，虽然"一怒而诸侯惧，安居而天下熄，则其才亦有足称者矣"，但在黄榦看来，"以其无学而不知道也，一切求顺于人"。这些人被孟子以妾妇视之，甚至于"贪财嗜利背君卖国者，皆若人也,岂但妾妇之可羞而已哉"。相反,"若夫守道之士,不肯脂韦妩媚,以顺乎人者,不但出处去就言论风旨之得其正也,托六尺之孤,寄百里之命,临大节而不可夺也"。故此,黄榦疾呼"凡我同志,仕而未达学而未仕者,盍亦思所以自勉哉"。此讲当中,黄榦揭露那些以求利为目标的为仕者其实质就如同妾妇,力倡以实现自我本性为目标的为仕之道。

17. 齐人有一妻一妾而处室者全章

对于从政者来说,辞受出处是政治活动当中常见的现象,也是被常人看作非常关键的问题。黄榦此讲的主题是政治活动当中的辞受出处之理。他认为,"义与利之间,君子小人之所由分,而天下国家治乱之所关系也"。而"义者,天理之公,利者,人欲之私。循天理之公,则辞受出处惟义之从,惟命之安是,既足以全吾此心之德矣。以之治人,则必能立懦而激贪,以之事君,则必能仗节而死,义徇人欲之私者,反是,卑辱苟贱,惟利之趋,既已丧其本心矣,则伤风败教,欺君误国,皆斯人为之也。圣贤安得不深致其戒哉!"辞受出处的总原则是"惟义之从,惟命之安"。而《孟子》"墦间"一章所述齐人的行为是为了求取政治进步而丢失做人的原则。黄榦要求,"学者要当深明义利之辨,充吾羞恶之心而养吾刚大之气,然后知孟子之言,诚末俗之针砭也"。

18. 梁惠王曰晋国天下莫强焉叟之所知也一章

此讲主要是关于王道政治,这是孟子基本的政治主张。王道政治是性善论在政治领域的运用,故也称为仁政,与其相对的是功利主义政治。黄榦认为功利主义盛行的原因在于它往往很快就见效,而王道却被视为迂阔而不切事情。他详细比较了两种相对的政治主张,认为王道仁政,仁者天下无敌。

孟子生于战国之时,告齐梁之君,非王道不言,而王若易然,何也?在这里,黄榦没有停留于经文字面,而是从理论上揭示王道的实质,他说:"王者之道本乎人心,循乎天理,人均具此心,心均具此理,即是理而行之,三纲既正,九畴既叙,则人皆知尊其君亲其上,治安之效犹泰山而四维之也。初岂有甚高难行之事,亦曷尝无朝夕可冀之功哉。"也就是说,王道的合法性来源于天理,王道是上循天理下本人心之道,是遵理而行之之道。那些"谓王道而迂阔而惟功利之从,则曰兵可强也,国可富也,纵横变诈岖险侧咶,人心逆天理,君臣、父子之间,且不能以相保,而又何以固吾国家,然则立至之效,乃速亡之兆也"。认为王道迂阔而尊功利者虽说可以强兵富国,但因所行忤逆天理,君臣、父子之间正道,故虽然立即奏效,但也隐含了迅速衰亡的原因。就具体历史发展来说,"汤武以仁义而王，战国以功利而亡，此万世之龟鉴也"。对于此王道，"今乃指为迂阔而莫之讲，故自成康殁，而民生不见先王之治，由此其故也"。这是成王、康王之后衰微的重要根源——不讲不尊王道。

19. 无恒产而有恒心者惟士为能至未之有也

本讲主题是论证儒家仁政并非空言，而是实有其用。黄榦的论证是基于对儒家仁政与世俗所认为实用的功利之说进行比较。功利之说可以讲就是功利主义政治学说，黄榦指出，功利主义主导的政治活动，看上去可以强兵富国，但由于不识为国之大体，相互倾轧、欺诈、残害、相互为贼，最终于国于民皆有害，实为空言。相比之下，儒家以仁为本的政治学说首先主张重视满足人民的经济生活需要，然后实行道德教化，确为实言。即"儒术则不然，自五亩之宅，百亩之田，使民养生丧死而无憾，然后教之以孝弟忠信，不惟吾之民皆知尊君亲上，而天下之人亦皆引领而望之，其为实用孰过于此"。接着黄榦用父母与子女的关系来比拟治国行为，君为父母，民为子女，父母之于子女也必是先养而后教，儒家政治学说长期得不到统治者的认可与推行，既有政治环境的原因，也有个人生活观念的因素在里面。

六 辟异端

20. 圣王不作诸侯放恣至不易吾言矣

孟子曰杨子取为我拔一毛而利天下一章

此讲涉及《孟子》两章。虽然《孟子》此两章所涉及的异端主要是杨朱与墨翟，但黄榦讲义当中所辟异端还包括后世的佛老之说。黄榦对异端的批判是从对中道的阐述开始的。他认为道即中，此中就是无过不及，就是时措之宜，都是人心之本然，天理之至正。异端便是违背中道之说，杨朱的利己，墨子之兼爱，佛老之说，其说危害极大，至于无父无君，类同禽兽。最后，黄榦指出有志于学者应该以孔孟之道为主，以六经为法，从而避免陷入异端之说。

以上为讲义基本内容。总的来说，黄榦的《孟子》讲义有以下几个特点。

第一，善于提出恰当问题来引导讲学的深入。几乎每一讲，黄榦都会提出一些有争议的问题来作为讨论的起点，而不是直接章句训诂式的诠释《孟子》经文。这些问题有理论本身的，如第一讲中提出的"士居其中，独超然，有以异于人与物，何哉？"也有理论对照现实时产生的疑问，第三讲"饥食而渴饮、趋利而辟害，则知之矣，至于天之予我而人之所以为人者，乃反不知焉，何哉？"等。这种问题导向的讲学活动势必会引起听者的兴趣，更有利于儒学义理的传播与被接受。

第二，所选主题集中且明晰。朱熹对《孟子》的诠释多是随文辞逐一解释，每一章所涉及概念不少，若过于关注这些具体概念的诠释，很可能会遮蔽或忽略文辞背后的主题和义理。而黄榦每一讲都精心选择《孟子》经文，确定主题，二十讲的主题如上面所述，从士何事到性善、性体情用、养心、养性、养气、知行、善利、仁政与异端等，每一讲的主题非常清晰且比较集中，对专注语词训解的《孟子集注》有较为充分的发挥。

第三，讲义体系性较强。几乎每一讲都可以构成关于该主题的一个完整思想体系。无论是讲人性论、工夫论，还是从政之道，黄榦都没有就事论事，总是习惯从宇宙论追述其理论依据，其基本理论为宇宙阴阳化生万物，而人禀此天理而为纯善之性（本心），而后天为学修养指向的都是此性。

第四，善于联系实际，具有强烈的现实指向性。从上面的出版介绍看，黄榦的每一讲都不仅仅是对《孟子》文本的诠释，总是包含了强烈的现实关怀。最突出的表现就是每一讲最后部分，黄榦对于为学之正道与歧途的辨析，极力批判私心、私欲、功利等习染和受此习染影响的不当为学方法，积极引导学者深刻领会孟子立言初衷，反复叮咛教导学者修养身心以成就圣贤的成人之道。

总体来说，《孟子二十章讲义》主题鲜明，结构完整，解读深入，概括了《孟子》一书的主要思想体系，集中体现了黄榦对《孟子》的完整理解，同时，也可以看作黄榦儒学思想的一次精炼完整的表述。

第四节 《论语》通释

孔子是儒家的创始人，是后世儒者追慕的圣人。主要记录孔子言行的《论语》自成书以来就受到历代学者的关注，成为他们学习和诠释的重要文本。这种诠释在汉唐主要是名物训诂，是对《论语》文字的理解；而在两宋期间则成为道学家发明儒家义理的重要经典。正如程子曰："学者当以《论语》《孟子》为本。《论语》《孟子》既治，则《六经》可不治而明矣。读书者当观圣人所以作经之意，与圣人所以用心，圣人之所以至于圣人，而吾之所以未至者，所以未得者。句句而求之，书诵而味之，中夜而思之，平其心，易其气，阙其疑，则圣人之意可见矣。"① 也就是说，学者应当以《论语》《孟子》为学习、修身的根本指导，儒家教人成圣之道俱在《论语》《孟子》当中，这两部经典当中蕴含的义理通晓之后，六经的义理也就掌握了。阅读这两部经典，我们需要把精力放在把握圣人的用心上面，用在把握圣人之所以是圣人的超越常人的那些地方。也就是说，要通过圣人的每一句言说来仔细体会圣人的用心，并参照这些来改变自己的心性，促使自己逐渐提升精神境界最终转变为圣人。在两宋时期，出现了许多诠释《论语》的作品。其中，朱熹集两宋道学之大成，在充分吸收历代《论语》学研究成果的基础上，一生至少完成几种《论语》学著作：早年围绕《论语》，曾"遍求古今诸儒之说，合而编之"②，成一书；在此书基础上，"隆兴改元，屏居无事，与同志一二人从事于此，慨然发愤，尽删余说及其门人朋友数家之说，补辑订正，以为一书，目之曰《论语要义》"③ 一书；1163 年完成的《论语要义》"殆非启蒙之要。因为删录，以成此编"④，即随后为训蒙需要，在《论语要义》的基础上编定《论语训蒙口义》（后改为《论语详说》）；乾道壬辰（1172）年正月编成《论孟精义》（后更名为《集义》《要义》），该书以二程对《论语》《孟子》的理解为主，"又取夫学之有同于先生者，若横渠张公、范氏、二吕氏、谢氏、游氏、杨氏、侯氏、尹氏，凡九家之说，以附益之，名曰《论孟精义》"⑤。后来又撰有《论语集注》与《论语或问》。其中，《论语集注》在征引各家注释的基础上，融入自己的理解。该书既不像多数道学者那样否定和废汉唐以来注重章句训诂的传统，又在道学立场上继承北宋理学家重视义理发挥的做法，体现出融通汉学与宋学的诠释特点。而且，朱熹对《论语》的诠释将训诂与义理相结合，采用以经解经的跨文本诠释方法来打通四书，并将理学的理气心性等核心概念融贯在经典诠释当中，"遂使《论语集注》从众多《论语》注本中脱颖而出，成为继郑玄《论语注》、何晏《论语集解》、皇侃《论语义疏》、邢昺《论语注疏》之后《论语》学史的又一个标志性的注本。后世学者纷纷以之为本，或附和之，或发挥之，或补订之，形成了羽翼《集注》的《论语》学著作群"⑥。朱熹的

---

① （宋）程颢、程颐：《二程集》，第 322 页。
② （宋）朱熹撰：《朱子全书》第 24 册，第 3613 页。
③ （宋）朱熹撰：《朱子全书》第 24 册，第 3614 页。
④ （宋）朱熹撰：《朱子全书》第 24 册，第 3614 页。
⑤ （宋）朱熹撰：《朱子全书》第 24 册，第 3630 页。
⑥ 唐明贵：《朱熹〈论语〉诠释研究》，《海岱学刊》2014 年第 1 辑，第 129 页。

《论语集注》成为宋学经典，受到后来学者的高度重视。《论语或问》则针对《论语集注》当中未言及的问题有所补充说明和讨论，帮助学者理解《论语集注》在面对诸家注解时的取舍之道，朱子曾说"如某向来作《或问》，盖欲学者识取正意。观此书者，当于其中见得此是当辨，此不足辨，删其不足辨者，令正意愈明白可也。若更去外面生出许多议论，则正意反不明矣。今非特不见经文正意，只诸家之说，亦看他正意未着"①。《或问》与《论语集注》有互相发明之功。与此同时，朱子也一再强调"集注乃集义之精髓"②"读《论语》，须将《精义》看"③"今读《语》《孟》，不可便道《精义》都不是，都废了。须借它做阶梯寻求，将来自见道理"④。《论语集注》《论语集义》《论语或问》三书最为重要，各有特点，不可或缺。朱子对《论语》的长期注解的努力，最终形成了一个包括以《论孟精义》《论语集注》和《论语或问》为主的《论语》学体系，此体系既是两宋理学家的《论语》学之集大成者，也是汉学与宋学《论语》学的划时代性成果。

随着朱子学派的逐渐形成与发展，朱子这些诠释《论语》的著作自然成为其门人学习过程当中最为重要的文本之一。黄榦一生长期追随朱熹，是朱熹最重要的弟子。他问学朱熹时，就有不少关于《论语》的问题。朱子询问黄榦学习《论语》的情况："问：'《论语》近读得如何？昨日所读底，今天再读，见得如何？'榦曰：'尚看未熟。'曰：'这也使急不得，也不可慢。所谓急不得者，功效不可急，所谓不可慢者，工夫不可慢。'"⑤ 教育黄榦读《论语》既不能太着急，也不可怠慢。又如朱子给黄榦的书信说："子澄遂以忧归，闻之惊骇。……直卿向留束阳之久，做得何功夫？《诗》及《论语》看到甚处？因便喻及。"⑥ 从朱熹的问询可知，此时黄榦主要用功在《论语》与《诗》方面。另据"所示《论语》疑义，足见别后进学之勤，甚慰所怀。已各奉报矣"⑦。可见，此时黄榦并有关于《论语》的疑义呈送朱熹以求指正。此外，朱熹也将自己学术活动的近况告知黄榦："广西寄得语孟说来，粗看亦多合改。以医药之扰，

---

① （宋）黎靖德编：《朱子语类》，第 2928 页。
② （宋）黎靖德编：《朱子语类》，第 439 页。
③ （宋）黎靖德编：《朱子语类》，第 441 页。
④ （宋）黎靖德编：《朱子语类》，第 442 页。
⑤ （宋）黎靖德编：《朱子语类》，第 433 页。
⑥ （宋）朱熹撰：《朱子全书》第 25 册，第 4667 页。
⑦ （宋）朱熹撰：《朱子全书》第 25 册，第 4667 页。

未得专心，方略改得数段。甚恨相去之逮，不得子细商量也。"① 这里讲到自己修改论孟经注的情况。从该信最后一句"甚恨相去之逮，不得子细商量也"可见，朱熹期望能够与黄榦仔细商量，这里固有自谦之意，但也可看出其对黄榦"看文字"功夫的肯定，才邀请黄榦参与到自己的著述活动当中来。

黄榦文集中也有多处提及《论语》的材料，有自己对《论语》的学习经历与理解，还有同门朋友对《论语》的讨论等。如在《复叶味道书》中，黄榦指出："朱先生一部《论语》直解到死，自今观之，亦觉有未安处。且如'不亦君子乎'一句乃是第一段，几番改过，今观程子云'不见是而无闷，乃所谓君子'，是不愠，然后君子也；朱先生云'故惟成德者能之'，则是君子，然后不愠。以悦乐两句例之，则须是如程子之说，方为稳当。"② 对于君子与不愠之间的关系，朱子认为只有成德者才能做到人不知而不愠，而程子以为做到了不愠才可称为君子，黄榦这里认为程子的理解更为稳定。此信还举了《论语》其他句为例说明。

就对《论语》的集中理解来说，黄榦专门作有《论语通释》一书。在《勉斋年谱》中记录：

> 潘瓜山（柄）曰："公晚年丐闲，方欲成先志。取文公诸书，以次通释《论语》。"……门人陈应题叙《通释》曰："先生合文公《集注》《集义》《或问》三书而通释之。盖《集注》之辞简而严，学者未能遽晓，于是作《或问》一书，设为问答，以尽其详，且明去取诸家之意。先生恐学者不暇旁究，故直取疏解《集注》之辞而列之后，以便观览。然《集注》《或问》间有去取之不同，发挥未尽。先生追忆向日亲炙之语，附以己意，名曰《通释》，于是始无遗憾矣。"③

黄榦晚年辞官之后，居于山间，主要从事著述与讲学活动。黄榦在常年研读《论语》的基础上，综合融通朱子的《论语集义》《论语集注》《论语或问》三书而成《论语通释》一书，提出了一些有特色的新理解，这些理解构成朱子之后论语学的重要组成部分。可惜的是，该书现已不见完整

---

① （宋）朱熹撰：《朱子全书》第 25 册，第 4656 页。
② （宋）黄榦：《勉斋先生黄文肃公文集》，第 599~600 页。
③ （宋）陈义和编撰：《勉斋先生黄文肃公年谱》，第 854~855 页。

本子。黄榦疏解《论语》的材料散见于各种《论语》注解的汇编类著作当中，其中赵顺孙《四书纂疏》收录160条，《四书大全》收录173条①，其间不少相同的地方，但《四书大全》的材料更详细。目前对于学界的黄榦研究多以现存《勉斋先生黄文肃公文集》为主要材料，对于散见其他各处的材料鲜有涉及。此前有学者以《勉斋集》和赵顺孙《四书纂疏》为主要文本总结黄榦对《论语》的诠释特点，认为黄榦的创造性诠释推动了朱子学的发展②。这里综合各处收录的黄榦疏解《论语》的材料，就黄榦的理解与朱子的理解汇集一起进行对比研究，对黄榦的疏解《论语》的类型、特点与价值再作些讨论。

一 《论语》首末章的新理解

注重文本结构是黄榦经典诠释的重要特点。对《论语》来说，首章与末章是黄榦比较重视的。《论语》首句为"子曰：'学而时习之，不亦说乎？'"因为是首句，历来受学者重视。朱子在《论语集注》中对此句所作注解为"说、悦同。学之为言效也。人性皆善，而觉有先后，后觉者必效先觉之所为，乃可以明善而复其初也"③。本来《论语》首句只是讲学习之事，并未提及人性的问题，而朱子的注解却是从人性皆善出发来解释学习之事，将为学与人性论基础联系起来。对此，黄榦从学问之道的角度，直接点明为学的根本目标在于全其本性之善，这点是朱子理学的基本立场：

> 今《集注》于此，乃以为人性皆善，必学而后能明善而复其初，何也？曰学问之道，固多端矣，然其归在于全其本性之善而已。明善谓明天下之理，复其初，则复其本然之善也，于《论语》之首章，首举是以为言，其提纲挈领，而示人之意深矣。④

朱子认为《论语》首章"此为书之首篇，故所记多务本之意，乃人道之门、积德之基、学者之先务也"⑤。黄榦明确揭示朱熹对首句的人性论注

---

① 详见本书附录四。
② 详见许家星《朱子学的羽翼、辨正与"内转"——以勉斋〈论语〉学为中心》，《中国哲学史》2015年第4期。
③ （宋）朱熹撰：《四书章句集注》，第47页。
④ （明）胡广等纂修：《四书大全》，第783~784页。
⑤ （宋）朱熹撰：《四书章句集注》，第47页。

释指出了儒家为学的实质内容，首句也因此具有"提纲挈领，而示人之意深矣"的价值。黄榦的这一推进解释既符合朱子对《论语》首章的基本定位，也与朱子理学思想基本立场一致，有助于后学领会朱子注解的深意，促使后学更加重视朱熹的这一注解。

《论语》倒数第二章为《子张第十九》，黄榦认为：

> 此篇所记，不过五人，曰子张、子夏、子游、鲁子、子贡，皆孔门之高弟，盖《论语》一书，记孔门师弟子之答问，于其篇帙将终，而特次门人高弟之所言，自为一篇，亦以其学识有足以明孔子之道也。①

朱熹曾明确指出"此篇皆记弟子之言"②，黄榦则注意到这一篇放在《论语》倒数第二章，主要是通过记录五位弟子的说法，"亦以其学识有足以明孔子之道也"，也就是说这一篇虽为弟子之言，但皆为孔门高弟，故而此篇内容亦可以帮助我们把握孔子思想。

对于《论语》最后一篇即《尧曰第二十》，朱熹引用"杨氏曰：'《论语》之书，皆圣人微言，而其徒传守之，以明斯道者也。故于终篇，具载尧舜咨命之言，汤武誓师之意，与夫施诸政事者。以明圣学之所传者，一于是而已。所以著明二十篇之大旨也。孟子于终篇，亦历叙尧、舜、汤、文、孔子相承之次，皆此意也'"③。《论语》终篇历数尧舜禹汤武之言事，是再次阐明圣学传承之由来，《孟子》的终篇安排也是如此。这一篇的主旨也受黄榦重视，他具体指出末篇内容与要旨在于帝王之道：

> 《论语》末篇，历叙尧舜禹汤武王相传之道，而先之以执中，得其要矣，其下泛及赏善罚恶，责己恕人。大纲小纪，本数末度，无不具举。盖帝王之道，初无精粗，凡事之合天理当人心者，是其所以为道也。所谓执中，正以其事事物物，无适而非中耳，岂虚空无据而可谓之中乎。④

---

① （明）胡广等纂修：《四书大全》，第1967页。
② （宋）朱熹撰：《四书章句集注》，第188页。
③ （宋）朱熹撰：《四书章句集注》，第194页。
④ （明）胡广等纂修：《四书大全》，第2024页。

这里对朱子《集注》的理解作了进一步补充，指出帝王之道的内容比较完备，先以执中之道，后及赏善罚恶、责己恕人；凡事之合天理当人心者，乃是其所以为道者，执中即事事物物皆合乎"中"。

二　疏解《集注》

现有《勉斋文集》中保留黄榦的《论语集注·学而疏义》①，是站在朱子学立场上，就朱子对"学而篇"中六章注解的再解释。

第一章注"学之为言效也，人性皆善而觉有先后，后觉者必效先觉之所为，乃可以明善而复其初也"。对此，黄榦指出：

> 此文言"学而"，释以性善而复其初者。愚谓性者，人心所具之天理，寂然不动之时，万善具足之名也。由是而之，五常百行无非至善，人为气质所昏，物欲所汩，又不能学以通之，既不知其本然之善，则亦无以施其存养之功，惟能效夫先觉者之所为，然后知吾此性之本无不善，操存涵养以复其初也。为圣为贤，不外乎此。知此则义理之大原、学问之要指不俟他求而得之矣。此乃首章诲人最要切之语，学者便当致思，不可泛然读过也。

黄榦特别注意到《集注》对"学而"的解释引入人性论的视野，用性善而复其初来解释为学的实质。黄榦就此句，根据人性论基本观念进一步细论：性即人心所具之天理，而当人为气质与物欲所熏染时，此善性有待施加相应的操存涵养以恢复，这是为学的根本。由此，首章乃是诲人最要切之语。

对于"程子曰：'以善及人而信从者众，故可乐'"，黄榦指出：

> 此文言"有朋自远方来"，而程子释之曰"以善及人而信从者众"，何也？愚谓以自远方来观之，非吾之善有以及人，何以使同类之人皆自远方而至？自远而至，则信从者众可知矣。程子语虽简短而深得圣人意，学者当详味也。

在《集注》中，朱子解释"有朋自远方来"引了程子材料，但未解释，黄榦用一个反问加以解释，即"非吾之善有以及人，何以使同类之人皆自

---

① （宋）黄榦：《勉斋先生黄文肃公文集》，第5~6页。

远方而至",由此证明程子说法的正确可信。

第二章注"仁者,爱之理,心之德也",黄榦指出:

> 爱之理,则《或问》之说详而明矣,心之德则犹有所未达也。愚谓,人之一心虚灵洞彻,而所具之理乃所谓德也,指虚灵洞彻而谓之德,固不可舍虚灵洞彻而谓之德,亦不可于虚灵洞彻之中而有理存焉,此心之德也,乃所谓仁也。"曰义礼智亦心之德而独归之仁,何也?"义礼智者,德之一端,而仁者,德之全。独仁足以当之也。"曰仁之包乎四者,何也?"天地之间一生意而已,为夏为秋为冬为春,生之意也。专言仁而义礼智在其中矣,故仁之为德,偏言之,则与义礼智相对而所主一事;专言之,则不及义礼智,而四者无不包也。"曰此章乃偏言而并以专言者释之,何也?"其实爱之理,所以为心之德,而非有二物也,故合而言之,仁之旨备矣。

因为,《或问》对"爱之理"有详细说明,这里黄榦的重点在于对"心之德"的疏解,通过三个问题即"曰义礼智亦心之德而独归之仁,何也?""曰仁之包乎四者,何也?""曰此章乃偏言而并以专言者释之,何也?"明确作为德之全的仁是包括仁、义、礼、智四者的。

对于《学而》的第四章所讲曾子三省,黄榦指出:

> 愚谓,三省虽三事,然皆重厚详审而无轻易苟且之意,曾子资禀实笃,故其所省如此。

《论语集注》对此章所言三省的具体含义有逐一解释,黄榦的重点则是强调这三件事情都是慎重细致而无轻易苟且之意,这是曾子秉性笃实的缘故。

第五章注"子曰:道千乘之国:敬事而信,节用而爱人,使民以时",朱子提出"敬者,主一无适之谓",对此一句,黄榦指出:

> 愚谓,敬者,主一无适之谓,用程子语也。程子曰主一之谓敬,无适之谓一,《敬斋箴》所谓不二,以二参三,不东以西,不南以北,正释主一无适之义,然师说又有以"敬字,惟畏近之",何也?盖敬者,此心肃然有所畏之名,故畏字于敬字之义为最近,畏则心主于一,如入宗庙、见君父,心有所畏之时,自无杂念,闲居放肆之际,则念虑纷扰而不主一矣。二说盖相表里,学者体之则可见矣。

敬是朱子学主张的圣学根本工夫，朱子在《集注》中用"主一无适"解释"敬"，这是对敬的经典解释。黄榦的学问中同样强调主敬工夫的重要性，因此，这里他结合程子、《敬斋箴》以及师说等材料，对敬作了一个简洁扼要的解释：盖敬者，此心肃然有所畏之名；因此"畏"字与敬之义最接近，又因为畏所以心能够进入主一的状态，杂念不生。这里对敬字义的界定非常清楚，是黄榦主敬思想的关键点。

第六章即"子曰：弟子入则孝，出则弟，谨而信，泛爱众，而亲仁。行有余力，则以学文"，朱子《集注》中引"程子曰：'为弟子之职，力有余则学文……'尹氏曰：'德行，本也。文艺，末也'"，强调力行先于学文，同时朱子也指出"愚谓力行而不学文，则无以考圣贤之成法，识事理之当然，而所行或出于私意，非但失之于野而已"①，强调学文的必要性。对此，黄榦指出：

> 愚论孝、弟、谨、信、泛爱、亲仁，体此六者，见之行事，如有余力，则以学文，非谓行此六者有余力然后学文也。

初看起来，"行有余力则以学文"与"行此六者有余力然后学文"似乎并无区别。从行事上来说，在日常行事中遵此六个方面逐一去做，这是儒家的基本要求，黄榦强调这里讲"行有余力则以学文"，并不是说这六个方面都做到了之后，有余力时再来学文。如果是那样的话，从现实的角度来看，要把六个方面都做到，并非易事，那么学文就成了极不重要的事情，而这样的立场自然与重视读书学文的朱子学立场是相悖的。黄榦这里特意分辨，自然就可以避免在理解上的误区，这与朱子在《集注》中强调学文必要性的思想是一致的。

据南宋赵希弁《郡斋读书附志》卷五上著录，《论语通释》又名《论语注义问答通释》，以问答形式将朱子的多种《论语》注解融会贯通，这是黄榦《论语通释》的突出特征。这些问题是黄榦以及其他朱子门人后学在面对经典与朱子的经注著作时通常容易产生疑问的地方，黄榦的疏解就主要针对这些疑问而来。这些疑问主要是由于不同经文、不同经注就相同概念命题所作出的不同诠释而引起的，黄榦的工作便是帮助学者理解这些不同，合理融通这些不同诠释之间的差异。

除此之外，疏解《集注》的材料还有很多，这类材料是黄榦《论语》

---

① （宋）朱熹撰：《四书章句集注》，第49页。

诠释的重点内容。如围绕《集注》中"颜渊问仁"部分，黄榦指出：

> "心之全德，莫非天理"，则言仁而礼在其中，"事皆天理"，而"心德复全"，则言礼而仁在其中，皆以天理为言，则仁即礼，礼即仁，安有复礼而非仁者哉，其曰"事皆天理"者，以视听言动之属乎事也，复归于礼，则事皆合乎天理矣。①

"心之全德，莫非天理"，"事皆天理"，都是出自《集注》。黄榦逐一解释，并得出仁即礼、礼即仁的结论，强调仁与礼的内在一致性。

对《集注》解"子曰：'贤者辟世，其次辟地，其次辟色，其次辟言'"的部分，黄榦说：

> 问："四者固非优劣，然贤者之处世，岂不能超然高举，见几而作，乃至发，见于言色而后辟之耶。"勉斋黄氏曰："出处之义，自非一端，随其所遇之时，而酌其所处之宜可也，卫灵公顾蜚雁，则辟色矣，问陈则辟言矣，岂夫子于此为劣乎，此所以不可以优劣言也。"②

这里针对《集注》中所引程子曰"然非有优劣也"产生疑问，黄榦作出解答。

在"孔子曰：'益者三乐，损者三乐。乐节礼乐，乐道人之善，乐多贤友，益矣。乐骄乐，乐佚游，乐宴乐，损矣。'"部分，黄榦说：

> 节礼乐者，欲其循规蹈矩而不敢纵肆也。道人善者，志于为善以成其身也。多贤友者，乐于取友以自规正也。骄乐者，恃气以陵物，则不复循规蹈矩矣。佚游者，怠惰而自适，则不复志于为善矣。宴乐者，多欲以求安，则不复望人之规正矣，此其所以相反也。③

朱子《集注》未详解每条，只是指出"三者损益，亦相反也"，黄榦即围绕六个概念逐一详解补充。

---

① （明）胡广等纂修：《四书大全》，第1528页。
② （明）胡广等纂修：《四书大全》，第1736页。
③ （明）胡广等纂修：《四书大全》，第1840页。

三 疏通《集注》与《或问》之间的不同说法

正如前面所述，朱子关于《论语》的数部著作之间在成书时间、诠释目的、取材范围、诠释方式等方面均存在差异，其中直接记录朱子意见的《集注》与《或问》是后世学者最为重视的。因此，就《集注》与《或问》之间的差异，是黄榦诠释《论语》的一个重要关注点。

就《论语》首句"学而时习之"，朱子在《论语或问》中讲：

> 或问：学之为效，何也？曰：所谓学者，有所效于彼而求其成于我之谓也。以己之未知，而效夫知者，以求其知；以己之未能，而效夫能者，以求其能，皆学之事也。曰：习之为鸟数飞，何也？曰：《说文》文也。习之字从羽从白，《月令》所谓鹰乃学习是也。学而时习，何以说也？曰：言人既学而知且能矣，而于其所知之理，所能之事，又以时反复而温绎之，如鸟之习飞然，则其所学者熟，而中新悦怿也。盖人而补学，则无以知其所当知之理，无以能其所当能之事，固若冥行而已矣。①

这里在《或问》中解释《集注》中的"学之为言效"时，朱子指出学之事包括知与能两方面，即由未知转变为知，由未能转变为能。这个思路还是在动词意义上理解"学"。这点是《或问》对《集注》的推进，也是与《集注》不同之处。对此，黄榦就《集注》与《或问》的这种差异性解释作了进一步的阐释：

> 《集注》言学，而《或问》以知与能并言，何也？曰言人之效学于人，有此二者，先觉之人，于天下之理，该洽贯通，而吾懵然未有所知也，于是日听其议论，而向之未知者，始有所知矣。先觉之人，于天下之事，躬行实践，而吾怅然未有所能也，于是日观其作为，而向之未能者始能矣。大抵读书穷理，要当尽圣贤之意，备事物之情，非吾好为是详复也，理当然也。世之学者，意念苟且，思虑轻浅，得其一隅，便以为足，则其为疏率也，亦甚矣。学者观于此，亦足以得养心穷理之要矣。曰若是，则学之为言，固无所不学也。②

---

① （宋）朱熹撰：《朱子全书》第 6 册，第 607 页。
② （明）胡广等纂修：《四书大全》，第 783~784 页。

这是后来学者阅读朱子的《集注》和《或问》时可能会引发的问题。对此，黄榦进一步从对象的角度疏解了《或问》的知与能，说明知与能分别对应的是天下之理与天下之事，通过学可以知晓天下之理，能行天下之事，这是为学的重要任务。这样不仅坚持了知与能是学的两个内涵，还指出知与能的对象是不同的，这样可以有效避免将学仅仅理解为知识学习的一般理解模式，对于《论语》经文的"学"之内涵进一步丰富起来。黄榦以提问的方式来为朱子经注作进一步疏解，既疏通了《集注》和《或问》之间的差异，也进一步深化了对《论语》经文的理解。

又如《论语》之"子曰：'贤哉，回也！一箪食，一瓢饮，在陋巷。人不堪其忧，回也不改其乐。贤哉，回也！'"，黄榦指出：

> 颜乐之说，《集注》以为从事于博文约礼，《或问》以为无少私欲，天理浑然，二说不同，何也？《或问》博文约礼，颜子所以用其力于前，天理浑然，颜子所以收其功于后。博文则知之明，约礼则守之固。凡事物当然之理，既无不洞晓，而穷通得丧与凡可忧可戚之事，举不足以累其心，此其所以无少私欲，天理浑然，盖有不期乐而自乐者矣。①

颜回之乐是儒家重要思想，《集注》以为颜回博文约礼故乐，而《或问》则认为颜回之乐是无少私欲、天理浑然的状态。关于这两个解释的关系，在黄榦看来是一前因和后果的关系，并详细解释博文约礼之事可以产生洞晓事物之理与各种遭遇都不足以累其心的效果，如此便自然得颜回之乐。

又如《论语·微子第十八》中讲："微子去之，箕子为之奴，比干谏而死。孔子曰：'殷有三仁焉。'"黄榦指出：

> 《或问》言仁与《集注》不同者。先师言仁之义，则固以心之德，爱之理为主矣，言人之所以至于仁，则以为无私心而皆当理也。《或问》之言指三子之所以至于仁而言也，《集注》之言，正指仁之义而言也，然其曰"不咈乎爱之理，而有以全其心之德"，曰全曰不咈，则《或问》之意，亦在其中矣。读者默而识之可也。②

---

① （明）胡广等纂修：《四书大全》，第1143页。
② （明）胡广等纂修：《四书大全》，第1931~1932页。

《集注》和《或问》言仁存在不同。就对经文中三人的理解，《或问》侧重于三人何以至于仁来立言，是讲无私心而皆当理故仁；《集注》则讲"三人之行不同，而同出于至诚恻之意，故不咈乎爱之理，而有以全其心之德也"①。这是就仁之本义来说。两种解释是可以相互统一的。

四　对《集注》的质疑与补充

难能可贵的是，黄榦在吸收消化朱子《论语》解的过程中，并非一味地接受，也能提出一些不同的疑问与补充。如："子曰：君子博学于文，约之以礼，亦可以弗畔矣夫！"黄榦讲：

> 博文约礼，语两言之，以博对约，则约当为要，然约之谓为要之，已觉不顺。若谓约我为要我，则尤非文理。故或以'约'为'束'，文义顺矣，又非博约相对之义。尝思之，博，谓泛而取之以极其广，约，谓反而束之以极其要，则于文义庶皆得之。②

《集注》中朱子解："约，要也"③，黄榦在这里就"约"的理解有不同看法，认为约之为要语义不顺，尤其是对于颜渊讲老师"夫子循循然善诱人，博我以文，约我以礼"这句，约我理解为要我，更是不顺。因此，黄榦以为《集注》的解释不妥，应该将"约"理解为"束"，约之以礼即以礼约束之。这个理解应该说是更为妥帖的。

"子在川上，曰：逝者如斯夫！不舍昼夜。"黄榦讲：

> 夫子所云，盖合道器兼体用而言。④

《集注》强调此处言道体，"天地之化，往者过，来者续，无一息之停，乃道体之本然也"⑤。黄榦则强调这里所言是合道器兼体用的，有一定的纠偏之意。

关于"子曰：君子成人之美，不成人之恶。小人反是"，黄榦指出：

---

① （宋）朱熹撰：《四书章句集注》，第183页。
② （明）胡广等纂修：《四书大全》，第1178页。
③ （宋）朱熹撰：《四书章句集注》，第91页。
④ （明）胡广等纂修：《四书大全》，第1378页。
⑤ （宋）朱熹撰：《四书章句集注》，第113页。

> 小人成人之恶，谓迎合容养，以成其为恶之事也，不成人之美，忌克诋毁，使不得成其善也。①

《集注》主要解释了君子成人之美，"成者，诱掖奖劝以成其事也"②，而没有具体解释"小人反是"。黄榦这里补上对这一条的理解，指出小人反是即成人之恶，包括成其为恶和不成其善的两方面。

关于"子曰：刚毅、木讷，近仁"，黄榦讲：

> 刚，强劲，毅，坚忍。③

《集注》引用"程子曰：'木者，质朴。讷者，迟钝'"④，只解释了木与讷两字，黄榦于是补充注释了刚、毅二字。

关于"阙党童子将命。或问之曰：'益者与？'子曰：'吾见其居于位也，见其与先生并行也。非求益者也，欲速成者也。'"黄榦讲：

> 礼之于人，大矣。老者无礼，则足以为人害，少者无礼，则足以自害。夫子于原壤童子，皆以是教之。述《论语》者，以类相从，所以著人无老少，皆不可以无礼仪也。⑤

《集注》的重心是解释原文："孔子言吾见此童子，不循此礼，但欲速称尔……盖所以抑而教之，非宠而异之也。"⑥ 黄榦则顺朱子之意指出本条的重心在于阐发礼对于人的重要性，并引申出研读《论语》要特别注重求取实际收益，注重礼仪。

此外，黄榦的《论语》解还透露一些朱子《集注》成熟过程的重要信息。如在"子曰：关雎，乐而不淫，哀而不伤"部分，黄榦指出"先生晚年再改削《集注》，止于此章"⑦。在"子夏曰：博学而笃志，切问而近思，仁在其中矣"部分，黄榦提到"《集注》初本谓'心不外驰，而事

---

① （明）胡广等纂修：《四书大全》，第 1582 页。
② （宋）朱熹撰：《四书章句集注》，第 137 页。
③ （明）胡广等纂修：《四书大全》，第 1654 页。
④ （宋）朱熹撰：《四书章句集注》，第 148 页。
⑤ （明）胡广等纂修：《四书大全》，第 1749 页。
⑥ （宋）朱熹撰：《四书章句集注》，第 160 页。
⑦ （明）胡广等纂修：《四书大全》，第 969 页。

皆有益。'盖以'博笃切近'为'心不外驰','学志问思'为'事皆有益'。夫以学志问思为有益之事，乃是有所求而得之，不可以为求此而得彼也。后乃以"所存自熟"易之，则专主于心之所存而言"①。这些信息对于我们了解朱子思想的成熟过程是有帮助的。

朱熹一生勤于讲学和著述，其对《论语》非常重视，所完成的多部《论语》作品之间既有相互补充，也存在一定的差异。这种差异可能是朱熹思想不断发展成熟的结果，更可能是不同诠释角度所造成的差异。随着朱熹思想在学术思想界逐渐盛行开来，朱熹的著作也日益受到门人弟子和其他读书人的重视，并成为他们学习与接受儒家教育的重要教材。黄榦的《论语通释》一度被后学视为朱子学派《论语》学的重要著作，甚至与朱子本人的《论语》著作同等重要。如陈宓在《跋论语集义或问通释》说："勉斋黄先生榦作《论语通释》一书，所以紬绎文公朱先生之意尽矣。某尝版于延平郡庠……郡文学温陵苏君思恭潜心理义，岁月深久，分教莆垒，专以是道海人……郡庠旧有集注，于是直取《集义》《或问》《通释》别为一帙以足之，俾学者互观参考。"② 陈宓曾在延平郡庠刊刻黄榦的《论语通释》，且当时郡文学苏思恭在教学过程中将黄榦的《论语通释》与朱子的《论语集义》《论语或问》合并在一起作为配合《论语集注》的重要参考文献。由此也可以看出当时学者对黄榦该书价值的重视与推崇。

就诠释思想来说，陈淳的《论语》诠释也较有特色，与黄榦的《论语》诠释可作一比较。《北溪大全集》的卷六、七、八保留了不少陈淳对四书尤其是《论语》的解读。"从主题上来看，涉及的都是《论语》《大学》《中庸》和《孟子》中的内容，其中以《论语》为最多，可见陈淳此时用功的主要是四书方面，所读的应该是朱熹的《四书集注》；从形式上来看，陈淳向朱熹问学的方式与一般弟子直接提出疑问以求解答的方式不同，陈淳的问学方式更多的是就自己在研读《四书集注》的过程中针对某些语句及其关键概念先经过自己深思熟虑然后形成自己更精微的理解，然后再把这些理解写成文字送交朱熹，请求朱熹来给予评判和指正，例如卷七中的《详颜渊问仁段》《己一名含二义》《详克斋记克己乃所以复礼句》《克己复礼须知二而一一而二》《一日克己》《仁体》《颜渊仲弓资禀》等，这六七条均是颜渊问仁所引发的讨论，从中可见陈淳思考义理异常精微，对每个关键词都逐一进行集中讨论。从其内容来看，陈淳关注的重心

---

① （明）胡广等纂修：《四书大全》，第1976页。
② （宋）陈宓：《复斋先生龙图陈公集》，第476~477页。

不是哪一句经典的解释对错问题，而更多的是通过对四书中核心概念的辨析来推进对集注的理解，进而阐发自己对整句经典话语的解读，最后贯通到对整个四书义理的理解。可以看出，朱熹一生极为重视的章句训诂工作在这变成了专注于具体命题和概念的义理诠释，陈淳对经典章句的依赖性在减弱。"[1] 陈淳的四书学围绕具体章节展开，但并不局限于该章节经文，更多的是揭示该章节所涉及的普遍性理学概念与问题展开较为系统的义理解说，这种解说模式与黄榦对《论语》的通释是不同的。

由以上分析可以看出，黄榦对《论语》的诠释有如下几个特点：第一，问答形式较普遍，其所问就是阅读朱子注解过程中通常会引发的问题；第二，重视对文本基本概念的仔细辨析，这种辨析的精细程度有超过朱子注解的地方；第三，不局限于某一经文的文字意思，强调基于理学整体义理进行综合理解；第四，多在朱子注解基础上以其意推之，引申发挥的内容较多。总体上说，黄榦对经典的态度受朱熹影响巨大，其《论语》诠释的价值主要是丰富与发展朱子学派《论语》学。

---

[1] 邓庆平：《朱子门人与朱子学》，第151页。

第六章　哲学思想

　　残唐五代时期社会动荡不安，世道人心败坏，人无廉耻，佛道兴盛而儒家被边缘化。宋明理学的兴起，其实质便是道德意识的觉醒，其核心任务在于接续儒家的生活方式，倡导一种内在的超越之道即成圣之道。为了与佛道抗衡并对儒家生活方式提供哲学论证，儒家学者在先秦儒学的基础上借鉴佛道的形上智慧建构了一套体系完整的哲学理论，即宋明理学的哲学思想。由于儒家追求的成圣是在现实世界当中的成圣，所以是合乎世界本身性质与规律的成圣。世界观就成了儒家所言成圣之道的理论前提，为成圣提供了一个世界图景和理论根源。一般来说，世界观是对世界的整体描述，可以从纵向与横向两方面进行。从纵向也即时间上来看，是对宇宙万物的发生过程进行历史性的描述，说明由万物所构成的这个宇宙是如何逐渐形成的；从横向则是从逻辑的角度来看，是对宇宙之本体与现象关系的阐发，说明的是万物共同的本质或统一性是什么。前者又可称为宇宙论，后者则可被称为本体论。这两种对世界的说明是成圣的理论前提，成圣是顺应世界发展的必然要求。由于成圣是指凡人从物质生活到精神生活全方位地成长为圣人，其中关键在于包括心、性、情、意等在内的主体精神世界合目的性的改变。心性论就是对心、性、情等主体精神世界的理论说明。这种理论说明是为儒家成圣的可能性作出直接的理论论证，为儒家修养工夫提供理论基础。工夫论则是在修养实践基础上对修养经验的总结与提升，是对成圣过程的程序性说明，为具体的修养成圣实践过程提供方法论指导。

　　宋明理学的基础在于其哲学部分，主要包括宇宙论、本体论、心性论与工夫论（境界作为工夫的结果，境界论便也包含在工夫论当中）四个方面的内容。不仅朱熹哲学的主干在这四个方面，其弟子的哲学思想也以这四方面内容为核心。下面就从四个方面阐述黄榦的哲学思想，以此亦可一窥朱熹之后朱子门人在哲学思想方面的新动向。

第一节　宇宙论

如果说理学研究成人之道，那么宇宙论是成人之道的世界观基础，是成人之道的最终依据，是关于天地万物的生成变化过程的理论，是为了说明与解释天地万物的运行规则，即求道。宇宙论是道学义理体系的基础部分，朱熹的宇宙论继承周敦颐《太极图说》的模式，是围绕太极、阴阳与五行等概念来建构的。黄榦在《圣贤道统传授总叙说》追述儒家圣贤道统根源时说："有太极而阴阳分，有阴阳而五行具，太极、二、五妙合而人物生。赋于人者秀而灵，精气凝而为形，魂魄交而为神，五常具而为性，感于物而为情，措诸用而为事。物之生也，虽偏且塞，而亦莫非太极、二、五之所为。此道之原之出于天者然也。"① 这里从太极到阴阳、五行，然后再到人物之生，以简明扼要的方式阐述了黄榦所理解的宇宙论。我们可以很清楚地看出，这个宇宙论明显是继承朱熹的宇宙论模式。他经过长期切实的问学与研讨，在宇宙论诸多具体概念和命题的理解上提出了自己独特的观点。②

一　太极概念的疏解

太极作为宇宙论、本体论的基本范畴在《易传》中就已经出现，后来又为周敦颐所继承。"无极而太极"即周敦颐《太极图说》的首句③，是其宇宙论、本体论的开端。这里在"太极"之外还出现最早出于《老子》的"无极"一词，"无极"与"太极"的概念也便成为朱子学派宇宙论、本体论的核心概念，是其理论体系建构的出发点。准确理解这两个概念对于把握宇宙论本体论乃至整个朱子学思想都非常重要，朱子本人也曾有许多阐发。总的来说，朱子认为无极与太极乃一体之二名，无极乃是无形，是对太极的另一种称谓，而太极即理，二者所指对象是同一的，是宇宙万物的本原

---

① （宋）黄榦：《勉斋先生黄文肃公文集》，第9页。
② 这一节部分内容由笔者与课题参与者王小珍合作，曾以《黄榦〈太极图说〉解》为题，刊发于《船山学刊》2018年第6期。
③ 关于《太极图说》首句有三种讲法："无极而太极""无极而生太极""自无极而太极"，朱子之定本应该是"无极而太极"。杨柱才先生对此有详尽讨论，可参见其著《道学宗主——周敦颐哲学思想研究》，人民出版社，2004年，第26页。

与本体。黄榦认为"太极只是极至之理,不可形容"①,"太极"历来不好理解。他从厘清"极"字的本义出发提出了一个对"无极"与"太极"概念的理解思路:

> 勉斋黄氏曰:极之得名,以屋之脊栋为一屋之中居高处,尽为众木之总会四方之尊仰,而举一屋之木莫能加焉,故极之义虽训为至,而实则以有方所行状而指名也。如此极、皇极、尔极、民极之类,皆取诸此。然皆以物之有方所形状,适以于极而具极之义,故以晓明之,以物喻物,盖无难晓,惟大传以易之至理在易之中,为众理之总会,万化之本原,而举天下之理莫能加焉,其义莫可得名,而有类于极于是取极名之而系以太,则其尊而无对,又非它极之比也。然太极者特假是物以名是理,虽因其有方所形状以名,而非有方所形状之可求。虽与他书所用极字取义略同,而以实喻虚,以有喻无,所喻在于言外,其意则异同,夫子有见于此,恐人以它书闲字之例求之,则或未免带于方所形状,而失圣人取喻之意,故为之言曰无极而太极,盖其指辞之法,犹曰无形而至形无方而大方,欲人知夫非有是极而谓之太极,亦特托于极以明理耳,又曰太极本无极也,盖谓之极则有方所形状矣,故又反而言之谓无极云耳,本非有极之实,欲人不以方所形状求而当以意会于此,其反复推本圣人所以言太极之意,最为明白,后之读者,字义不明而以中训极,已为失之,然又不知极字但为取喻而遽以理言,故不惟理不可无,于周子无极之语,有所难通,且太极之为至理,其辞已足,而加以无极则诚似为赘者矣,因见象山论无极书,正应不能察此,而辄似于粗辨,为之窃叹,故著其说如此云。②

这段文字被收录在《性理大全》卷一《太极图》的标题后面,可见编者的重视程度,主要表达了以下三层意思。

其一,黄榦注意到无极与太极均含有"极"字,故以屋之脊梁来解释"极"字本义,进而解释太极图当中的无极、太极这两个概念。极字之本义乃是指房屋之脊梁,为一屋最高处,且为众木之总会处,为众木之枢纽。对于宋代房屋建造来说,屋之脊栋是最重要的,它是指架在屋架上面

---

① (宋)黄榦:《勉斋先生黄文肃公文集》,第652页。
② (明)胡广等纂修:《性理大全》,山东友谊书社,1989年,第83~84页。下引该书均为此版本。

最高的一根横木，也叫大梁、主梁、脊檩，是承担一间房屋主要重量的梁。脊栋处于整个房子的最高处，是其他脊梁的总会之处。因此，极字本义乃含有至极之义且实有空间属性即方所形状。对于易之"太极"概念也应从此极之本义出发，但又有所区别。易之所言至理便为众理之总会、万化之本原，举天下之理莫能加焉，这与一屋之脊栋在房屋中的地位相似。因此将易之至高之理名为太极乃是假借屋极的概念来指称天地间最高的理，以显示"其尊而无对，又非它极之比也"的根源性。这个概念的提出属于"以实喻虚、以有喻无，所喻在于言外"。具体来说，一方面，太极含有至极之义，太极为易之至理，此至理是众理之总会，万化之本原；另一方面，黄榦又强调这个最高的根源虽然可以和房屋之脊栋作类比，但此理本身是无方所形状，即本身没有空间属性，太极又与屋极不同，太极没有具体的空间属性。这便是所谓"虽因其有方所形状以名，而非有方所形状之可求"。因此又将无字加以其上称为无极。太极与无极，其实质所指是同一个对象。

其二，为更进一步理解易之至理，黄榦接着又分析了"无极而太极""太极本无极"这两个命题。他认为无极而太极的讲法就如同讲无形而至形、至形无方而大方。"故为之言曰无极而太极，盖其指辞之法，犹曰无形而至形无方而大方，欲人知夫非有是极而谓之太极，亦特托于极以明理耳。"无极而太极的重点在于强调此理的至高无上性，重点在太极上。"又曰太极本无极也，盖谓之极则有方所形状矣，故又反而言之谓无极云耳，本非有极之实，欲人不以方所形状求而当以意会于此，其反复推本圣人所以言太极之意，最为明白。""太极本无极"的重点在于强调对太极必须意会而不可以空间属性等实体属性去理解，重点在无极上。对于无极与太极概念的理解必须综合上面这两个方面才算恰当。

其三，黄榦接着指出象山对"无极""太极"的理解失误。"无极""太极"问题是象山与朱子的争论重点之一。象山以中训极，批评周敦颐以至朱熹的"无极而太极"说是屋下架屋，多此一举。黄榦认为这是象山并非真正理解周子"无极""太极"所指是同一对象，而之所以异名是分别表达此对象的不同方面而已。

"太极""无极"一直是朱子学当中的最高范畴，构成其宇宙论本体论的起点，历来围绕这两个概念以及"无极而太极，太极本无极"的命题产生不少争论，典型的有象山与朱子之间的争论。同时也因这两个概念的抽象程度而一直使人难以真正恰当把握。黄榦注意到无极与太极两个概念都包含一"极"字，他站在朱子学立场上对"极"的这一类比解释非常形象而且解释得也很到位，对理学当中的那个最高之理有很好的揭示，有助于后学者的理解。因此，黄榦的这个对于"极"字的理解后来被详细收入《性理大全》，且列在"卷一太极图"的最前面，可见编者对其解说的重视，对后人理解理学思想体系而言，黄榦的这个解释具有正本清源的作用，对朝鲜性理学当中相关问题的理解也有不少启发与影响。

此外，黄榦还从理气关系的角度来理解太极。他认为，"太极本体难以形容，缘气察理，溯流求源，则可知矣。一静一动，静动初终，此气之流也，是孰为之哉？理也。天其运乎，地其处乎，日月其争于其所乎，孰主张是，孰纲维是？主张纲维，理之谓乎。有是理，故有是气，理如此则气亦如此，此体用所以一源，显微所以无间也。呜呼，深哉！"[1] 太极本体难以形容，对太极的理解应该由气回溯到理，是理在动静变化当中起着主宰推动作用，理解了这体用一源显微无间的理气便可以把握这难以形容的太极本体。

二 动静与阴阳五行

朱子学的动静问题源自对周敦颐《太极图说》与《通书·动静章》的理解。周敦颐的动静观一直受到朱子及其弟子的重视，朱熹不仅有《太极图说解》，还多次与弟子反复讨论动静问题。其中的问题焦点不在于气之动静，而在于太极或理与动静之间的关系问题。此问题在朱子学的发展历史当中长期存在争议，一直到今天的朱子学研究领域也是意见纷纭。作为朱熹的重要弟子，黄榦对此也有不少阐述，并对后来学者特别是朝鲜性理学者产生一定影响。

在朱子学派的宇宙论体系当中，太极为理，阴阳五行为气，气有动静是没有争议的。因此要理解太极与动静之间的关系，先要弄清楚太极与阴阳五行之间的关系，这是太极动静或理之动静问题的理论前提。

在给杨志仁的信中，黄榦通过批判道家的宇宙生成论而引发对太极与阴阳五行之间关系的思考：

> 至于道生一，一生二，二生三，三生万物，则老氏之所谓道，而非吾儒之所谓道也。明道云："天下之物，无独必有对"。若只生一，则是独也。一阴一阳之谓道，道何尝在一之先，而又何尝有一而后有道哉。易有太极，易即阴阳也，太极何尝在阴阳之先。是生两仪，何

---

[1] （宋）黄榦：《勉斋先生黄文肃公文集》，第11页。

尝生一而后生二。尝窃谓太极不可名状，因阴阳而后见。一动一静，一昼一夜，以至于一生一死，一呼一吸，无往而非二也。因阴阳之二，而反以求之太极，所以为阴阳者，亦不出于二也。如是，则二者道之体也，非其本体之二，何以使末流无往不二哉！然二也，各有本末，各有终始，故二分为四，而五行立矣。盖一阳分而为木火，一阴分而为金水。木者火之始，火者木之终。金者水之始，水者金之终。物各有终始，未有有始而无终，有终而无始。二各有终始。则二分为四矣。知二之无不四，则知其所以为是四者，亦道之本体，非其四（《性理大全》卷一第124页表述为：非本体之四），何以使物之无不四哉！故二与四，天下之物无不然，则亦足以见道体之本然也。太极不可名状，至此亦可以见其端倪矣。①

他指出，所谓道生一，一生二，二生三，三生万物，在道、一、二、三与万物之间存有先后关系，这是道家所谓的道，而并非儒家所谓道。儒家所谓道生万物的宇宙生成过程还是应该从《太极图说》的太极阴阳五行说来解释。黄榦认为，"太极何尝在阴阳之先"，且"太极不可名状，因阴阳而后见"，即太极以阴阳的形式而显示其存在。二者，道之体也。二各有始终，故二而分为四，四亦是道之体，于是五行立焉。具体而言便是阴阳为二，而一阳而分木火，一阴而分金水。此木火与金水之间并非生成的实际次序，内含木始火终、金始水终的两套始终之次序。由阴阳之二而至四，再至五行，此乃太极道体自身逻辑展开的过程，阴阳与五行并非太极之外的产生物，而是太极展开后道体自身的内在结构，这一展开并非现实世界的实际生成过程，而是本体世界的逻辑展开过程。故二、四皆为道之体。太极与阴阳、五行之间，是一而二而四而五、同时五而一、二而一的关系。若无阴阳五行，太极也就不可理解，因此，黄榦才会说"太极不可名状，至此亦可以见其端倪矣"。

如果说自太极而阴阳、五行是由上至下的关系，而自五行而阴阳、太极是自下往上的关系。黄榦认为，五行与阴阳、太极之间的关系是：

妄意谓阴阳分，两仪立焉。阳中之阳，阴中之阴，变合相得，而五位成质，横渠先生云"水、火，气也，故炎上润下，与阴阳相为升降，土不得而制焉，木、金者，土之华，实其性有水、火之杂，故木

---

① （宋）黄榦：《勉斋先生黄文肃公文集》，第649页。

之为物，水积而得生，火然而不离，盖得土之浮华于水、火之交也，金之为物，得火之精于土之燥，得木之精于水之濡，故水、火相得而不相害，铄之则反流而不耗，盖得土之精实于水、火之际也。土者，物之所以成始成终也，地之质也，化之终也，水、火之所以升降，物兼体而不遗者也。"即是而参之，五行之生一阴阳之所为也。木之气盛于东，于时为春，火之气盛于南，于时为夏，土之气盛于中央，而寄旺于四时之戊己，而独盛于季夏之时，金之气盛于西，而于时为秋，水之气盛于北，而于时为冬。春夏秋冬，而气以成，此五物者，同出而异名者也，四时之行，即五气之流通，五气之流通即一气之妙用，非截然一彼一此也。《通书》云"动而无静，静而无动，物也，动而无动，静而无静，神也，动而无动，静而无静，非不动不静也。物则不通，神妙万物"，此以明太极动而生阳，以至四时行焉，无非神之所为也。又云"水阴根阳，火阳根阴，五行阴阳，阴阳太极，四时运行，万物终始，混兮辟兮，其无穷兮"，以明五行之生，四时之行，百物之产，一太极而已矣，其然乎，岂其然乎？①

这里立足于五行，讨论了五行与阴阳之间、五行与太极之间的关系。黄榦首先引用张载的观点来说明，五行乃是阴阳之所为；并以木火土金水配比解释春夏秋冬四季的形成，说明四时之运行也是五气流通的结果，而五气流通又可归结为一气之妙用；其次，黄榦借用《通书》中的两段话指出五行与太极之间：太极动而生阳，以至四时运行，都是神之所为；五行之生，四时之行，百物之产，都应归结为一太极而已。由此，在黄榦看来，阴阳五行皆为气，又均源自太极，可归结为太极。黄榦还曾用体用关系来理解宇宙论当中的太极与阴阳五行乃至万物，所谓"道丧千载，濂溪周子继孔、孟不传之绪。其言太极者，道之体也。其言阴阳五行、男女万物者，道之用也。太极之静而阴，体也。太极之动而阳，用也"②。也就是说，在黄榦的宇宙论模式当中，太极是道之体，阴阳乃至万物则为道之用。

太极是体，同时阴阳与五行皆是体。黄榦明确太极、阴阳与五行在宇宙论当中属于同一个天地造化阶段，五行之后属于人物生成阶段，由此，自太极以至于万物之生应分为两个阶段：

---

① （明）胡广等纂修：《性理大全》，第119~120页。
② （宋）黄榦：《勉斋先生黄文肃公文集》，第775页。

> 周子之言造化至五行处，是一关隔。自五行而上属乎造化，自五行而下属乎人物。所以《太极图说》说到"四时行焉"，却说转从五行说太极，又从五行之生说"各一其性"，说出至变化无穷。盖天地造化，分阴分阳至五行而止。五行既具，则由是而生人物也。有太极便有阴阳，有阴阳便有五行，三者初无断际。至此若不说合，却恐将作三件物事认了，所以合而谓之妙合，非昔开而今合，莫之合而合也。至于五行既凝，而后有男女。男女既交，而后生万物，此却是有次第，故有五行而下，节节开说，然其理气未尝有异，则恐未尝不合也。①

初无断际，没有分别的界线。太极、阴阳与五行三者原本是一体的，从太极到阴阳再到五行，可以看作造化本体自身的逻辑展开，具宇宙本体论意义；而自五行以下则是现实人物的生成，是现实世界的形成，具宇宙发生学意义。贯穿两个阶段的是理气，太极至阴阳至五行，是理生阴阳五行；而五行以下经过气化与形化两阶段，包括万物的现实世界得以形成。

气有动静，而太极动静或说理之动静问题就蕴含在太极与阴阳五行的关系当中，是关系到朱子学派宇宙论的关键性问题。

周敦颐《通书》中专有《动静章》，以述动静："动而无静，静而无动，物也。动而无动，静而无静，神也。动而无动，静而无静，非不动不静者也。物则不通，神妙万物。"② 这里的动静分别涉及两个载体，一是物，一是神。放在太极阴阳五行当中来说，所谓物是阴阳五行之气，而神为太极之理。因此，这里事实上涉及的太极阴阳五行的动静问题。围绕这一段话，朱子与弟子有不少讨论，黄榦参与其中并表明自己的观点：

> "动而无静，静而无动者，物也。"此言形而下之器也。形而下者，则不能通，故方其动时，则无了那静；方其静时，则无了那动。如水只是水，火只是火。就人言之，语则不默，默则不语；以物言之，飞则不植，植则不飞是也。"动而无动，静而无静，非不动不静"，此言形而上之理也。理则神而莫测，方其动时，未尝不静，故曰："无动"；方其静时，未尝不动，故曰"无静"。静中有动，动中有静，静而能动，动而能静，阳中有阴，阴中有阳，错综无穷是也。

---

① （明）胡广等纂修：《性理大全》，第 266 页。
② （宋）周敦颐：《周敦颐集》，陈克明点校，中华书局，2009 年，第 27 页。

又曰:"'水阴根阳,火阳根阴。'水阴火阳,物也,形而下者也;所以根阴根阳,理也,形而上者也。"直卿云:"兼两意言之,方备。言理之动静,则静中有动,动中有静,其体也;静而能动,动而能静,其用也。言物之动静,则动者无静,静者无动,其体也;动者则不能静,静者则不能动,其用也。"端蒙。①

黄榦提出从体用两方面来理解理、物之动静的问题。他认为理之动静有体用两方面,物之动静也有体用两方面:理之动静,是静中有动,动中有静,动静融合,这是体;静而后能动,动而能静,此为用。物之动静,动者无静,静者无动,是体;动者则不能静,静者则不能动,乃是用。这里所谓体是指言说角度的区分,对于澄清理气动静问题的理解是有帮助的。"黄榦此说,以理之动静互涵为理之体,以理之动而能静和静而能动为理之用,可谓朱子的'未动而能动者理也'之说的一个深化,是符合朱子思想的。"② 同时,黄榦这里预设的前提是理同样有动静,可见理有动静的问题在黄榦甚至在朱熹处是没有疑问的,但到后来却引发了学者的讨论。朝鲜时期围绕理有无动静的问题产生了大量讨论,而黄榦承认动静的观点被作为维护退溪李滉(1501~1570年)的理气互发观的有利证据,并常被用来反驳栗谷李珥(1536~1584年)的理无动静观。

太极即理,理有动静,则太极亦有动静。黄榦承认太极有动静的观点在《朱子语类》当中也有明证:"盖太极是理,形而上者;阴阳是气,形而下者。然理无形,而气却有迹。气既有动静,则所载之理亦安得谓之无动静!"③ 太极是形而上之理,阴阳是形而下之气,理无形而气有迹。气有动静,则所载之理亦不可谓之无动静。此处黄榦所论与其论理之动静的材料合在一处,也可以证明黄榦持太极有动静的观点。

此外,黄榦还指出:

> 勉斋黄氏曰:太极动而生阳,静而生阴,太极不是会动静底物,动静阴阳也,所以图解云,动静者,所乘之机也,所乘之机四字最难看,旧蔡季通对朱先生问所乘之机如何下得恁地好,先生微笑,大抵只看太极乘着什么机,乘着动机便动,乘着静机便静,那太极却不自

---

① (宋)黎靖德编:《朱子语类》,第2374页。
② 乔清举:《论朱子的理气动静问题》,《哲学动态》2012年第7期。
③ (宋)黎靖德编:《朱子语类》,第84页。

> 会动静，既是阴阳，如何又说生阴生阳，曰生阴生阳亦犹阳生阴生，太极随阴阳而为动静，阴阳则于动静而见其生，不是太极在这边动，阳在那边生，譬如蚁在磨盘上一般，磨动则蚁随他动，磨止则蚁他止，蚁随磨转，而因蚁之动静可以见磨之动静。①

黄榦明确提出"太极不是会动静底物"，其中重点是"会"字，这表示的是功能性的自主性的动静之功能。黄榦认为太极没有这样的功能，具有自主动静功能的是阴阳之气。但这并不意味太极没有动静，太极之动静是乘载在气之动静基础上的。黄榦解释了太极、阴阳与动静三者之间的关系：一方面太极与动静不是隔绝，太极乘着动静之机而显现动静来，即太极不自会动静，太极因阴阳而动静，若无阴阳则太极不会自主动静；另一方面阴阳则于动静而见其生，所谓"太极动而生阳，静而生阴"；而太极与阴阳的关系就如蚁随磨动，这个比喻与朱子人乘马的比喻如出一辙。

太极有动静，但太极不会自主动静，这是黄榦的太极动静观。很多学者没有注意到其中的分别，故围绕朱子学太极动静的问题产生完全不同的对立观点，而黄榦的观点通常被援引来作为太极有动静，太极能动静一派的证据。

三 五行次序说

五行是朱子学宇宙论的核心概念之一。黄榦对五行次序一直心存有疑问，他不仅与学生有过问答，而且在晚年还与同门友人集中讨论，最终形成了一个关于五行次序的新理解，这是黄榦宇宙论的重要创新。这里主要依据《性理大全》与《勉斋文集》当中的相关材料，对此进行详加分析。

（一）对朱子五行次序说的疑问

对于《太极图》本身，朱子认为其为周敦颐所作，对图中五行位次的安排，朱子也作了以下说明：

> 水阴盛，故居右；火阳盛，故居左；木阳稚，故次火；金阴稚，故次水；土冲气，故居中。而水、火之交系乎上。阴根阳，阳根阴也。水而木，木而火，火而土，土而金，金而复水，如环无端。五气布，四时行也。②

---

① （明）胡广等纂修：《性理大全》，第109~110页。
② （宋）朱熹撰：《朱子全书》第13册，第70页。

第六章 哲学思想　135

朱子指出图中水、金为阴，火、木为阳，土居中，五行次序为水、木、火、土、金。而他在解释《太极图说》本文"阳变阴合而生水、火、木、金、土，五气顺布，四时行焉"时，提出五行的两种次序说：

> 有太极，则一动一静而两仪分；有阴有阳，则一变一合而五行具。然五行者，质具于地而气行于天者也。以质而语其生之序，则曰水、火、木、金、土，而水、木阳也，火、金阴也。以气而语其行之序，则曰木、火、土、金、水，而木、火阳也，金、水阴也。又统而言之，则气阳而质阴也。又错而言之，则动阳而静阴也。①

五行是阴阳动静变合而生，朱子把五行分为质与气，这是关于五行的两种言说角度，分别对应两种五行次序。而且，在这两种次序中五行各自的阴阳属性是不同的。以质而言其生之序，是水、火、木、金、土，其中水、木属阳，火、金属阴；以气而言其行之序则是木、火、土、金、水，木火属阳，金水属阴。

以质而言乃是就阴阳奇偶配合之顺序，以气而言乃是战国时期以来五行内部"相生"之顺序。在朱子看来，五行是产生万物的具体材料，"阴阳气也，生此五行之质。天地生物，五行独先。地即是土，土便包含许多金、木之类。天地之间，何事而非五行？五行阴阳，七者滚合，便是生物底材料"②。而以质而言五行之序则是五行产生的实际次序，这个次序相当于一个从非固定、流动的气到有形有质的过程。朱子说："阳变阴合，初生水、火。水、火，气也，流动闪烁，其体尚虚，其成形犹未定。次生木、金，则确然有定形矣。水、火初是自生，木、金则资于土。五金之属，皆从土中旋生出来。"③ 也是个从轻清到重浊的过程。"大抵天地生物，先其轻清以及重浊。天一生水，地二生火，二物在五行中最轻清；金、木复重于水、火，土又重于金、木。"④ 黄榦认为这种五行生之序的讲法与周敦颐的《太极图》存在矛盾：

> 晦甫（《性理大全》省去"晦甫"二字）问阳变阴合而生水、火、

---

① （宋）朱熹撰：《朱子全书》第13册，第73页。
② （宋）黎靖德编：《朱子语类》，第2367页。
③ （宋）黎靖德编：《朱子语类》，第2377页。
④ （宋）黎靖德编：《朱子语类》，第2382页。

木、金、土，次序如何？先生云曰（《性理大全》改"先生云"为"曰"）水与火对生，木与金对生，因云这里有两项看，如作建寅看时，则木、火是阳，金、水是阴，此以行之序论，如作建子看时，则水、木是阳，火、金是阴，此以生之序论，大概冬（勉斋语录中有"春"字）夏可以谓之阳，夏秋冬可以谓之阴，因云《太极图解》有一处可疑，图以水阴盛故居右，火阳盛故居左，金阴稚故次水，木阳稚故次火，此是说生之序，下文（《勉斋语录》中"文"作"云"字）却说水、木阳也，火、金阴也，却以水为阳，火为阴，论人（《勉斋语录》中"人"作"来"）物之初生，自是幼嫩，如阳始生为水尚柔弱，到生木已强盛，阴始生为火尚微，到生金已成质。如此，则水为阳稚，木为阳盛，火为阴稚，金为阴盛也。不知《图解》所指是如何？后请问云图解所分恐是解剥图体言其居左居右之位次否？晦庵（《性理大全》加了"晦庵"二字）先生云旧也如此看，只是水而木，木而火以下，毕竟是说行之序，这毕竟是说生之序，毕竟是可疑。"[1]

此文原在元刻本勉斋语录当中，是晦甫所问。后抄录到《性理大全》中有一些文字上的变化，最重要的是最后两处，一是在"先生云旧也如此看"前加上"晦庵"二字，二是文章最后加了一句话"毕竟是可疑"。《性理大全》的这两次增入文字体现出抄录者对该文字的理解，他认为关于图解的疑问在勉斋与朱熹之间曾经有过讨论，但勉斋并不满意朱熹的回答，故依然心存疑问。而如果照元刻本来看，"先生云旧也如此看"这里的先生应该是黄榦，这里的疑问也是黄榦弟子。参考黄榦晚年对朱熹五行次序说的不满意，我们这里更倾向于认可《性理大全》抄录者的理解。

此文在《性理大全》卷十四又部分抄录为：

> 又曰：水、火、木、金，有两项看，如作行之序看，则木火是阳，金水是阴，行于春夏为阳，行于秋冬为阴，如作生之序看，则水、木是阳，火、金是阴，生于天一天三为阳，生于地二地四为阴，因云，《太极图解》有一处可疑。图以水阴盛故居右，火阳盛故居左，金阴稚故次水，木阳稚故次火，此是说生之序，下文却说水、木阳也，火、金阴也，却以水为阳，火为阴，论人物之初生，自是幼嫩，

---

[1] （明）胡广等纂修：《性理大全》，第120~121页；另参见（宋）黄榦《勉斋先生黄文肃公文集》，第235~236页。

如阳始生为水尚柔弱，到生木已强盛，阴始生为火尚微，到生金已成质。如此，则水为阳稚，木为阳盛，火为阴稚，金为阴盛也。①

按黄榦的理解，生之序是作建子看，而行之序是作建寅看。生之序与行之序不同，五行属阴阳也不同。周敦颐的《太极图》由上至下是在讲述宇宙万物的生成过程。黄榦注意朱子在解剖《太极图》中第三层即五行的位次为：水、金为阴居图右，火、木为阳居图左，这个部分是讲生之序，即水、金为阴，火、木为阳。但《太极图说》言生之序为"阳变阴合而生水、火、木、金、土"，朱子的《太极图说解》后文对生之序的解释是，水、木为阳，火、金为阴。而且就人物之生的实际过程来看，其次序应该是水、木为阳，火、金为阴。这样来看，《太极图》本身对五行生之序的位次安排与朱子所解"生之序"之间存在矛盾，朱子《太极图说解》五行阴阳属性的判断也不一致。因此，黄榦提出疑问，不知《太极图解》所指的是什么，《图解》对五行次序的分别是在解析图中的位次吗？事实上，按照朱子的分别来看《太极图》对五行的安排，《太极图》将水、金画在右边属阴，将火、木画在左边属阳，这应该是朱子所言的行之序。故朱子的回答是，自己以前认为《太极图》应该是言生之序的，但是水、木、火、金、土毕竟是行之序。对此次黄榦与朱子之间的问答没有更详细的资料，仅从黄榦的这个记录来看，朱子的回答还是坚持五行的两种次序说，《太极图》上的五行位次安排应该是讲行之序而非生之序。对此，黄榦还是坚持以为《太极图》的五行应该是在解说生之序，故对朱子的五行次序说始终不能融通，心存疑问。

叶采对朱子五行两种次序说有一个解释，可帮助我们理解：

叶采：水、火、木、金、土者，阴阳生五行之序也；木、火、土、金、水者，五行自相生之序也。曰："五行之生与五行之相生，其序不同，何也？"曰："五行之生也，二气之交变合而各成，天一生水，地二生火，天三生木，地四生金，天五生土，所谓阳变阴合而生水、火、木、金、土是也；五行之相生，盖一气之推循环相因，木生火，火生土，土生金，金生水，水复生木，所谓五气顺布四时行焉。"曰："其所以有是二端，何也？"曰："二气变合而生者，原于对待之体也；一气循环而生者，本于流行之用也。"②

---

① （明）胡广等纂修：《性理大全》，第 992~993 页。
② （宋）周敦颐撰：《周敦颐集》，梁绍辉、徐苏铭等点校，岳麓书社，2007 年，第 62 页。

阴阳生五行的次序与五行自相生的次序不同，为什么会有生出两种不同的五行次序呢？叶采以为一个从其对待之体的角度立言，一个就其流行之用的角度来说。但黄榦来说，五行产生的次序应该只有一个，朱子的两种次序说在一定意义上遮蔽了这个实质，黄榦的疑问应该也就在这里，他所立新说的主旨即在强调五行产生次序只有一个。

（二）五行次序的讨论

黄榦对五行次序的疑问没有得到满意的解答，到其晚年归家闭门读书论学时又引发了新的思考，在与朋友往复讨论过程中，最终提出了关于五行次序的新观点。

在现存《勉斋文集》当中，黄榦关于五行之序的这次论说主要保留在晚年与甘吉甫、杨志仁等友人的书信当中。其中，在与甘吉甫书信中，有四封书信详细讨论了五行次序的问题。

《复甘吉甫》中第一封信①的内容较长，这里为讨论方便，分节依次如下：

> 榦山居，幸无他，以两房子舍在此，旧居窄隘，不足以容，遂以屋后架堂三间，方不过二三丈，为送老之计。以百物皆旋措置，遂迟缓至今，更旬日亦当告成也。坐是颇妨读书。承欲下访，果尔，何幸如之。此间绝无朋友讲习，况得契兄辱临之耶。谕及朋友只解读书，不能明理，此切当之论，不长进，正在此。若不见道理，正如去行在便到候潮门外回来，亦未是端的也。

此信作于嘉定十一年（1218）九月归家之后，在嘉定十二年（1219）移居嘉福寺之前。② 在简述自己近况之后，黄榦就提出自己对五行次序的新思考：

> 近日因思五行生克之序，则曰水、火、木、金、土，行之序则曰木、火、土、金、水，何故造物却有此两样。看来只是一理，生之序便是行之序。

一开始所言五行生克之序与行之序乃是朱熹的讲法。黄榦这里的思考主要

---

① （宋）黄榦：《勉斋先生黄文肃公文集》，第651~652页，下引此信不再标注。
② 详细考证见附录二。

是如何融会贯通这两种五行次序说。在他看来，造化次序只是一理，五行生之序与行之序应是内在一致的。对此，他从两个方面进行论证。

第一，生之序便是行之序：

> 元初只是一个水，木燠便是火，此两个是母，木者水之子，金者火之子，冬是太阴，春是少阳，夏是太阳，秋是少阴，从冬起来故水、木、火、金，自成次序，以水生木，以火生金，故生之序便是行之序也。

元初只是一个水，水生木，木燠便是火，火生金；就四时而言，冬是太阴，春是少阳，夏是太阳，秋是少阴，故从冬开始，于是五行产生的实际次序也便是行之序即水、木、火、金。

第二，行之序亦是生之序：

> 孔子言精气为物，精便是水，气便是火，子产言物生始化曰魄，既生魄，阳曰魂，魄便是精之灵，魂便是气之灵，水便生木，火便生金，在人一身，初只是生肾水，次生心火，肾水上生肝木，心火上生肺金，造化只是如此，何常有两样来。天一生水，地二生火，天三生木，地四生金，此便是造化本原，其后流行亦只如此四时之序，不过二天二地而已，所以《洪范》五行亦只说水、火、木、金、土谓之五行，则行之序亦是如此也，以此可见造化之端倪，物生之本始。

这里黄榦借用孔子与子产关于人产生过程的观点来说明五行的行之序。孔子在《周易·系辞上》中提出"精气为物"的思想，黄榦认为其中精便是水，气便是火；子产言"物生始化曰魄，既生魄，阳曰魂"，黄榦认为，这里的魄便是精之灵，便是水，魂便是气之灵，便是火。也就是说水与火是最初产生的。然后水便生木，火便生金。这便是人的产生过程，所谓"在人一身，初只是生肾水，次生心火，肾水上生肝木，心火上生肺金"，这个次序是造化生物的次序，即"天一生水，地二生火，天三生木，地四生金。地六成水，天七成火，地八成木，天九成金，天五生土"（《尚书大传·五行传》），乃是水、火、木、金、土。这个次序也符合易之得数奇偶次序，即（"天一，地二；天三，地四；天五，地六；天七，地八；天九，地十"出自《周易》），《洪范》所言五行也是这个次序。所谓"造化只是如此，何常有两样"，黄榦以为这便是行之序。

我们需要注意的是，对这两个论证，黄榦分别使用的两个不同的例子，前一个是主要是五行相生与四时的次序为例，后一个则是以人物产生过程为例。这两个次序是不同的，但黄榦认为都是生之序，也是行之序，也就是说，生之序与行之序都可以用来解释造化生成之次序。

此外，就黄榦融会贯通朱子两种次序观的努力，还可以参看《性理大全》卷一"勉斋黄氏曰"的部分当中抄录了的另一段文字：

> 盖质则阴阳交错凝合而成，气则阴阳两端循环不已。质曰水、火、木、金，盖以阴阳相间言，犹曰东西南北，所谓对待者也。气曰木、火、金、水，盖以阴阳相因言，犹曰东南西北，所谓流行者也。质虽一定而不易，气则变化而无穷，所谓易也。①

这里对朱子的两种次序说进行了非常形象的说明，质曰水、火、木、金，乃是阴阳相间就对待而言，犹如言方位时所说东西南北；而气曰木、火、金、水，乃是阴阳相因就流行而言，犹如言方位时所说东南西北。气即是变化本身的顺序，而质则是表示阴阳相间的位次。方位同样是东南西北，而因言说角度不同故排列讲法不一样，但这并不妨碍两种讲法讲的是同样的四个方位。

回到与甘吉甫的第一封信，在试图讲生之序与行之序融通的基础上，黄榦接着纠正了传统以五行来配比五事时存在的问题：

> 《洪范》又推之以配五事曰貌言视听思，前辈之说，往往以木配貌，其次序殊不可晓，且与庶徵肃乂哲谋不同，不知洛书安排得自分明，何必如此牵强。以水配貌，水属阴，阴有质也，以火配言，火属阳，阳有气也，水滋润柔软而生木，木属肝而主视，火焦燥坚刚而生金，金属肺而主听，如此分配则生与行，只是一理也。人之一身，以貌为主，貌者一身之容貌也，整齐严肃则心便一，故貌恭则作肃人身发用处莫如言心正，则言辞端确，故俨若思而后能安定辞也。造化以水为主，学道以敬为主，此《洪范》之要旨，前贤教人入道门户，不是杜撰，直是与造化同体也，以此观之，至精至妙，窃意前贤亦须见得如此而不肯轻发也。尊兄以为如何，试思之以见教，并举似李司直黄去私恐可商榷也。

---

① （明）胡广等纂修：《性理大全》，第122页。

《洪范五行传》将五行与五事即貌言视听思相配，一直以来，多以木配貌，金配言，火配视，水配听，土配思，如董仲舒的《春秋繁露》即作此看。这是用五行的木火土金水顺序来配五事，在黄榦看来，这样的配比次序是有问题的。他认为，应该就造化生物顺序，即天一生水，地二生火，与五事来一一对应。他借用洛书之安排，提出了另一套配对顺序，水配貌，火配言，木配视，金配听。所谓"如此分配则生与行，只是一理也"，最后黄榦得出结论，造化以水为始为主，故学道以貌恭而敬为始，教人之序与造化同体。如此五行与五事相配对，也进一步证明了生之序与行之序应是一理。在讨论之余，黄榦还提到自己就此问题还将与李司直、黄去私等友人相商榷。

有必要指出的是，关于五行与五事相配的问题，黄榦在与杨志仁的书信中对自己提出的新的配比次序有更为详细论证：

> 示及双条所论，思索极苦，近年朋友肯如此用心者绝不曾见，敬服榦但亦各有可疑，幸相与商榷。……《洪范》五行五事之说，近亦尝思之。前辈所说，决然不是。以庶征观之，自可见。但貌言视听思之所以配水、火、木、金、土，则恐来说未免穿凿耳。榦亦尝反复思之，只以造化及人生之初验之，便自然合。天一生水，水便有形。人生精血，凑合成体，亦若造化之有水也。地二生火，火便有气。人有此体，便能为声。声者，气之所为，亦若造化之有火也。水阴而火阳，貌亦属阴，而言亦属阳也。水、火虽有形质，然乃造化之初，故水但能润，火但能炎，其形质终是轻清。至若天三生木，地四生金，则形质已全具矣，亦如人身耳目既具，则人之形成矣。木阳而金阴，亦犹视阳而听阴也。只以此配之，则人身便是一个造化，理自分明。似此等处，只得如此观看，耳目口鼻之配五行四象，亦自分明。耳属肾，肾即水，水即太阴。目属肝，肝即木，木即少阳。口属脾，脾属土，土王于夏秋之间，即太阴少阳之合。鼻属肺，肺属金，金即少阴，亦是自然之理如此，初无可疑也。①

黄榦与杨至仁主要讨论的是五行配五事的次序以及为何如此相配的原因问题。五事即貌言视听思应一一配于五行之水、火、木、金、土，而关于如此配比的原因，黄榦则以造化及人生之初来作论证。就造化而言，天

---

① （宋）黄榦：《勉斋先生黄文肃公文集》，第648页。

一生水便有形，就人生而言，人生精血而成体，水都是最先产生的。然后，地二生火，火便有气，这与人体便有声，而声亦是气之所为，这便证明火是第二位的。接下来，天三生木，地四生金，则形质完全具备，这与当人身具备耳目之后意味着人的形成，是同样的道理。而木阳金阴，与视阳而听阴也是相应的。如此从天地生成与人之生成过程的类比，说明五行之生成次序只是一个，那便是水、火、木、金、土。此外，黄榦在信中以此为基础，更进一步提出耳目口鼻之配五行四象的次序为：耳属肾，为水，即太阴；目属肝，为木，即少阳；口属脾，为土，乃是太阴少阳之合，于四象乃是夏秋之间；鼻属肺，为金，即少阴。黄榦这里以五事配五行的观点，后来得到朝鲜性理学者的接受与认同。

回到黄榦与甘吉甫的讨论。黄榦因甘吉甫在信中提及关于周敦颐之文的理解问题，提出了自己关于周敦颐《太极图说》的一个重要看法，这个看法也正好可以帮助我们理解黄榦为何会如此重视五行次序的问题：

> 又思太极只是极至之理，不可形容，圣贤只说到一阴一阳处住，只是个一阴一阳底道理，所以天地寒暑昼夜生死千变万化，都只是一样，分而言之，则一物各具一阴阳，合而言之，则万物总是一阴阳，然学者于此亦只见得皮华，其精微处未必有所见。……来谕别纸所论周子之语，言阖胡为不自万而一，言开胡为不自一而万，窃谓周子之言，造化至五行处是一关隔，自五行而上属乎造化，自五行而下属乎人物，所以太极图说到"四时行焉"，却说转从"五行"说，说太极又从"五行之生说，各一其性"说出，至"变化无穷"。盖天地造化分阴阳，至五行而止，五行既具则由是而生人物也。有太极便有阴阳，有阴阳便有五行，三者初无间断际，至此若不说合，却恐人将作三件物事认了所以合而谓之妙合，合者非昔开而今合，莫之合而合也。至于五行既凝而后有男女，男女既交而后生万物，此却是有次第，故自五行而下，节节开说，然其理其气未尝有异，则恐未尝不合也，杨至之疑却恐未晓此意，先生初然其言后不复改者，此也。

黄榦在这里指出，五行处是造化之一关键点，自五行而上属于天地造化，五行而下属于人与万物。并以此说明《太极图说》的行文思路。这里涉及《太极图说》的文本是："无极而太极。太极动而生阳，动极而静，静而生阴，静极复动。一动一静，互为其根。分阴分阳，两仪立焉。阳变阴合,而生水、火、木、金、土。五气顺布,四时行焉。五行一阴阳也,阴阳一太极也,太极本无极也。五行之生也,各一其性。无极之真,二五之精,妙合而凝。乾道成男,坤道成女。二气交感,化生万物。万物生生而变化无穷焉。"黄榦指出,五行处于上与阴阳、太极相连下与人物生成相关的中间地位,其中,太极阴阳五行属于造化自身展开的阶段,而五行以下则是具体万物生成的过程,这分属两个不同的论域。而且,太极、阴阳、五行三者一方面虽有逻辑上的次第,另一方面又是妙合,此合并非时间上的昔开而今合,也非外力使之合,而是本然的妙合,并非三个不同的东西。自五行以下而有男女及万物,却是实有次第的。这里虽然是从《太极图说》的文本立论,但其中可以看出黄榦将宇宙生成过程分为两个阶段,一个是本体论的阶段,这个阶段是从太极到阴阳再到五行的过程;另一个是具体人物生成论的阶段,这个阶段是五行而化生万物的过程。五行是连接这两个阶段的中间点,因此,黄榦才会如此重视五行的问题。

从黄榦与甘吉甫的第一封信中,我们可以看到,黄榦同时承认朱子的两种五行次序说,并试图说明其内在的一致性。但这样的说明还是无法完全消除关于五行次序的疑问,一则关于五行次序到底应该以哪一个讲法为准的问题依然存在,二则信中提到的两个次序明显不同但又各有依据,如何在一个明确的体系中合理疏解两种次序说也是必须解决的重要问题。于是在与甘吉甫的第二封信中,黄榦继续讨论五行次序的问题,其立场更加清楚明白,下面分为几个部分来讨论。

《复甘吉甫》之二①:

> 五行有生数,有行数,榦尝疑之,不知何故,初生是一样,其为物不贰,则其生物不测,易简之理恐不如此,故尝疑其只是一样,及以造化本原参之人物之生育,初无两样,只是水、木、火、金、土,便是次序。在人欲分别阴阳造化之殊,故以水、火、木、金、土为言耳,自一至十之数,特言奇偶多寡尔,非谓次第如此也。盖积实之数非次第之数也。

此信一开始,黄榦就明确自己的观点:五行次序只是一种,即水、木、火、金、土,而水、火、木、金、土的次序乃是古人人为而分,为的是分别阴阳造化之殊,是奇偶多寡之得数的顺序,而非五行本身的生成次序。

---

① (宋)黄榦:《勉斋先生黄文肃公文集》,第653~654页,下引该信不再标注。

接着，他展开说明：

> 天得奇而为水，故曰一生水，一之极而为三，故曰三生木。一极为三，以一运之，图而成三，故一而三也。地得偶而为火，故曰二生火，二之极而为四，故曰四生金。二极为四，以二周之，方而为四，故二而四也，一能为三，二不能六而为四者，地属于天，阴属于阳，故其方也止于四，不为六。水者初生之阳，木者极盛之阳，火者初生之阴，金者极盛之阴，阳极而生阴，阴极而生阳，故但当以水、木、火、金、土为次序也，自初生至流行皆是如此。若要看阴阳奇偶，一初一盛，则当曰水、火、木、金、土，非谓次序如此也，今以为第一生水，第二生火，第三生木，第四生金，以为次序，则误矣。水、木、火、金、土，五行之序也，水、火、木、金、土，分其奇偶初盛而言也。以此观之，只是一样初无两样也。所谓一二三四，但言一多一少，多之极，少之极也，初非以次序而言，犹人言一文两文，非谓第一名第二名也。果以次序而言，则一生水而未成水，必至五行俱足，犹待第六而后成水，二生火而未成火，必待五行俱足然后第七而成火耶。如此则全不成造化，亦不成义理矣。六之成水也，犹坎之为卦也，一阳居中天一生水也，地六包于外，阳少阴多而水始盛，成七之成火也，犹离之为卦也，一阴居中地，二生火也，天七包于外，阴少阳多，而火始盛成坎属阳而离属阴，以其内者为主，而在外者成之也。顷见方士言人之生男女也，夫气先至而妇气应之则生男，妇气先至而夫气应之则生女，此坎离之义，一六二七相成之理也。若以次序则全不成义理矣，虽然此特粗浅之论，此特文义之不可不辩也，夫水、木、火、金、土足以见其次序矣，吕不韦尚知之而况于古人乎，六府之序九畴之次必曰水、火、木、金、土，何哉？六府与九畴不同，然必以水、火为先。濂溪先生所序亦如此，盖不若是，无以知造化生成之妙，无以知太极本原之所以然也，天其运乎地其处乎日月其争于所乎，孰主张是孰纲维是，是必有为之本者矣，此事更宜深思，若只随人脚跟转，窃恐虚过一生，不曾识本生父母面目也，有可见教更幸往复。

阳极而生阴，阴极而生阳，这是阴阳相生的总原则。水为初生之阳，木为极盛之阳，故水而木为阳由初至极，阳至极盛便转阴，而初生之阴是火，极盛之阴是金，故由木而火，火而金。这便是黄榦论证五行次序为水、木、火、金、土的内在逻辑。对于五行次序的另一种讲法水、火、木、金、土，黄榦则认为这并非五行自身的次序，乃是为认识上方便而人为设定的，也就是说人为设定的这个讲法能够将奇与偶、初与盛区别开来。因此，如果将此人为所定的次序当作五行自身实际次序是错误的。同时，黄榦也强调了水、火、木、金、土的次序安排对于人们理解造化生成之奥秘的认识论意义所在，以此来疏解儒家经典当中的六府之序（出自《尚书·大禹谟》）、九畴之序（出自《尚书·洪范》），以及周敦颐《太极图说》中次序说的价值。

由于在与甘吉甫的第二封信中，黄榦表达的观点非常明确，常被后人视为黄榦关于五行次序的定论，后来被部分地收入《性理大全》当中，分别在《性理大全》卷一《太极图》与卷十四《易学启蒙》两个部分，两部分所收入的具体文本自身有重合的部分，也有差异，且与现存四库本《勉斋先生黄文肃公文集》中的原文也有一些出入，而且其中还掺杂了上面提到《复杨志仁》中的部分材料。

然而事实上，由于得到了其他友人的回复与质疑，关于五行次序的讨论，黄榦与甘吉甫的书信往来还在继续，并作了新的阐发。

《复甘吉甫》之三：

> 生之序、行之序，以质言，以气言，皆朱先生通书解中语，学者守其说可也，然义理须是自见得分明，若有所疑，正须讲贯，若但如侏儒之观优则亦何益哉，中间所述鄙说得诸兄诘难甚幸，榦终不能释然，且如先生既有质，岂容无气行，既有气，岂容无质，木生火，火生土，曷尝无质哉，此其所未明也。元德兄疑于天一、地二、天三、地四之说，与春秋冬不同，则前已辩之矣，去私兄以为火能克金，不应生金，何故夏之后便为秋耶，借曰中央有戊己，土不知何月何日，属戊己耶，土旺四季则何物非土所生，岂特金耶，金本土也，以秋燥热而生金，谓之火生金，何不可也，火能克金，惟其能生所以能克，又何疑焉。以耳属金，是诚可疑。医家以耳属肾，以肺属金，诚不应如此分配，吉父兄亦有此疑然，配与属不同，属者管属之谓，配者比并之谓，论其管属则耳属于肾，取其比并则听比于金，且何为其听比于金耶。《洪范》五行五事皆以造化之初及人物始生而言之。造化之初，天一生水，而三生木，地二生火，而四生金，盖阴阳之气一湿一燥而为水、火，湿极燥极而为木与金耶，人物始生，精与气耳，《大传》曰精气为物，子产曰'物生始化，曰魄，既生魄，阳曰魂'，此

皆精妙之语，人物之生如此而已，精湿而气燥，精实而气虚，精沉而气浮，故精为貌而气为言。精之盛者湿之极，故为木为肝为视。气之盛者燥之极，故为金为肺为听。大抵貌与视属精，故精衰而目暗，言与听属气，故气塞而耳聋，此晓然易见者也。然精衰则气衰，精盛则气盛，又初无间隔也，若以医书所属而疑之则不知变之论也。至如去私兄言地非土，则不可晓矣。吉父兄论阴阳太极以为或以太极言或以阴阳言者，非太极无以生阴阳，非阴阳无以见太极，此体用所以一原显微所以无间也。易曰一阴一阳之谓道，其示人切矣。五行之序，榦欲作三句以断之：论得数奇偶多寡则曰水、火、木、金、土，论始生之序则曰水、木、火、金、土，论相生之序则曰木、火、土、金、水，如此其庶几乎？①

　　此信一开始，黄榦指出对于朱子所谓以质言生之序与以气言行之序的观点自己依然心存困惑。且就言说角度来说，黄榦以为质气不应相离而言，生之序与行之序不应该是两个。关于友人对黄榦五行次序说的质疑，由于相关资料缺失，我们只能从此信的内容作出一定推测。信中提到参与五行次序讨论的有元德、黄去私、甘吉甫、杨志仁等人，他们对黄榦关于五行次序说的论证提出了一些疑问，黄榦在此信中一一回应。

　　元德兄以为天一、地二、天三、地四与春秋冬不同，黄榦认为关于这个问题之前已经有解答，按照黄榦前面的解释，天一生水，地二生火，天三生木，地四生金，而冬为水，春为木，夏为火，秋为金，这两个系列自然是不同的，而且这种不同正是五行次序与人为设定次序之间的区别。

　　黄去私兄以为火能克金，不应生金，这个质疑若成立则黄榦所言五行次序水、木、火、金、土的讲法便不能成立。黄榦对此的回应，夏为火，秋为金，而夏后便为秋，其中借助土的作用，土旺四季，金也本为土所生，秋燥热而生金，故火生金是可以说得过去的。而因为土旺四季，与四季皆有关系，故黄榦将土放在最后。黄榦的这个火能生金的推论到明代为李希濂所批判。为叙述方便，这个批判暂且不深入，后文将详述。

　　黄去私与甘吉甫还提出"以耳属金"的疑问。这里涉及的五行与五事的配比问题，前面提到黄榦所认可的配比次序为：五事即貌言视听思应一一配于五行之水、火、木、金、土，其中听与金相配。由于听是耳之听，听与金相配，在黄去私与甘吉甫看来就可以推出"以耳属金"的论断。而

---

① （宋）黄榦：《勉斋先生黄文肃公文集》，第654～655页。

这与当时医学所认为耳属肾、肾即水的观点是矛盾的。故这个质疑对黄榦而言也是比较重要的。对此，黄榦作出了辩护。他认为，首先要区别属与配之间的不同，属是管属，配是比并。按当时医学理论，论管属，耳是属肾，论比并则耳之功能——听比于金。至于为何说听比于金呢？黄榦就人物之生的角度仔细描述了貌言耳目的产生过程。黄榦认为《洪范》中五行与五事皆是就造化人生之初而言。结合孔子与子产的观点，黄榦指出：精气为始，精为貌，气为言，精之盛者乃是湿之极，故为木为肝为视；而气之盛者燥之极，故为金为肺为听。大致上貌与视属精，精衰而目暗，言与听属气，气塞而耳聋，这点在医学上也是可以验证的。故此，"以耳属金"的质疑是不成立的。

"至如去私兄言地非土，则不可晓矣。"黄去私的这个质疑应该是针对黄榦将土放在五行次序最后的观点，这里虽然没有详细的讨论，但从黄榦的语气来说，他并不承认黄去私"地非土"的观点。朱子明确讲到"地即是土，土便包含许多金、木之类"①。

此外，甘吉甫在论阴阳太极时强调言说角度的不同，认为存在"以太极言"和"以阴阳言"两种言说角度，而黄榦认为太极与阴阳不可分开来看待，太极与阴阳虽有分辨，但就其本体而论，二者是内在合一的，正所谓"非太极无以生阴阳，非阴阳无以见太极，此体用所以一原显微所以无间也"。

在信的最后，黄榦提出了一种新的折中性的处理意见：朱子所谓生之序即水、火、木、金、土，乃是论得数奇偶多寡之序，行之序即木、火、土、金、水，乃是五行相生之序，而五行始生之序只能是水、木、火、金、土。黄榦在这里对朱子所谓生之序完全否定，但接受了其中水为五行次序之首的观点，将朱子行之序改造为水、木、火、金、土，视为五行的始生之序。

水、木、火、金、土是黄榦在朱子两种次序说之外提出的一种新的五行次序观，在与甘吉甫的第四封信中，黄榦强调五行次序只能是水、木、火、金、土。

《复甘吉甫》之四：

> 五行次序，榦只见造化所以然者，只是一动一静，又细分之则有动之初，有动之终，静亦然，其理如此，其气亦如此，理如此者仁了

---

① （宋）黎靖德编：《朱子语类》，第2367页。

便是礼，礼了便是义，义了便是智，气如此者，春而夏，夏而秋，秋而冬，故五行之序只是水而木，木而火，火而金，金而土，其生如此，其行亦如此，若谓先有水、火后有木、金，则不成道理，亦不成造化矣。今不将道理去推寻，只得随人背后盘旋也，以此故颇疑生之序便是行之序，其详已见别纸，更幸与朋友讲之，有便见教也。①

在这里，黄榦从理气动静的角度作出说明。他认为造化的原因在于一动一静，而细分又可分为动之初与动之终，静之初与静之终；而且，不仅理之动静可以如此分，气之动静也可如此分。理的动静之初终便表现为仁、礼、义、智的次序，而气的动静之初终表现为春夏秋冬的次序。故五行次序只能是水、木、火、金、土，其生之序如此，其行之序也是如此。至于其他的次序说都是错误的。

此后黄榦关于五行之序的反思依然继续。但因材料缺乏，不知为何，其最后似乎放弃了自己的主张而回归到朱子之说上来。

五行之说，亦多未晓生之序，行之序，顷亦欲作一样说，后思之恐不然，生则先水、火而后木、金，行则先水、火而后木、金，恐是不易之论，所画图亦恐不然，不若且祖前辈之说，未安者且置之也。②

信中言及"近亦谋山居"，当是指嘉定十三年庚辰（1220），春，先生躬相丘宅于北山匏犧原，结庐置旁，牓曰高峰书院，诸生从学于山间。另信中又提及"每见明父"，据嘉定十三年（1220）正月二十七日所作《送方明父歸岳陽序》，其中言"明父复为予言，番阳饶曾师鲁之为人自以为莫及也"，可见此次方明父来见黄榦应是在嘉定十三年（1220）之初，也可印证黄榦与饶鲁的这封信应为嘉定十三年（1220）春。

这里回顾自己质疑朱子五行次序说的经过，对自己所作出新的五行次序观，黄榦又有新的反思。黄榦此时的总体态度是，依然对朱子观点心有不安，但似乎又勉强退回到朱子观点上。这种转变固然是如朝鲜儒者韩元震所言是"勉斋之学，专以苦思得之"③ 的体现，意味着黄榦最后放弃了

---

① （宋）黄榦：《勉斋先生黄文肃公文集》，第655页。
② （宋）黄榦：《勉斋先生黄文肃公文集》，第692页。
③ 〔韩〕韩元震：《南塘先生文集》卷之二十七（韩国文集丛刊202），载《黄勉斋性情说辨》，韩国古典研究院，1998年，第77页。

自己的五行次序思想。对此，黄榦没有明确从学理上阐明学理依据，如果再考虑到饶鲁自视甚高的个性，我们更倾向于将黄榦这里的反思视为对后学不要轻易批判朱子观点而另立新见的告诫。

（三）李希濂的批评

值得指出的是，黄榦关于五行之序的论说得到后来学者的重视，其主要内容不仅详细编入《性理大全》，而且黄榦的一些论证在明代引起了学者的回应，李希濂的批评[①]即是明证。为论述方便，这里将该文分为几个部分依次解读：

> （草庐）李氏希濂曰：近见勉斋黄氏论五行多所未解，其曰生之序便是行之序，而以《太极图解》气质之说为不然，以《洪范》五行一曰二曰为非有次第，但言其得数之多寡，以夏后继以秋为火能生金，惟其能生，是以能克。

李希濂对勉斋的五行说提出的疑问主要集中在这三点：一是关于生之序便是行之序中黄榦对气质之说的批评；二是关于黄榦所言《洪范》五行次序并非实际次第，乃是得数多寡而已；三是黄榦以夏后继以秋为例证明火能生金。

李希濂的论证主要有三个，依次如下：

> 夫五行一也，而以为有生与行之异，则诚若近于支离者，然天地之间，未有不以两而化成者也，以二气言则互为其根者，气也，分阴分阳者，质也；以五行言，则有形体而分峙于昭昭之间者，其质也，无形体而默运于冥冥之表者，其气也。夫岂混然而无别哉。故就质而原其生出之始，则水、火以阴阳之盛而居先，木、金以阴阳之释居后，此质之序然也；就气而探其运行之常，则木火以阳而居先，金水以阴而居后，此气之序然也。质虽以气而成，然其体一定而不可易，气虽行乎质之内而其用则循环而不可穷。二者相次以成造化。今必混而一之则是天地之间，不过轮一死局而无经纬错综之妙，其为造化亦小矣，此其一也。

第一，李希濂首先论证了以质言与以气言这两种言说角度的合理性。他认

[①] （明）胡广等纂修：《性理大全》，第1869~1874页，下引该文不再标注。

为，天地之间未有不以二而化成者，故对阴阳五行的言说可以有不同角度。以二气来论，互为其根的是气，分阴分阳的是质。以五行来论，则有形体而分开对峙的是质，无形体而默运的是气。因此，这两种言说不能相互混淆而无分别。既有分别，那么以质言，五行次序为水、火、木、金；以气而探其运行之轨迹，五行次序为木、火、金、水。以质言，区别的是阴阳盛衰的不同；以气言，强调的是循环而不可穷止。要合理理解阴阳五行的造化生成过程，就有必要同时接受朱熹的两种言说角度，而黄榦试图将二者统一的做法则抹杀了造化之中经纬错综之妙，所见造化规模亦小。

李希濂这里意图维护朱子两种次序说的正当性，对黄榦关于五行次序的整体致思方向进行否定，这对黄榦而言看似致命的。但就实际的批判过程来说是可以商榷的。"以二气言则互为其根，气也"，就此角度出发，强调的是阴阳相因；"分阴分阳者，质也"，就此角度出发，强调的则是阴阳相间。而这两种强调，黄榦也是承认的，而且黄榦使用了更加形象的例子来说明，这可以参见《性理大全》卷一"勉斋黄氏曰"的部分当中抄录了的另一段文字，其中也能看出黄榦对朱子两种次序说的融会理解：

> 盖质则阴阳交错凝合而成，气则阴阳两端循环不已。质曰水、火、木、金，盖以阴阳相间言，犹曰东西南北，所谓对待者也；气曰木、火、金、水，盖以阴阳相因言，犹曰东南西北，所谓流行者也。质虽一定而不易，气则变化而无穷，所谓易也。

这里对朱子的两种次序说进行了说明，质曰水、火、木、金，乃是阴阳相间就对待而言，犹如言方位时所说东西南北；而气曰木、火、金、水，乃是阴阳相因就流行而言，犹如言方位时所说东南西北。气即是变化本身的顺序，而质则是表示阴阳相间的位次。方位同样是东南西北，而因言说角度不同故排列讲法不一样，但这并不妨碍两种讲法讲的是同样的四个方位。这个讲法与李希濂的观点是一致的。即便是黄榦后来的五行次序讨论，也并未直接否定这个观点，只是更加细致地为朱子两种次序说进行定性，他认为朱子所谓以质而言的生之序并非五行实际次序，而是人为设定具有认识论意义上的次序。这样的观点与李希濂的观点也并不必然矛盾。就李希濂所言"分阴分阳者，质也"，这里的"分阴分阳"本身就具有认识论的内涵，之所以能够"分阴分阳"除了造化本身的作用，也同样是人为认识的结果。也就是说，李希濂这里对"以质而言"的辩护本身也包含走向黄榦后来结论的可能。因此，李希濂这里的批判应该说是不成立的。

第二，李希濂接下来的批判：

> 五行之生，同出于阴阳，有则俱有。诚若不可次第言，然水、火者，阴阳变合之初，气之至精且盛者也。故为五行之先，水阴而根于阳，火阳而根于阴，故水又为火之先也，有水、火而木、金生焉。木华而疏，金实而固，故木、金次于水、火，而木又为金之先也。土则四者之所成终而成始也，故次五焉。易大传自天一至地十，以为五位相得而各有合，正指五行生成之数而言，按之河图可见，而洪范五行亦以是为次，此河图洛书所以相为经纬也。今必削其次第，而但以得多寡为说，则是以五行之质，水、木皆阳之所为而无与乎阴，火、金皆阴之所为而无与乎阳，既乖生成之序，复戾变合之旨，所谓五行一阴阳者皆为虚语矣。然勉斋亦云初只是一个水，水暖后便是火，此两个是母。木是水之子，金是火之子，是四者之序亦未尝无，但所谓水暖后便是火，与金是火之子，亦未详其义而恐其未安耳（按水暖是火，盖取既生魄阳曰魂之意，但二者恐自不同），此其二也。

李希濂对洪范五行次序即水、火、木、金、土的理解，不同于勉斋将此次序确定为得数多寡的次序说。这里他根据《易大传》《洪范》等经典言论，认为水、火是五行之先，木、金生于其后，这样水、火、木、金、土便是真实次第。在李希濂看来，黄榦将其视为得数多寡之序而非五行本身实际的次序，既违背生成之次序，也不同于五行变合之意，所谓五行一阴阳便成为空语。李希濂背后的理论逻辑还是强调五行生成过程应该是阴阳互为其根、阴阳变合的结果，因此五行产生次序也应重视阴阳相间的一面，水、火、木、金、土也就是五行实际次序。

接着，李希濂提到"勉斋亦云初只是一个水，水暖后便是火，此两个是母，木是水之子，金是火之子"，对此，李希濂一方面认可黄榦所言的水、木、火、金之次序说，但另一方面对黄榦的论证过程提出了不同意见。

首先他对黄榦用子产的"既生魄，阳曰魂"来论证"水暖是火"的做法提出疑问，但并未详言。李希濂的这个质疑是有问题的，有以下两点理由。

其一，李希濂的引文只是现存《勉斋先生黄文肃公文集》中《复甘吉甫》第一封信的一部分，其较完整的表述在《勉斋先生黄文肃公文集》中写作：

> 元初只是一个水，木暖便是火，此两个是母。木者水之子，金者火之子。冬是太阴，春是少阳，夏是太阳，秋是少阴。从冬起来故水、木、火、金，自成次序，以水生木，以火生金，故生之序便是行之序也。①

这里可以看到，李希濂的引文"水暖便是火"与《勉斋先生黄文肃公文集》的记录有一个关键的出入，《勉斋先生黄文肃公文集》写作"木煖便是火"。这样一来，若以勉斋文集的写作为准，那么"水暖便是火"的说法就不是勉斋的观点，李希濂的质疑对象不存在。而且黄榦该处行文的目的在于指出"从冬起来故水、木、火、金，自成次序"，应该也不会提"水暖便是火"。

其二，从前面的讨论我们可以看到，黄榦用子产的话，并不是来论证水暖便是火，而是论证水、火为人生过程最初的两个母，"在人一身，初只是生肾水，次生心火，肾水上生肝木，心火上生肺金，造化只是如此，何常有两样来"。

由上述两点，可见李希濂的这个批判是不成立的。

第三，李希濂批判的重点就是引文中"火生金"之说：

> 若火生金之说，则尤不可晓。若以相生为序，则曰木、火、土、金、水，若以相克为序则当曰水、火、金、木、土，未有其四以生相受，而其一独以克相生也。《礼运》曰"播五行于四时"，周子亦曰"五气顺布，四时行焉"，是四时之内，固备五行之气也。惟土无定位，寄旺于四季，辰未戌丑之月，土之所旺也。土旺则皆可以生金矣，然辰未，阳也；戌丑，阴也。阳则生，阴则成，辰未固皆阳也。春木之气盛，则土为之伤，夏火之气盛，则土为之息。故季夏本土旺之月，而又加之以火，则为尤旺，故能生金而为秋，此其相生之序，岂不了然甚明也哉。（按五行家，金生于巳，盖辰之所生也，但孕育方微，必至季夏，然后成体而为壮耳）今但见夏之后便继以秋，思而不得其说遽断之曰火能生金，窃恐其为疏矣，《月令》以中央土继于季夏之后，《素问》于四时之外，以长夏属土，皆是此意，与十干之序吻合。自炎黄以迄于今，未之有改，周子朱子，盖皆取之。今一旦创立孤论以行其独见，愚恐其不合乎造化本然之体也。

---

① （宋）黄榦：《勉斋先生黄文肃公文集》，第651页。

黄榦在与《复甘吉甫》的第一封信中有"火生金"的论断,在受到"去私兄以为火能克金,不应生金"的质疑,在《复甘吉甫》的第三封信中对此就作有论证。黄榦的论证主要以夏后继以秋为依据,认为夏火借助土的作用故生秋金,而且正因为火能生金,故火能克金。对此,李希濂并不认同。他以为,五行相生之序为木、火、土、金、水,以相克为序则是水、火、金、木、土,这里不讲水生火、金生木、木生土、土生水,而单独以火克金为火生金是说不过去的。李希濂并不否定黄榦夏后继以秋的论据,他为夏后继以秋提供了更严谨的说明:五行运于四季,四季当中充满五行;土则寄旺于四季,具体在四季当中的辰戌丑未月(表示月中地支五行属土的四个月份,大概表示农历的三月[辰月]、九月[戌月]、十二腊月[丑月]、六月[未月])。土旺则皆可以生金,对于季夏六月本属于土旺之月,而后能生金而为秋,这才是金之所生的真实过程。因此,李希濂认为黄榦以夏后继以秋为例证火生金就有不严密的地方。李希濂还以《月令》与《素问》为据,说明土在五行之中应该是处于火金之间,这样就否定了黄榦"水、木、火、金、土"的五行次序中将土置于五行之最后一位的观点。

严格来说,李希濂反对"火生金"的观点应该是成立的。但就论据而言,对夏后继以秋的过程来看,黄榦同样注意到土在其中的作用,这与李希濂的观点并没有不同。就这一点来说,李希濂对黄榦所谓"恐其为疏"的批评是不成立的,所谓"今一旦创立孤论以行其独见,愚恐其不合乎造化本然之体也"的断语也是有问题的。二人实质不同仅在于对于土的位次安排。黄榦因为土旺四季,并不专属于哪一季,故以"火生金"为据,认为五行次序应该是水、木、火、金、土,这样的次序安排并不破坏四时运行的顺序。李希濂则通过肯定金生于土,并以《月令》《素问》乃至周子、朱子等旧说为据,认为土应该安排在火金之间。然而,李希濂如此的安排,一则有在春夏秋冬四时次序中再杂入一个独立时段的意图,二则也与其认可的土存在四季之中的讲法似有不合。因此,相比较而言,黄榦经过苦思详辩而得的五行次序新说对于理解造化本然之体具有积极意义,是朱子学发展过程中取得的重要成果。

四 理气观

理气关系问题一直被众多朱子门人后学认为是朱子学的重要问题。在现存通行本《朱子语类》的编著体系中理气问题就被放在第一卷,此后理气关系也成为历代朱子学遭受内部或外部批判的重要论题。在朝鲜性理学史上，四端七情等核心话题都直接与理气关系相关。在今天，理气关系也是现代朱子学研究者非常关注的重要问题，通常与对朱子学的定性有直接关系。主要就是围绕理气关系，在今天的朱子学研究当中形成如牟宗三等人的"别子为宗"说，刘述先的理气二元论等有关朱子哲学的定性之见。而比较奇怪的是，从现存文献来看，作为朱子首徒的黄榦却一贯对理气问题没有过多阐释。在《性理大全》卷之二十六《理气总论》当中仅收录三条：

> 天道是理，阴阳五行是气，合而言之，气即是理，一阴一阳之谓道也，分而言之理自为理，气自为气，形而上下是也。①
> 理无迹而气有形，理无际而气有限，理一本而气万殊，故言理之当先乎气，深思之则无不通也。②
> 天地生出人物，如大芋头生出小芋头，大底有理与气，一下生出无限小底，却都传与他去。③

这里的观点基本与朱子理气观无异。理无迹无际，理不具备具体的时空特性，气有形有限，气具有具体的时空性；理气分属形而上与形而下；万物均由理气妙合而生成。

相比较于黄榦对太极阴阳五行的反复讨论，之所以黄榦对理气的讨论不多，这有两种可能，一是文献存留的问题，另一是思想本身的问题。如果从明初《性理大全》中的一些黄榦材料不见于现存《勉斋先生黄文肃公文集》的这一事实出发，可以得到现存《勉斋先生黄文肃公文集》并非黄榦所有材料的结论。那么似乎从理论上也可以进一步提问，是否《性理大全》加上现存《勉斋先生黄文肃公文集》之外还可能存在其他丢失的黄榦材料呢，这个问题没有更多的材料支持，更多的是一种假想。如果排除黄榦相关文献丢失的推测，那么这种关注上的"缺失"就应该具有更多思想史本身的内涵，对于把握黄榦哲学的特色来说，还是值得深思的。

当然，或许有人会说，黄榦关注太极阴阳五行其实质也就是关注理与气。这样的讲法自然有一定依据，因为太极即是理，而阴阳五行便是气，这样的讲法黄榦是一直认同的。但太极阴阳五行的问题与理气问题还是有一定

---

① （明）胡广等纂修：《性理大全》，第1767页。
② （明）胡广等纂修：《性理大全》，第1767页。
③ （明）胡广等纂修：《性理大全》，第1767页。

差异的，太极阴阳五行讲得更多的是宇宙论，而理气关系如理气动静理气先后等问题更多的是本体论问题。如此来看，黄榦注意更多的是太极阴阳五行以至万物的宇宙论，本体论问题也多是以太极、阴阳、五行之间的关系问题这样的形式在这一宇宙论的论域当中被涉及，理气关系问题即隐含在其中。

第二节　本体论

黄榦的宇宙论受周敦颐和朱子的影响很大，而相对于朱子以理为本的本体论来说，黄榦的本体论除了在太极、阴阳和五行的关系问题上将三者视为宇宙本体的逻辑展开之外，还体现在他以"道"为核心展开的道论上。

冯友兰晚年提到"理与事、内涵和外延本来就是合在一起的，只是人的思维对它们加以分析，才显出它们的分别和对立。就存在说，本来没有谁先谁后、谁上谁下的问题。其所以有这些问题，就是因为把关于认识的问题与关于存在的问题混淆了①。"认知上重视区分内外、先后、本末、主次等，而实际存在却总是一源、统一与不可分离的，这是两种言说角度，但在中国传统哲学表述中经常混淆在一起，造成许多问题。

朱子学当中理气关系，可以概括为"理气不离不杂"，不离应该是实存意义上的一体不分，不杂则是认知上的区分，衍生出理气先后与本末的问题。因此主张理在气先时，其实质不是实存意义上而只能是认知意义上的，是分析的结果。主张理本气末的观点也是这样。体用关系上的"体用一源，显微无间"观，其中体用、显微之分是一个预设前提，这一前提也是认知上的区分，而整句话强调的一源无间则更多是实存意义上的。这两个命题把实存义与认知义统合在一起，若不加分辨则很不好理解。

在朱子那里，这两种言说层次都是存在的。"从一定的意义上来看，朱子的哲学思想体系可以看作从两个基本方面来体现、呈现，一个是理学，一个是仁学。从理学的体系去呈现朱子哲学，是我们以往关注的主体；从仁学的体系去体现朱子思想，以往甚少。如果说理气是二元分疏，则仁在广义上是包括乎理气的一元总体。在这一点上，说朱子学总体上是仁学，比说朱子学是理学的习惯说法，也许更能凸显其儒学体系的整体面貌。"② 二分是相对的，次生的；一体是绝对的，在先的。

---

① 冯友兰：《三松堂自序》，人民出版社，1998年，第240页。
② 陈来：《仁学本体论》，生活·读书·新知三联书店，2014年，第46页。

就朱子学是理学来说，这是侧重于认知义来说的。对朱子学尤其是其哲学思想的诠释，"理"是最核心的概念，理气先后、本末等问题是最核心的问题。因此，陈先生的《朱子哲学研究》的"本论一"就是"理气论"。而且，陈先生指出，朱子越到晚年，就越强调"理在气先"的立场。所谓理在气先并不是实存意义上的先后，而是逻辑意义上的先后，是认知上理性分析之后的先后关系。①

对朱子理学的这种强调在朱子门人那里也得到继承。这点我们可以参看现在通行《朱子语类》这部著作的编排结构就可以得到证明。

现在通行的《朱子语类》由黎靖德在咸淳六年（1270）综合当时所见的各种《朱子语录》与《朱子语类》而统一编辑而成，其目录次序是"朱子学学术思想整体结构的第一次清晰完整的表达"②。该次序由朱子重要门人黄士毅提出，围绕"理"这一核心概念从认知上区分不同的主题类别：

> 右语类总成七十家，除李侯贯之已刊外，增多三十八家。或病诸家所记互有重复，乃类分而考之。……既以类分，遂可缮写，而略为义例，以为后先之次第。有太极然后有天地，有天地然后有人物，有人物然后有性命之名，而仁、义、礼、智之理则人物所以为性命者也。所谓学者，求得夫此理而已。故以太极天地为始，乃及于人物性命之原，与夫古学之定序。次之以群经，所以明此理者也。次之以孔孟周程朱子，所以传此理者也。乃继之以斥异端，异端所以蔽此理，而斥之者，任道统之责也。然后自我朝及历代君臣、法度、人物、议论，亦略具焉。此即理之行于天地设位之后，而着于治乱兴衰者也。凡不可以类分者，则杂次之，而以作文终焉。盖文以载道，理明意达，则辞自成文。后世理学不明，第以文辞为学，固有竭终身之力，精思巧制，以务名家者。然其学既非，其理不明，则其文虽工，其意多悖，故特次之于后，深明夫文为末，而理为本也。③

这是黄士毅嘉定十二年（1219）编辑刻印第一部朱子语类即《眉州朱子语类》时的自序。从这个自序当中，我们可以明确看出，黄士毅确立的编排次序建立在成熟的理论思考基础之上。他从理论上对所有朱子语录

---

① 陈来：《朱子哲学研究》，第87~116页。
② 邓庆平：《朱子门人与朱子学》，第74页。
③ （宋）黎靖德编：《朱子语类》，第6~7页。

所涉及主题进行分类，以主题类别区分来编辑朱子语录，试图展示朱子学的不同理论部分。值得注意的是，他对主题类别的区分紧紧围绕朱子学核心概念"理"来展开，这是《朱子语类》编排次序的最大特点。全部语类可以大概分为以下几个部分。第一部分是对"理"本身的讨论，其中宇宙本体论是"理"的根源，性命义理为"理"的实质与重心，为学是求得此"理"的过程，这三点最接近于今日之朱子哲学部分，是"理"之内涵的直接揭示与逻辑展开。在此基础上，第二部分即"明此理"，涉及的是朱子学如何通过遍注群经即四书五经来讲明此理，此即朱子学的经学部分。第三部分为"传此理"，分为正面的孔孟周程等历代道统人物与反面的异端两部分，涉及朱子学的道统谱系论，也可以称为朱子学视野中的儒学思想史部分；第四部分是"理"的外王维度即"此即理之行于天地设位之后，而着于治乱兴衰者"，涉及历代君臣、法度、人物、议论等主题，是朱子学的政治史学部分。第五部分是不好分类的其他，如诸子、天文、地理等，是朱子学的杂学部分。第六部分是朱子学的文学部分，有感于"后世理学不明，第以文辞为学"的现实，将这一部分列于最后，可使学者明了"理本文末"的理学基本原则。总体来说，朱子学以"理"为核心概念，包括哲学、经学、道统论、政治史学、杂学和文学等六部分。[1]

《朱子语类》以"理"为核心的这种编排结构对后世学者理解朱子学学术思想体系具有规范意义，"对后世学者理解朱子学学术思想体系乃至整个宋明理学进而建构朱子学的完整图景产生了重要影响"[2]。

正如陈来先生所指出的，在朱熹那里，除了理学这个部分之外，还有一元论倾向的仁学体系。这一体系属于实存层面的言说，强调的是人与万物一体的整体义与气化流行的过程义。这点在朱熹那里主要可以通过他对"道"的讨论可以看出。朱子指出："道者，兼体、用，该隐、费而言也。"[3]"道是统名，理是细目。"[4]"'道字包得大，理是道字里面许多理脉，'又曰'道字宏大，理字精密'。"[5]"道训路，大概说人所共由之路。理各有条理界瓣。"[6] 兼该、统名、宏大都是指道的整体义，即道是涵盖一切的整体性概念。而细目、精密、条理都是必须建立在细致分辨认知基

---

[1] 参见邓庆平《朱子门人与朱子学》，第71~78页。
[2] 邓庆平：《朱子门人与朱子学》，第75页。
[3] 黎靖德编：《朱子语类》，第99页。
[4] 黎靖德编：《朱子语类》，第99页。
[5] 黎靖德编：《朱子语类》，第99页。
[6] 黎靖德编：《朱子语类》，第99页。

础上的结果，而且理是包在道当中的。这里提到的以路来训道，指示的是道的过程义。而过程义中对运动、变化的强调在朱子对《论语》"子在川上曰"一段的注释表现得非常明显："天地之化，往者过，来者续，无一息之停，乃道体之本然也。然其可指而易见者，莫如川流。故于此发以示人，欲学者时时省察，而无毫发之间断也。程子曰：'此道体也。天运而不已，日往则月来，寒往则暑来，水流而不息，动生而不穷，皆与道为体，运乎昼夜，未尝已也。是以君子法之，自强不息，及其至也，纯而不已焉。'"① 张岱年先生对这一解读的理解是"所谓道体指'天地之化'永无止息的总过程"②。"道体本然"就是实存义，而无一息之停、无毫发之间断说的就是道体之本然的绝对运动过程。这一过程也表述为"道体流行"③，是涵盖阴阳变化的"道之全体"，所谓"但看一阴一阳往来不息，即是道之全体，非道外别有道也"④。

对于朱子的道体，姜真硕先生认为朱子的道体为"道兼体用的全体义"⑤，此全体包括体与用两方面，强调朱子道体的一体义。而陈来先生则指出"从朱子学的立场来说，道体即是实体，也是最高实体。……日往月来，寒往暑来，四时行，百物生，川流不息，这些不能仅仅看作流行发见，即此而总言之，便是道体"⑥。这里说的实体、最高实体就是道的整体义，而道的往来、行、生、川流不息是强调运动、变化的过程义。道的整体义可以看作从横向空间角度的一体说，而过程义则是从纵向时间意义上的一体义。这两种意义上的一体相对于建立在认知区分基础上的理是更上位的概念，正是在这个意义上，可以说建立在道论基础上的朱子仁学体系比理学体系更符合儒学体系的整体面貌。

总的来说，在朱子哲学中，实存意义上的言说与认知意义上的言说都是存在的，实存意义上的言说以"道"论为核心，而认知意义上的言说以"理"论为核心。朱子试图将两种言说层次沟通起来，比如朱子说"费，道之用也；隐，道之体也。用则理之见于日用，无不可见也。体则理之隐于其内，形而上者之事，固有非视听之所及者"⑦。费与隐的区别本身就

---

① （宋）朱熹撰：《四书章句集注》，第113页。
② 张岱年：《中国古典哲学概念范畴要论》，中国社会科学出版社，1987年，第69页。
③ （宋）朱熹撰：《朱子全书》第23册，第2876页。
④ （宋）朱熹撰：《朱子全书》第22册，第1733页。
⑤ 姜真硕：《朱子体用论研究》，博士学位论文，北京大学，2000年，第145页。
⑥ 陈来：《仁学本体论》，第209页。
⑦ （宋）黎靖德编：《朱子语类》，第1532页。

建立在认知意义上，这里对道之体用、费隐的说法是从认知意义上来描述实存意义上的道。

在所有理学家当中，可以说，朱熹以理性分析为基础的理性认知能力是最为擅长的，故而他对以"理"为核心的天人性命之理的辨析不遗余力，其体系也因此被称为"致广大尽精微"。这也是我们之前关注较多的。但这并非朱子思想的全部，朱熹同样对于偏重整体义与过程义的"道"有所体认，这一道论是其仁学体系的基础，不再强调理气的区分，而注重一体之仁与生生之仁。理学与仁学这两个部分在朱子那里是存在内在冲突的，这种冲突的一个重要方面就是理气二元与仁本一元的内在冲突。朱子学的后续发展势必在这两个方面要有所选择。黄榦通过强化对实存意义上"道"的体认，开启了消解朱子理学与仁学两部分内在冲突的一条路径。

黄榦对理气讨论不多，他认为："理气无先后，谓有理方有是气，亦可；谓有是气则具是理，亦可。其实不可以先后焉，但舍气则理无安顿处，故有是气则具是理。理无迹而气有形，理无际而气有限，理一本而气万殊，故言理者常先乎气，深思之，则无不通也。"① 这里明确说理气无先后，强调理气不离，并将理先于气的说法归结为认知上从有形、有限的万殊向无形无际的一本的追溯。他还讲到"有理便有气，理气未尝离。若是元亨利贞，天之四德，亦有个天，便有个德。其为万物也，亦是理与气一并分付，何处专有个理，管干出许多物耶?"② 强调理气不离，并明确指出理并非某处专门独立的一个实存事物，这更是从实存的角度来理解理气。

就上面所说朱子学当中存在理学与道学两个方面来说，很明显，黄榦对朱子理学部分的继承很少，黄榦哲学思想的重心在以"道"为核心概念的道学部分。这个部分，我们可以大概分为两个方面，一方面是对"道"本身的论述，对道的整体义与过程义都有发挥；另一方面便是道统论的部分。这两方面的认识，凸显了"道"作为本体的维度，具有明显的一元论特征。

一　道之界说

嘉定（1212）五年，应漕使杨公楫之邀，黄榦在东湖书院讲《中庸》，就"子曰道之不行也，我知之矣"一章，他作出解读：

---

① （宋）赵顺孙：《四书纂疏》，《文渊阁四库全书》（第201册），台北：台湾商务印书馆，1986年，第14~15。
② （宋）黄榦：《勉斋先生黄文肃公文集》，第179页。

> 道者何？君之仁、臣之敬、父之慈、子之孝、与人交之信，根于吾心之本然，而形见于事为之当然者，皆是也。何尝有过与不及之偏哉？过与不及，此道所以不行不明也。然尝窃有疑焉。贤与知，人品之最高者也，一有过焉，则不异于愚不肖，愚不肖志于道而有不及，特未造夫道耳。其与违乎道者有间矣，而遂指以为愚不肖焉，何哉？盖道之在天下，中而已，过非中也，不及非中也。①
>
> 道者何，中而已。无过不及之谓中，时措之宜谓之时中，皆人心之本然而不容已，天理之至正而不可易者也。②

道者何？这是对道之界定的追问。黄榦指出，道乃是人心本然具有而在人伦关系当中实际体现出来的伦理规范，也即儒家一直提倡的仁、敬、慈、孝、信等道德规范。而且，黄榦还指出这种规范是中，即无过与不及的圣人大中至正之道。

黄榦强调道是普适的，即"道者贯古今塞天地，人所共由"③，这个说法来自朱子《论语集注》中的"道，则人伦日用之间所当行者是也"④。"达道者，天下古今所共由之路。"⑤ 这种界定也与朱子另一门人陈淳对"道"的认识基本一致，强调道的实质即处理人伦关系的道德规范："道之大纲，只是日用间人伦事物所当行之理。众人所共由底方谓之道。"⑥ 道为普适的行为规范。

在《易传》中将道分为天之道、地之道与人之道，所谓："立天之道曰阴与阳，立地之道曰柔与刚，立人之道曰仁与义。"黄榦在《安庆郡学》中对此作了解读，他说："天之道，不外乎阴阳寒暑往来之类是也。地之道，不外乎柔刚山川流峙之类是也。人之道不外乎仁义，事亲从兄之类是也。阴阳以气言，刚柔以质言，仁义以理言。虽若有不同，然仁者，阳刚之理也，义者，阴柔之理也。其实则一而已。"⑦ 这里，黄榦强调天道、地道与人道的内在一致性，人道是天道和地道在人身上的落实与体现，仁义的实质就是阳刚与阴柔之理。此外，黄榦还曾从宇宙论的重要概

---

① （宋）黄榦：《勉斋先生黄文肃公文集》，第777页。
② （宋）黄榦：《勉斋先生黄文肃公文集》，第800页。
③ （宋）黄榦：《勉斋先生黄文肃公文集》，第600页。
④ （宋）朱熹撰：《四书章句集注》，第97页。
⑤ （宋）朱熹撰：《四书章句集注》，第29页。
⑥ （宋）陈淳：《北溪字义》，熊国祯、高流水点校，中华书局，1983年，第38页。
⑦ （宋）黄榦：《勉斋先生黄文肃公文集》，第782页。

念"五行"来解读人之道仁、义、礼、智:"仁、义、礼、智者,木、火、金、水之理也。"①

此外,黄榦强调道的普遍性:

> 夫阴阳五行发生万物,而太极之妙周流不穷,凡囿于造化之内者钧禀是气,则钧具是理。人为万物之灵,则受中以生,纯粹至善而日用常行,各有当然之则,贯彻古今,充塞宇宙,无适而非此道之寓也。②

这里明确指出造化之内包括人在内的所谓事物都有气亦有理,各有当然之则,这个理与当然之则就是道的内涵,道具有统摄一切时空与事物的整体意义。

二 道之体用

体、用是中国哲学当中的常用概念,体有实体、本体的意思,用指功用、现象。在对《中庸》《太极图说》的解读中,黄榦就以道之体用为核心范畴,为我们阐述了他的理解的宇宙论模式。从体用的角度来理解"道",这是黄榦道论的最大特色所在。

在《中庸总论》③中,黄榦用道之体用来逐一解读《中庸》一书的重要概念与命题。"窃谓此书皆言道之体用,下学而上达,理一而分殊也。"具体来说,性为体,道为用;中为体,和为用;而中庸是合体用之言,隐为体,费为用;"道不远人"以下则皆指用以明体,自"诚"以下则皆因体以明用。"大哉,圣人之道"一章,总言道之体用也。"发育万物,峻极于天",道之体也。"礼仪三百威仪三千",道之用也。"仲尼"一章,言圣人尽道之体用也。"大德敦化",道之体也。"小德川流",道之用也。"至圣"则足以全道之用矣。"至诚",则足以全道之体矣。末言"上天之载,无声无臭",则用即体,体即用,造道之极至也。整体上来说,"虽皆以体用为言,然首章则言道之在天,由体以见于用。末章则言人之适道,由用而归于体也"。

就宇宙的发生过程来说,其中"上天之载,无声无臭",描述的是天地造化发育万物这一宇宙发生学的总过程,黄榦这里从道之体用的角度给

---

① (宋)黄榦:《勉斋先生黄文肃公文集》,第780页。
② (宋)黄榦:《勉斋先生黄文肃公文集》,第713页。
③ (宋)黄榦:《勉斋先生黄文肃公文集》,第774页。

予解读，认为这是"用即体，体即用，造道之极至也"①。这里提出的体即用、用即体，也就是体用合一。万物的生成过程是道之体用合一而不分的完整过程。

就宇宙的结构来说，黄榦也用道之体用作出解读：

> 道之在天下，一体一用而已。体则一本，用则万殊，一本者天命之性，万殊者，率性之道，天命之性即大德之敦化，率性之道，即小德之川流，惟其大德之敦化所以语大莫能载，惟其小德之川流所以语小莫能破。语大莫能载，是万物统体一太极也。语小莫能破，是一物各具一太极也。万物统体一太极，此天下无性外之物也，一物各具一太极，此性无不在也。尊德性所以存心，而极乎道体之大，道问学，所以致知而尽乎道体之细。自性观之，万物只是一样，自道观之，一物各是一样。②

> "统体太极，各具太极"则兼体用，毕竟统体底又是体，各具底又是用。有统体底太极，则做出各具底太极。语大语小，则全指用而言，毕竟语大底是全体，语小底是用。天命谓性是未发，毕竟是体；率性谓道是人所常行，毕竟是用。大德而敦化，毕竟是体；小德而川流，毕竟是用。③

在这里黄榦以道之体用为核心概念，为我们阐发了一个逻辑层次非常清晰明了的理一分殊式的宇宙本体论图景。天下之道就是一体一用，一体即一本，即太极，即天命之性，此性并非只是人之性，而是万事万物的根本即太极，盛大而出无穷；而用即阴阳五行乃至万事万物，乃是率性之道，此道并非仅仅是人之道，而是并育并行于天地间的万物之道；一本与万殊之间的关系是"统体太极，各具太极"，是兼体用的。这一关系还体现在大德与小德之间。作为一本的体也即《中庸》"大德敦化"，作为万殊的用即"小德川流"，二者之间的关系如朱熹所言是"小德者，全体之分，大德者，万殊之本"④。就太极来说，这里既有作为道之体的统体太极，也有作为道之用的各具太极，也就是说，太极是兼体用之道。

---

① （宋）黄榦：《勉斋先生黄文肃公文集》，第774页。
② （宋）黄榦：《勉斋先生黄文肃公文集》，第600~601页。
③ （宋）黄榦：《勉斋先生黄文肃公文集》，第601页。
④ （宋）朱熹撰：《四书章句集注》，第38页。

值得注意的是，在这些解读中，黄榦在《中庸总论》中强调：

> 指用以明体……因体以明用……子思之著书所以必言夫道之体用者，知道有体用，则一动一静，皆天理自然之妙，而无一毫人为之私也。知道之有体，则凡术数辞章非道也。有用，则虚无寂灭非道也。知体用为二，则操存省察，皆不可以不用其力。知体用合一，则从容中道，皆无所用其力也。①

> 或曰："《中庸》言体用，既分为二矣。程子之言'性即气，气即性，道亦器，器亦道'，则何以别其为体用乎？"曰："程子有言，'体用一源，显征无间'。自理而观，体未尝不包乎用。'冲漠无朕，万象森然已具'之类是也。自物而言，用未尝不具乎体。'一阴一阳之谓道，形色天性'之类是也。"或曰："如此则体用既不相离，何以别其为'费'为'隐'乎？"曰："道之见于用者，'费'也；其所以为是用者，'隐'也。'费'犹木之华叶，可见者也；'隐'犹花叶之有生理，不可见者也。'小德之川流，大德之敦化'，'隐'也，然大德之中，小德已具。小德之中，大德固存，此又体用之未尝相离也。"②

在这些表述中，我们可以看到，黄榦对道一方面有体与用的区分，但另一方面更重视体与用的未尝相离与合一，强调"体未尝不包用""用未尝不具乎体"。既坚持了以太极即道之体的一元论立场，又统合体用强调道对于解释宇宙万物的整体意义。

此外，黄榦从道之体用的角度来解读《太极图说》，这点也值得关注。

> 至于道生一，一生二，二生三，三生万物，则老氏之所谓道，而非吾儒之所谓道也。……道何尝在一之先，而又何尝有一而后有道哉。……因阴阳之二，而反以求之太极，所以为阴阳者，亦不出于二也。如是，则二者，道之体也，非其本体之二，何以使末流无往不二哉！然二也，各有本末，各有终始，故二分为四，而五行立矣。……二各有终始。则二分为四矣。知二之无不四，则知其所以为是四者，

---

① （宋）黄榦：《勉斋先生黄文肃公文集》，第 774 页。
② （宋）黄榦：《勉斋先生黄文肃公文集》，第 775 页。

亦道之本体，非其本体之①四，何以使物之无不四哉！故二与四，天下之物无不然，则亦足以见道体之本然也。太极不可名状，至此亦可以见其端倪矣。体用一源，显微无间，要当以是观之，塞天地，贯古今，无往不然。②

这一段对道体的论述在黄榦思想中比较重要。他首先申明，儒家所谓的道并非在万物产生之前或万物之后的孤悬一物，不同于老子所主张的作为万物生成源头的道。接着明确提出"二者，道之体也""二分为四，而五行立焉""非本体之四，何以使物之无不四哉"等命题，从太极阴阳五行以致万物的宇宙发生学的角度来看，太极并不在阴阳五行之先，阴阳五行亦是道之本体、本然。所谓"故二与四，天下之物无不然，则亦足以见道体之本然也"。由此可见，太极阴阳五行并非时间上的先后生成关系，阴阳五行是太极本身内涵的逻辑展开，太极本身是不可名状不可形容的，因为有阴阳五行，太极的内涵才能有所发见。就实存的层面来说，太极阴阳五行是一体的，所谓道之本然之体。

对于此道之本然之体的发用来说，还要结合黄榦对《太极图说》中关于造化的解读：

窃谓周子之言，造化至五行处是一关隔，自五行而上属乎造化，自五行而下属乎人物，所以太极图说到四时行焉，却说转从五行说，说太极又从五行之生说，各一其性说出至变化无穷，盖天地造化分阴阳，至五行而止，五行既具则由是而生人物也。有太极便有阴阳，有阴阳便有五行，三者初无间断际，至此若不说合，却恐人将作三件物事认了所以合而谓之妙合，合者非昔开而今合，莫之合而合也。至于五行既凝而后有男女，男女既交而后生万物，此却是有次第，故自五行而下，节节开说。③

在这里，黄榦对《太极图说》作了一个结构的区分，太极至五行，这是属于天地造化的阶段，而五行之下则属于具体人物生成阶段。天地造化也就

---

① 黄榦给杨志仁的"示及双条所论"一信中的此句少了"本体之"三字。见（宋）黄榦《勉斋先生黄文肃公文集》，第649页。
② （宋）黄榦：《勉斋先生黄文肃公文集》，第649页。
③ （宋）黄榦：《勉斋先生黄文肃公文集》，第652~653页。

是上文所说的道之本然之体的展开阶段。如果从体用的角度来看，五行而下有男女、男女交合而生万物即属于道之本体的发用阶段。

关于太极阴阳五行万物的体用解读，黄榦在《中庸总论》中还有另外的理解："濂溪周子继孔、孟不传之绪。其言太极者，道之体也。其言阴阳五行、男女万物者，道之用也。太极之静而阴，体也。太极之动而阳，用也。"① 太极乃是道之体，而阴阳五行男女万物乃是道之用。太极之静而阴乃是体，太极之动而阳为用。太极之动静即合体用而言。

对于黄榦来说，太极阴阳五行直至万物的生成，就是宇宙发生学意义的全过程。无论是将太极阴阳五行作为道之体，还是将太极作为体，黄榦道之体用来理解这一过程，这种理解凸显的也就是道作为宇宙万物生成变化的过程义。

三　道体流行

从根本上来说，对体与用的区分本质上也是认知意义上的区分，彰显的是本体与发用之间的关系。只是黄榦即便是区分体用来言道，他也总是强调道之体与道之用的不离与合一，突出道的整体义与过程义。此外，黄榦还提出了一个独特的道体概念，强调道体的流行发见义：

> 道体之说此更宜讲究，谓但指隐而言者，岂所以为道体之全耶。体字不可以体用言，如今所谓国体、治体、文体、字体，亦曷尝对用而言耶。所谓道体者，无物不在，无时不然，流行发用，无少间断。如曾点者，真是见得此理，然后从容自得，有以自乐。②

道体当如国体、治体、文体、字体，是一种样式与种类的意思，不可只以体用来说，并非仅指隐而言。道体之全应如国体、治体、文体、字体，均是既内在又外显，具有时空上的普遍性。

道体遍布一切事物一切时间，是普遍存在的，其流行发用也是永恒不止息的。类似的讲法还有：

> 道体流行，无物不有，无时不然，而春阳已盛，生意条达，尤足

---

① （宋）黄榦：《勉斋先生黄文肃公文集》，第775页。
② （宋）黄榦：《勉斋先生黄文肃公文集》，第597~598页。

以见道体发见之妙。①

　　易之为道，不过推明乾坤贵贱刚柔吉凶变化之理，人物之所以生，圣贤之所以立，然其道已具于天地，而其论盖本于乾坤一键一顺，而万化万事由是生焉，圣人作易盖本乎此，通乎此，则道体之妙，圣经之奥，可以默识矣。②

道存在天地之间，道体即本于乾坤以至于万化万事之所由生的全过程。这是黄榦从实体意义上来讲道体的过程义。他直接从春阳和生意来讲道体之发见，突出的也是运动变化与生意。如果用陈来《仁学本体论》中的概念来说，这运动变化与生意就是生生之本体，这是儒家本体观念的重要内涵。

道体是将道实体化的一个概念，需要致知力行的工夫才能把握：

　　致知乃入道之方，而致知非易事，要须默认实体方见端的，不然则只是讲说文字，终日言尧言尧，而真实体段元不曾识，故其说易差，而其见不实，动静表里有未能合一，则虽曰为善而卒不免于自欺也，莫若一切将就自身上体著，许多义理名字就自身上见得是如何，则统之有宗，不至于支离外驰也。③

黄榦强调我们对实存的道要有综合的统一的体认，不要被认知意义上的众多名词概念所牵扯纷扰。这里提到的实体、真实体段，动静表里合一、统之有宗而不支离外驰，都指向真实存在的完整道体本身。

四　圣贤之道

与"道"相关的一个概念是道学。黄榦与陈淳等朱子门人将朱子学归结为道学，陈淳在严陵讲义中专门有《道学体统》，黄榦也特别重视阐发圣贤传道谱系，专门作《圣贤道统传授总叙说》。道统论是黄榦重视"道"这一概念的重要表现。

黄榦以"道之原出于天者"为叙述道统传承的前提："有太极而阴阳分，有阴阳而五行具，太极、二、五妙合而人物生。赋于人者秀而灵，精

---

① （宋）黄榦：《勉斋先生黄文肃公文集》，第 574 页。
② （宋）黄榦：《勉斋先生黄文肃公文集》，第 7 页。
③ （宋）黄榦：《勉斋先生黄文肃公文集》，第 675 页。

气凝而为形，魂魄交而为神，五常具而为性，感于物而为情，措诸用而为事。物之生也，虽偏且塞，而亦莫非太极、二、五之所为。此道之原之出于天者然也。"① 从内容上来看，这里提出的"道之原"基本上就是上面所言的道之体用与道体流行发用，是太极阴阳五行乃至万事万物的生成全过程，是宇宙论意义上的道论。

道统传承谱系关联的是圣贤之道。圣贤之道是圣贤的行为准则与圣贤对其准则的明确言说和阐发。这种行为准则就是人之道。人之道的根源在于宇宙论意义上的道。圣贤是完全按照人之道践行的，他的言说也是对人之道的明确表达。从历史来看，圣人之道的言说是从尧授之以舜的命题开始的，所谓"尧舜禹之授受也，曰'人心惟危，道心惟微，惟精惟一，允执厥中'，圣贤言道自此始也"②。圣贤之学也就是关于道的学问。"圣贤言学，自此始也。……一知一行，相为终始，有不至则不能以徒行，行有不笃则难知，无益也。入道之要，无以复加于此矣。"此学以入道的关键在于知与行两方面。

具体圣贤的传道过程涉及的就是圣贤之道的明与行，大概可以分为三个阶段：行道阶段，从尧舜禹再到成汤、文武、周公；明道阶段，从孔子、颜子、曾子、子思到孟子；继道阶段，周子、二程到朱子。③ 继道阶段的关键在于回归孔孟再次阐明道学。朱子之道的意义在于"居敬以立其本，穷理以致其知，克己以灭其私，存诚以致其实，以是四者而存诸心，则千圣万贤所以传道而教人者，不越乎此矣"④。这里的居敬、穷理、克己与存诚讲的都是明道与体道之方。在《竹林精舍祠堂》中，黄榦认为朱子"教人之方则曰居敬曰穷理曰力行，此又其谆谆，反覆而屡言之者，所读之书则先之以《大学》，次之以语孟，而终之以《中庸》。其为科级则又皆可循序而进也。从游之士亦尝从事于斯义"⑤。这里归纳的朱子教人明道与行道之方更为全面，包括居敬涵养，并在认知上领会道，在实践上践行道，尤其是对于通过读书明道之理提供具体的读书次第。

就朱子的道学理论，黄榦有过多次总结。在嘉定丙子（1216）的《竹林精舍祠堂》⑥ 当中，他应邀为同道讲述先师教人之意，黄榦提出了

---

① （宋）黄榦：《勉斋先生黄文肃公文集》，第 9 页。
② （宋）黄榦：《勉斋先生黄文肃公文集》，第 792 页。
③ 参见邓庆平《朱子门人与朱子学》，第 286~289 页。
④ （宋）黄榦：《勉斋先生黄文肃公文集》，第 782 页。
⑤ （宋）黄榦：《勉斋先生黄文肃公文集》，第 10 页。
⑥ （宋）黄榦：《勉斋先生黄文肃公文集》，第 782 页。

一个较为简略的朱子学体系。黄榦认为"先师之道"乃是一个立体的体系，其本源于无极二五流行发育的神妙规律，此为宇宙论意义的道；此道实存于人心，并在日用常行当中得到体现；存此道便是圣贤，去之则为下愚与不肖。

在《朱子行状》中，黄榦对朱子道学的理论结构有更为明晰的表述：

> 其为道也，有太极而阴阳分，有阴阳而五行具，禀阴阳五行之气以生，则太极之理各具于其中。天所赋为命，人所受为性，感于物为情，统性情为心，根于性则为仁、义、礼、智之德，发于情则为恻隐、羞恶、辞逊、是非之端，形于身则为手足耳目口鼻之用，见于事则为君臣、父子、夫妇、兄弟、朋友之常，求诸人则人之理不异于已，参诸物则物之理不异于人，贯彻古今，充塞宇宙，无一息之间断，无一毫之空阙，莫不析之极其精而不乱，然后合之尽其大而无余。①

这里的"为道"事实上是对朱子道学的阐述，黄榦围绕这些关键概念一一展开：太极阴阳五行，禀理与气而万物生成，命、性、情、心、仁、义、礼、智之德，四端，手足耳目口鼻之用，君臣、父子、夫妇、兄弟、朋友之常。这种解读，在朱子门人当中具有一定的代表性。朱熹另一重要门人陈淳《道学体统》对道学的解释与此相近，可以帮助我们理解：

> 盖道原于天命之奥，而实行乎日用之间。在心而言，则其体有仁、义、礼、智之性，其用有恻隐、羞恶、是非之情。在身而言，则其所具有耳目口鼻四支之用，其所与有君臣、父子、朋友、夫妇、兄弟之伦。在人事而言，则处而修身齐家，应事接物；出而莅官理国，牧民御众；微而起居言动，衣服饮食，大而礼乐刑政，财赋军师，凡千条万绪，莫不各有当然一定不易之则，皆天理自然流行著见，而非人之所强为者。②

道根源于天命，但实际运行表现在日常行为当中。这种表现可以从多个角度来说明。身心、人事，微与大的方面，凡千条万绪，都应当遵循不容改

---

① （宋）黄榦：《勉斋先生黄文肃公文集》，第128页。
② （宋）陈淳：《北溪字义》，第75页。

变的规则，道学的核心是这些规则。这些规则都是天理自然流行著见，圣人所言学者所学，皆此而已，并非在日用常行之外别有一物。体用只是就心上来说，体即性，用即情。《汉阳军学》讲义中黄榦也指出"仁、义、礼、智，心之体也。恻隐、羞恶、辞让、是非，心之用也"[1]。

纳入道统谱系的是历代儒者对圣贤之道的明与行，就圣贤之道的不明不行，黄榦也多次提示。"秦汉以来，功利之习胜而此道始不明矣"[2]（临川郡学），从道统传承历史来看，孟子之后到周子之前，属于圣贤之道的不明不行的阶段。黄榦反复指出在为学过程中常见的毛病：

> 世之学者，溺于卑近浅陋之习，既未尝有志于圣贤之道，其有志焉者，则或骛于方策而践履有所不察，或专于性情而知识有所不周，道之不明不行由此其故也。[3]
>
> 趋向卑而立志之不高，私欲昏而信道之不笃，寻行数墨而见理之不明，入耳出口而反躬之不实，此其所以粗能有所闻而不能期月守也。[4]
>
> 夫儒术之不见用，学者相与讲明之，庶几犹有望于斯世也，谓之儒者而茫然不知其源流，徒抱其浅陋之识，以周旋斯世，则吾道之不行，功利之说胜，是谁之罪哉。学者不可不察也。[5]

黄榦还比较了道学理义与富贵的重要性，常人重视富贵，而圣贤看重理义而轻富贵。这是因为"理义，天之所赋也"，根于人心之中，而"富贵，人之所予也"，人得而夺之。[6] 理义的重要性只有真正的知"道"者才能明白。而仁、义、礼、智就是天之赋予而吾心所固有的理义，知"道"者也便是知此。

综上来看，黄榦的道论有以下四个要点。

1. 道分为天道地道和人道，三道内在一致。人道的实质即人伦规范，即仁、义、礼、智。此点继承朱子，与陈淳等其他同门同样理解。

2. 宇宙论上，太极阴阳五行万物可以理解为道之体用。在认知意义

---

[1] （宋）黄榦：《勉斋先生黄文肃公文集》，第89页。
[2] （宋）黄榦：《勉斋先生黄文肃公文集》，第777页。
[3] （宋）黄榦：《勉斋先生黄文肃公文集》，第795页。
[4] （宋）黄榦：《勉斋先生黄文肃公文集》，第782页。
[5] （宋）黄榦：《勉斋先生黄文肃公文集》，第800页。
[6] （宋）黄榦：《勉斋先生黄文肃公文集》，第796页。

上区分体用的同时强调体用不离与合一。

3. 本体论上，黄榦一方面强调太极作为道之本体的意义，另一方面既强调道体遍在一切事物和时空的整体义，也突出了道体流行发用不息的过程义。这是实存层面一体意义上的道体。

4. 在道学的意义上，道统论关注的是圣贤之道认知与践行，为学过程应当警惕的是道之不明与不行。

正是对"理"的强调，"理"在朱子学当中具有实体化的特征，理气问题作为朱子学的基本问题，在本体论上导致二元论的倾向。在我们以往常见的印象中，伴随着后世朱子学者对"理"的"只存有不活动"的批评，后朱子学发展史上通过对理气关系的再讨论，出现了对理的活动性和气一元论的强调，朱子之"理"呈现一种去实体化的趋势。然而黄榦对"道"的重视与阐发，则为我们展示了另外一种消解理的实体意义、从二元论回归一元论立场并强化"道体"流行的路径，这种路径一方面回避了朱子学当中存在理学与仁学两个体系的内在不一致，在"道""道学""道统"的意义上保证了理论体系的内在融贯性，另一方面也因理学思维的去实体化后果而对朱子理学体系构成一定的消解。

第三节 心性论

宋明理学又被称为心性之学，心性论是宋明理学的核心话题。如果说宇宙论、本体论是关于成圣之道的理论依据，那么心性论应该说是关于成圣之道的具体理论说明，是宇宙论、本体论在人身上的具体展开。心性论研究的对象是成圣主体的问题，是人的精神生命。对于人的精神生命的描述，道学家们通常使用的基本概念有心、性、情以及与心性相关的未发已发、人心道心以及善恶等道德评价性的概念。朱子学派心性论的主要内容就是围绕这些概念而建构的，涉及了精神生命及其修养过程的方方面面。

一 心、性、情

朱熹对于心、性、情以及三者之间的关系有许多讨论，这些讨论成为黄榦心性论思想的重要源头。黄榦的心性论大体上本于朱子，但在具体论述上又有自己的特色。

（一）身心关系说

黄榦指出应将心性论概念置于身体观视野中来理解：

  ……但别纸心性之论则似未通透，昨少年日常将四个字形容此身，只是形、气、神、理，理精于神，神精于气，气精于形，形则一定，气能呼吸，能冷暖，神则有知觉，能运用，理则知觉运用上许多道理，然有形则斯有气，有气斯有神，斯有理只是一物，分出许多名字，知此则心、性、情之类皆可见矣。①

此文应是在嘉定八年（1215）十二月命下后不久所作。② 我们知道朱子学对人物之生的解释都是从理气妙合的角度来谈，黄榦这里对由理气而成人的身体观作了进一步细致的发挥，认为形、气、神、理是解释身体的四个基本要素，这四者之间既有精粗之别，也有属性不同，但正是这四者相互依赖而综合而成一物即人之身体。他指出，心、性、情之类皆是从此一物上分出来，这是理解心、性、情等概念的基础。

在《勉斋语录》中，黄榦对身心关系作了进一步阐发：

  气者何也，呼吸之谓气。人之一身有形有气，以形对气言，则形粗而气精矣。以气对心言，则气粗而心精矣。以心对性言，则心粗而性精矣。孟子所谓"浩然之气，塞乎天地之间"，盖以天地运行惟一气耳，阳一嘘而万物生，阴一吸而万物成。惟人得是气也亦然。禹惟有是气，然后可以抑洪水而天下平，周公惟有是气，然后可以兼夷狄驱猛兽而百姓宁，孟子所以谓之"是集义所生也"，故气惟集义理所生，则其气皆至大至刚之气。不然，是在狂暴之气，匹夫可能也，君子不为。今人只知有身，不知身之内有心。知有身则蔽于有我之私，隔藩篱，分尔汝。以心论之则心中有许多天理，合天地万物为一体，何尝有彼此人物之别哉。③

这里提出关于身体要素精粗的另一种理解，形、气、心、性逐渐由粗向精，这个过程大体上也可理解为由气至理的过程。就身心关系来说，形与气大略相对于身的层面，心与性则相对于心的范围。黄榦指出今人的认知常常只见到身的这一层，而未及身内之心，这是圣凡的区别所在。身体乃是实体性的存在，其前提是物我、人物之间的区别，这一区别便是有我之

---

① （宋）黄榦：《勉斋先生黄文肃公文集》，第647页。
② 详细考证见附录二。
③ （宋）黄榦：《勉斋先生黄文肃公文集》，第217~218页。

私心私欲的根源；而心则因其中许多天理而能够合天地万物为一体，并无人我、物我之间的区别，这便是无我之公心的根源。黄榦从身心关系角度来理解心性的超越性为儒家心性修养提供了理论基础，是理解其心性理论的前提。

（二）心之释义与心性关系

心是心性论的重要范畴，两宋理学家有不少论说，黄榦也有较多讨论。先看两段材料：

> 先生云：心字，有专指知觉一边而言者，有专指义理一边而言者，有合知觉、义理而为言者。须逐处看得分晓。旧尝说一句与士友云："孟子言'仁人心也'，下云'放其心而不知求'，是把仁便唤做心。孔子又说'回也，其心三月不违仁'，似仁是仁，心是心，是如何？"①
>
> 又问："'仁，人心也'，恐是说兼字之义。'其心三月不违仁'，恐是主宰之义。'心统性情'，朱先生云：'统是兼而主宰之意'，恐是如此否？"先生云："大概亦是如此，但下主宰字未得。必竟孟子之言是合说，是合那义与知觉说；孔子之言是分说，以心对性，则心为知觉之心。"又曰："看义理文字，须是分看了，又合看。"②

首先，这里的"与士友云"，似是指黄榦与饶鲁的问答。《四书大全》之《孟子集注大全》卷十一在朱子注解《孟子》"仁，人心也"一章的所言"此乃孟子开示切要之言，程子又发明之曲，尽其指学者宜服膺而勿失也"一语时，抄录了饶鲁问学黄榦的一段记录：

> 双峰饶氏曰：上文说"仁，人心也"，是把心做义理之心，不应下文心字又别是一意，若把求放心做收摄精神不令昏放，则只说从知觉上去，恐与'仁，人心也'不相节了。曩尝以此质之勉斋，勉斋云："此章首言'仁，人心'，是言仁乃人之心，次言'放其心而不知求'，末言'学问之道无他，求其放心而已矣'，言学问之道非止一端，如讲习讨论、玩索涵养、持守践行、扩充克治，皆是其所以如此者，非有他也。不过求吾所失之仁而已，此乃学问之道也。三个

---

① （宋）黄榦：《勉斋先生黄文肃公文集》，第236页。
② （宋）黄榦：《勉斋先生黄文肃公文集》，第236页。

'心'字，脉络联贯，皆是指仁而言。今读者不以仁言心，非矣。"①

这段记录是饶鲁自己的详细回忆，这里把孟子所言"仁，人心""放其心而不知求""学问之道无他，求其放心而已矣"当中的三个"心"都理解为仁。因此，从内容上来看，正好印证勉斋语录的内容。

其次，在内容上，黄榦认为，心之所指有几个情况，一是专指知觉功能，二是专指义理即道德本性，三是兼知觉与义理两方面。他举了《孟子》中的"仁，人心"来说明仁便唤作心，作为义理的仁与心具有同一性，又举孔子所言"回也，其心三月不违仁"来证明仁与心之不同。对此，学生借助朱子"心统性情"的命题，认为"仁，人心"表达的应该是说心兼仁，而"其心三月不违仁"则表明心之主宰。黄榦对"心统性情"之统含兼有与主宰之意表示认同，但对所举两个例子还是认为应该是从言说角度来理解，"仁，人心"是合义与知觉而言，孔子之言是以知觉之心与性相对而言。这就是说，心之本意应该是指知觉之心。但这里并没有明确义与知觉何以可以合而言之，即对性与心的同一性没有明确所指。

这个问题在勉斋语录中另一段话可以解答：

> 心之与性非二物也，合而言之，人心上自有本性之天理，分而言之则为心为性，又曰如仁人心也，是合而言之也，如曰其心三月不违仁，是分而言之。②

这里进一步明确了心与性合言的根据所在，心与性并非两种事物，这里的心应该即是知觉心，性即是道德本性。黄榦认为性乃人心所本有，即"人心自有本性之天理"，这是心性具有同一性的真正内涵。所谓心与性"合而言之"表达的是性与心在本体论上的联系，性乃是心的重要内涵之一，这并不是说心与性的完全同一如心即是性、性即是心之类的观念。如果参考心与性的两种言说角度来看，心与性相对而言时，心是指知觉心，可以称为狭义的心，心与性合而言之时，心是指包含知觉与道德本性的心，可以称为广义的心。这两种心，对黄榦来说，都是认可的，在看文字时需要具体分析。

黄榦还将心与"明德"等同理解：

---

① （明）胡广等纂修：《四书大全》，第2782页。
② （宋）黄榦：《勉斋先生黄文肃公文集》，第217页。

> 心也者，与生俱生者也，虚灵而善应，神妙而不测，主宰乎一身，总括乎众理，应酬乎万事。①
>
> 人之一心虚灵不昧，为万善之主宰。无事时须是如人家养孩儿相似，监住他，莫纵他出入。天之明命，是天理之具于我也，而先王常顾諟之，是亦存心之说也。尧舜所以为尧舜，汤武所以为汤武，举不外此。佛家之坐禅是寻一个心，道家之入神亦寻一个心，若寻得一个心，则其义理皆易通矣。方其无事，澹然不动，及其应事接物，莫不中节，皆自此心推之，故人能存心而持之以敬，其庶乎，但今十人中无五六人能够如此。②

"虚灵不昧"是朱子解释《大学》之"明德"所使用的概念，所谓"'明德者，人之所得乎天，而虚灵不昧，以具众理而应万事者也。'禅家则但以虚灵不昧者为性，而无以具众理以下之事。倜"③。此心既有知觉功能之义又含道德本性在内，所以具众理，为万善之主宰。如果按照上面的分析，这里的心应是广义意义上的心。黄榦继承了朱子的这一思想，认为心即明德，为学也即是存虚灵不昧之心，或说寻这个心，但黄榦这里未提及儒家寻心与佛道寻心之间的区别。

在复杨志仁的书信中，黄榦对以心、性为两物的观点进行批判：

> 明德不言性而言心。杨德渊惠书亦录示所答之语，此但当答以心之明便是性之明，初非有二物，则直截简径。使之自此思索，却见得分晓。今观所答，是未免以心性为两物也。如"回也，其心三月不违仁"，则心自是心，仁自是仁。如《孟子》言"仁，人心也"，则仁又便是心。《大学》所解明德，则心便是性，性便是心也。所答之病，既误以心性为两物，而又欲安排并合，故其说颇觉费力。心之能为性情主宰者，以其虚灵知觉也。此心之理炯然不昧，亦以其虚灵知觉也。自当随其所指，各自体认，其浅深各自不同。心能主宰，则如谢氏常惺惺之谓。此只是能持敬，则便能如此。若此心之理，炯然不昧，如《大学》所谓明德，须是物格知至，方能如此，正不须安排并合也。④

---

① （宋）赵顺孙：《四书纂疏》，第726页。
② （宋）黄榦：《勉斋先生黄文肃公文集》，第217页。
③ （宋）黎靖德编：《朱子语类》，第265~266页。
④ （宋）黄榦：《勉斋先生黄文肃公文集》，第648页。

黄榦认为正是因为心本具虚灵知觉的内涵，故心能为性情之主宰，而其之所以"能"则需要持敬的工夫作为保障，需要格物致知的过程来使此心之理明白不昧，只有这样，心性才真正合一。这里既反对以心与性为二物的观点，也强调心性之真正同一是需要修养工夫作为前提的。因此，心性之合除了本体论上的联系之外，更是修养工夫之后的结果。

（三）性体情用

在对《通书》的解释当中，黄榦首先通过"诚"将道、理、性等理学本体论核心概念沟通起来：

> 勉斋黄氏曰：诚即是实，如一个物，看头透尾，里面充足，无一毫空缺处。①

> 勉斋黄氏曰："而今读书，须以身体之，不可徒泥纸上语"，如此篇说"诚只是实，诚者圣人之本"，是言圣人之所以为圣，以其全是实理而已。下文又不说圣人，只说个实理，"大哉乾元"以下，只把春夏秋冬来看。春夏之时，万物都有生意，蓄育长茂。这是那实理流出之源。秋冬间万物成实，个个物里面都是这实理，"各正性命"是一个物正一个性命去，如柑成柑，橘成橘，个个都实。"元亨诚之通"，是春夏生长意思。"利贞诚之复"，是秋冬成实意思。"一阴一阳之谓道"，阴便是秋冬，阳便是春夏，只这个便是道。阴阳流行，道便在其中，不成别有个道。继之者善，则是那诚之通。未有成立。只唤做善。成之者性，则是那诚之复。已有成立，方唤做性。"大哉易也"，性命之源乎，易便是一阴一阳，命则是继者，性则是成之者。看来继善成性，只是个头尾。②

很明显，黄榦对"诚"的解释，集中于诚之"实"的方面，这固然来源于朱子，朱子曰："诚是实理，自然不假修为者也"③，"诚是自然底实。"④ 但黄榦的阐发更加具体周遍。在黄榦看来，诚作为实理不仅是圣人之所以为圣人的根本所在，还以春夏秋冬四时循环以及万物具体生成为例说明诚理体现在阴阳流行的宇宙生成全过程，因此，诚就与道等同，诚

---

① （明）胡广等纂修：《性理大全》，第 202 页。
② （明）胡广等纂修：《性理大全》，第 214 页。
③ （宋）黎靖德编：《朱子语类》，第 1563 页。
④ （宋）黎靖德编：《朱子语类》，第 103 页。

是道的别名。在此基础上，黄榦还对"继之者善""成之者性"作出解释。他认为所谓"继之者善"实质是诚之通，即诚理于宇宙万物生成过程中的贯通性来说，这个万物生成过程也可以说是万物正其性命的过程，而"成之者性"则是诚之复，即诚理在万物生成之后的具体体现，也便是性。这样，诚与道、善、性、命等理学重要概念的内在联系就被阐明，关于诚的解说也就不仅仅局限于抽象义理的层面，通过与万物生成问题关联起来，而显得非常具体详实，与整个理学核心义理都贯通起来，体现出黄榦对理学义理体系把握的全面与深刻。

接着，黄榦通过"诚几"沟通体用、性情、未发已发问题：

> 勉斋黄氏曰：诚几德，此一段文理粲然，只把体用二个字来读他便见，诚是体，几是用，仁、义、礼、智、信是体，爱、宜、理、通、守是用，诚几只是德擘来做，在诚为仁，则在几为爱，在诚为义，则在几为宜。①
>
> 诚，性也，未发也，几，情也，已发也，仁、义、礼、智、信，性也，爱宜理通守，情也，日者因情以明性，性也，复也，发，微也，主性而言，安也执也，充周也，主情而言，圣贤体是德于性情之间浅深之分如此，周子之言爱曰仁者，爱，情也，仁，性也，情用也，性体也，此书解所谓因用以名其体也，孟子既言恻隐之心，仁之端也，只此端字便见因用以明体，谓之端则如木之有萌芽而已发耶，日所解周子之意得之。②

这里先从体用的角度来理解诚与几：诚是体，具体内涵为仁、义、礼、智、信；几是用，相对应于诚之体的用便表现为爱、宜、理、通、守，这是具体可操作的道德行为要求与表现。接着又明确提出性情、未发已发等概念，认为诚即是性，乃是未发；几即是情，乃是已发。性的具体内涵是仁、义、礼、智、信，情为爱、宜、理、通、守，即四端，它们既是体用关系，也是未发与已发的关系。

对于四端，黄榦还提出一个其言由浅入深的说法：

> 恻隐之心仁之端也，羞恶之心义之端也，辞让之心礼之端也，是

---

① （明）胡广等纂修：《性理大全》，第228页。
② （明）胡广等纂修：《性理大全》，第228~229页。

非之心智之端也，夫恻隐、羞恶、辞让、是非，圣人言之各由浅以及深，恻者恻然也，至于隐则隐痛矣，羞者羞耻也，至于恶则疾之矣，辞者以礼辞也，至于让则却而不受矣，是惟知其是而已，至于非则并与其非而察之矣。①

这是对四端的进一步阐发，认为圣人在命名每一个端倪都有由浅入深的过程，这个过程体现的是四端之心不断扩充壮大的过程。这个过程之前很少被提及，黄榦的这个阐发显示出他对文字和义理的理解到达非常精微细致的程度。

由上可见，就未发已发与性情而言，黄榦这里的观点是："未发则为仁、义、礼、智之性，已发则为恻隐、羞恶、辞让、是非之情"②，性体情用。对此我们需要辩证分析。将诚理解为性，这固然没有问题，但将几直接理解为四端之情则有不妥之处。就未发已发的来源文本《中庸》来说，其中"已发"只是讲到"发而皆中节"的部分，但从逻辑上也可以推论出发而不中节情形的存在；就《通书》"几善恶"的文本来看，黄榦这里的解说忽略了"几"之微的一面，几属于已发固然不错，但几作为已发的开端，其重要的特征是微，此微应该是隐微之意，就朱子学的立场来看，"几"这个阶段是非常隐微的，又是未发之善向已发之善恶混的阶段转化的关键环节，是恶出现的起初阶段，所以"几"在后天去恶为善的修养工夫中也非常关键。而黄榦则忽视了几者善恶之所由分的一面，他这里对已发与情的理解并未解为喜、怒、哀、乐等七情，而是理解为一些具体可操作的道德行为要求与表现，爱、宜、理、通、守即四端之类的道心，这符合黄榦强调对道体并非仅是隐微层面反省的立场，但如果回应前文所提及韩国性理学家韩元震的批评，这里对几、情、已发的理解依然是有问题的，对已发之情也仅仅作了善的方面的考虑。

（四）性情善恶

当然，黄榦并非没有注意恶的问题，他继承朱熹的理解，认为所谓恶有所偏倚，无所偏倚指未发之中，过与不及指已发之不中，均是恶。他在另外的地方全面阐释性情与善恶根源的问题，认为已发有善恶：

勉斋黄氏曰：自孟子言性善，而荀卿言性恶，杨雄言善恶混，韩

---

① （宋）黄榦：《勉斋先生黄文肃公文集》，第217页。
② （明）胡广等纂修：《性理大全》，第3132页。

文公言三品，及至横渠张子分为天地之性、气质之性，然后诸子之说始定。盖自其理而言之，不杂乎气质而为言，则是天地赋与万物之本然者，而寓乎气质之中也。故其言曰"善反之，则天地之性存焉。"盖谓天地之性，未尝离乎气质之中也，其以天地为言，特指其纯粹至善，乃天地赋予之本然也。曰"形而后，有气质之性，其所以有善恶之不同，何也？"曰："气有偏正，则所受之理随而偏正。气有昏明，则所受之理随而昏明。木之气盛，则金之气衰，故仁常多而义常少，金之气盛则木之气衰，故义常多而仁常少，若此者，气质之性有善恶也。"曰："既言气质之性有善恶，则不复有天地之性也，子思子又有未发之中，何也？"曰："性固为气质所杂矣，然方其未发也，此心湛然，物欲不生，则气虽偏而理自正，气虽昏而理自明，气虽有赢乏而理则无胜负，及其感物而动，则或气动而理随之，或理动而气挟之，由是至善之理听命于气，善恶由之而判矣，此未发之前，天地之性纯粹至善，而子思之所谓中也，《记》曰'人生而静，天之性也'。程子曰：'其本也，真而静，其未发也，五性具焉'，则理固有寂感，而静则其本也，动则有万变之不同焉。愚尝以是而质之先师矣，答曰'未发之前，气不用事，所以有善而无恶。'至哉，此言也。"①

这里综合朱熹关于天命之性与气质之性的观点，认为未发乃是纯善，已发则有善恶。整体上，黄榦的言说层次非常清晰。首先是天地之性，乃天地赋予之本然，是纯善无恶的，这是就本然的意义上不杂乎气质来说的；其次是形而后有的气质之性，此性乃是理气妙合，理因气禀而有善恶，这是就理气不离的现实层面来说；这里将性作两种理解，这与朱熹的观点是一致的。再次是未发之中，纯善无恶，这是因为气质尚未作用，物欲尚未生成；最后是已发之有善恶，这时气质发生作用，物欲已生，故有恶。这纯善的未发之中即是不杂乎气质的天地之性；而恶的起源则与气质有关。前两个层面是在人性论意义上的本体说明，而后两点则更多是着眼于现实的人心状态，属于人性论意义上的发生论解释。因此在嘉定元年（1208）给辅广的一封信当中，他说："以人心言之，未发则无不善，已发则善恶形焉。然原其所以为恶者亦自理而发。"② 这个现实的人心状态是通过未发已发这两个概念来描述的，现实意义上善恶产生的奥秘就存在

---

① （明）胡广等纂修：《性理大全》，第438~439页。
② （宋）黄榦：《勉斋先生黄文肃公文集》，第586页。

于由未发转化为已发的过程当中。

对于作为已发的四端和善恶形焉的已发之间的关系,黄榦并未详细论述,而后来朝鲜性理学则对四端与七情详加论争,基本上把四端也理解为人情之一。但有必要指出的是,文中黄榦总结了两种已发的机制,或气动而理随之,或理动而气挟之。这里不仅承认气动,而且也肯定了理之动,这个观点对于后来长期纠结于理有无动静问题的朝鲜性理学来说非常重要,退溪直接引用黄榦的这个观点作为其理气互发观点的源头与重要佐证。①

此外,就已发之恶的具体产生过程,黄榦对《通书》"静虚动直"的注解也可以参考:

> 静虚动直,动字当就念虑之萌上看,不可就视听言动上看,念虑之动既直则视听言动自无非礼,今以视听言动为动直,则念虑之萌处有所略矣,故动静当以心言也。虚直两字亦当仔细体认,虚者若此心湛然,外物不能入,故虚直者循理而发,外邪不能扰,故直。敬则静虚,亦能动直,敬该动静者也,今但言静虚则偏矣,心在则动皆直,心不在则动皆邪,此两句却得之。②

黄榦指出静虚动直,动静皆指心而言。动字当就念虑之萌上看,不可就视听言动上来看,这说明动并非实然世界的动,也不是感觉意义上的动,而是就心中更深层念虑的萌动开始,心中念虑一萌处便是已发。此萌动处正是外物外邪侵入的时候,是已发之善恶产生的时候。黄榦把虚与直作为保证已发为善的条件看待,又用敬的工夫作为实现虚与直的保障。从黄榦的表述来看,视听言动等均属于外界可感意义上的动,这里的念虑之萌用今天的自我意识察觉来理解似乎更加恰当,这是一种非反思非分析的直觉意义上的认知过程。也就是,在这一过程当中,外物外邪的侵入便是产生恶的具体原因,而此外物外邪便是人欲。

黄榦在对《通书》中"无欲"概念的解释中表达了自己对于人欲的理解:

> 何谓无欲,只是纯然是个天理,无一点私欲,此须作两路看,莫

---

① 详见本书第九章的相关内容。
② (明)胡广等纂修:《性理大全》,第 274~275 页。

非欲也，饮食男女，人之大欲，此不待说，须看面前许多物，苟有一念挂著底都是欲，如一切嗜好之类，此是一路。又须识得欲，不待沉溺其中而后谓之欲，程子云才有所向便是欲，这个甚微。才起念处便是欲，譬如止水上一动相攸，若到酒池肉林，已狼当了，无欲则自湛然一物不留，故静便虚，未发时，这虚灵知觉如明镜止水，怎地虚，动便直，做事时只有一路直出，那里有偏曲路径，才虚便明，明则见道理透彻，故通，直便公，公自是无物我，故溥。又曰通者明之极，溥者公之极。①

黄榦把人欲分为两种，一是饮食男女的正当人欲，不可克除；另一是如嗜好之类的执着挂念之欲，这才是要注意克除的。而且，他还指出要识得欲，不要等到沉溺其中了才察觉到欲的存在，要在欲之初生时便警惕察识，此初生时是起念处，其实也就"诚几"中隐微之"几"的阶段。由此可见，黄榦的人欲论与朱熹一样，也是"严格主义"而非"禁欲主义"。②

（五）心者存乎性而制乎情

朱熹关于心、性、情三者之间关系的基本观点为"心统性情"，这点为黄榦所接受：

> 统字兼两义，有训总字者，有训主字者。非性情之外别有心，只是总性情而谓之心，心虽便是性情，然又能为性情之主宰，故兼此两义而谓之统也。③

这里认为心与性情之间的关系有两种，一是认为性情都是属于心的范畴之内，性情并非在心之外，这个心是总兼性情之心，也是作为修养工夫对象的现实心。另一个作为性情主宰之心，此心即是作为修养工夫之主体的心。而此心之所以能够作为修养工夫的主体是根源于其虚灵不昧的内涵：

> 心之能为性情主宰者，以其虚灵知觉也。此心之理炯然不昧，亦以其虚灵知觉也。自当随其所指，各自体认，其浅深各自不同。心能

---

① （明）胡广等纂修：《性理大全》，第274页。
② 李明辉先生通过对朱熹人心道心说的解读，认为朱熹是人性论上的严格主义而非禁欲主义者。参见李明辉《朱子对"道心""人心"的诠释》，《湖南大学学报》（社会科学版）2008年第1期。
③ （宋）赵顺孙：《四书纂疏》，第560页。

主宰，则如谢氏常惺惺之谓。此只是能持敬，则便能如此。若此心之理，炯然不昧，如《大学》所谓明德，须是物格知至，方能如此，正不须安排并合也。①

这里指出持敬的工夫与格物致知的具体过程是使得心真正实现主宰性情的前提，由此导向对修养实践的强调，这也符合朱子学的基本思路。

在上述观念基础上，对于心、性、情三者之间的关系，黄榦明确提出：

> 心者，存乎性而制乎情也。是非之心，性之所有也，所以能是非者，心也，德者性之所有也，守之而不失则德为我有矣，故德有两说，有指性所具而言者，有指己所得而言者。②

这段话大致表达了三层意思。首先提出的"心者，存乎性而制乎情也"是指心具有性又是情之节制者，这既是心之内涵的阐发，也是心、性、情关系的表达，这符合黄榦的一致观念。最后部分，就对"德"的理解来看，黄榦认为德有两方面含义，一是本体论意义上的性之本有之德，另一个将此本有之德守之而不失的修养后个体所得之德。在一定意义上，前者是先验意义上的德，后者是现实意义上的德。而朱子在对《论语》"据于德"的注解中明确提出"德者，得也，得其道于心而不失之谓也。得之于心而守之不失，则终始惟一，而有日新之功矣"③。可见，黄榦这里对德的分疏是对朱子"德"之释义的进一步阐发，也符合朱子的基本立场。

需要指出的是，这段话的中间部分似存在一定问题。"能是非者，心也"表达是心作为主宰者的一面，这固然没有问题，但"是非之心，性之所有也"，而"德者，性之所有也"，这样一来，就性之所有来说，是非之心与德似乎没有区别。但按朱子学的一般观念，是非之心是智之端，即四端之一，而性则是仁、义、礼、智之性，而且就朱子区别性为未发而四端为已发的观点来看，黄榦这里将作为四端之一的是非之心视为四端之所有，在四端与四德之间未作区别。如果联系到下面所要讲到的黄榦与友人关于人心道心的辩论中以"以仁、义、礼、智为道心"的观点，可以看

---

① （宋）黄榦：《勉斋先生黄文肃公文集》，第648页。
② （宋）黄榦：《勉斋先生黄文肃公文集》，第19页。
③ （宋）朱熹撰：《四书章句集注》，第94页。

到，这是黄榦一贯的观念。

二　人心道心之辩

众所周知，人心、道心成为道学讨论的重要概念，其原出于《古文尚书·大禹谟》"人心惟危，道心惟微，惟精惟一，允执厥中"。未发已发问题是朱熹思想成熟过程当中的关键问题，它的关键不在于说明未发之性的纯善无恶，而在于说明已发之恶如何产生以及如何救治，这里涉及人性论，也涉及性情论，还涉及工夫论。因此，朱子有非常丰富的未发已发思想。黄榦讨论心性论的一个亮点就是集中于人心道心、未发已发等问题，他与友人关于人心、道心问题有过许多书信往来的辩论，在这些辩论当中可以看出当时朱子学派内部在性情论问题上的差异，也可以看出黄榦思想的变化过程。

黄榦的许多材料没有保留在现存的《勉斋先生黄文肃公文集》当中，相反在其他学者的文集中有一些收录，因此对黄榦的研究通常需要结合两方面的材料来考察。在真德秀的《西山读书记》卷三《心》的部分围绕人心道心问题，真德秀抄录了勉斋与李道传、李方子之间讨论人心道心问题的几段书信，这些书信不见于现存《勉斋先生黄文肃公文集》，但这些书信展示的是勉斋讨论的一部分，而同时，现存《勉斋先生黄文肃公文集》中保留了一些真德秀未抄录的相关辩论的书信，这部分展示的是勉斋讨论的后续部分。对于黄榦与友人围绕人心道心展开的讨论，有学者也曾予以关注①，但可惜的是其所见材料仅为真德秀所抄录部分，而不见于《勉斋先生黄文肃公文集》中，因此其所见仅为讨论的一部分而已。而且，就勉斋在后世的影响来说，《勉斋先生黄文肃公文集》所保留的后续辩论材料非常重要，曾在朝鲜性理学当中引起很大反响。

这里将结合两方面的材料对勉斋与友人的辩论经过进行全面解读，并且就这一辩论在朝鲜性理学引起的反响进行分析，最后对勉斋性情论的其他一些问题进行探讨。

（一）黄榦与友人的辩论

在考察勉斋与友人的人心道心之辩之前，先看一段勉斋语录，以此可以理解黄榦的人心道心说的基本观点：

先生曰：只看人有个虚灵知觉在这里，这虚灵知觉发出去，如见

---

① 王宇：《人心道心之辩与后朱熹时代朱子学方法的奠定》，《哲学研究》2011年第3期。

物便要吃,这口之欲便随他出,此是人心。这个心便危危如立千仞之上,失脚便蹈了,如即管恁地要物吃,少间紾兄臂便从此去,岂不危;道心惟微,这虚灵知觉发出去也,有个合道理底随他,如见物好吃,这里也,思量当吃不当吃这个道理也,缀着他即是,其体则微,自是隐晦难见,人心既不可靠,恃道心又难见,如此则人只管逐个人心去了,圣人便教人于此用工,须是先去察看一念之顷何者为人心,何者为道心,是合道理不合道理,于此加察别,这是精,既见得时,便须纯一守着如口鼻耳目之欲,都要从这一路出,这是一。①

在这里黄榦对于《古文尚书》关于人心道心的四句话作了一个解释。在他看来,虚灵知觉是心的基本内涵,人心道心都是这虚灵知觉功能的实现状态;人心便是对个体的口鼻耳目等感官欲望的知觉,这感官欲望没有道德束缚极易导向恶的境地,因此是危殆不可靠的,而道心则是对道德本性的知觉,即作为道德行为指导意识的道德意识,这一道德意识可以使得感官欲望得到道德化的节制,但道德本性是隐微难见的;所谓精便是要就人之虚灵知觉作一个察识与抉择,将人心与道心分别出来,所谓一便是在识别之后尽力使得虚灵知觉皆自道心这一路出来,即将人心转化为道德性的道心。这段注语成为黄榦人心道心说的基本观点。

黄榦与友人的人心道心之辩论开始于李道传的请教:

勉斋黄氏答李贯之问曰:喜、怒、哀、乐属乎气故曰人心,感物而动易陷于恶故曰危;仁、义、礼、智属乎理故曰道心,以理而动无迹可见故曰微。人心之中,子细辨别,孰为道心,择之至精,知之事也;人心之中,识得道心,此心之发,纯一不杂,守之事也。道即中也,存之于内故曰道心,形之于外故曰中。道在内者一而不杂,则在外者信其能执而不变矣。此是画定图说。②

此信为黄榦回答李贯之的问题而作。李贯之即李道传(1170~1217年),字贯之、谥文节,浙江吴兴县人,庆元二年(1196)进士,曾至知州,为朱熹著名私淑。我们知道,"喜、怒、哀、乐"出自《中庸》之

---

① (宋)黄榦:《勉斋先生黄文肃公文集》,第227~228页。
② (宋)真德秀:《西山读书记》,《四库全书》第705册,台北:台湾商务印书馆1986年版,第81页。

"喜、怒、哀、乐之未发之谓中，发而皆中节之谓和"。这里将人心道心问题与中和问题联系起来，故信中所讨论的即是人心道心问题，也是未发已发观，这两者都是朱子心性论的重要内容。在信中，黄榦认为，喜、怒、哀、乐属于气故为人心，仁、义、礼、智属乎理故曰道心；所谓精，是指人心之中有识别道心并拣择至精的认知功能，所谓一，是指人心中识得道心后使得此心之发纯一不杂的持守之事；道即中，存于内故曰道心，形于外故曰中。这里表达的观点与黄榦语录中的那一段话内容基本相似，只是这里表达得更精炼明确。在此基础上，黄榦批判了李贯之的三个观点：

> 所论"发不中节为人心者"，非也。虽圣贤不能无人心，但人心之发悉合于理则为道心，"精者不以人心杂乎道心"，亦未安。精乃知之事，谓子细辨别识其所谓道心也。惟一则守其道心，欲其纯一也。图内又以执中为道心，中乃道心之发于事，无过不及之谓也。大抵此章之义所失有三：其一不合以人心便为不善；其二不分别精、一为知与守；其三不应以执中为道心，而不知其为心之形于事。①

李贯之的观点是：所发不合于理的便是人心，精者是不以人心杂乎道心的意思，执中便是道心。黄榦对此一一批判。发不中节的部分为人心，此人心纯为恶，然而圣贤也有人心，但圣人人心之发都合于理为道心，这样便说明不能直接判定人心纯为恶，人心可以转化为合理的道心。精者不以人心杂乎道心，这里将人心与道心视为并列两种心，这也不对。精是知之事，即仔细辨别识得道心；惟一是守其道心之事。执中为道心，混淆了道心与中之间的内外之别。

> 贯之又书：蒙教三失，因再以《章句序》考之，乃知本自分明。《序》文曰"以其或生于形气之私，或赋于性命之正"，此即来谕属乎气乃为人心，属乎理为道心之谓也。《序》文又曰"人莫不有是形，故虽上智不能无人心，人莫不有是性，故虽下愚不能无道心，二者杂于方寸之间而不知所以治之，则危者愈危，微者愈微"，此言上智亦不免二者之杂，但上智知所以治之耳。前日误以二者杂于方存之间一句作不好看了，便以人心为不善，故谓发不中节为人心，又以逾其则为人心，殊不察夫所谓属乎气者盖生而有之，岂反得名于中与不

---

① （宋）真德秀：《西山读书记》，第81页。

中，喻与不逾之后哉。《序》文又曰"精则察夫二者之间而不杂也，一则守其本心之正而不离也"，察与守二字甚明白，其曰不杂者亦谓分别二者，毋令混杂耳，某乃谓不以人心杂乎道心则上面不见精择意思，下面先侵惟一界分，亦使向下惟一二字反成剩语矣。《序》文又云"危者安，微者著，而动静云为自无过不及之差矣"，此即道心之形于事者也。《序》文明白如此而读之不详，妄有云云。今得所示图说，蒙蔽释然，为幸多矣。①

《中庸章句序》中关于人心道心的主要讲法为："盖尝论之：心之虚灵知觉，一而已矣，而以为有人心、道心之异者，则以其或生于形气之私，或原于性命之正，而所以为知觉者不同，是以或危殆而不安，或微妙而难见耳。然人莫不有是形，故虽上智不能无人心，亦莫不有是性，故虽下愚不能无道心。二者杂于方寸之间，而不知所以治之，则危者愈危，微者愈微，而天理之公卒无以胜夫人欲之私矣。精则察夫二者之间而不杂也，一则守其本心之正而不离也。从事于斯，无少间断，必使道心常为一身之主，而人心每听命焉，则危者安、微者著，而动静云为自无过不及之差矣。"② 这段话常被认为代表了朱熹关于人心道心问题的晚年定见，受到朱子学派的重视，常成为他们辩论的依据。李道传此信将黄榦的意见与朱熹《中庸章句序》一一印证，对黄榦的理解表示赞同，同时，李道传还就自己之前的误解进行了反省。但是他又提出了新的问题：

  然尚有欲求教者，性本无恶，反之而后为恶，凡所谓不善者，皆或过或不及，失其本然之故。以此言之，人之所得以生者，惟有一理，更无他物。今也一心之中既有所谓道心以理而动者，又有所谓人心感物而动者，不知此所谓人心者，自何时何处已与道心相对而出耶？窃谓极本穷源，只是一理，至于被命受生之后，则理之属乎气者为人心，理之不杂乎气者为道心，如此推之，是否？③

李道传根据人之所得以生者唯有一理，但如今一心当中却有人心与道心两种心，于是他提出追问：此两心是如何相对而出的？对此追问，李道传自

---

① （宋）真德秀：《西山读书记》，第82页。
② （宋）朱熹撰：《四书章句集注》，第14页。
③ （宋）真德秀：《西山读书记》，第82页。

己的回答是，理之属乎气的部分是人心，而理不杂乎气者为道心。黄榦接下来的回答主要着眼于对李道传将人心道心视作两种心的前提进行批判：

> 黄氏又答曰：有此身便有此知觉，便识得声、色、臭、味、喜、怒、哀、乐，此人心也；于声、色、臭、味、喜、怒、哀、乐识其所当然，此道心也。只是一个知觉，本来完具，非二物旋合，凑而来也。但一则属乎气而动，一则根乎性而发，故有人心道心之分耳。理之属乎气为人心，未安，谓之人心则不主理而言也。①

黄榦认为，有此身便有此知觉，便能识别声、色、臭、味、喜、怒、哀、乐，这种具有认知、情感功能的心便是人心；而在这具体知觉与情感当中作出道德价值判断的则是道心；人心道心本是一个知觉心，而之所以分别为二，是因为人心属乎气而动，道心属乎性而发。黄榦在这里明确了人心道心与一心之间的关系，否定了李道传将人心道心视为两个心的理解。

事实上，如果从李道传自己的回答来看，勉斋认为喜、怒、哀、乐属于气故为人心，仁、义、礼、智属乎理故曰道心；这里勉斋的人心是在已发之情的层面来立论，而李道传的理之属乎气也可以在气质之性的层面，因此，李的这个讲法是不妥的；勉斋以仁、义、礼、智为道心，而仁、义、礼、智乃是性的层面，而李道传理不杂乎气者可以是未发也可以指已发，故与勉斋讲法还是存有差异。

人心道心是朱子学心性论的重要问题，黄榦与李道传的讨论在朱子学派内部引起了不小反响。朱熹的另外一重要弟子李方子应该看到了二人的辩论书信，他对黄榦提出的"识得声、色、臭、味、喜、怒、哀、乐，此人心也"，表示了质疑：

> 李公晦复以书问曰：夫所谓"人心者，人欲也"，程说私也；朱说"所谓道心者，天理也"，程说公也。朱说："耳目口鼻之欲，人欲之私也，若喜、怒、哀、乐，则情也，其所当然之则，乃性也。"情则道之用，性则道之体也，岂可指此以为人欲之私乎？故《中庸》以未发为中，发而中节为和，无非以道言也，而斥之以为人心，可乎？必为此说，则必无喜无怒、无哀无乐乃为道心也。②

---

① （宋）真德秀：《西山读书记》，第 82~83 页。
② （宋）真德秀：《西山读书记》，第 83 页。

李方子援引程子、朱子语录作为论据。程子说，人心与道心的关系，对应着私与公，而在朱熹那里，人心对应着人欲，道心则与天理对应。而如黄榦所说"喜、怒、哀、乐"出于人心，但是《中庸》讲"喜、怒、哀、乐发而皆中节谓之和"，这明明是合乎天理的，这如何可以与"人欲之私"的人心联系起来呢？由此，李方子认为人心即是人欲之私，喜、怒、哀、乐不能称之为人心。就材料来看，将人心与人欲联系起来的观点在二程与朱子那里是可以找到相关材料的，据《河南程氏遗书》卷十一录明道语曰，"人心惟危，人欲也；道心惟微，天理也"①。《外书》卷二录伊川之语曰："人心，人欲；道心，天理。"② 伊川在《遗书》卷十九录其言曰："人心，私欲也，道心，正心也。"③ 因此，李方子的观点看似对黄榦来说是非常有力的挑战。

> 黄氏答曰：来谕以喜、怒、哀、乐为非人心，必欲专指饮食男女为人心，此盖认喜、怒、哀、乐过于善，认人心过于恶，是以其说卒不能合也。人心不可全谓之恶，若全谓之恶，则不但危而已。喜、怒、哀、乐不可全谓之善，若全谓之善，则不应又有不中节也。伊川及朱先生人心之说，语意自不同，不可合而为一。伊川直作恶说，朱先生只将作"人所不能无"说。语自不同，今合而一之，非也。要之，人心特发于形气之私，圣愚、贤不肖皆不能无，不可便谓之人欲。④

对李方子的观点，勉斋并不同意。在他看来，人心纯以人欲之私来定性，这样看"过于恶"，而对喜、怒、哀、乐又看得"过于善"了。人心若全然是恶，那就不应该只是说"危"了；喜、怒、哀、乐若全是善，那怎会有发而不中节的时候呢。对于李方子所引程子与朱子材料，黄榦认为二人的人心说本意是不同的，程子的人心之私是判定其为恶，而朱子则是表达人心乃是人所有之意，即人心发于形气之私，乃人所有，不可谓之全是人欲。也就是说，黄榦这里并不否定程子的讲法，但他所认同的毕竟还是朱子的理解。这样黄榦的观点与朱子材料之间就不存在矛盾。

---

① （宋）程颢、程颐：《二程集》，第 123 页。
② （宋）程颢、程颐：《二程集》，第 364 页。
③ （宋）程颢、程颐：《二程集》，第 256 页。
④ （宋）真德秀：《西山读书记》，第 83 页。

以上材料均可见于真德秀的抄录。行文至此，真德秀提出自己对李道传、黄榦、李方子辩论的总结：

> 愚（真德秀）按：《朱子语录》有曰：程子云人心人欲，故危殆；道心天理，故精微。惟精以致之，惟一以守之，如此方能执中。此言尽之。而《文集》所载与学者书，亦有取人心私欲之说。黄氏乃以为二先生之说不同者，盖《中庸章句序》《书·大禹谟传》乃亲笔著述，而语录、文集特一时问答之辞，故也。又黄氏以喜、怒、哀、乐为人心，而公晦乃辨其不然。盖尝思之，喜、怒、哀、乐发于气者也，而其理则根于性。《中庸》所谓未发之中，中节之和，以理言者也；《礼运》之所谓七情，左氏之所谓六志，以气言者也。以气言则谓之人心，以理言则谓之道心。黄以气言，李以理言，是以不同。若辨朱、程之说，不可合一，则黄氏乃不易之论也。①

真德秀指出，在《朱子语类》和《勉斋文集》中朱熹与学者的书信中，朱熹确实有将人心视为私欲的讲法。这样来看，李方子的观点就更具有说服力了。这对黄榦的观点来说是必须面对的挑战。真德秀接着便代黄榦来应对这一挑战。他认为，从文本来看，《中庸章句序》《书·大禹谟传》乃是亲笔著述，比语录文集的权威性更大，应作为理解朱子人心道心说的最终根据。而黄榦将《中庸章句序》中喜、怒、哀、乐视为人心，这人心乃是发于气而其理则根于性，当其发于气而无天理来规范时，便有恶的倾向；而《中庸》之言中和则是以理言之，是人心主于理时而转化为道心的状态。因此，真德秀事实上否定了程、朱以人心为私欲的观点，最后认同黄榦对人心道心的理解。

> 又勉斋别段谓七情皆人心，既以人心为未是人欲，又以七情为人心，何也？盖欲字单言之，则未发善恶七情，皆未分善恶，如欲善欲仁，固皆善也。若耳目口鼻之欲，亦只是形气之私，未可以恶言。若以天理人欲对言之，则如阴阳昼夜之相反，善恶于是判然矣。朱子"形气之私"四字，权衡轻重，允适其当，非先儒所及也。或谓私者公之反，安得不为恶？此则未然，盖所谓形气之私者，如饥食渴饮之类，皆吾形体血气所欲，岂得不谓之私？然皆人所不能无者，谓之私

---

① （宋）真德秀：《西山读书记》，第83页。

则可,谓之恶则未也。但以私灭公,然后为恶耳。然黄氏以七情为人心,盖谓七者皆人心之发耳。学者不可便以情为心,盖心该动静,情则专指动处,其界限又不可不明也。①

黄榦以七情皆为人心,人心并不等同于人欲。此段真德秀进一步阐发。欲字并不必然就是善,或就是恶;只有天理人欲相对而言时,人欲才是恶;朱子所谓"形气之私"四字,其中"私"字是人所皆有之私,而并非必然就是恶,只有以私灭公才为恶。黄榦以七情为人心,是因为七情皆是人心之发,但不能以情为心,因为心该动静,而情专指动时。若就未发已发而言,此七情便属已发。

最后,真德秀还回应了江西学者对朱子所谓"形气之私"的批评:

> 江西学者有以朱子所谓形气之私为未安者,曰:"私即是恶,谓之上智不能无,可乎?"愚答之曰:"私者犹言我之所独耳,今人言私亲私恩之类是也,其可谓之恶乎?"又问:"六经中有谓私非恶者否?"愚曰:"雨我公田,遂及我私,言私其豕从,献豣于公。如此类以恶言之,可乎?"其人乃服。②

从真德秀的总结来看,似乎黄榦与友人的辩论到此结束。但考之现存《勉斋先生黄文肃公文集》,我们可以发现,黄榦与李方子的讨论还在继续,而且继续的讨论使得黄榦对人心道心的理解有一些大的变化,值得继续考察。

黄榦在《复李公晦书》中讲道:

> 来教谓喜、怒、哀、乐属于人心为未当,必欲以由声色臭味而喜、怒、哀、乐者为人心,由仁、义、礼、智而喜、怒、哀、乐者为道心,以经文义理考之,窃恐不然。朱先生《中庸序》云:"人心发于形气之私,道心原于性命之正。"形气在我,如耳目口鼻是也。声色臭味在物,岂得以发于声色臭味者为人心乎。朱先生云:"虽上知不能无人心。"今以由声色臭味而喜、怒、哀、乐,则是圣人未免于逐物也,而可乎?谓由仁、义、礼、智而喜、怒、哀、乐者为道心,

---

① (宋)真德秀:《西山读书记》,第83~84页。
② (宋)真德秀:《西山读书记》,第84页。

则《乡党》一篇，委蛇曲折，焕乎其文章，莫非由仁义而发也，曷为而以道心为惟微乎？人指此身而言，道指此理而言。发于此身者，则如喜、怒、哀、乐是也；发于此理者，则仁、义、礼、智是也。若必谓兼喜、怒、哀、乐而为道心，则理与气混然而无别矣。故以喜、怒、哀、乐为人心者，以其发于形气之私也；以仁、义、礼、智为道心者，以其原于性命之正也。人心道心相对而言，犹《易》之言器与道，《孟子》之言气与义也。人心既危而易陷，道心复微而难明，故当精以察之，则喜、怒、哀、乐之闲皆见其有当然之则，又当一以守之，使之无一念而不合乎当然之则，然后信能守其中而不失也。似此可谓大段明白，未审高明以为如何，更幸详以见教。①

在接到黄榦的回信之后，李方子对自己的观点有所修改，他以为不能统言喜、怒、哀、乐即人心，应该是由声色臭味而发的喜、怒、哀、乐为人心，由仁、义、礼、智而发的喜、怒、哀、乐为道心。黄榦在信中对李方子的观点提出批判。他根据对朱子在《中庸序》中"人心发于形气之私，道学源于性命之正"的理解，认耳目口鼻才是我之形气，而声色臭味乃是外物，不可认为发于物者为人心；又根据朱子所言"虽上知不能无人心"，认为若以由声色臭味而喜、怒、哀、乐为人心，则圣人亦逐于外物，但这是讲不通的。若是由仁、义、礼、智而发喜、怒、哀、乐为道心，那么《乡党》一篇描述孔子的言行自是仁义所发，且这言行非常明白显著，何以能看出道心的隐微呢。因此，黄榦认为人心之人是指身，道心之道是指理，发于身者喜、怒、哀、乐等，发于理者则仁、义、礼、智。若一定要说喜、怒、哀、乐是道心，那就是理与气混淆而无分别。故以喜、怒、哀、乐为人心，是因其发于形气之私；而以仁、义、礼、智为道心，是因其原于性命之正。人心道心是相对而言，就如同易之器与道，孟子之气与义。人心既危而易陷入其中，道心隐微难明，因此要精以察之，在喜、怒、哀、乐当中见其当然之则，然后一以守之，使得每一念头都合乎当然之则，然后信守之而不失去。

在此信中，黄榦坚持以仁、义、礼、智作为标准对危殆的人心进行严格精密的审查与对治，这样的态度无疑是标准的道学立场。黄榦这里侧重从人心、道心的概念构成上来解释问题，这是黄榦"看文字"的一种常用技巧。他将"人心"之"人"理解为"身"，道心之道理解为理，而人心

---

① （宋）黄榦：《勉斋先生黄文肃公文集》，第602页。

乃是身之发，道心便是理之发。这种解释是有渊源的。朱子曾曰："道心是义理上发出来底，人心是人身上发出来底。是圣人不能无人心，如饮食、渴饮之类；虽小人不能无道心，如恻隐之心是也。"① 这里也把人心理解为人身上所发，而道心为义理所发，但认为人心乃是饮食渴饮之类，道心则是恻隐之心，而黄榦则把身之发解为喜、怒、哀、乐，理之发为仁、义、礼、智。喜、怒、哀、乐之发总是与耳目口鼻等身体器官相关，这里的身之发为喜、怒、哀、乐好理解；但理之发为仁、义、礼、智，此发具有两层意思，一是仁包四德意义上的逻辑上的隐含；二是现实意义上的由未发之理而成为已发之四端之心。这两种理解在理学体系当中都是被认可的。如果从理论内涵来说，黄榦的这个人心道心观具有更强的概括力，不仅涵盖了未发已发的论域，还蕴含了道与四德之间的关系问题。

按朱子一般的观念，喜、怒、哀、乐为情，仁、义、礼、智为性。这里黄榦则认为人心即是情，喜、怒、哀、乐，道心便是性，即仁、义、礼、智。对于道心为性的讲法，在朱子语类中相关的有两条，一条即是黄榦所言，即"直卿云：'不谓性命'章，两'性'字，两'命'字，都不同。上面'性'字是人心；下面'性'字是道心。上面'命'字是气，论贫富贵贱；下面'命'字是理，论智愚贤不肖。学蒙"②。另一条为李方子曾录朱子之语："'性也，有命焉'，此性是气禀之性，命则是限制人心者，'命也，有性焉'，此命是气禀有清浊，性则是道心者。"③ 陈淳也有类似的观点："人之所以贵于物者，以其有道心，若仁、义、礼、智之粹然者是也。"④ 明代中期最重要的朱子学者罗钦顺也明确提出与黄榦类似的观点："四、道心，性也。人心，情也。心一也，而两言之者，动静之分，体用之别也。"⑤ 道心与人心乃是性与情的关系，有动静之分与体用之别，这与黄榦的理解大体一致。对于道心即性的观念，这里性则是道心与道心即性应该是同样的意思。冯友兰在解释朱熹哲学时，也认为"性为天理，即所谓道心也"⑥。这里都将道心理解为性。

然而我们要注意的是，在《朱子语类》当中还有不少将道心理解为四端之心而非性的讲法，如"吕德明问'人心、道心'。曰：'且如人知饥

---

① （宋）黎靖德编：《朱子语类》，第 2011 页。
② （宋）黎靖德编：《朱子语类》，第 1462 页。
③ （宋）黎靖德编：《朱子语类》，第 1462 页。
④ （宋）陈淳：《北溪大全集》卷三十一，第 745 页。
⑤ 阎韬译注：《困知记全译》，巴蜀书社 2000 年版，第 240 页。
⑥ 冯友兰：《中国哲学史》（全二册），华东师范大学出版社，2000 年，第 268 页。

渴寒暖,此人心也;恻隐、羞恶,道心也。只是一个心,却有两样。须将道心去用那人心,方得。且如人知饥之可食,而不知当食与不当食;知寒之欲衣,而不知当衣与不当衣,此其所以危也。'义刚"①。朱子明确将四端认为是已发,这样道心便不能是未发之性。这样一来,黄榦以道心为仁、义、礼、智之性的观点就与朱子的这一类观点存在差异。这一差异在后来为朝鲜性理学者所注意。

(二) 朝鲜性理学对勉斋性情说的批判②

在黄榦生活的时代,朱子学的众多具体理论处于创生阶段,黄榦对人心道心的这一理解即是黄榦自身理论创造能力的体现,也即朱子学派人心道心说的一种独特形态。黄榦这里,明确承认理具有发动能力的立场后来为退溪学派所接受,而被认为"发者气也"的栗谷等批评,而成为后来朝鲜理学当中四端七情争论的一个重要源头。

当朱子学逐渐被定为一尊,后世学者逐渐形成严格的以朱熹本人言论为评判最高标准的朱子学立场。而从这一立场出发,黄榦的人心道心观及其所涉及的未发已发观与朱熹本人的其他一些相关论述之间存在矛盾。一则,所谓发的意义应该统一,而身之发为喜、怒、哀、乐是现实意义上的发,那么理发为仁、义、礼、智就必然是指发为四端,朱熹在解释四端时,明确将仁、义、礼、智与四端作出性与情意义上的区别,这样一来黄榦以仁、义、礼、智为四端的讲法就不成立;二则,朱熹之人心与道心并非完全割裂,但若如黄榦所论,人心道心的关系类似理与气、道与器,人心与道心之间就有隔绝的嫌疑,喜、怒、哀、乐与仁、义、礼、智纯为两途,不能揭示出人心道心之间的关联。因此,在严格的朱子学立场来看,黄榦的这一观点自然会受到批判。

在朝鲜时期,性理学者都具有强烈的朱子学立场,朱熹的语境成为判定学术争议的最高权威,且伴随着对四端七情的长期论争,人心、道心、未发、已发、性与情等概念得到充分讨论与细致辨析,其中退溪认为"人心,七情是也;道心,四端是也,非有两个道理"的观点影响巨大。黄榦以喜、怒、哀、乐为人心,仁、义、礼、智为道心的观点,在朝鲜时期就受到从朱熹语境出发的性理学者较多批评,权尚夏及其弟子与韩元震撰有专文,下面一一来看:

---

① (宋) 黎靖德编:《朱子语类》,第 2011 页。
② 部分内容曾以《韩国性理学对黄榦人心道心说的批判》题刊于《哲学分析》2020 年第 1 期。

第六章　哲学思想　193

  答李公晦书云云，喜、怒、哀、乐，情之发于心者也。无论形气之发性命之发，皆有喜、怒、哀、乐。今勉斋乃以发于此身者，为喜、怒、哀、乐，然则发于此理者，不可谓七情耶。文武之怒，孔颜之乐，非发于理者耶。朱夫子立言垂训，皎若日星，而一传而微言大义已晦，良可叹也。
  耳之于声，目之于色，鼻之于臭，口之于味，是人心也。今以发于耳目口鼻者为人心，发于声色臭味者，不可谓人心，亦未可晓也。
  圣人之于声色臭味，事事中节而已，今曰圣人未免于逐物，亦不可晓。
  以人心道心，拟之于易之器与道，亦甚不然。①

此文较短，但观点清晰。权尚夏首先就提出关于人心道心的看法，无论是发于形气之私还是性命之正，皆有喜、怒、哀、乐之情。在这里喜、怒、哀、乐本身是中性的概念，因其所发不同而分属于人心道心。而黄榦认为发于身的才是喜、怒、哀、乐，发于理的不是喜、怒、哀、乐，不可谓之七情。对此，权尚夏提出以下三点批评。

第一，"耳之于声，目之于色，鼻之于臭，口之于味，是人心也。今以发于耳目口鼻者为人心，发于声色臭味者，不可谓人心，亦未可晓也"。

这里的分歧在于对"发"的理解上。黄榦所谓的发于声色臭味，是指声色臭味乃是发之主体，喜、怒、哀、乐是其所发，这自然不通，应该是耳目口鼻所发为人心。而权尚夏则认为人心是耳之对声，目之对色，鼻之对臭，口之对味的感知，这种感知即人心。权尚夏这里"发于声色臭味"是指因声色臭味而引发，即声色臭味是发的诱因。

第二，"圣人之于声色臭味，事事中节而已，今曰圣人未免于逐物，亦不可晓"。

圣人同样也会遭遇外界的声色臭味，也会因之而发心，但圣人之发心乃事事中节。这种"发"被黄榦以为是逐物，而权尚夏并不认同。

第三，"以人心道心，拟之于易之器与道，亦甚不然"。

对于黄榦的这个比喻，权尚夏也不认同。就朱子本意，道心人心应该都是属于人的意识范围，应该没有形上与形下之区分。黄榦这样的比拟意在突出道心对人心的基础意义，但若将人心道心比作器与道，则有形下与

---

① 〔韩〕权尚夏：《寒水斋先生文集》卷之二十一（韩国文集丛刊150），《勉斋集辨》，韩国古典翻译院，1995年，第386页。

形上之分，这个比喻应该说是有问题的。

权尚夏主要是就黄榦论证过程中的观点提出疑问，但并未详细讨论。其重要弟子韩元震在权尚夏的基础上，作成长篇专文《黄勉斋性情说辨》① 对黄榦答李公晦书中的言论一一进行详细辩驳。该文不仅详细辩驳了勉斋答李公晦书中表达的性情观，而且还涉及对勉斋之学的一些重要认识，在一定意义上，可以说代表了韩国性理学者对勉斋之学理解的最高水平。为讨论方便，下面对该文分为几段一一分析：

> 勉斋答李公晦书，深非喜、怒、哀、乐由声色臭味而发者为人心，由仁、义、礼、智而发者为道心之说。李说本自无病，攻之殊不可晓，况其为说，又多可骇。

南塘一上来就直接亮明自己的态度，认为李公晦之说本没错，勉斋"攻之者殊不可晓"。其实正如该文前面所分析的，勉斋的批判有一整套论证。

接下来，南塘为证明勉斋之说有"多可骇"，首先提出自己对于未发已发的理解：

> 子思曰"喜怒哀乐之未发谓之中，发而皆中节谓之和。中者天下之大本，和者天下之达道。"朱子解之曰"喜怒哀乐情也，未发则性也。"然则喜怒哀乐之情未发者为仁义礼智之性，仁义礼智之性已发者为喜怒哀乐之情。大本达道，一理相贯，而人心体用，尽于是矣。盖五性之外无他性，七情之外无他情故也。

韩元震认为，未发为性，即仁、义、礼、智、信五性；已发为情，即喜、怒、哀、乐等七情；五性之外无他性，七情之外无他情；性情的关系即未发与已发的关系。接着，他对人心道心作出解释：

> 所谓人心道心者，以其喜、怒、哀、乐之感于食色而发者谓之人心，以其感于道义而发者谓之道心。何为而有感于食色而发也，以其有耳目鼻口之形，具于身故也。何为而有感于道义而发也，以其有仁、义、礼、智之理，根于心故也。故曰生于形气而有人心，原于性

---

① 〔韩〕韩元震：《南塘先生文集》卷之二十七（韩国文集丛刊202），《黄勉斋性情说辨》，韩国古典研究院，1998年，第74~77页。下引该文不再标注。

> 命而有道心也，非谓人心七情不本于仁、义、礼、智，而道心却在喜、怒、哀、乐之外也。

人心道心都是已发，都属于七情。人心乃是感于食色而发出来的七情，其根源在于耳目鼻口之形，道心乃是感于道义而发出来的七情，其根源在于仁、义、礼、智之理。因此，并非人心之七情不本于仁、义、礼、智，也并非道心在七情之外。

上述未发已发观与人心道心观便是南塘性情论的基本内容。在此基础上，他对黄榦以喜、怒、哀、乐为人心，以仁、义、礼、智为道心的观点展开批评，指出黄榦的观点将导致一系列错误：

> 今曰"以喜、怒、哀、乐为人心者，以其发于形气之私也；以仁、义、礼、智为道心者，以其原于性命之正也。"如此则喜、怒、哀、乐不原于仁、义、礼、智，仁、义、礼、智不发为喜、怒、哀、乐；喜、怒、哀、乐无理以为本，仁、义、礼、智，无情以为用；而大本达道分为二致矣。七情，总举人情之目；人心，偏指食色之情；而今以七情专属于人心，则是又以人心侵过食色之外矣。仁、义、礼、智性也，人心道心情也，而今直以仁、义、礼、智为道心，而曰原于性命，则是又昧于性情之分，而仁、义、礼、智之上，又有性命矣。七情之发而中节者为道心，而今以道心为在七情之外，则七情之外，实无他情，而道心终无发见之地矣。人心不原于性命，而道心不在于七情，则是又人心无与于大本，而道心无与于达道矣。

南塘推导出勉斋的错误有：（1）将喜、怒、哀、乐与仁、义、礼、智完全割裂开来，势必喜、怒、哀、乐没有以仁、义、礼、智为根本，仁、义、礼、智也不会发为喜、怒、哀、乐，人心与道心完全割裂；（2）七情乃是人情之具体种类，而人心乃是偏指其中食色之情，勉斋将七情等于人心，这样人心概念的外延就必须不当拓展，以包括食色之情以外其他种类的情；（3）人心道心皆是情，仁、义、礼、智乃是性，勉斋以仁、义、礼、智为道心，势必性情混淆；而且道心原于性命，这样仁、义、礼、智之上势必还有性；（4）道心本是七情当中发而中节的那部分情，而勉斋以道心在七情之外，但七情之外并无他情，这样道心势必没有发见处；（5）人心不原于性命，道心不在七情之中，那么人心与大本没有关系，道心与达道也没有关系。

接着，对于黄榦在信中的论证过程，韩元震也一一进行有针对性的驳斥：

> 又曰："人心道心，相对而言，犹易之言道与气，孟子之言气与义也。"如此则言人心而遗理，言道心而遗气，从人心道心之分者而言，则理气分开，各自有用而不相交涉也。从道器理气之合者而言，则人心道心，发必俱发而不得相舍也，二者无一可矣。

这里是对黄榦用易之言道与气、孟子之言气与义来类比人心与道心的观点进行驳斥。如勉斋所言，则无论是就人心道心之分而言，还是就道器理气之合而言，或者人心道心各自有用不相交涉，或者人心道心必须同时一并发出，这都是说不通的。

> 其破李说，则曰："人心发于形气之私，形气在我，如耳目鼻口是也，声色臭味在物，岂得以发于声色臭味者为人心乎。"夫谓人心发于形气之私者，谓其有耳目鼻口之私，故食色之心，因是而发也云尔，非谓耳目鼻口自发得知觉之情也。耳目鼻口，是不思之物，则固不能自发得情，而又无耳目鼻口之视听啖嗅者，则食色之心，何从而生乎。故谓之人心发于形气，然则李所谓人心由声色臭味而发者，亦谓由声色臭味之感而有人心云尔，非谓人心直就在物之声色臭味上发出也，今乃反其意而攻之，则其果服李之心耶。

韩元震这里对"人心发于形气之私"提出正解，认为食色之心是由声色臭味之感而有人心，并非如勉斋所理解的是直接在物之声色臭味上发出来，因此，勉斋对李公晦的这个批评是不成立的。

> 又曰："虽上智不能无人心，今以由声色臭味而喜、怒、哀、乐，则是圣人未免于逐物也。"夫人情之发，莫不由于外感，则声色臭味感于外，而食色之心发于内者，又安有逐物之嫌乎。若以是而为逐物，则恻隐之心，因孺子入井而发者，亦将以为逐物耶。盖其以李所谓由声色臭味而发者，为即声色臭味而发者，则自所谓人心七情发于形气者，亦为即形气而发。此情与性命而分对出来也，此其所见根本之错，而无处不错也。

黄榦也承认圣人有人心,但若人心是在外物上发,则圣人逐于外物,这是黄榦的质疑。而韩元震认为人情皆由声色臭味这些外在诱因而发,但其食色之心乃是发于意识范围之内,并非有外在诱因就一定会逐于外物。若由外因而发便是逐于外物,那么因外在的孺子入井而发于内心的恻隐之心,难道也是逐于外物吗?韩元震通过这个反问,进一步证明李公晦所谓由声色臭味而发乃是声色臭味而发的意思,所谓人心七情发于形气者也是即形气而发的意思,这本是情与性相对而发见出来。勉斋之错根源即在此。

> 又曰"由仁、义、礼、智而喜、怒、哀、乐者为道心,则《乡党》一篇委蛇曲折,焕乎其文章,莫非由仁、义、礼、智而发也,曷为而以道心为惟微乎"。夫《乡党》一篇所记,莫非天理流行,则此非道心而何,此非仁、义、礼、智之发而何。其记饮食衣服动静起居之节,无不中理者,即栗谷所谓人心的道心者也。夫孰非仁、义、礼、智之发见也,人心虽本危动,道心虽本微妙,在夫子盛德至善,动容中礼者,则固若是其安且著矣。所谓危者安,微者著者也,恶可以其著而谓非道心乎。若以其著而谓非道心,则孟子所谓仁义之端充之,足以保四海者,果是虚张诳人之说耶。圣人之动容中礼,焕乎其文章者,亦全在于人心,而道心一任其微昧耶。朱子答黄子耕书曰"盖以道心为主,则人心亦化而为道心矣"。如《乡党》所记饮食衣服,本是人心之发,然在圣人分上则浑是道心也。

勉斋以《乡党》篇圣人显著的饮食、衣服、动静与起居之表现与"惟微"的道心不合,因而反对道心亦可以表现为外显喜、怒、哀、乐之情的观点。韩元震认为《乡党》篇所载圣人表现就是道心,正是仁、义、礼、智之性所发,并引朱子与黄子耕书信中道心亦可化为人心的观点,应该说正中勉斋的疏忽之处。

> 又曰"若兼喜、怒、哀、乐而为道心,则理与气混而无别矣"。夫理气虽曰有别,而实无分开各行之时,况七情道心,只是一情,则又安得论理气之别乎。若必以七情道心为二情然后,方免于理气之无别,则子思之以喜、怒、哀、乐为达道者,亦将归于混理气而无别耶,抑书之道心。《中庸》之达道,其名物色相,亦有不同者耶。

若道心兼喜、怒、哀、乐,则如将理气混而无别,勉斋这里的逻辑本是以道心与喜、怒、哀、乐类比理气关系而分属不同范畴。韩元震则指出，道心与喜、怒、哀、乐等七情都是情，道心与七情的关系和理与气的关系并不相同。如果一定要认为七情和道心是两种情，这样才可避免理气相混的话，那么子思所谓喜、怒、哀、乐皆中节而为达道的讲法，也是将理气相混的讲法，"道心"与"达道"完全不同吗？至此，韩元震对勉斋信中的论证过程作了异常详尽的一一反驳。

接着，韩元震对勉斋答李公晦书中表达的性情观进行了总结，他总结出五个谬误：

> 大抵一书中所论。种种丑差，不胜爬梳。提撮其要而言，则以人心道心分道器，一误也。以喜、怒、哀、乐为不发于仁、义、礼、智，二误也。以七情之摠人情者，专属人心，三误也。以仁、义、礼、智之性，直为道心，四误也。以道心为在七情之外者，五误也。此皆系义理之大原，关问学之极致，而一切迷错如此。则其于道也，不啻重关复岭之隔矣。如是而犹承朱子之嫡传者，诚有可疑。

总体来看，韩元震的反驳异常详尽有力，其所总结的五点也是可以成立。更为难得的是，韩元震对勉斋之学的认知不止于此，他敏锐地发现，勉斋此信中的观点乃是其早年思想，到后来勉斋自己对此有所反省：

> 然细考之。此其初年之见。而非为一生定论也欤。其答胡伯量书曰："人心道心。恐如契兄所云者为是。李所云人心气也。余所谓性之正者。皆未精确。"人心气也者。与前所论人心为易之器孟子之气者。同一说也。所谓性之正者。亦似是指前日之论以道心为性发而不干于气。又以仁、义、礼、智直谓道心而不分其性情者也。据前说以人心道心分道器。则其必不以此说为非。而今其所驳人与自驳者如此。则其改正前见之误者必矣。夫既改正人心道心分道器之误。则其他七情专属人心等一般说话。亦必在所一例改正矣。

这里提到勉斋答胡伯量书中对李公晦与自己观点的反省，"皆未精确"[1]。由此，韩元震在性理学的概念体系当中，推测勉斋必定改过前见之误，完全推翻前见。

---

[1] 可参见（宋）黄榦《勉斋先生黄文肃公文集》，第597页。

最后，韩元震对勉斋之学作了一个整体上的评价：

> 盖观勉斋之学。专以苦思得之。故其于朱子说。始疑而卒服之者多矣。非独此一说也。如洪范五行说。论语浴沂章说。皆系造化之源道体之妙。而始皆深疑朱子说。费辞多辨。卒皆以朱子说为正而弃其旧见。岂非所思益深。所见益精而然耶。昔之疑之也非强异。则后之从之也非苟同。而必有洒然融释者矣。然则朱子之传之道。勉斋之受其传者。夫岂有可间者哉。勉斋全集。前不东来。顷年权副使尚游之自燕还。始行于东方。今几家置而户诵矣。学者若不细究其有初晚之异。而只执此一书以概之。则不知道者既不免为所误。而知道者又必生厌薄之心。传失其人之诮。将上及于朱子矣。其为吾道之病。当如何哉。故愚敢就其书。既详释其所见之差。而复表出其后来正见之无可议者。以自附于尊贤卫道之义云。己亥二月日。书于平沙寓舍。

信中提到《勉斋先生黄文肃公文集》传入韩国比较晚的事实，这点可参见本书最后一章中"勉斋文集传入韩国过程考"的部分，这里不再赘述。韩元震还以黄榦早晚思想变化的两个例子——洪范五行说与《论语》"浴沂"章说，以证明"盖观勉斋之学，专以苦思得之。故其于朱子说，始疑而卒服之者多矣"。勉斋之学专以苦思得之，这是合乎事实的。但对于洪范五行说，黄榦之疑不仅在早年还在其晚年，其最终思想如韩元震所论回归朱子，但这最后的回归朱子也并非完全信服朱子，这在本文前面黄榦《宇宙论》中已有详细讨论。关于《论语》"浴沂"章说，黄榦存在一定的思想变化，而且黄榦早年之疑并非没有价值，这一质疑直接促使朱子对《论语集注》该章进行修改。

再回到韩元震对勉斋人心道心观的推测，事实是否如其所推测的回归朱子，我们需要结合勉斋《答胡伯量书》来看。该书全文如下：

> 承诲以朋友讲问之详，甚幸甚喜。榦之愚陋，何足以折衷之所说。大抵皆善，人心道心之说恐如契兄所云者为是，李所谓人心气也，余所谓性之正者，皆未精确也。道体之说此更宜讲究，谓但指隐而言者，岂所以为道体之全耶。体字不可以体用言，如今所谓国体治体文体字体，亦曷尝对用而言耶。所谓道体者，无物不在，无时不然，流行发用，无少间断。如曾晳者，真是见得此理，然后从容自得，有以自乐。今之局促迫狭，寻行数墨辄拘碍者，岂亦于此有未洒

然者邪？主敬、致知两事，相为经纬，但言敬而不能有所见者，恐亦于此有所未思耳。此有非非纸笔所能尽者，试以扣余李二兄共同商榷之，安得一见相与剧言耶，恐有未安者，却望垂教为幸。①

胡泳字伯量，南康人，朱子重要门人，与黄榦交往密切。这里的李应是李公晦。就信中语意，李所谓人心气也，指向的是李公晦所言人心观，"余所谓性之正者"，应是指向自己所持道心观。李公晦以为人心发于形气之私故皆为恶，这点黄榦已经有过批评。而对于自己的道心观这里仅说不够精确，具体内涵却没有明言。虽然黄榦认同胡泳的人心道心观，但胡伯量的信件现在不可见，我们只能从《朱子语类》当中大略推测胡伯量的立场：

> 问："先生答余国秀云：'须理会得其性情之德。'"曰："须知那个是仁、义、礼、智之性，那个是恻隐、羞恶、恭敬、是非之情，始得。"问："且如与人相揖，便要知得礼数合当如此。不然，则'行矣而不着，习矣而不察'。"曰："常常恁地觉得，则所行也不会大段差舛。"胡泳。②

> 问："心存时也有邪处。"曰："如何？"泳曰："有人心、道心。如佛氏所谓'作用是性'，也常常心存。"曰："人心是个无拣择底心，道心是个有拣择底心。佛氏也不可谓之邪，只是个无拣择底心。到心存时，已无大段不是处了。"胡泳。③

这里将仁、义、礼、智与恻隐、羞恶、恭敬、是非等四端分别为性与情，又把道心视为具有道德判断功能的道德意识。这与朱子将道心视为四端的讲法是一致的。从胡泳所接受的性情观来看，黄榦以所谓道心为仁、义、礼、智之性的讲法应该是受批评的。由此，我们可以推测，受胡泳的影响，黄榦最终将道心为性的讲法修改为道心为四端是可能的。这点从黄榦此信中对道体的反省也可以印证。由于二人讨论此问题时的理论背景存在差异，韩元震的推测是建立在自身性情论的体系上，勉斋的反省并未从已发未发、性情问题开始，反而这里的重心是从对道体之隐的思考开始的。之所以从道体开始，勉斋并未明言，但就其常用概念拆分方法来看文字的

---

① （宋）黄榦：《勉斋先生黄文肃公文集》，第597~598页。
② （宋）黎靖德编：《朱子语类》，第2909~2910页。
③ （宋）黎靖德编：《朱子语类》，第220页。

为学方法,"道心"概念自然包括"道"与"心"两部分,对"道"的认识最为关键,"心"则与发相关,因此,他对道心的理解思路还是从道之发来理解,所谓道体便是道与发的合体。他认为道体之隐并非道体之全部性质,此处体字并非体用相对而言当中的体,乃如国体治体文体字体之体,是类型、体裁的意思。所谓道体之全并非仅指隐而言,应是既内在隐微又外向显著,遍及一切事物与场合,具有时空上的普遍性。勉斋这里反省的实质是对自己前见当中以为道心的特征只能是隐微这一点有更进一步理解,故其将自己的失误归结为"今之局促迫狭,寻行数墨辄拘碍者",即过于拘泥于文字,这里所指应是"道心惟微"这句话。由此可见,勉斋这里还是将道心与道体紧密联系,这与勉斋一贯重视道体认知的为学特点是一致的,但与韩元震在朝鲜性理学长期四端七情、性情论争的历史当中所熏陶发展起来重视概念辨析的反驳思路还是存在一定差异。

由此可见,黄榦最终关于人心道心的理解可能是,喜、怒、哀、乐为人心,四端为道心。黄榦最终还是有可能如韩元震所推测的那样改变自己的观点即"夫既改正人心道心分道器之误。则其他七情专属人心等一般说话。亦必在所一例改正矣"。但关于未发已发、四端与七情的关系等心性论的其他问题,我们并不能就此判定黄榦最后的定见如何,是否会与韩元震的观点一致。从上面的讨论中,我们可以看到,黄榦对性、对未发的理解与朱熹没有太大差异,对于已发之恶也有关注,但他对情、对已发的理解则侧重于四端,对四端与七情之间的关系也没有明确讨论。就人心道心问题而言,黄榦在经历过与李公晦的讨论之后,并没有特别明确的定见。

关于未发向已发转化,黄榦最终还是坚持两种发动机制的观点:

> 其为说则心之所发,必乘于形气,抑不思《中庸序》之言曰"或发于形气之私,或原于性命之正",则不皆乘于形气矣。惟其以为皆乘于形气,所以合人心道心而为一也。①

此信作于嘉定十四年(1221)黄榦去世前不久。这是在见到黄士毅(子洪)所为《舜禹心传之图》以人心道心合为一时黄榦提出的疑问。在这里,黄榦批评黄子洪以为心之所发皆乘于形气的看法,并引《中庸序》的原话来论证心之所发的机制"不皆乘于形气"。可以看出,黄榦在晚年最终坚持对人心、道心的发生机制依然坚持两种发动机制的观点。这一观点

---

① (宋)黄榦:《勉斋先生黄文肃公文集》,第14页。

在朝鲜性理学的四端七情论争中发挥了重要影响。

心在道学的领域通常既代表修养工夫的主体，也代表修养工夫的对象，还会用来描述修养之后的境界，是一个复杂的概念。作为工夫主体的心，侧重的是其功能与本性，因此与性有密切关系；作为对象的心往往是具有危殆属性的现实人心，而道心则一方面可以作为修养工夫的主体而属于未发，另一方面又将作为修养工夫之后的境界而属于已发。对于朱子而言，对人心道心的解读有两种模式，一种是将人心道心视为理气式的理气论解读，侧重的是作为工夫主体的道心，道心是性，而人心是情，这样的解读强调了道心作为修养工夫主体的一面，将道心与性合一，但未能将性与性之端倪区分；另一种是将人心道心视为已发状态的心性论解读，侧重于将道心修养工夫的境界即作为已发的情，这样的理解将性与性之端倪区分开来，将道心理解为性之端倪，这在对未发已发之"发"的概念使用上更具一致性。黄榦关于人心道心的辨析及其引起的后来包括韩国性理学家在内的学者的讨论，也给我们清楚地显示出这两种解读模式之间的理论差异。

第四节　工夫论

一般认为，宋明理学以成德成圣为其学问的根本追求，具有实践性的品格，通常使用"工夫"一词来讨论相关问题。工夫，亦作"功夫"[1]，在汉语当中有几层不同的含义：（1）做事所费的精力和时间；（2）功力、素养；（3）工程夫役；（4）空闲的时间。[2] 在理学家那里，工夫一词具有一定的模糊性，有时指为学、修养所花费的时间与精力，有时也表示学问所达到的功力、素养，有时还表示指导身心修养实践的方法。倪培民教授就认为"功夫是一个三维合一的概念。从功力的角度看，功夫是本体的性质，是通常需要长时间实践修炼、有恰当的方法指导而获得或者开发、彰显的才艺、能力。从工夫的角度看，功夫是有恰当的方法指导，为了获得才艺、能力而进行的实践修炼。从功法的角度看，功夫是为了获得才艺、能力而进行长时间实践修炼的方法"[3]。我们认为，在这三层含义当中，

---

[1] 理学工夫论也有学者写成"功夫论"。另外，由于功夫一词今天易与武术等技艺混淆，且理学家常使用的是"工夫"，因此，本文使用"工夫"而非"功夫"。

[2] 参见《古汉语大词典》，上海辞书出版社，2000年，第591页。

[3] 倪培民：《将"功夫"引入哲学》，载于刘笑敢主编《中国哲学与文化》第十辑，漓江出版社，2012年，第56页。

核心含义是指一种在特定实践修养方法指导下的以成就德性、达到圣人之境为根本目标的活动，三层含义均是围绕这一有目的的身心修养实践活动而出现的。

这一活动也即是传统儒学所言的"为学"。与西方在知识论意义上使用的"学问"这一概念不同，"学只是修身"①，传统儒学的"学"并非一个纯粹以知识增长为目标的知识论概念，而是一套与具体道德生活紧密相关旨在提升精神境界的学问体系。这样一来，"为学"不仅表现为一系列注疏经典、读书、问学、讲论等学习研究活动，更包括克己复礼、求放心、养浩然之气、静坐、主敬、穷理、变化气质等精神修炼过程，这个精神修炼过程追求的是根源于天道、天理的人之本性的呈现与保持，即德性的提升。为学涉及了包括为学主体的道德知识、情感、意志、信念、品格、个性等所有意识内容，带来的是主体内在精神世界以及所有日用常行中具体的视听言动、应人接物等行为方式的改变。应该说，"学"不仅是一种关于儒家生活方式的学问，"为学"更是儒家的重要生活内容，构成了儒家生活方式的重要组成部分。从这层上来讲，为学具有鲜明的精神生活实践的特征，广义的儒家修养工夫又被称为为学（修养）工夫。

因此，工夫代表的是为达到特定目标所自主刻意进行的一系列由明确方法、途径、阶段等要素所构成的特定行为。这里的行为是广义的，既包括外在的身体活动，也包括内在的精神活动。这些行为表现出一定的技能性，是一种素质修养的代表。为学（修养）工夫就是学者求道与体道的方法、步骤、过程。工夫论便是围绕这些行为对求道与体道的方法、步骤和过程的论述，涉及行为的主体、对象、场所、种类、阶段、本质、具体方法、效果等多方面的内容，其核心是教人如何做工夫。从默会知识的视野来看，工夫论的实质是对做工夫过程的一种说明、提示，这种说明、提示与具体的工夫实践本身是有差异的。就如游泳手册只能由会游泳的人来写，阅读游泳手册也与真正的学习游泳是两回事，作为一种有效知识的工夫论，其提出的基础只能是切实的工夫实践，语言文字只能部分地表达工夫论，在工夫实践过程中有一些体悟是超出语言范围之外的，工夫实践才是工夫论真正完全的表达方式。但这并不等于以语言形式表达的工夫理论毫无价值，相反，对于后学者而言，工夫理论在具体的亲身工夫实践过程当中还是必要的指导，能够起到事半功倍的效果。

从根本上讲，为学（修养）工夫的问题是儒学自产生以来就一直固有

---

① （明）胡居仁：《居业录》，中华书局，1985年，第40页。

的问题。到宋明时期，新儒学充分吸收佛学、道家的修养理论，在肯定可以学而成为圣人的普遍共识的基础上，通过切实的具体修养过程提升和成就人所本有的德性本体以达到圣贤境界就成为宋明新儒学的一个核心论题，精神生命的修炼问题更加突出，如何在为学过程中成就德性成为这些宋明儒者关心的核心任务，系统化的工夫思想即工夫论成为理学思想的重要组成部分。

对朱子学来说，朱熹经常使用"下工夫""做工夫"和"用功"的概念来表示修养实践过程。在长期切实身心修养实践的基础之上，朱熹常说："心是做工夫处"[1]，"要验学问工夫"[2]，"做工夫处，如克己为仁"[3]，"仁是本有之理，公是克己工夫极至处，且把敬为主收敛身心却方可下工夫"[4]，"敬是彻上彻下工夫"[5]，"圣门日用工夫甚觉浅近"[6]，"圣贤所说工夫都只是一般，只是个择善固执"[7]，"学者工夫但患不得其要"[8]，"自早至暮无非是做工夫时节"[9]，"遇富贵就富贵上做工夫，遇贫贱就贫贱上做工夫，实有做工夫处"[10] 等，提出了一系列的工夫论思想，这些思想成为朱子学思想体系的重要组成部分。朱子门人后学一方面继承程朱理学的修养工夫论思想，另一方面又针对当时儒学研究中出现的各种问题，在历经自身为学与修养实践过程的检验与启发，形成了各具特色丰富而深刻的工夫论理论。

然而，从清代至今，儒家的修身实践传统逐渐遗失，现代学术研究受到西学重知识性研究的影响，再加上大陆对传统理学研究的历史积淀还不够，相比较于日本学界的状况而言，"当代中文学界对理学工夫论的研究仍未充分"[11]。目前已有的研究主要涉及程朱陆王等主要标志性思想家以及近年日益升温的阳明后学，而由于朱子后学一贯被认为恪守朱子学而在学问义理上少有突破创新，对于朱子后学的研究显得异常冷清，对于他们经过切身的精神实践检验与启发而形成的、有可能对朱子学有所突破的工

---

[1] （宋）黎靖德编：《朱子语类》，第94页。
[2] （宋）黎靖德编：《朱子语类》，第92页。
[3] （宋）黎靖德编：《朱子语类》，第116页。
[4] （宋）黎靖德编：《朱子语类》，第116页。
[5] （宋）黎靖德编：《朱子语类》，第126页。
[6] （宋）黎靖德编：《朱子语类》，第130页。
[7] （宋）黎靖德编：《朱子语类》，第130页。
[8] （宋）黎靖德编：《朱子语类》，第130页。
[9] （宋）黎靖德编：《朱子语类》，第136页。
[10] （宋）黎靖德编：《朱子语类》，第136页。
[11] 林永胜：《中文学界有关理学工夫论之研究现况》，载于杨儒宾、祝平次编《儒学的气论与工夫论》，华东师范大学出版社，2008年，第233页。

夫论的研究更为薄弱。对于后世朱子学者而言，工夫论在一定意义上相比于其心性理论而言更能体现学者的求道与体道境界。

黄榦自从学以来，遵从朱子的教诲，无论是居家还是为官，始终踏实做工夫，并达到较高的境界，不仅在朱熹生前就得到朱熹的高度认可，在朱熹逝后得到同道的尊仰，而且他去世之后更得到后来学者的推崇。这种切实做工夫的经历与其达到的工夫境界不仅是我们重视其宇宙论、心性论的基础，更是我们应该重视其工夫论的根本原因。黄榦的工夫论可以视为其自身一生工夫实践过程当中的经验总结，他一方面继承了朱子的基本观点，另一方面又有自己的一些体悟。

一 工夫实践

在朱熹对两宋理学进行全面吸收综合最终形成宋明时期体系最庞大的理学体系之后，面对朱子学的庞大体系，朱子后学普遍地认为圣贤之道在朱子的著述中已经全部阐明，对后学者而言最重要的工作便是切实实践这些义理。如陈淳在自述时说自己在朱熹去世以后也"惟谨守师训而已"[1]。黄榦明确指出"朱先生集前修之大成，设教垂世，其大纲无以复加矣。顾学者之为学则亦随其气质，察其所偏与其所未至，择其最切者而用吾力焉。譬如用药，古人方书亦言其大法耳，而病症多端，则亦须对症而谨择之也"[2]。这一方面说明，朱子在其著述中已经把学问之大端全部发明，没有再发明的余地，朱子后学也无意于超出朱熹哲学思想的逻辑结构，另一方面也指出朱子后学为学的主要任务不在于著书立说阐明圣贤之道，而在于阅读理解朱子著述，遵循朱子所阐明的学问大纲切实指导个体的修身实践。这种观念几乎成为朱熹之后一直到明初时期儒家思想家的共识。这种共识给理学带来的一个重要影响就是自朱子之后，由于朱熹及其弟子遍注群经，在理学义理的框架下对经典的研究空间已经大大缩减，经学在整个元明日益衰微，而朱子学者的为学重心转向切身的修养实践。

在具体阐述黄榦的工夫论思想之前，我们从几个侧面对黄榦的工夫实践进行一个粗略的了解。

（一）为学与践履兼顾

黄榦应该是追随朱熹时间最长、关系最密切的弟子。在长期求学朱熹的同时，黄榦还不忘居家为母尽孝的实践。从黄榦年谱中晚年的记载可以

---

[1] （宋）陈淳：《北溪大全集》，第681页。
[2] （宋）黄榦：《勉斋先生黄文肃公文集》，第597页。

看到，在朱熹晚年，黄榦经常频繁往来于朱熹居住的五夫与母亲居住的沙邑，兼顾为学与践履。

就为学之方来说，黄榦善看文字且注重朋友会讲。黄榦第一次拜见朱熹时，朱熹就看出黄榦会看文字的长处，也因为黄榦会看文字，朱熹让黄榦广泛参与自己的注经活动。无论是居家还是从政，黄榦注意时常与朋友会讲，并试图订立会讲规矩，使之制度化规范化。①

（二）事事用功

修养实践往往体现在日常小事上的自我要求，这里举一例说明：

> 先生看糊窗，云："有些子不齐整，便不是他道理。"朱季绎云："要好看，却从外糊。"直卿云："此自欺之端也！"贺孙。②

糊窗乃生活小事，朱季绎从外面糊窗的建议能够把窗户糊得更好看，但这好看是从外面看来，掩盖了其自内看的不整齐。黄榦自此指出，这样的行为在道德修养上的不妥，开启自欺之端，自欺即是不诚，有违于成德之教。于此可见，黄榦在日用工夫上的严谨笃实。

（三）处处用功

为政方面，黄榦严于律己，忠于职守，这在黄榦的从政经历可以看出。自第一次外出任职石门酒库，一直到嘉定十一年（1218）返家，其间黄榦多次提出祠禄之请，但每任一官，总是忠于职守，尽心尽力，几乎每一任都作出不俗的政绩，石门酒库、临川办学、新淦理政、汉阳与安庆筑城等事功，都得到百姓与朝廷的高度认可。

在外任官，甚至行走途中，黄榦还时刻不忘用力于求道。这里列举两例：

> 尝记师说《西铭》自乾称父以下至颠连无告如碁局，自子之翼也以下至篇末，如人下碁，未晓其说。丁卯夏三衢舟中因思之，方知其然。③

丁卯即开禧三年（1207），该文应作于该年夏。这里提到在三衢的船上，

---

① 详细可见邓庆平《朱子门人与朱子学》，第261～263页。
② （宋）黎靖德编：《朱子语类》，第2916页。
③ （宋）黄榦：《勉斋先生黄文肃公文集》，第174～175页。

黄榦反思朱子关于《西铭》行文特点的一个说法，对《西铭》的行文结构有所领悟，于是写下这篇关于《西铭说》。

同样在丁卯夏、冬时期，南宋政府与北兵交战，黄榦因见战争中许多百姓与军人死伤，同时不少牲畜被害，产生戒杀的想法，后来也是三衢的船上写下《戒杀记》：

> 丁卯夏用兵，冬，北兵入边，予适在荆襄，自见江北百姓及诸军死于锋镝不可胜数，奚啻如羊豕之被害，人物并生于天地之间，使之至死，深可伤，念自有天地以来便有战争，便有杀戮，因思人之暴殄天物，亦不可不戒也。……仲夏三衢舟中记。①

记中开头就回顾了"丁卯夏用兵，冬，北兵入边"之事，丁卯即开禧三年（1207），此《戒杀记》应是此冬之后。由于黄榦自嘉定元年（1208）正月到任抚州知临川县事，一直到嘉定四年（1211）任满，应该没去过三衢，而记中最后署"仲夏三衢舟中记"，至少应是临川任满之后才可能仲夏之时人在三衢，故此记当在嘉定四年（1211）之后。戒杀原本是佛家规范僧侣行为的戒律，黄榦这里从人物并生天地之间的事实出发，强调人与物的共生性，提出戒杀的行为规矩来劝导民众。

（四）用功有规划

值得一提的是，黄榦曾订立日记来规划日常的为学与修养实践。

> 日记
> 圣贤之教曰博学于文，约之以礼，又曰日知其所亡，月无忘其所能，此录之所以作也。自旦至暮，自少至老，置之坐右，书以识之，文行相须，新故相寻，德进业广矣。
>
> | 一记年月日 | 岁次 | 一行 |
> | 一记气节寒暑雨阳之变 | 天运 | 一行 |
> | 一记所寓之地 | 所寓 | 一行 |
> | 一记所习经子史集四书多少，随力所及 | 读书起止 | 四行 |
> | 一记所出入及所为大事 | 出入动作 | 三行 |
> | 一记所闻善言所见善行 | 善言善行 | 三行 |

---

① （宋）黄榦：《勉斋先生黄文肃公文集》，第175页。

一记所见宾友　　　　　　　　　　　宾友　三行①

从记录项目来看，既涉及岁次天运，更涉及日常读书起止、出入动作乃至待人接物等日用常行，不仅有理论知识的学习活动，还有日常的实际行为，几乎事事都要记录。此记录的目的在于时刻提醒自己，帮助自己进德广业。

此外，从黄榦年谱我们还可以清楚看出，黄榦在生活中严守儒家古礼，在整理研究儒家仪礼的基础上，积极宣传推广古礼。黄榦是一个长期切实进行日常心性修养实践的儒家学者。

二　工夫论

基于长期切实地修养实践，黄榦继承朱熹的工夫理论，提出了许多有关修养工夫的思想观点，成为朱子学派工夫论的重要组成部分。

正如上面所言，工夫论的核心在说明"做工夫"的过程，而用功之处即用功对象在哪，用功的目标如何，用功的途径有哪些，如何用功，用功之后会得到什么效果，这些都是修养工夫论的基本问题。黄榦关于修养工夫的讨论中对这些问题均有涉及。

（一）为学无非就身心上用功

黄榦提醒学者在选择具体的为学方法时应该考虑自身的具体特性，有针对性地选择用功方式：

　　为学须随其气质，察其所偏与其所未至，择其最初者而用吾力焉，譬如用药，古人方书，亦言其大法耳，而病症多端，则亦须对证而谨择之也。②

气质即其先天基础，所偏即其长处，所未至即其不足之弱点，为学须就这些具体情况而选择恰当的道路，这并非因材施教的教育原则，而是自我为学的基本原则。这样一来的话，具体的为学路径应该是各有差异，但其目的是一致的：

　　学问之道固多端矣，然其归在于全其本性之善而已，明善谓明天

---

① （宋）黄榦：《勉斋先生黄文肃公文集》，第176页。
② （明）胡广等纂修：《性理大全》，第2866页。

下之理，复其初则复其本然之善也，于《论语》之首章首举是以为言其提纲挈领而示人之意深矣。①

进道之要固多端，且刊落世间许多利欲外慕，见得荣辱是非得失利害皆不足道，只有直截此心无愧无惧，方见之动静语默皆是道理，不然则浮湛出入浑涆胶扰，无益于己，见窥于人，甚可畏也。

这里正好是从正反两方面立论，从正面来说，为学的目的在于彰明与恢复本来具备的善之本性，即明善与复其初；从反面来讲，为学的关键在刊落世间利欲外慕，见得这些皆非最重要而使得此心无愧无惧。这是朱子学一贯的立场。

为了达到这个目的，黄榦反复强调，为学主要的用功对象便是自家身心：

古先圣贤言学，无非就身心上用功。人心道心，直内方外，都未说近讲学处。夫子恐其识见易差，于是以博文约礼对言。博文先而约礼后，博文易而约礼难。后来学者专务其所易而常惮其所难，此道之所以无传。须是如《中庸》之旨，戒惧慎独为终身事业，不可须臾废离，而讲学穷理所以求其明且正耳。若但务学而于身心不加意，恐全不成学问也。②

为学即是对身心用功，改变身心状态以趋近于儒家圣贤境界。人心道心说、直内方外说，都是对身心的描述，既涉及内在心性本体，也涉及现实意识状态与身体行为。就实际的为学活动来说，身心是就做工夫的对象，如博文约礼、戒惧慎独、讲学穷理等都是具体的用功方式。黄榦一方面提醒这些具体用功方式不可偏废，另一方面他又特别提出，用功不可只在讲学博文一途。

黄榦针对当时学风，指出：

今世知学者少，都以易说了学问，但能敛束身心，便道会持敬，但晓文义便道会明理，……今之学者须当体得此心，切实用功，逐日察之念虑心术之微，验之出入起居之际，体之应人接物之间，真个无

---

① （明）胡广等纂修：《四书大全》，第784页。
② （明）胡广等纂修：《性理大全》，第2866~2867页。

歉，益当加勉，岂可一说便了著。①

黄榦对当时学者多停留于口耳的言听，而不务实践的学风提出批评，提出学者在逐日念虑心术之微处，在出入起居之日常行为上，在应人接物之时，即在生活中的每一个行为与意识活动当中，都必须着实做工夫。由此可见，黄榦视野中的用功时机与场合基本涵盖日常生活的方方面面。

就为学途径，黄榦在另一处讲得很清楚：

> 人之为学，但当操存涵养使心源纯静，探赜索隐使义理精熟，力加克制使私意不生，三者并行而日勉焉，则学进矣。②

这里讲到三种为学的具体途径，这三种途径事实上针对心的三个组成部分而分别用功，一是对心之本性的操存涵养之功，二是对认知心的探赜索隐之功，三是对心中私欲的力加克制之功，三者并行，方是为学正途。这个讲法源自朱子：

> 致知、敬、克己，此三事，以一家譬之：敬是守门户之人，克己则是拒盗，致知却是去推察自家与外来底事。伊川言："涵养须用敬，进学则在致知。"不言克己。盖敬胜百邪，便自有克，如诚则便不消言闲邪之意。犹善守门户，则与拒盗便是一等事，不消更言别有拒盗底。若以涵养对克己言之，则各作一事亦可。涵养，则譬如将息；克己，则譬如服药去病。盖将息不到，然后服药。将息则自无病，何消服药。能纯于敬，则自无邪僻，何用克己。若有邪僻，只是敬心不纯，只可责敬。故敬则无己可克，乃敬之效。若初学，则须是功夫都到，无所不用其极。端蒙。③

这里致知便对应认知心，敬对应操存涵养，克己对应克制私意，朱熹对三者关系讲得更加详细。

（二）敬义是护身符

1. 此便是护身符

"敬以直内，义以方外"出自《周易·系辞》，一直受到程朱的重视，

---

① （明）胡广等纂修：《性理大全》，第 2869~2870 页。
② （明）胡广等纂修：《性理大全》，第 2867 页。
③ （宋）黎靖德编：《朱子语类》，第 151~152 页。

程朱对这两句话反复阐发,成为他们工夫论的重要内容。与程朱一样,黄榦对"敬以直内,义以方外"也非常重视:

> 敬以直内,义以方外。此便是护身符,然敬用直字义用方字,古人自有说,如人胸中千溪万径,便是不直,用敬检束此心,则一条直上更无欹曲矣,如东西南北不正,便是不方,用义以处之,则四方平正而无偏侧矣,知此二句虽不读书亦无害。①
> 又曰:直方大,直方者言敬与义,大者言直方之效也。②
> "敬以直内,义以方外",这两句便是吾儒家护身符相似,才失了符,鬼便来。敬以直内是自家心里即有这一条路,无些子迂曲;义以方外,是应事接物时各得个四面恰好。今吾人须常常省察,看这个心敬未?直内了未?处事合义未?外方了未?步步照管,这便做得个好人在世间。又云:今人可畏,如"怠胜敬",是犹有个敬被他胜,今人都无敬可胜。③

黄榦直接称敬与义是儒家的护身符,认为敬与义是检点身心的直接工夫。甚至做好了这两个工夫,虽不读书亦可。孔子强调"虽曰未学,吾必谓之学也"(《论语·学而》)、"行有余力则以学文"(《论语·学而》),侧重从行为后果的角度来衡量为学效果,黄榦这里则既注意内在身心修养即"敬以直内"的过程,又重视外在应事接物即"义以方外"的过程,这就更为完整。

2. 敬义须就念虑上用工

> 来谕以"义以方外"为随事省察,即物推明,似便以是为格物致知之事。窃尝谓,古人敬义两字,且就念虑上用工。敬是持养此心,而欲其存于内者无不直。义是省察此心,而欲其应于外者无不方。居敬集义乃是要检点自家身心,格物致知乃是要通晓事物道理,其主意不同,不可合而言之也。④

这里是对饶鲁以义为格物致知的观点的批评,写于黄榦晚年嘉定十一年

---

① (宋)黄榦:《勉斋先生黄文肃公文集》,第219~220页。
② (宋)黄榦:《勉斋先生黄文肃公文集》,第220页。
③ (宋)黄榦:《勉斋先生黄文肃公文集》,第231页。
④ (宋)黄榦:《勉斋先生黄文肃公文集》,第691页。

(1218)九月归家之后。在这里,黄榦认为"义以方外"工夫的关键不在于格物致知的随事省察而在于自身念虑上,义是省察工夫,敬是持养工夫,都是检点自家身心的工夫,而格物致知则是通晓外物道理。这些工夫都在念虑上发生,也都属于精神生命的范畴。

3. 主敬

"敬以直内,义以方外"的重点首先便是敬。程朱认为主敬是圣学的根本工夫,黄榦继承了程朱的这个思想,对于程朱主敬思想也有一些自己的总结与阐发。

朱子曰:"敬之工夫乃圣门第一义。"① "自古圣贤,自尧舜以来,便说个敬字。孔子曰修己以敬。此是最紧要处。"② 黄榦专门作《敬说》来解释"敬"立的原因,并对"敬"之实质提出自己的理解:

> 古人论为学之方,多矣。自程子始专以敬为言,近世朱张二先生复申其说,至于为箴以自警。朱先生于《大学》之书首言小学之学惟敬足以补其缺,汇集程门之语如所谓主一无适、常惺惺法、整齐严肃、收敛身心、不容一物者,以明之,其说详且密矣。然为学而必主于敬与主敬之必有其义,诸说既各不同,而其说亦未晓,是以学者虽知主敬之切于为学,而莫有能用功于敬者,则亦其说之有未明也。人禀阴阳五行之气以生,其为是气也,莫不各有是理。人得是气以为体,则亦具是理以为性,又必有虚灵知觉者存乎其间,以为心。事物未接,思虑未萌,虚灵知觉者感而遂通,一寂一感,而是理亦为之寂感焉,使夫虚灵知觉者常肃然而不乱,炯然而不昏,则寂而理之体无不存,感而理之用无不行矣。惟夫虚灵知觉既不能不囿于气,而又不能不动于欲也,则将为气所昏为欲所乱,而理之体用亦随之而昏切乱矣。此敬之说所由以立也。虚灵知觉,我所有也,吾惟慢怠而无以检之,则为气所昏为欲所乱矣,惕然悚然常若鬼神师父之临其上,常若深渊薄冰之处其下,则虚灵知觉者自不容于昏且乱矣。故尝闻之先师曰,敬字之说,惟畏字近之,诚能以所谓畏者验之,则不昏不乱可见矣。曰然则诸说之不同,何也?曰惺惺者,不昏之谓也;主于一而不容一物扰乱之谓也;整齐严肃则制于外以养其中也,是皆可以体夫敬之意矣。然而不昏不乱者,必先敬而后能如此,制于外以养其中者必

---

① (宋)黎靖德编:《朱子语类》,第210页。
② (宋)黎靖德编:《朱子语类》,第495页。

如此而后能敬以之体，敬之义必欲真见夫所谓敬者，惟畏为近之也。盖畏即敬也，能畏则能整齐严肃，整齐严肃则能敬，能敬则不昏不乱矣。此朱先生不得不取夫诸说以明夫敬，而又以畏字为最近也。①

所谓"学者虽知主敬之切于为学，而莫有能用功于敬者，则亦其说之有未明也"。认知上的未明导致行为上的不用功，那么，关于敬的认知有两个问题非常重要，为学必须主敬的根据在哪里？敬之诸说如何协调贯通？这是黄榦所极力说明的。他先从本体论的角度说明敬说之所由来，虚灵知觉即心，囿于气，又为欲所动，从而至于昏乱之处境，由是需要敬来收敛身心，使之专一警醒不昏不乱而容理为主。然后再从具体工夫角度提出，要防止虚灵知觉之心为气欲所致昏乱，畏字是最重要的，即要畏惧此心昏乱。敬之诸说乃是对此畏的具体展开：惺惺是不昏的意思，主于一是不为物所扰乱的意思，整齐严肃是从外在约束来影响内心的意思。这些都要建立在畏的基础上，是以黄榦最后总结对敬的理解唯有畏字最接近。

朱熹曾提到"敬，只是一个畏字"②，但朱熹并未过多解说。而黄榦认为朱熹所作《敬斋箴》"当初做时是从粗底说入精去，从浅处说入深去"。而精深处便要说到以畏释敬：

> 朱先生晚年之说未有若是精切者也，才畏便会主一，便会惺惺，便会收敛、不容一物，这许多说话皆包藏在里许。释氏说心云不得跳举，不得昏沉，是他见得此心只有这两项。跳举即是走作时节，昏沉即是放倒时节，惟敬则都无此病。③

黄榦注意到以"畏"释敬，敬畏可以治疗此心走作、昏沉之病，这是对敬之效果的揭示。对于文中所谓"常惺惺法"，黄榦曾说："持守之方无出主敬，前辈所谓常惺惺法，已是将持敬人心胸内事模写出了，更要去上面生枝节，只恐支离，无缘脱洒。"④"问：'前辈说主一无适，是说得已发时敬，如惺惺、收敛？是说得未发时敬？'先生曰：'未须要辨未发、已发，且就自家心，一息之间，几番已发、未发？虽数千万变，岂可辨认，

---

① （宋）黄榦：《勉斋先生黄文肃公文集》，第13页。
② （宋）黎靖德编：《朱子语类》，第211页。
③ （宋）黄榦：《勉斋先生黄文肃公文集》，第231页。
④ （宋）黄榦：《勉斋先生黄文肃公文集》，第598页。

且如一个大镜相似,恁地光皎在这里,人来照看,便随他赋形,人过去后,这光皎者自若。'"① 常惺惺与畏惧的心理状态有密切关系,应对贯穿未发与已发全过程,这是主敬的具体操作方法。

另外,敬具有阻断胡思乱想调服此心的功效:

> 敬是人之本体。人惟胡思乱想便失了本然之体,恐惧警畏,正欲收拾他依元恁地。②
>
> 敬是心之本体,人惟胡思乱想便失了本然之体,恐惧敬畏正欲收拾他依元恁地,譬如小儿见人便畏,乡村下农夫见一个官兵便肃然畏惧,他城市中人不然,何故,知此则可见心之本体。③

胡思乱想也就是心走作与昏沉状态,对此唯有"主敬"可以阻隔与消解。敬还具有收敛管束人心的作用:"敬是束得个虚灵知觉住,如火炬束得紧时那焰头直上,不束则散灭了。"④

(三) 身心上用功与致知力行

1. 检点身心与致知

主敬与致知是朱子学的两个工夫,主敬主要是涵养心性,致知则是发明义理。黄榦继承了这一立场,他说:"主敬致知两事相为经纬,但言敬而不能有所见者,恐亦于此有所未思耳。"⑤ 主敬与致知二者不可偏废。

对于致知,黄榦强调,检点身心是致知的前提与基础。讨论这点之前我们先看一段材料:

> 致知乃入道之方,而致知非易事。要须("须"误作"修")默认实体,方见端的,不然则只是讲说文字,终日讙譊,而真实体段元不曾识。故其说易差而其见不实,动静表里有未能合一,则虽曰为善,而卒不免于自(误加一"起"字)欺也。莫若一切将就自身上体著,许多义理名字,就自身上见是如何,则统之有宗,不至于支离外驰。⑥

---

① (宋) 黄榦:《勉斋先生黄文肃公文集》,第 231 页。
② (明) 胡广等纂修:《性理大全》,第 2953 页。
③ (宋) 黄榦:《勉斋先生黄文肃公文集》,第 232 页。
④ (明) 胡广等纂修:《性理大全》,第 2952 页。
⑤ (明) 胡广等纂修:《性理大全》,第 2952 页。
⑥ (宋) 黄榦:《勉斋先生黄文肃公文集》,第 675 页;另可参见 (明) 胡广等纂修《性理大全》,第 3050~3051 页。

这段材料曾收入《性理大全》。以这段材料为例证,池俊浩先生认为,"黄榦的思想中,有接近陆学的观点。他的致知论,也逐渐从心外之物理过渡到对自身的体察"①。也就是说,他认为默认实体、就自身上体著是黄榦致知论由外向内转向的新特点。其实这个讲法是有问题的。

除了材料中已经标明的池先生两处文字误写外,主要问题还有以下几点。

其一,即便如池先生所引陈来先生的观点:"朱熹所谓致知,不是与格物不同的另一种工夫或方法,并不是以主体自身为对象的认识方法或修养方法。"②但就此信中的语意,这里所言的默认实体应是致知的前提与基础,并不是致知的内容,因而黄榦强调默认实体并不能看作致知论由外向内的过渡。

其二,"默认实体""自身上体著"所指也并非如陆学一样是对本心的认知,黄榦这里强调致知要以对自我身心的体认为前提,既包括对性的认知,也包括对心、情的自我体认,这是向外致知活动的前提与基础。"为学怕见得不端的,见得不端的即是体得不切实"③,致知就没有集中统摄的基础与宗旨,所致之知也便是支离破碎和与己无关的外在知识。这里表达的意思与黄榦给饶鲁的第一封信中所言大体相当:

> 近亦颇觉古人为学大抵先于身心上用功,如危微精一之旨,制心制事之语,敬胜怠、义胜欲之戒,无非欲人检点身心、存天理去人欲而已。然学问之方难以人人口授,故必载之方策,而义理精微亦难以意见揣度,故必参之圣贤,故初学之法,且令格物穷理考古验今者,盖欲知为学之方、求义理之正,使知所以居敬集义而无毫厘之差,亦卒归检点身心而已。年来学者但见古人有格物穷理之说,但驰心于辨析讲论之间,而不务持养省察之实,所以辨析讲论者,又不原切问近思之意,天之所以与我,与吾之所以全乎天者,大本大原,漫不加省而寻行数墨入耳出口,以为即此便是学问。退而察其胸中之所存,与夫应事接物无一不相背驰,圣人教人决不若是,则虽曰学者之众而适足以为吾道之累也。《中庸》之书首言戒惧谨独,次言智仁勇,终之以诚,此数字括尽千古圣贤所以教人之旨。戒惧以致夫中者,居敬之

---

① 〔韩〕池俊浩:《黄榦哲学思想研究》,博士学位论文,北京大学,2001年,第124页。
② 转引自〔韩〕池俊浩《黄榦哲学思想研究》,第124页。
③ (宋)黄榦:《勉斋先生黄文肃公文集》,225页。

谓也；谨独以致乎和者，集义之谓也；致中和岂非检点身心之谓乎。智，求知夫此者也，仁，行夫此者也，勇，勉夫此者也。亦不过求所以致夫中和也，如此而加之以诚，则真知实行而其勇不可及矣。故学者立心，便当以持养省察为主，至于讲学穷理而持养省察之意未尝少懈，乃所以使吾敬愈固，而养愈精矣，不以持养省察为主，而曰吾惟讲学穷理者，皆务外者也。①

信开头就讲"榦诸况如常，杜门读书，所恨者朋友可与讲习者难其人耳。病躯支离，度不可复求友于四方矣"。杜门读书与病躯支离，可见此时应是他晚年的嘉定十一年（1218）九月归家之后的事。

饶鲁去信黄榦讨论为学之方的问题。黄榦在信中指出，近年来，为学者多把辨析辞章以穷理作为学习的重心，而忽略了在身心上持养省察；而正确的为学之方，应是以检点身心、持养省察己心为核心，而辨析讲论当作为学之辅助。即所谓"故学者立心，便当以持养省察为主，至于讲学穷理而持养省察之意未尝少懈，乃所以使吾敬愈固，而养愈精矣，不以持养省察为主，而曰吾惟讲学穷理者，皆务外者也"。若不持养省察自己的身心，则讲学穷理将成为与己无关的外在知识，这与给陈泰之信中所言"莫若一切将就自身上体著，许多义理名字，就自身上见是如何，则统之有宗，不至于支离外驰"② 是同样的意思。只是《答陈泰之书》或作于此前，表述才不同。在《朱子行状》中黄榦总结朱熹从学李侗之后的学问发展路径时也说"自是从游累年，精思实体，而学之所造者益深矣"③。这里精思实体也是检点自我身心，是存养工夫。而在回复饶鲁的同时，黄榦在作于嘉定十一年（1218）九月归家之后，在嘉定十二年（1219）移居嘉福寺之前给甘吉甫的信中说："吾人年事至此，百事只得放下，且以检点身心为急也。"④ 嘉定十二年（1219）在《与李敬子司直书》讲"当初只带得一团血气并一点虚灵，生在世间，今亦他无所用心，只得检点身心，令明净纯洁，交还天地父母耳"⑤。可见，黄榦晚年越发重视检点身心的居敬持养省察工夫。黄榦这里重视内在的切己体认身心的修养工夫，与陆学的修养方法存在差距，黄榦所言的实体即身心，与陆学的本心概念

---

① （宋）黄榦：《勉斋先生黄文肃公文集》，第 690~791 页。
② （宋）黄榦：《勉斋先生黄文肃公文集》，第 75 页。
③ （宋）黄榦：《勉斋先生黄文肃公文集》，第 128 页。
④ （宋）黄榦：《勉斋先生黄文肃公文集》，第 652 页。
⑤ （宋）黄榦：《勉斋先生黄文肃公文集》，第 575 页。

不同，这里提到检点身心的具体方法有精、持养省察、戒惧、居敬、慎独、集义等，主要目标在于存天理灭人欲，以明白实体，同时也并不排斥讲学穷理等致知活动。

黄榦明确指出，收拾身心是致知言学的前提与基础：

> 为学只要收拾身心，勿令放逸，如临深渊如履薄冰，如见大宾，如承大祭。盖理义非由外铄，我固有之也。此心放逸，则固有之理先已昏惑纷扰而失其正矣。便说得天花乱坠，亦于我何有干涉。况亦未见心不纯静而能理明义精者，理义无穷，如登高嵩华，如涉溟渤，且要根脚纯实深厚，然后可以承载。初涉文义便有跳踉自喜之意，又安能任重而致远耶。世间固有全不识学问，而能质实重厚、小心谨畏者，不害为君子。亦有亲师取友讲明道义，而轻狷浮薄者，未免为小人。此等处，皆后生所当别识，先以戒谨厚重为心，然后可以言学也。①

收拾身心，勿令放逸，这里针对的心中固有之理即道德本性。"人生世间只靠得此性，常在性中自有至贵者存，与金玉相似，今人不去点检在，只把瓦砾看甚可惜。"② 人之本性就如同金玉一样宝贵，检点身心的关键在于存有此性。收拾身心、检点身心也就是反省身心主敬涵养，尽力使心中固有之理与道德本性存于心中而不放逸。这种收拾与反省即是对内在心性的自我认知与修养工夫，而言学则是围绕语言而展开的为学途径。而且"留意讲习若是实体之于心，见一身之中实具此理，操而存之实有诸己，则不至流于口耳之学"③。如果在留意讲习学问时能够保存涵养实理的话，那么讲习也就不会沦为一直为朱子学者所批评的口耳之学。

其三，对黄榦来说，致知的重要途径便是读书看文字，这里涉及了检点身心与理解"义理名字"的读书穷理活动之间的关系问题，而对检点身心工夫的强调是朱子学派的固有立场。如："某尝谓，人未读书，且先收敛得身心在这里，然后可以读书求得义理。而今硬捉在这里读书，心飞扬那里去，如何得会长进！贺孙"④，"今学者皆是就册子上钻，却不就本原处理会，只成讲论文字，与自家身心都无干涉。须是将身心做根柢"⑤。

---

① （明）胡广等纂修：《性理大全》，第2867~2868页。
② （宋）黄榦：《勉斋先生黄文肃公文集》，第221页。
③ （明）胡广等纂修：《性理大全》，第2869页。
④ （宋）黎靖德编：《朱子语类》，第2462页。
⑤ （宋）黎靖德编：《朱子语类》，第2738页。

黄榦自己也反复强调:"今人读书时便着意,才合了册便不思量,如此因何会长进,须是读一句书便把身心体认方亲切。"①"凡具于身者,皆天理也,有以体之则天理在我矣,无以体之天理自天理,与自己有何相干。"②"读书之法莫干当书册,只干当身心,此是第一件事;其次莫如持敬,惟持敬则收敛此心,读书时便如尖刀相似,何物不透看得精时字字透彻,更无窒碍处。"③"读书入路须紧着心掞近里来,如看文义须体当自家身心上事,见得圣人言语都是教自家无一句是说别人底,如此用工方有成立,盖紧得一步便有一步,受用一日便有一日受用,若只得胡说解释将去,与自家全无干涉,终老不济事。"④

2. 会看文字

在致知穷理工夫当中,黄榦特别重视看文字。朱熹重视读书求义理,因此多讲仔细看文字的工夫:

> 圣人言语如千花,远望都见好。须端的真见好处,始得。须着力子细看。工夫只在子细看上,别无术。淳。⑤
>
> 看文字,且自用工夫,先已切至,方可举所疑,与朋友讲论。假无朋友,久之自能自见得。盖蓄积多者忽然爆开,便自然通,此所谓"何天之衢亨"也。盖蓄极则通,须是蓄之极,则通。⑥

从黄榦第一次拜会朱熹开始,看文字一直是黄榦非常重要的为学途径,其一生得力处应在看文字工夫方面,受到朱熹的多次赞赏,其哲学思想在很大程度上便是在切实修养实践基础上通过看文字后取得的成果。

朱熹曾对门人讲:

> 黄直卿会看文字,只是气象少,间或又有看得不好处。文蔚。⑦

而且对外来问学的学者推荐黄榦:

---

① (宋)黄榦:《勉斋先生黄文肃公文集》,第220页。
② (宋)黄榦:《勉斋先生黄文肃公文集》,第220页。
③ (宋)黄榦:《勉斋先生黄文肃公文集》,第220页。
④ (宋)黄榦:《勉斋先生黄文肃公文集》,第231页。
⑤ (宋)黎靖德编:《朱子语类》,第172页。
⑥ (宋)黎靖德编:《朱子语类》,第186页。
⑦ (宋)黎靖德编:《朱子语类》,第2807页。

> 直卿与某相聚多年，平时看文字甚子细；数年在三山，也煞有益于朋友，今可为某说一遍。义刚①

可见，在朱熹眼里，会看文字是黄榦为学的一大长处。正因为这一特点，朱熹不仅让黄榦广泛参与自己的注经活动，而且时常让黄榦代自己为其他人讲论经典。

关于黄榦会看文字，除了这里提到的看文字甚仔细之外，黄榦强调读书时的心态：

> 平居当以敬自持，令心虑宁静。至于读书，则平心定气，端庄严肃，须以吾心默观圣贤之语，常使圣贤之意自入于吾心，如以镜照物，妍丑自见，镜何心哉？今人所以不善读书，非是圣贤之意难明，乃是吾心纷扰，反以汨没圣贤之意。②

黄榦之所以善于看文字，与其读书时沉静精密、踏实严谨的心理状态有密切关系。他以镜照物为例，说明只有营造一个好的读书心态，方可使圣贤之意自入吾心。而营造这个读书心态的工夫便是以敬自持，令心虑宁静，读书时平心定气、端庄严肃。

同时，黄榦还指出读书时不可萌生轻易自喜之心，否则便会因自己心思纷扰不定，而遮蔽阻碍圣贤之意的体之于吾心：

> 读书只是沉静精密，则自然见得分明，切不可萌轻易自喜之心。便解得六经通彻，亦何足自喜，亦岂敢轻易？才如此，便不足以任重，后主且收敛静退，慊然常若不足，方能有进。③

轻易自喜之心是两宋诸多理学人物在义理解经时易生的骄慢之习，这点为道学阵营外的儒生所批评。④ 黄榦对此陋习有清醒认识，非常难得。

黄榦还借评价前人对经典的偏颇理解为例来说明读书人应当心平气和：

---

① （宋）黎靖德编：《朱子语类》，第 2870 页。
② （明）胡广等纂修：《性理大全》，第 3302 页。
③ （明）胡广等纂修：《性理大全》，第 3302 页。
④ 参见邓庆平《周必大对道学学派的批评》，《孔子研究》2014 年第 6 期。

> 观书者观书者最怕气不平，且如公冶长一章，谢上蔡则谓圣人择婿惊人如此，杨龟山则谓圣人所以求于人者薄，可免于刑戮而不累其家，皆可妻也。上蔡，气高者也；龟山，气弱者也。故所见各别如此。要之，当随文平看，方见得圣人之本意，此观书之大法。①

所谓气不平即气高或气弱，是指心气或过高或过低，这两种状态均不利于随文以见圣人本意。谢上蔡心气过高，故其对公冶长章的理解是看到圣人择婿要求的严苛，而杨龟山心气过弱，故其看到的则是圣人对他人的最低要求。这两种见解与文本中圣人之意都失之偏颇。

这种对读书心态的强调可能来自朱熹的教诲：

> 因言读书法……又问读书心多散乱。曰："便是心难把捉处。知得此病者，亦早少了。向时举中庸'诚者物之终始，不诚无物'，说与直卿云：'且如读十句书，上九句有心记得，心不走作，则是心在此九句内，是诚，是有其物，故终始得此九句用。若下一句心不在焉，便是不诚，便无物也。'"明作。②

这里提到朱子教黄榦的读书法，就如何避免读书时心多散乱的情况，朱熹举《中庸》之"诚"来指出读书时心要把捉得定，也即读书时心要虚静专一集中。

黄榦于此应该是深有领会，他还从心性本体的角度对此读书法作出理论说明：

> 大率把捉不定，皆是不仁。人心湛然虚定者，仁之本体。把捉不定者，私欲夺之，而动摇纷扰矣。然则把捉得定，其惟笃于持敬乎！直卿、端蒙。③

就心性本体来说，人心湛然虚定是人心的本然状态，而为私欲所干扰之后才产生把捉不定心思动摇纷纭，这种心理状态其实质是不仁。因此，读书时要求心理状态要归于平心定气的宁静，其实质也便是通过主敬使心归于

---

① （明）胡广等纂修：《性理大全》，第3302~3303页。
② （宋）黎靖德编：《朱子语类》，第190~191页。
③ （宋）黎靖德编：《朱子语类》，第213页。

仁之本然状态。经过这样的心性论说明，这种读书法就不仅仅是一种读书的方法，而且还是一种心性修养工夫。而此心性修养的关键在于持敬：

> 为学须是持敬。如是持敬，虽不读书不妨；如不能持敬，虽读尽世间书亦无益。且如居官判词讼能审问仔细，寄他判也，是持敬听狱讼，能不妄讯鞫，须得其情也，是持敬推此心以往，以至于治家能持敬则家事必理，读书能持敬则义理必精。为学先须理会心，理会心先须持敬。世间多少读书人，都不识心须是束住，此心以敬持之，如敬以直内是也，所谓敬以直内者，盖动静之间一以敬行之，至于义以方外，是又因其既动之时随事而处之以义也。①

黄榦在这里指出，不论是读书求学，还是居官判词讼、治家等处理实际事务，持敬都是逻辑意义上的先在工夫，是为学的根本工夫。这里对持敬工夫的推尊，还是朱子学的基本立场。

3. 致知与力行

致知与力行是学问的两条道路，这是朱子学的一贯观点。黄榦指出：

> 学问之道，知与行而已。自昔圣人继天立极，不曰知而曰精，不曰行而曰一。知不精，行不一，犹不知不行也。圣贤相传启悟后学，言知必曰知至，言意必曰意诚，至则事物之理无不通，诚则念虑之发无不实，曰至与诚，其精一之谓欤。知与行者，学之途辙。至与诚者，学之归宿。有志于道者可不孳孳求止于是欤。②

这里进一步指出，精与至是知的目标，一与诚是行的目标。黄榦从知与行的角度恰当地融通了自己对"人心道心"十六字心诀和《大学》中"知至""意诚"概念的理解。

他还讲道：

> 盖尝求其所以为学之纲领者，曰致知，曰力行而已。《大学》曰："格物而后知至，知至而后意诚，意诚而后心正，心正而后身修"，物格知至者，知之事也；意诚心正者，行之事也。《中庸》曰："博学

---

① （宋）黄榦：《勉斋先生黄文肃公文集》，第218页。
② （明）胡广等纂修：《性理大全》，第3021页。

之,审问之,慎思之,明辨之,笃行之",学问思辨,知之事;笃行者,行之事也。《书》之所谓惟精惟一,《易》之所谓知崇礼卑,《论语》之所谓知及仁字,孟子所谓始终条理,无非始之以致知,终之以力行。盖始之以致知,则天下之理洞然于吾心而无所蔽;终之以力行,则天下之理浑然于吾身而无所亏。知之不至,则如擿埴索途而有可南可北之疑,行之不力,则如弊车羸马而有中道而废之患。然则有志于圣贤之域者,致知力行之外无他道也。①

这里,黄榦更是把《大学》《中庸》《尚书》《论语》《孟子》等儒家基本经典的相关概念融通到致知与力行的概念框架之中,这里将致知放在力行的前面,这种讲法固然有一定理由,朱子也讲过就某一具体事来说,固是知先行后。而这并不意味着为学的端就在致知。

一旦致知穷理之后,便需要切实践行。"后生读书须要识得理,然亦须行得,如人写药方,须要服药不然徒写无益。"② 既要识得理,更必须行得力。若没有行,所致之知终极对自己身心的修养无益。

总体来看,黄榦的为学工夫论中强调对自家身心的持养省察工夫,他认为这是所有致知穷理活动的前提与基础。这种观点一方面符合朱子学的一贯立场,另一方面相比之下,黄榦的这个强调也意味着朱子门人后学在朱熹之后将为学的重心转向对内在自我身心的认知与存养,虽然他十分重视读书穷理的活动,但对其他的格物穷理活动则关注较少。

"世间只是忧畏二字好"③,对于黄榦来说,忧的是道学不能正传,畏的是天命之性得不到彰显。黄榦长期追随朱熹,对朱子主要哲学思想的形成过程非常熟悉,对朱子哲学思想深有体认,无疑,黄榦具有坚定的朱子学立场。黄榦不仅全面吸收朱熹的哲学思想观点,更注重继承乃师思想之所以形成的为学方法,因而他并未简单接受朱熹的哲学思想理论,而是通过自我勤奋看书体认和与同门往复讨论等方式,一方面极力寻求事关宇宙与心性的道学义理的明白体认与言说,另一方面积极从事主敬以主导自己检点身心的修养实践,并对修养工夫作出许多提示,这些构成了黄榦哲学思想的主要内容。

与朱子哲学思想相比较,虽然黄榦的基本格局与立场源于朱熹。但正

---

① (明)胡广等纂修:《性理大全》,第3020~3021页,亦见于《新淦县学》。
② (宋)黄榦:《勉斋先生黄文肃公文集》,第222页。
③ (宋)黄榦:《勉斋先生黄文肃公文集》,第225页。

如本章所揭示的，在宇宙论与心性论方面，黄榦都敢于对师说大胆质疑并提出有洞察力与说服力的主见，最终形成了一个有其自身问题意识与为学特色的朱子学哲学思想理论，成为朱子学派哲学思想的重要部分；在工夫论方面，黄榦基于自身的长期切实的心性修养实践的基础，对朱子学的工夫理论有系统体认与阐述，这是他在众多朱子门人当中可以获得其他门人认可且在朱熹之后成为朱子学派代表性传人的根本原因。

第七章 道学史论

诠释传统道学是儒家重要的学术研究模式。诠释传统的过程,一方面是内在继承传统学术思想的必然要求,另一方面也为实现对传统学术思想的超越与创新提供了理论空间。从学术史来看,朱熹对北宋理学的深度诠释是朱子成为集大成者的重要原因。作为朱子重要弟子,黄榦思想的形成与朱子学的影响分不开,但也与他对两宋理学家周敦颐、二程、张载著作的细致解读与吸收密不可分。此前我们曾在道统论的论域中就黄榦对两宋道学家的道统贡献作过介绍,这里我们基于学术史的视野,以周敦颐、二程、张载和朱熹为例,就黄榦对两宋道学的诠释与建构作一集中阐发,以此一窥黄榦建构的道学史世界。正是对两宋道学的诠释与总结,使得黄榦思想一方面继承朱子观点,另一方面也能有所创新,实现对朱子学术思想的进一步发展。

第一节 推崇濂溪

人们对周敦颐的理解与接受经历了一个过程,这一过程与宋代理学的发展几乎是同步的。当被认为是宋明理学的真正创立者二程出现之后,在理学的意义上重视周敦颐就逐渐兴起,首先是二程的弟子对周敦颐颇有嘉许,接着胡宏第一次归纳出理学史上北宋五子的说法,并将周敦颐列在第一位,随后南宋张栻、朱熹等更加推尊周敦颐,其中朱熹的重视非常重要。朱熹对周敦颐著作多次进行编订,"确切地说,南宋以后凡著录或论述周敦颐著作者几乎全是源自朱熹所编定之'太极通书'"[1];他在编辑《近思录》时,都将周敦颐的言论收录在每一条目的最前面以示其道学初

---

[1] 杨柱才:《道学宗主——周敦颐哲学思想研究》,人民出版社,2004年,"前言"第15页。

祖地位；此外，他还作《通书解》《太极解》来阐发周敦颐的哲学思想。正是朱熹对周敦颐的推崇与细致解读才使得周敦颐的道学宗主地位真正得以稳固并获得普遍认可，周敦颐的哲学思想成为朱熹创建自身庞大哲学体系的主要思想资源之一。

受朱熹的影响，朱子门人对周敦颐也十分重视。他们重视周敦颐的方式一方面继承朱熹的某些做法，另一方面也由于朱子门人处于朱子学的不同发展阶段及其朱子学中的地位使命不同，使得朱子门人在对待周敦颐的问题上呈现出一些与朱熹不同的地方。在朱子四五百名[①]门人当中，与朱熹关系最为亲密且对后世理学发展影响最大应该是黄榦，我们这里便以黄榦为例，来考察朱子门人对周敦颐思想的推崇与解读。[②]

黄榦对周敦颐的解读与推崇至少表现在以下几方面。

第一，朱子门人跟随朱熹并在同门之间经常讨论周敦颐著作，《太极图说》与《通书》成为朱子学派的必读经典。

伴随朱熹对周敦颐的推崇，周敦颐的著作也日益受到朱子学者的重视。由朱子门人编录的《朱子语类》，在讨论两宋理学人物时就以周敦颐为首，而且以专章讨论周敦颐的著作。其卷九十四记载的就是朱子门人与朱熹关于周敦颐之书的讨论，从记录者来看，涉及的弟子人物众多，有黄榦、陈淳、廖德明、林端蒙、黄直卿、郑可学、周谟、张洽、潘时举、李方子、叶味道、袭盖卿、杨道夫、林用中、黄义刚、董铢、林子蒙、甘节、徐寓等，讨论的范围几乎涉及周子著作《太极图说》与《通书》中的每一句话，讨论得非常详细。这说明在朱子学派当中，对周敦颐的重视程度非常之高，围绕周敦颐著作展开的理学讨论非常广泛且深入。正因为与二程虽然都曾从学于周敦颐但未曾谈及周敦颐的著作不一样，《太极图说》与《通书》已经成为朱子学派的经典著作，于是，除了从学于朱熹时朱熹的弟子们对周敦颐著作与思想下了很大功夫之外，在同门之间也会相与研读周子著作。黄榦作为朱熹之首要弟子，在其文集中就记载了与同门一起研读周敦颐著作的情况："家本仲访予于山之下，相与读周子、程子以及先师朱子之书，探其端绪以求其本原。"[③]

由于周敦颐著作成为朱子学派的经典，黄榦视周敦颐为后学者学习的

---

① 如明戴铣统计319人，韩国李滉统计413人，清朱玉统计442人，陈荣捷统计488人，刘树勋主编《闽学源流》（福建教育出版社，1993年）之"朱熹门人录"中确定511人。
② 下面主体内容曾以《朱子门人视野中的周敦颐——以黄榦为例》为题，刊于《朱子学研究》2019年第2期。
③ （宋）黄榦：《勉斋先生黄文肃公文集》，第723页。

榜样。他在任汉阳知军时，将周敦颐列入汉阳军学五先生祠，以受后学祭祀。黄榦亲自写作祭文，表彰周敦颐曰："维嘉定八年岁次乙亥十有二月乙酉朔六日庚寅，汉阳军学五先生祠堂成，宣教郎权发遣汉阳军兼管内勤农营田事提举义勇民兵黄榦谨率郡僚及诸生释奠于濂溪周先生，惟先生资禀清明，襟怀洒落，光风霁月，碧草红蕖，推太极二五以探造化之原，定仁义中正以显人极之立，绍孔孟不传之绪，阐古今未发之机，眷惟春陵实隶荆楚湘波余润，沾丐邦人，假守于兹，敢忘祠祀，庶几末学尚想高风敢告。"① 在这里，黄榦对周敦颐先生的资禀天赋、人格气象、学术贡献等作了全面总结和高度推崇。

第二，对周敦颐哲学思想进行新的解读，黄榦的宇宙观基本上就是受周敦颐影响而建立的。

由于周敦颐著作的论纲式特点，非常简洁地提出了宋明理学的主要问题及哲学思想，但尚未详细深入讨论，这就为后来理学家的解读提供了较大的解释空间，特别是朱子学派均非常重视对周敦颐哲学思想的进一步解读，他们在解读过程中吸收周敦颐思想以创建自己的思想体系。在朱子门人当中，黄榦在朱熹死后成为朱子学派的领袖人物，对朱熹思想忠实继承并多方阐发与极力卫护。朱熹曾与门人讨论周敦颐的太极时提出"道是太极"②的观点，黄榦对道的论述基本上是按照《太极图说》的模式来进行的，所以他的宇宙生成图景也基本是以周敦颐的《太极图》为模型。

> 有太极而阴阳分，有阴阳而五行具。太极二五妙合而人物生，赋予人者秀而灵，精气凝而为形，魂魄交而为神，五常具而为性，感于物而为情，措诸用而为事。物之生也，虽偏且塞，而莫非太极二五之所为，此道原之出于天者然也。圣人者又得其秀之秀而最灵者焉，于是继天立极而得道统之传，故能参天地赞化育而统理人伦，使人各遂其生，各全其性者。③

将这段话与周敦《颐太极图说》作一比较，就会发现，黄榦对于太极、阴阳、五行、人物之生、性、情、道、圣人继天立极等讨论，在周敦颐《太极图说》中基本讲到了，而且他们使用的语言也有很多相似之处。可以

---

① （宋）黄榦：《勉斋先生黄文肃公文集》，第762页。
② （宋）黎靖德编：《朱子语类》，第2390页，。
③ （宋）黄榦：《勉斋先生黄文肃公文集》，第9页。

说，黄榦大体上是以比较融贯的方式表达了与周敦颐相近的思想。朱子学派将无极视为形容词而非实体名词，且将《太极图说》的第一句"无极而太极"理解为无形而有理，黄榦认为"濂溪周子继孔孟不传之绪，其言太极者，道之体也；其言阴阳五行男女万物，道之用也"①。以太极为宇宙最高的本体，是化生万物的终极本原，太极之静而阴体也，太极之动而阳用也。这里表达了黄榦的宇宙生成模式，是黄榦自身宇宙论思想的主要内容。

此外，他还对周子"无欲故静"作了细致解读：

> 至于周子无欲则静之旨，本仲嗢然叹曰："入德之要，其在兹乎，是可以名吾斋矣。"盖为我言其义，予嘉本仲择之精、信之笃，幸吾党之有人，斯文之未坠也。为之言曰："寂然不动，心之体也，事物未接、思虑未萌，湛然纯一，如水之止，如衡之平，则其本静矣。蔽交于前，其中则迁，而欲生焉，欲炽而益荡，感物而动者，既失其节，寂然不动者亦且纷纭胶扰而不能以顷刻宁，动静相因，展转迷乱，天理日微，人欲日肆矣。故主静者，所以制乎动，无欲者所以全乎静，此周子之意而有所自来也。"②

心之动静是理学讨论的重要问题。相对而言，儒家讲静较少，而道家与佛家讲静为多。周敦颐的"无欲则静"之说，一方面容易混同于道佛之说，另一方面静与理学中的敬在表面上也是不同，后来学者对这句话的理解就出现分歧，有人认为这是佛老之学，而朱子学者在儒学立场上解读此语。"寂然不动""感而遂通"都出自《周易·系辞下》，通常用来表示心之未动与动时，朱熹曾解"无欲故静"为"欲动情胜，则不能静"。黄榦则认为，"寂然不动"是"心之体"，亦即此心并非空虚之本心，只是此时心尚未与外物接触，心的思虑活动也未启动，因此其本静矣，此静亦即周敦颐所讲的静；当主体之心与外物接触，思虑随之而生，此时很容易产生人欲，使天理被遮盖，因此需要主静的工夫来制约心的动，使得心动时能够合于天理而动，人欲不生，心之本体也便得到实现。这样一来，"无欲故静"就与佛老空虚之静有实质上的区别，这便是周子"无欲则静"思想背后的理论依据。这个解释依据基本上还是朱熹的理学思想，只是朱熹未

---

① （宋）黄榦：《勉斋先生黄文肃公文集》，第775页。
② （宋）黄榦：《勉斋先生黄文肃公文集》，第723页。

曾如此专门解说。

第三，在继承周敦颐宇宙论与圣人观的基础上，最终确立朱子学派的道统体系。

宋明理学又被称为道学，从字面理解即关于道的学问，此道侧重于圣人之道。道学之名早在张载就曾提到"朝廷以道学、政术为二事，此正自古之可忧者"①，后元丰八年（1085）程颐曾以道学概括程颢的学术："家兄学术才行，为时所重……又其功业不得施于时，道学不及传之书"②，在元祐二年（1087）程颐在《又上皇太后书》中论及道学："夫先王之道，虽未能尽行，然稽古之心，不可无也……诚如是，则将见道学日明，至言日进，弊风日革"③，可见这里把道学与先王之道联系起来。后来朱熹等道学家一方面在圣人之道的基础上使用道学概念，另一方面将道与理联系起来，道学在广义上即理学。

从道统论的角度来看，朱熹在《中庸章句序》中首次提出"道统"一词，用来指代道的传授统系，亦即道学的创生发展源流。在二程那里，道主要指圣人之道，二程将此道统追溯到"二帝""三王"在内的尧、舜、禹、汤、文、武、周公和孔孟。而朱熹所谓"道统"则将道统的传授上溯到"上古圣神"，《中庸章句序》称："盖自上古圣神继天立极，而道统之传有自来矣。"此上古圣神指的是伏羲、神农、黄帝等，朱熹在作于同年（1189）的《大学章句序》里明确指出"此伏羲、神农、黄帝、尧舜，所以继天立极"。在"上古圣神"之后，圣圣相传，经尧、舜、禹、成汤、以及皋陶、伊尹、文、武、周公、召公等，传自孔子、颜、曾、子思、孟子，再至周敦颐、二程。朱熹虽然也有自任道统的意愿，但于其生前并未明确将自己列为道统体系之中。这就是朱熹所确立的道学传授统系。

在朱子门人中，黄榦被朱熹视为自身道统的传人，其自身也历来被称为最重视儒学道统建构。他在朱熹去世之后，在《徽州朱文公祠堂记》中，借助于周敦颐宇宙论与圣人观，在总结两宋道学发展史的基础上最终确立了一个朱子学派的道统体系：

> 道原于天，具于人心，著于事物，载于方策，明而行之，尧舜禹

---

① （宋）张载：《张载集》，章锡琛点校，中华书局，1978年，第349页。
② （宋）程颢、程颐：《二程集》，第603页。
③ （宋）程颢、程颐：《二程集》，第552页。

汤文武周公生而道始行，孔子孟子生而道始明，孔孟之道，周程张子继之，周程张子之道，文公朱先生又继之，此道统之传历万世而可考也。……考其世系则又皆中土之所生，而南方则又无闻焉……周程张子既相望于一时，而文公复兴于未及百年之后。①

黄榦明确强调"道原于天"，这是黄榦道统论与二程、朱熹等道统思想不同之处，他将道统之源头追溯到道之原，而道之原于天，这样道统论在黄榦这里就与其宇宙论思想贯通起来，这点是黄榦道统论对朱熹道统思想的推进。这一思想在黄榦的另一篇专论道统的名篇《圣贤道统传授总叙说》中有更详细的展开：

有太极而阴阳分，有阴阳而五行具。太极二五妙合而人物生，赋予人者秀而灵，精气凝而为形，魂魄交而为神，五常具而为性，感于物而为情，措诸用而为事物之生也。虽偏且塞，而莫非太极二五之所为，此道原之出于天者然也。②

在这里，吸收周敦颐的《太极图说》，黄榦简要阐述了其宇宙生成模式思想，目的是说明所谓"此道原之出于天者然也"。而且，在此宇宙生成模式中对圣人之生也给予了说明，所谓"圣人者又得其秀之秀而最灵者焉，于是继天立极而得道统之传，故能参天地赞化育而统理人伦，使人各遂其生，各全其性者"。而且，"其所以发明道统以示天下后世者，皆可考也"。这便是黄榦的宇宙论、圣人观，从中可以看出明显的周敦颐思想的痕迹，这两点构成了其道统论的哲学根据。

具体到道统的传授系统，黄榦的叙述从尧开始，而且他认为圣贤相传授的内容虽然从本质上来看都是源自天之"道"，但此道在不同阶段不同圣贤那里有不同侧重点以及各自不同的表述。他认为尧之得于天者而舜之得统于尧的东西亦即道，即"允执厥中"，对这句话黄榦作了解释，"中者，无所偏倚，无过无不及之名也。存诸心而无偏倚，措之事而无过无不及，则合乎太极矣"。而在舜那里，此道表现为其命之禹的"人心惟危，道心惟微，惟精惟一，允执厥中"，这十六字真言在朱熹处被认为是圣贤道统相传之普遍心法，在黄榦处则认为是舜"因尧之命而推其所以执中之

---

① （宋）黄榦：《勉斋先生黄文肃公文集》，第717页。
② （宋）黄榦：《勉斋先生黄文肃公文集》，第9页。

由"而后提出的道论思想；此道在成汤那里表述为"以义制事，以礼制心"。其在文王则曰："不显亦临，无射亦保。"其在武王则曰，"敬胜怠者吉，义胜欲者从"，周公则曰："敬以直内，义以方外。"到这里，道统之传主要表现为"道始行"，道的内涵是一致的，道的具体表述则是层层推进。

而到孔子，先王所行之道才开始有学理上的集中阐述，所谓"孔子孟子生而道始明"①，具体来讲："至于夫子则曰'博学于文，约之以礼'，又曰：'文行忠信'，又曰'克己复礼'，其著之《大学》曰格物、致知、诚意、正心、修身、治国、平天下，亦无非数圣人制心制事之意焉，此又孔子得统于周公者也，颜子得于博文约礼克己复礼之言，曾子得之于《大学》之义，故其亲受道统之传者如此，至于子思则先之以戒惧谨独，次之以知仁勇，而终之以诚；至于孟子则先求放心，而次之以集义，终之以广（依《孟子》当为"扩"）充，此又孟子得统于子思者然也。"②

孟子之后，道学失传，一直到北宋时期，"濂溪周先生，不由师传，洞见道体，推无极而太极以明阴阳五行之本，人物化生，万物纷扰，则定之以中正仁义而人极立焉"③。孔孟之道于是为周敦颐所继续，所谓"道丧千载，濂溪周子继孔孟不传之绪，其言太极者，道之体也；其言阴阳五行男女万物，道之用也。太极之静而阴体也，太极之动而阳用也。圣贤言道又安有异指乎？"④ 这样，继朱熹之后，周敦颐的道学地位同样被朱子门人所确定。在《圣贤道统传授总叙说》中，黄榦也认为"周子则以诚为本，以欲为戒，此又继孔孟不传之绪者也"。周敦颐之后，道学之传至二程，再至朱熹。这就是黄榦所确定的完整道统体系。

此外，黄榦在其守汉阳郡时曾立军学，军学中为两宋五先生立有祠堂，在其所作记中单独对两宋道学作过总结。他认为两宋道学的发展经历了一个由始至终的过程，周敦颐即为始，而朱熹是为终。"即师生以原学之自传，则濂溪周先生实倡其始，又即周程之学以究其所以光明盛大，则新安朱先生实成其终。"⑤

总的来看，黄榦所建立的道统论，在朱熹道统论的基础上，将道统溯源于太极之天，进一步增强了道统的权威性；将道学宇宙论与道统论实现了贯

---

① （宋）黄榦：《勉斋先生黄文肃公文集》，第718页。
② （宋）黄榦：《勉斋先生黄文肃公文集》，第10页。
③ （宋）黄榦：《勉斋先生黄文肃公文集》，第720页。
④ （宋）黄榦：《勉斋先生黄文肃公文集》，第775页。
⑤ （宋）黄榦：《勉斋先生黄文肃公文集》，第719页。

通,在这个贯通工作当中周敦颐哲学思想是黄榦所利用的最主要思想资源,这是黄榦道统论的重要特色与贡献。在此基础上,黄榦于朱熹去世后,把周敦颐与朱熹分别作为两宋道学的起点与终点,最终确立了朱子学派完整的道统体系。这一道统体系在后来理学发展史上几乎成为定论,影响巨大。

第二节 问读二程

朱子从学二程的三传弟子李侗之后,真正接续上二程乃至整个北宋理学的学统,其一生对二程学问用力很深。一方面,朱子积极编订二程著作,今本二程著作的语录部分的《遗书》和《外书》均为其编订,另一方面,朱子全面深入讨论与吸收二程学术思想,尤其对小程伊川先生学问思想接受很多。二程成为朱子思想最重要的学术源头,构成朱子学道统谱系的重要一环,朱子也以二程四传弟子的身份作为两宋理学集大成者而进入儒家道统,因此,后世遂以程朱理学称呼这一宋明理学最重要的学术流派。

作为朱熹最重要的弟子,黄榦同样对二程有高度推崇。据黄榦年谱记载,嘉定八年(1215)十二月,黄榦在汉阳军新作五先生祠堂祭祀周敦颐、二程、游酢与朱熹。黄榦作《汉阳军祭五先生文》,其中"二程先生"祭文以"指持以敬以明存养之端,论致知以极贯通之妙"讲二程先生的思想贡献。在专论儒家道统的《圣贤道统传授总叙说》中,黄榦认为,周子在千年之后接续孔孟之道后,"至二程则曰'涵养须用敬,进学则在致知',又曰非明则动无所之,非动则明无所用,而为四箴,以着克己之义焉,此二程得于周子者也"[1]。这里也特别表彰持敬与致知论,并将二程之道归结为"四箴",应该说把握到了二程工夫论的主要精神。在黄榦看来,持敬与致知也是朱子工夫论的基本纲领。因此,黄榦主张"居敬以立其本,穷理以致其知,克己以灭其私,存诚以致其实,以是四者而存诸心,则千圣万贤所以传道而教人者,不越乎此矣"[2]。

黄榦对二程思想有深入研究,就目前保留下来的材料来看,黄榦对《颜子所好何学论》《定性书》等二程著作有以问答形式进行的系统解读。现有语录中保留了一个标题《或问颜子所好何学论》[3],底本自"论"字

---

[1] (宋)黄榦:《勉斋先生黄文肃公文集》,第10页。
[2] (宋)黄榦:《勉斋先生黄文肃公文集》,第10页。
[3] (宋)黄榦:《勉斋先生黄文肃公文集》,第229页。

以下，原有两整页阙文，问者提问的内容，与程颐的《颜子所好何学论》有关。虽然具体内容现在已经残缺，但我们还是看出黄榦对《颜子所好何学论》应该也有深入理解。而且，黄榦曾指出：

> "性即理也"这一句，已说得好，但理包动静而言，不若《颜子所好何学论》中云："其本也真而静"，这二字尤切。真即是理，静即是未发底地头。理之未发为性，若只说理，理兼动静，才动，便不是性了。如秋冬间，万物都实，那时收拾敛藏，这是天地之性；才到春夏间，那成实底各自生长出来，这是天地之情了。如《孟子》说："仁、义、礼、智根于心"，这是说性，四德皆实理，根是未发处。学者认得"真而静"底意思，那性一字看颠也不破。①

黄榦对《颜子所好何学论》的"其本也真而静"一句非常推崇，认为这一句对性之动静说得很好，比"性即理也"更为恰当。真是理，静是未发，理之未发即是性之本。黄榦认为，若只说理，理兼动静。性即理之静，是性之根，才动便不是性了。

黄榦对《定性书》的疏解完整保留下来了。我们知道，《定性书》是程明道所作的理学名篇，为朱子所重视，在朱子学派当中被作为理学经典文献，成为朱子与其门人的重要诠释文本。黄榦曾参与同门与朱子之间关于《定性书》的讨论，这点在《朱子语录》中留有痕迹：

> "明道《定性书》自胸中泻出，如有物在后面逼逐他相似，皆写不辨。"直卿曰："此正所谓'有造道之言'。"曰："然。只是一篇之中，都不见一个下手处。"蜚卿曰："'扩然而大公，物来而顺应'，这莫是下工处否？"曰："这是说已成处。且如今人私欲万端，纷纷扰扰，无可奈何，如何得他大公？所见与理皆是背驰，如何便得他顺应？"道夫曰："这便是先生前日所谓'也须存得这个在'。"曰："也不由你存。此心纷扰，看着甚方法，也不能得他住。这须是见得，须是知得天下之理，都着一毫私意不得，方是，所谓'知止而后有定'也。不然，只见得他如生龙活虎相似，更把捉不得。"②

---

① （宋）黄榦：《勉斋先生黄文肃公文集》，第 234 页。
② （宋）黎靖德编：《朱子语类》，第 2441 页。

这段由杨道夫记录的语录（己酉年即 1189 年以后所闻）中，参与者除了朱子外，还有直卿黄榦、蜚卿童伯羽、杨道夫等朱子弟子，就问答过程来看，朱子对其他弟子的理解都有修正，唯独对黄榦的理解直接肯定。由此也可一窥黄榦对《定性书》是有深入理解的。

在曾成叔记录的黄榦语录中，黄榦对明道的《定性书》有较完整的问答式解读，为《问读〈定性书〉》①。他把《定性书》全文分为七段，逐一点明各段的主要意旨：

> 读明道答横渠《定性书》，逐小段读过，先自头至"遽语定哉？"是第一段。曰："此'定性'字，当作'定心'看。若以性有内外，则不惟未可语定，亦且不识心矣。"

这段的关键是"性"，朱子认为"此'性'字，是个'心'字意"②，定性也就是定心。黄榦继承了这一看法，且认为，把性分内外是对"定"与"心"的误解。这点从《定性书》的两个反问可以证明："苟以外物为外。牵己而从之，是以己性为有内外也。且以己性为随物于外。则当其在外时，何者为在内？是有意于绝外诱，而不知性之无内外也。既以内外为二本，则又乌可遽语定哉？"既然性为心，如果性有内外，那么心有内外，而当心对外应接外物，那么相对的内是什么呢？将内外视为两种存在状态，定性之定是在外在还是在内在意义的定呢？因此，正确的理解应该是性不可分内外，动静皆定。

> "夫天地之常"至"而顺应"，第二段。或人问："此书虽长，大意不过如此七句而已。'扩然大公'，是不绝乎物？'物来顺应'，是不累乎物？"先生曰："固是如此。然自心普万物、情顺万事，便是不绝乎物；无情、无心，便是不累乎物，只是此两意，贯了一篇。"

第二段即"夫天地之常，以其心普万物而无心，圣人之常，以其情顺万物而无情，故君子之学，莫若廓然而大公，物来而顺应"。朱子明确指出："此一书，首尾只此两项。伊川文字段数分明；明道多只恁成片说将去，

---

① （宋）黄榦：《勉斋先生黄文肃公文集》之《语录》，第 229 页。后文所引《问读〈定性书〉》材料均为此处，不再标注。
② （宋）黎靖德编：《朱子语类》，第 2441 页。

初看似无统，子细理会，中间自有路脉贯穿将去。'君子之学，莫若扩然而大公，物来而顺应'，自后许多说话，都只是此二句意。"① 朱子指出《定性书》包含清楚明白的条理结构，而"此篇大纲，只在'廓然而大公，物来而顺应'两句"②。黄榦也明确讲这第二段中的"廓然而大公"与"物来而顺应"是贯穿整篇文章的主旨所在，既不绝乎物也不累乎物。具体说，廓然而大公反对的是这样一种常见的定心做法，即试图通过将心与物隔绝而保持心不动，但是这点并不符合心之活动本性，即张载来信所说"定性未能不动"；物来而顺应则是强调心对外物有所感知而又不为之所累，从而实现心定。

> 又读"《易》曰：'贞吉悔亡'"至"而除也"，是第三段。此段引《易》以结上段之意。"贞吉"，则"虚中无我"，不绝乎物，亦不累乎物也；"憧憧"，则累于物矣。

黄榦抓住文中"贞吉"与"憧憧"这两个概念，认为第三段是对上节的总结。《易传》中讲"贞者，虚中无我之谓"，朱子讲"'廓然大公'，便不是'憧憧'；'物来顺应'，便不是'朋从尔思'"③。"此憧憧者是加私意，不好底往来。'憧憧'，只是加一个忙迫底心，不能顺自然之理，犹言'助长''正心'，与计获相似。"④ 憧憧则是因为有私意掺杂而使得我们的心境为物所累。黄榦这里对两个概念的解读与朱子理解一致。

> 又读"人之情"至"索照也"，是第四段。只是与第二段意相反。自私，便是求绝乎物；用智，是反累乎物。"不能以有为为应迹"，故求绝乎物；"不能以明觉为自然"，故反累乎物。

前面第二段即标举廓然大公与物来顺应两个意思，而这一段是从反面立论，指出自私与用智是绝乎物和累乎物的根源所在。自私就分了内外物我，就看不到人与万物为一体即人心不能分内外，用智即过于执着自身理智而不可避免地会有所遮蔽局限，对自然明觉的本性会造成一些干扰与影

---

① （宋）黎靖德编：《朱子语类》，第 2441~2442 页。
② （宋）黎靖德编：《朱子语类》，第 2444 页。
③ （宋）黎靖德编：《朱子语类》，第 1812 页。
④ （宋）黎靖德编：《朱子语类》，第 1816 页。

响，无法做到物来顺应。

> 又读"《易》曰：'艮其背'"至"应物为累哉"，是第五段。亦是引《易》以结上文。"艮其背，不获其身"，则无我；无我，则不自私。用智而凿，则不以明觉为自然，故不若内外之两忘也。

关于这一段，朱子曾与学生讲过："'艮其背，不获其身；行其庭，不见其人'，此是说'扩然而大公'。孟子曰'所恶于智者，为其凿也'，此是说'物来而顺应'。"① 黄榦对这段的解读和朱子的解读相同，也指出这段先引《易》以总结上文，然后把"艮其背，不获其身"归结为"无我"，"无我，则不自私。用智而凿，则不以明觉为自然，故不若内外之两忘也"。用无我、无私这样的概念指明艮其背的深意，并指出"用智而凿"还不是以明觉为自然的圣人境界。

"圣人之喜"至"为如何哉"，是第六段。黄榦认为这段是"以圣人之喜怒，明其'扩然大公，物来顺应'也"，也是对第二段所揭示主题的进一步说明。

剩下的文字即"夫人之情，易发而难制者，唯怒为甚。第能于怒时，遽忘其怒，而观理之是非，亦可见外诱之不足恶，而于道亦思过半矣"，属第七段。朱子指出"'遽忘其怒'是应'廓然而大公'，'而观理之是非'是应'物来而顺应'。这须子细去看，方始得"②。黄榦对这段的解读继承了朱子的这个说法，同时指出"未尝无怒，而观理是非，则未至于圣人，而于道思过半矣。此篇以此读之，则自粲然明白矣"。虽有愤怒的情绪，但遽忘其怒，以此来审视理之是非，虽不是圣人境界，但也是不错的修养状态。同时黄榦"又云：末一段训，专说顺应一边，然未尝不怒，则是大公。朱文公旧说此段，亦兼大公、顺应二者而言，以'遽忘其怒'为大公，可记之"。这段虽在字面上是以怒为例，说明顺应外物而自然引发相应情感，但就其中当怒则怒的同时又能忘其怒来说也内含了大公无私之意。

总体来看，黄榦继承了朱子关于《定性书》的基本理解，并将之拓展为对《定性书》整个文本内容结构的系统划分与解读。正如本书其他部分指出的，重视文本结构的分析也体现在他对《太极图说》《西铭》《孟子》

---

① （宋）黎靖德编：《朱子语类》，第 2442 页。
② （宋）黎靖德编：《朱子语类》，第 2442 页。

等文本的理解中,是黄榦解读经典文本的一贯做法。正是通过对二程持敬与致知并重工夫论的推崇以及对《颜子所好何学论》《定性书》等二程著述的问答式解读,黄榦理学思想得到进一步发展与充实。

第三节　说解《西铭》

朱子非常重视张载的《西铭》,不仅与弟子有很多讨论,还专门为《西铭》作注解,是为《西铭解》。黄榦对《西铭》亦非常关注,他曾对李燔说:

> 《西铭》今看了三十年来,血脉文理终不能得通贯,近因道间与黄伯新商量,方觉有归着,异日须作一段说破录以请教也。①

据年谱记载,开禧二年(1206)二月黄榦的石门任满,吴猎奏辟黄榦入幕,三月被授予荆湖北路安抚司激赏酒库、兼准备差遣,此信当写于此间。其中提到,看了三十年的《西铭》,自己依然不能完全将其中血脉文理完全融会贯通②,与黄伯新讨论之后才有了较好的理解,于是黄榦专门作《西铭说》:

> 尝记师说《西铭》自"乾称父"以下至"颠连无告"如棋局,自"子之翼也"以下至篇末,如人下棋,未晓其说。丁卯夏三衢舟中因思之,方知其然。乾父坤母,予混然中处,此四句是纲领,言天地之父母,人,天地之子也。天地之帅塞为吾之体性,言吾所以为天地之子之实,"民,吾同胞,至颠连无告",言民物并生天地之间,则皆天地之子,而吾之兄弟党与特有差等之殊。吾既为天地之子,则必当全吾之体,养吾之性,爱敬吾之兄弟党与,然后可以为孝,不然则谓

---

① (宋)黄榦:《勉斋先生黄文肃公文集》,第565页。
② 李方子曾提及黄榦对《西铭》的疑惑:"《西铭》有个劈下来底道理,有个横截断底道理。直卿疑之。窃意当时语意,似谓每句直下而观之,理皆在焉;全篇中断而观之,则上专是事天,下专是事亲,各有攸属。方子。"((宋)黎靖德编:《朱子语类》,第2526页)这里的前两句是朱子所言,后面的"直卿疑之"之后在《朱子语类》中均为小字,按语意"窃意"似为记录者李方子所言,而在《张子全书》《性理大全》中都将"窃意"之后的话视为勉斋的观点。

之背逆之子,"于时保之"以下,即言人子尽孝之道,以明仁之所以事天之道,所以全吾体养吾性爱敬吾兄弟党与之道,尽于此矣。①

丁卯即开禧三年(1207),该文大概作于该年夏。重视对文章结构的领悟是黄榦读书的重要方法,他在解读周敦颐的《太极图说》时曾将《太极图说》分为三个部分,这里他对《西铭》的结构也有所领悟,解答了之前不能通贯其血脉文理的重要困惑。按照他的理解,整个《西铭》可分为两部分,上半部分从乾父坤母开始,一直到颠连无告者也,这个部分是对天地宇宙与人物位置与秩序的静态认知,是对人物在天地中位置问题的回答:乾父坤母,吾乃为其子,他人他物乃民胞物与,这是犹如整个棋局式的纲领。而此后的文字则是人利用此棋局下棋,是对棋局的具体运用。其具体表现为全养吾之体性、爱敬吾之兄弟党与、仁孝天地,即为儒家核心道德规范。前一部分是静态位置布局的描述,后一部分则是基于前一部分的动态操作及其效果。上部分是静态事实陈述,下部分是动态原则演绎。

此后,黄榦还曾与友人讨论《西铭》:

> 近因与蔡兄元思论《西铭》颇为痛快,敬子当能言之,余俟骑气之来耳。②

此信应是从政期间,其中两次讲到所习骑射,应是战事紧张之时,故推测此信应作于嘉定六年(1213)九月到任通判安丰军之后,包括汉阳、安庆任上之时。蔡元思为朱子弟子,后又跟黄榦学习。虽然不清楚具体讨论,但这里讲论《西铭》颇为痛快,应该是较之前的理解又有新进展。

晚年在与饶鲁的回信过程中,黄榦还说:

> 《西铭》之说,其大意固是如此,但自"民吾同胞""颠连无告",亦不可但以为见其为天之子。自人及物,各尽其爱,自上及下,各得其宜,便是仁之道,而天理之当然也。又岂特"于时保之"以后,方为乐天畏天哉。③

---

① (宋)黄榦:《勉斋先生黄文肃公文集》,第174~175页。
② (宋)黄榦:《勉斋先生黄文肃公文集》,第596页。
③ (宋)黄榦:《勉斋先生黄文肃公文集》,第691~692页

此信应为嘉定十三年（1220）春所写。从该信可以推出，饶鲁认为自民吾同胞到颠连无告是在讲人为天之子，"于时保之"之后方为乐天畏天。朱子对"于时保之，子之翼也；乐且不忧，纯乎孝者也"的注解也是："畏天以自保者，犹其敬亲之至也；乐天而不忧者，犹其爱亲之纯也。"① 对此，黄榦则有所补充，认为人与物皆为天之子，各尽其爱、各得其宜便是仁之道，也是天理之当然法则，因此全篇都讲了乐天畏天之意。

从时间上来看，《西铭》是黄榦与同门进行学术讨论的重要文本，也是黄榦教育弟子的重要问题之一。在这些讨论当中，黄榦对《西铭》的文本结构有明确的体认，对《西铭》的核心思想也有独特揭示。

第四节　数论文公

无疑，朱子学是黄榦思想最重要且直接的来源，他对朱子学术思想的理解与总结伴随自身理学思想形成、发展全过程，也是他建构两宋理学史时最重要的一环。近十年前，我们曾以《朱子行状》为核心考察过黄榦对朱子生平、学术思想与历史地位的系统总结，也曾在道统论的视域中，以《圣贤道统传授总叙说》为中心具体考察黄榦的朱学道统论。② 虽然当时认为《圣贤道统传授总叙说》的写作时间不清楚，但依据其他涉及朱子学道统体系的文献，我们认为，"从写作时间来看，道统论思想的提出正是黄榦写作与修改完善朱熹行状的时间，这说明道统论思想的形成与其对朱熹学问思想总结是同时进行的"③。近年来，随之对黄榦生平与思想的进一步研究，我们越来越发现黄榦对朱子学术思想的总结有两个特点：一是全面且有侧重点，涉及宇宙论、本体论、心性论、工夫论等理学思想的各个方面，其中工夫论是黄榦较为重视的；二是这种总结呈现出时间变化的特点，集中体现在对朱子为学工夫的不同总结与强调，《圣贤道统传授总叙说》的完成时间大体可以确定。这两个特点在过去的研究中有一定程度的忽略。因此，为了深入考察黄榦对朱子学的认识发展过程，以相关文本的创作时间先后为序，进行逐一分析，以此完整呈现黄榦对朱子学的不断

---

① （宋）朱熹撰：《朱子全书》第 13 册，第 143 页。
② 参见邓庆平《朱子门人与朱子学》第五章第二节 "《朱子行状》对朱熹的全面总结"、第六章第二节 "朱子学道统的论定"，第 221~235、274~305 页。
③ 邓庆平：《朱子门人与朱子学》，第 286 页。

总结过程，就显得十分必要。

在朱熹去世之后，包括黄榦在内的众多门人试图从整体上概括朱子学术思想特性与贡献。就黄榦来说，他在若干纪念朱子的文章中多次总结朱子学术思想，如《圣贤道统传授总叙说》《台州州学四先生祠堂记》《徽州朱文公祠堂记》《汉阳军学五先生祠堂记》《鄂州州学四贤堂记》与《朱子行状》等。在这些文献中，除了《圣贤道统传授总叙说》的创作时间不确定之外，其他文本创作时间均已确定。《朱子行状》的完成时间最晚，是黄榦对朱子学总结的定论。下面就先以时间明确的几篇文献逐一介绍其对朱子学和两宋道学的总结情况，然后在此基础上对《圣贤道统传授总叙说》的创作时间作一考订。

嘉定五年（1212）代刘晦伯作《台州州学四先生祠堂记》是这些文献中时间最早的。四先生即周敦颐、二程与朱熹。文中介绍四先生之学时说："'惟皇上帝，降衷于民'，本然之性纯粹至善，穷理以致其知，反躬以践其实，则齐家、治国、平天下，亦举而措之耳。三代而上，立学教人，孔、孟迭兴，立言垂世，非有他道也。四先生之学，亦起于千载之后，继孔、孟不传之统而已。"① 基于纯粹至善的本性，通过穷理致知和反躬践行，可以实现齐家治国平天下的目标，亦即以性善为基础的大学八目，这是三代、孔孟之道，也是两宋四先生所继承之道，这里没有讲述两宋四先生的思想差异。

嘉定七年（1214）十月作《徽州朱文公祠堂记》。文中明确儒家道统传承三阶段说：行道、明道、继道。"尧、舜、禹、汤、文、武、周公生，而道始行；孔子、孟子生，而道始明。孔、孟之道，周、程、张子继之；周、程、张子之道，文公朱先生又继之。"② 朱子的具体贡献在于，"德盛仁熟，理明义精，历代相传之道，粲然昭著，故虽穷乡晚出，亦皆知有圣贤教人之旨，然则公之生于世，有功于斯道大矣！……居敬以立其本，穷理以致其知，躬行以践其实，则虽越宇宙，如亲见之，道之明且行，世之安且治，可冀也。此当世之所宜共勉"③。由于朱子本人德盛仁熟、理明义精，历代圣贤相传之道得以充分挖掘与彰显出来，并为世人知晓，这是朱子对道学的贡献，这种贡献主要是发明道理与教化众人。而"居敬以立其本、穷理以致其知、躬行以践其实"是具体的修养工夫，也可以看作对

---

① （宋）黄榦：《勉斋先生黄文肃公文集》，第726页。
② （宋）黄榦：《勉斋先生黄文肃公文集》，第718页。
③ （宋）黄榦：《勉斋先生黄文肃公文集》，第718页。

朱子之道的总结。

嘉定八年（1215）二月作《鄂州州学四贤堂记》。黄榦在简述以太极、阴阳、五行为开端的宇宙论以及先秦和汉唐道统情况之后，指出"圣宋龙兴，德配天地，尊道以儒，出治以仁，经术文章，一根于理；鸿儒硕士，彬彬辈出，上儗三代，下轶汉、唐，何其盛哉！渐摩积累，斯道之久蚀者复明焉"①。宋代使得圣人之道复明。接着具体介绍两宋道学家周敦颐、二程和朱子四先生的思想贡献。"濂溪周先生，不由师传，洞见道体，推无极太极，以明阴阳五行之本；人物化生，万事纷扰，则定之以中正仁义而人极立焉，盖与河图洛书相为表里。周子以授伊洛二程子，程子所言道德性命，皆自此出，而微词奥义，学者未之达也。"② 这里对周敦颐思想的总结主要是太极图说的主旨，既有宇宙论也涉及工夫论，对二程思想未具体展开。对于朱子的贡献，黄榦强调"'体用一源，显微无间'之旨超然独悟，而又条画演绎，以示后学。周、程之道，至是而始著矣"③。原本二程讲"体用一源，显微无间"较多，而这里用来概括朱子的贡献，强调的是四先生思想之间的一脉相承，周、程之道至朱子而显著。接着黄榦对四先生思想进一步概括"穷理尽性以至命，存心养性以事天，非四先生，孰发之？……四先生之道，本诸人心之所固有、天理之不可易，则邪说不得肆，而皆趋于至正之途，止于至善之地矣。……四先生之书，家传而人诵之矣，述其关于道体之大要，以见四先生之道光明盛大、其本原固有自也"④。这里提到的四先生之道、四先生之书，既有道体的阐发，也涉及天理、人心，更落实于穷理尽性、存心养性之工夫。相对而言，这里的总结虽然也简略，但所涉及更为全面。

嘉定八年（1215）十二月汉阳军学五先生祠堂落成，黄榦率诸众生举行释奠礼，他作有《汉阳军祭五先生文》，逐一总结与表彰周敦颐、二程、游酢与朱熹五先生的人品与思想。

对周敦颐思想的总结是："惟先生资禀清明，襟怀洒落，光风霁月，碧草红蕖。推太极、二五，以探造化之原；定仁义、中正，以显人极之立。绍孔孟不传之绪，阐古今未发之机。"⑤ 造化与人极是周敦颐思想的两个重心，也是《太极图》和《太极图说》的核心，正是因此，周敦颐

---

① （宋）黄榦：《勉斋先生黄文肃公文集》，第720页。
② （宋）黄榦：《勉斋先生黄文肃公文集》，第720页。
③ （宋）黄榦：《勉斋先生黄文肃公文集》，第720页。
④ （宋）黄榦：《勉斋先生黄文肃公文集》，第720页。
⑤ （宋）黄榦：《勉斋先生黄文肃公文集》，第762页。

才能接续先秦孔孟之道统。这个总结与同年二月所作《鄂州州学四贤堂记》中的总结基本相同。

对二程思想的总结是:"惟先生西洛储精,濂溪嗣派。春温秋肃,玉润金坚。指持敬以明存养之端,论致知以极贯通之妙。圣道益阐,后学有师。"① 肯定二程为周敦颐传人的同时,特别表彰二程的持敬与致知之道。对二程的这种总结在其他几篇文章如《圣贤道统传授总叙说》也常见。

对游酢思想的总结是:"惟先生德器晬然,学问日进,见称于师;清德重望,皎如日星,见称于友。流风余韵,足以师范斯世;惠政在民,至于久而不忘。先生之于此邦,遗泽固不浅矣。"② 这里主要是道德品质与在当地的政绩影响,不涉及游酢思想本身的内容。

对朱熹思想的总结是:"惟先生禀资高明,厉志刚毅。师延平以继龟山之绪,沂西洛以寻洙泗之原。六经之指,久郁而明;周程之学,将讹而正。玩索穷乎眇忽,操履极于坚高。张皇大中,启迪后学。人尊其道,家诵其书。"③ 既指出朱子学术渊源,更从经学、道学两方面指出朱子所做工作,即"六经之指,久郁而明;周程之学,将讹而正",高度概括了朱子学问思想的主要贡献,并从致知、践行及教化后学等方面表彰朱子。

嘉定九年(1216)正月黄榦作《汉阳军学五先生祠堂记》。文章对道统的描述与《徽州朱文公祠堂记》中的表述较为相近,"夫道统之传,自尧、舜、禹、汤、文、武、周公躬是道以化天下;周之衰,斯道不行,孔子、孟子及其门人相与推明之;秦、汉以来,且千有余岁,洙泗之遗绪已坠而复振,非五先生之力欤?"④ 以行道、明道和继道来描述道统传承基本阶段。就两宋道学,黄榦还指出"濂溪周先生倡其始,又即周、程之学以究其所以光明盛大,则新安朱先生实成其终"⑤。强调朱子的贡献在于将周、程之学发明光大。

嘉定九年(1216)作《陈师复仰止堂记》。仰止堂是朱子弟子陈宓所建,陈宓亦为黄榦弟子。此文虽未直接表彰朱子学问,但就"仰止堂"之名而引发黄榦对道学思想的阐述:"道原于天,圣贤体天立道而示诸人,若乔岳焉,可望而登也,人皆仰之,然无目者不见,资禀累之也;逐兽者不见,物欲昏之也;指一草木而谓之山,见之偏且小者也;有见矣,趋而

---

① (宋)黄榦:《勉斋先生黄文肃公文集》,第762页。
② (宋)黄榦:《勉斋先生黄文肃公文集》,第763页。
③ (宋)黄榦:《勉斋先生黄文肃公文集》,第763页。
④ (宋)黄榦:《勉斋先生黄文肃公文集》,第719页。
⑤ (宋)黄榦:《勉斋先生黄文肃公文集》,第719页。

下焉，舍乔而入幽也；既趋矣，峻则止焉，半途而遂废也，此岂其无人心而不知学哉？心不充、学不力也。今之学者，有不蹈此者乎？吾惧斯道之日晦也。诚能居敬以立其本，穷理以致其知，力行以践其实，体高山景行、一仰一行、相为先后之意，循序而渐进，自强而不息，始见其弥高，终见其卓尔，羹墙与立，无非道也，则于斯堂之义，庶乎无愧矣，岂有他哉？充其好德之心，厉其好学之志也。"① 这里的所仰与所止都是朱子学基本义理，文中工夫论用语为"居敬以立其本，穷理以致其知，力行以践其实"，这与其他几篇总结道学工夫论的表述大体相同。

嘉定十年（1217）三月作《南康军新修白鹿书院记》。文章首先简述白鹿洞书院历史，表彰朱熹与朱熹儿子朱在复建书院的贡献；接着在叙述两宋道统线索的基础上突出朱子贡献，黄榦指出，"周衰道晦，且千余载，周、程夫子始得孔、孟不传之绪。未及百年，大义乖矣。先生洞究其道，而推其所未发。其为郡也，固尝与诸生熟讲之、规诲之，语约而尽矣"②。这里的表彰涉及承接周敦颐、二程之道的道统贡献，主要还是利用白鹿洞书院讲学、制度规约等教化贡献。

《圣贤道统传授总叙说》在标题中就讲道统传授问题，常被后世学者视为把握黄榦道统论思想的主要文献，但其写作时间未明确标注。

从思想内容来说，《圣贤道统传授总叙说》首先继承周敦颐《太极图说》的宇宙论思想，从太极阴阳讲到圣人之生。由圣人之生带来的是对天道的体认与接受，圣人发明道统以示天下后世。接着依次描述尧、舜、禹、文王、武王、夫子、颜回、曾子、子思、孟子所继承的儒家思想，这些儒家思想不是宇宙论、本体论的部分，重心放在为学方法与工夫论上。这是对先秦儒家思想的概括。其次，北宋时期周敦颐与二程相继承接道统，"至周子，则以诚为本，以欲为戒，此又周子继孔、孟不传之绪者也。至二程子，则曰：'涵养须用敬，进学则在致知。'又曰：'非明则动无所之，非动则明无所用。'而为四箴以着克己之义焉，此二程得于周子者也"③。这里对周敦颐思想的概括比较奇怪，没有像上面那些文章一样明确以《太极图》和《太极图说》的思想为主，所提及周敦颐与二程的思想依然以为学方法和工夫论为重心。

在圣贤传道谱系当中，黄榦对朱子学问的描述是"先师文公之学，见

---

① （宋）黄榦：《勉斋先生黄文肃公文集》，第722~723页。
② （宋）黄榦：《勉斋先生黄文肃公文集》，第721页。
③ （宋）黄榦：《勉斋先生黄文肃公文集》，第10页。

之四书，而其要则尤以大学为入道之序。盖持敬也，诚意、正心、修身而见于齐家、治国、平天下，外有以极其规模之大，而内有以尽其节目之详，此又先师之得其统于二程者也"①。这里讲了持敬工夫，更多提及的是以大学为首的四书体系和大学八目的学问规模，侧重于经典体系和学问规模，而全然没有明确提及理气心性等宇宙论、本体论与心性论等理学思想。接着，黄榦主要从工夫论的角度指出圣贤相传之道，"故尝撮其要旨而明之：'居敬以立其本，穷理以致其知，克己以灭其私，存诚以致其实。'以是四②者而存诸心，则千圣万贤所以传道而教人者，不越乎此矣"③。居敬、穷理、克己、存诚都是朱子学的修养工夫。

我们将该文与上面几篇写作时间明确的涉及朱子学问的总结和道统地位评价的文章作一比较，可以推测出本文的大概写作时间。

《圣贤道统传授总叙说》对工夫论的一个总结用语是"居敬以立其本，穷理以致其知，克己以灭其私，存诚以致其实，以是四者而存诸心"④。在言及朱子在道统传授中的地位时，仅提及"先师之得统于二程者也"⑤，而并未将朱子与二程的道统地位作出区别的意思。在嘉定七年（1214）十月所作《徽州朱文公祠堂记》中用"居敬以立其本，穷理以致其知，躬行以践其实"⑥，从居敬、穷理与躬行实践等三个方面概括朱子学问特点，并称朱子在道统上的贡献在于"历代相传之道粲然昭著"⑦，对朱子有独特表彰；嘉定九年（1216）所作《陈师复仰止堂记》中用语为"居敬以立其本，穷理以致其知，力行以践其实"⑧，也是居敬、穷理与力行三方面；嘉定八年（1215）二月作《鄂州州学四贤堂记》，其中讲到朱子的道统贡献为"周程之道至是而始著矣"⑨，特别表彰朱子；嘉定八年（1215）十一月所作《汉阳军学五先生祠堂记》中讲"濂溪周先生倡其始，又即周程之学以究其所以光明盛大，则新安朱先生实成其终"⑩，对朱子的独特地位也有明确定位；而嘉定十四年（1221）最终完稿的

---

① （宋）黄榦：《勉斋先生黄文肃公文集》，第10页。
② "四"，底本原为"五"字，据文意，此处当为"四"字。
③ （宋）黄榦：《勉斋先生黄文肃公文集》，第10页。
④ （宋）黄榦：《勉斋先生黄文肃公文集》，第10页。
⑤ （宋）黄榦：《勉斋先生黄文肃公文集》，第10页。
⑥ （宋）黄榦：《勉斋先生黄文肃公文集》，第718页。
⑦ （宋）黄榦：《勉斋先生黄文肃公文集》，第718页。
⑧ （宋）黄榦：《勉斋先生黄文肃公文集》，第722~723页。
⑨ （宋）黄榦：《勉斋先生黄文肃公文集》，第720页。
⑩ （宋）黄榦：《勉斋先生黄文肃公文集》，第719页。

《朱子行状》中称朱子"其为学也，穷理以致其知，反躬以践其实，居敬者所以成始成终也"①。同样是居敬、穷理与实践三方面，对朱子也"以道统之著者终之"②，将朱子与周程作出明确区分。由此可见，自嘉定七年（1214）作《徽州朱文公祠堂记》后，一直到黄榦异常慎重的、创作历经十几年③的具有盖棺论定性质的《朱子行状》，黄榦对朱子学问特点的总结都是居敬、穷理与实践三方面，对朱子的道统地位也有意与周程进行区分，给予独特表彰，这两点都明显与《圣贤道统传授总叙说》不同。《圣贤道统传授总叙说》要总结历代道统传承线索，按说应该对朱子的道统地位作出特别表彰，但文中只是强调朱子继承二程学问这一方面，对朱子学问特点与道统地位的评价还不是很成熟。再加上该文对历代道统描述也不如《徽州朱文公祠堂记》［嘉定七年（1214）十月］所作等文以行道、明道和继道来描述那样清晰，对周敦颐思想的奇怪总结等情况，由此，我们推测该文不太可能写在嘉定七年（1214）十月之后。

此外，由于朱子晚年陷入伪学禁，朱子学一直被打压，直到开禧三年（1207）十一月迫害朱子学的最大政敌韩侂胄被杀，朱子学的生存环境才迅速好转，黄榦也大概在这个时候开始写作《朱子行状》，而行状的书写必然要涉及道统传承谱系，《圣贤道统传授总叙说》明确表彰周程以及朱子，不太可能在伪学禁期间。嘉定五年（1212）代刘晦伯作《台州州学四先生祠堂记》，其中没有涉及四先生思想的差异，没有单独标举朱子的道统地位，但注重"穷理以致其知，反躬以践其实，则齐家、治国、平天下，亦举而措之耳"④。《圣贤道统传授总叙说》也讲了朱子以大学八目为主的学问规模，并从居敬、穷理、克己、存诚四个方面来讲工夫论，对《台州州学四先生祠堂记》有所拓展。因此，我们推测本文应该作于嘉定五年（1212）到嘉定七年（1214）十月，与之伴随的是《朱子行状》的早年创作。

因此，就时间先后来说，大概开始于开禧三年（1207），最终完稿于嘉定十四年（1221）的《朱子行状》是黄榦对朱子学术思想的最后定论。在《朱子行状》中，黄榦对朱熹学术思想有全面总结：

---

① （宋）黄榦：《勉斋先生黄文肃公文集》，第128页。
② （宋）黄榦：《勉斋先生黄文肃公文集》，第132页。
③ 伴随着朱子学生存环境逐渐好转，黄榦大概从开禧三年（1207）十一月之后开始写作《朱子行状》，直到嘉定十四年（1221）去世前不久才最后定稿公布。《朱子行状》的写作过程，可参见邓庆平《朱子门人与朱子学》，第222~227页。
④ （宋）黄榦：《勉斋先生黄文肃公文集》，第726页。

黄榦从道统传承的高度来为朱熹写作行状，这即朱熹生平学术第一次得到全面总结，其中重点自然是黄榦综合同门友人意见而形成的朱子学系统表达。在行状当中，黄榦依次从几个方面向我们描述了作为道学家的朱熹形象：首先是自韦斋开始介绍朱熹的从学经历，接着围绕"穷理以致其知，反躬以践其实，居敬者所以成始成终也"介绍朱熹的为学工夫，在此基础上运用太极阴阳五行、心性情等概念对朱熹所体认的道体有所阐发，接着描述了朱熹将道体见之于行的倾向，即朱熹的修身齐家治国之道，然后再引出朱熹遍及四书五经、周程张子的庞大治学体系以及长期接引后学的教人之方，最后将朱熹平生主要的著述一一列举出来。这里既有朱熹从学过程的纵向描述，也有朱熹道论、工夫论乃至修身齐家治国之道的解说；既有朱熹个人治学过程的描述，也有朱熹授学经历的介绍。此外，文中还对朱熹的学术贡献作了高度总结，即"继往圣将微之绪，启前贤未发之机，辨诸儒之得失，辟异端之诐谬，明天理正人心事业之大，又孰有加于此者"，朱熹所做事业为明天理正人心，在往圣、前贤、诸儒与异端的面前，黄榦使用继、启、辨、辟、明等字异常精准地勾勒出朱熹的思想史形象。总的来说，黄榦对朱熹学术思想体系的阐述层次清晰，理解深入，语言精确，概况全面，体系完整，堪称朱熹学术思想体系的经典阐述。[1]

从这里可以看出，黄榦对朱子学术思想的总结非常全面且明确。既涉及理论贡献，也涉及以注经为核心的广泛著述，还涉及朱子为学方法与工夫路径的概括。其中以"穷理以致其知，反躬以践其实，居敬者所以成始成终也"总结朱熹的为学工夫，这点可以视为定论。

---

[1] 邓庆平：《朱子门人与朱子学》，第229页。

第八章　朱学传承

自朱熹与其门人创立朱子学之后，历经南宋、元、明、清近七百年间的发展，一直作为当时学术思想主流与正统的朱子学逐渐衍生出一段绵绵不绝的朱子学发展史。这一发展史的开端自然是朱熹与一传弟子之间学术思想的授受过程，而此后朱子学的存在与发展便是朱子一传弟子在各地向后来者传授朱子学的过程，亦即一传弟子与二传弟子之间的授受活动。正是由于这一活动，朱子学逐渐从地方性的闽学进一步拓展到全国各地。此即朱子门人在朱子学发展史上的重要贡献。

在朱熹去世之后，黄榦大力传播和推广朱子学，他一方面与同门保持密切交往和联系，另一面通过修建书院授徒讲学，成为南宋晚期朱子学派的最重要代表人物。黄榦至少开启了身后三个朱子学地方学派与传统。他在浙江为官时，将朱子学传于金华人何基，后来通过何基再传，朱子学盛行于浙江。他在江西为官时，传弟子饶鲁（号双峰）。饶鲁在江西讲学，广收弟子，成为朱子学在江西的源流，《宋元学案》卷八十三为"双峰学案"。此外朱子学北传也与黄榦有关系。黄榦在汉阳为官时，在书院讲授理学，门人众多。后元兵攻入汉阳，俘虏理学家赵复，携归北方，使之在太极书院讲学，致使元代时朱子学在北方迅速传播，遂成独尊之势。从朱子学传承的角度来看，黄榦通过广泛频繁的讲学，培养一大批朱子学者，最终形成勉斋学派。

第一节　授徒讲学

众所周知，宋代书院纷纷出现，讲学之风盛行，理学的产生、发展与书院兴盛几乎是同步的。书院是宋明理学家进行学术活动的主要阵地。理学家纷纷在各地兴建、修复书院，并讲学其中，讲学之风盛行。在这个方面，朱熹表现突出，朱熹一生创办四所书院：寒泉精舍、云谷晦庵草堂、武夷精舍与考亭书院，在江西和湖南为官时又修复了白鹿洞书院、岳麓书院和湘西精舍，曾在四十多个书院讲学授徒。这些书院是朱熹进行学术研究与创作的重要场所，也是朱子学传播的重要基地。朱子就非常重视讲学，一生讲学不断。作为"朱子学走向社会化和制度化的主要推动者"①，朱子门人也在各地从事书院讲学活动。作为朱子认可的重要门人，在朱熹生前，黄榦不仅独立授徒讲学，还经常参与朱熹接引其他学生的讲学活动，甚至代朱子讲学，如《朱子语类》中记录包显道来拜会朱子时，朱子说："直卿与某相聚多年，平时看文字甚子细；数年在三山，也煞有益于朋友，今可为某说一遍。"② 在朱熹去世之后，黄榦在处理政务的同时，也非常注意利用官学与民间书院进行学术活动，研讨和传播朱子学。讲学也是黄榦学术活动的重要形式。他不仅居家时讲学，在外从政时也非常重要文化教育，整顿官学，修复和兴建书院并亲自讲学其中。通过这些讲学，朱子学得以传播到更广泛的地域，黄榦对朱子学的某些独特理解也得以呈现。我们曾在讨论朱子学的社会推广时专设一节为"学校与书院教育"，其中对朱子门人的书院讲学情况有过一个简单梳理。③ 这里就集中考察黄榦的讲学活动，首先对黄榦一生尤其是在朱熹去世之后的授徒讲学活动作一简单梳理，然后以几次重要的书院讲学为例，对黄榦的讲学内容进行具体分析，以期揭示黄榦讲学的特色与价值。

一　讲学活动

在跟随朱子学习一段时间之后，黄榦的学问思想逐渐成熟，他在离开朱熹时也开始授徒讲学活动。这里就按照时间顺序，根据《勉斋年谱》《勉斋文集》等资料对黄榦的讲学以及相关的授徒活动作一个简单梳理。

淳熙十四年（1187），朱熹命朱在到沙县从学于黄榦，见《勉斋年谱》所载。④ 朱在也就成为有记录的黄榦的第一位弟子，由此可见朱熹对此时黄榦学问的认可。

绍熙二年（1191）春，黄榦从漳州回到闽县城东新河旧居，林羽即从学于此时。《勉斋年谱》载"梅坞林羽"所记云："初见先生于新河，家徒四壁，日特蔬食以对宾客，端坐讲论至达旦不寐。"⑤

---

① 邓庆平：《朱子门人与朱子学》，第450页。
② （宋）黎靖德编：《朱子语类》，第2870页。
③ 参见邓庆平《朱子门人与朱子学》，第328～335页。
④ （宋）陈义和编撰：《勉斋先生黄文肃公年谱》，第750页。
⑤ （宋）陈义和编撰：《勉斋先生黄文肃公年谱》，第754页。

绍熙二年（1191）春，在福州登瀛馆和叶氏悦乐堂，郑文遹从学黄榦，见《勉斋年谱》本年所载。①

绍熙三年（1192）春，约表兄弟岁两集于城外僧舍。秋，与朋友讨论礼书。②

绍熙四年（1193）春，黄榦从建阳回到福州，汝腾父赵善绰，字友裕，延请黄榦为诸子师，居福州钟山赵氏馆内，赵汝腾即从学于此时。

庆元元年（1195），在行都与吕子约、赵子钦等交游，并以礼书图证相与讲明。③

庆元四年（1198），黄榦因治母叶夫人之丧，居住在怀安县（今属福州）长箕山，林学之与林行之兄弟即于此时从学。黄榦还应兄弟二人父亲之请为之易名和字，见《林仲则二子名字序》。

庆元五年（1199）春，郑适，字周父，前来从学。黄榦《与郑成叔书》云："承许下访，兼闻昆仲偕来，慰幸之甚。"末有小字注："己未春，成叔遣其季弟周父来从先生学。"④

庆元五年（1199）和嘉泰元年（1201），朱子之孙朱钜、朱钧从学黄榦于闽县新河旧居和怀安栗山草堂。据《勉斋先生黄文肃公年谱》载："庆元五年（1199），诸生从学于新河旧居。文公遣其诸孙来执经。"⑤ "嘉泰元年（1201）正月，先生告辞文公几筵，护乐安之丧归于三山。诸生从学于栗山草堂，文公诸孙在焉。"⑥

约在庆元五年（1199），郑师孟又从黄榦学。此前他曾于庆元三年（1197）从学朱熹于建阳考亭。

庆元六年（1200）二月，黄榦执教于闽县县学。三月九日朱熹逝世，黄榦赴建阳奔丧，作《与闽县学诸友书》，信中有"家中床榻之属，欲烦齐卿、季亨收拾送七家兄处"⑦，此可作为郑齐卿从学黄榦于闽县县学之证据。

自此，黄榦成为朱子学派最重要的代表之一，包括许多同门在内的更多年轻学者也开始向黄榦问学。如杨复、赵师恕在朱熹逝世后，又从黄榦

---

① （宋）陈义和编撰：《勉斋先生黄文肃公年谱》，第 754 页。
② （宋）陈义和编撰：《勉斋先生黄文肃公年谱》，第 757 页。
③ （宋）陈义和编撰：《勉斋先生黄文肃公年谱》，第 762 页。
④ （宋）黄榦：《勉斋先生黄文肃公文集》，第 606 页。
⑤ （宋）陈义和编撰：《勉斋先生黄文肃公年谱》，第 770 页。
⑥ （宋）陈义和编撰：《勉斋先生黄文肃公年谱》，第 776 页。
⑦ （宋）黄榦：《勉斋先生黄文肃公文集》，第 656 页。

学。淳熙十年（1183）十月，朱熹因赴泉州吊友人傅自得之丧，归途曾馆次于陈氏仰止堂，陈宓因与其兄守、定于此时同学于朱熹。后又从黄榦学。

嘉泰元年（1201），黄榦在栗山草堂执教，除了朱子之孙朱钜、朱钧，林子牧与林子敫兄弟亦来从学黄榦，事见嘉泰二年（1202）黄榦所撰《林端仲墓志铭》，文中曰："其子子牧与其子子敫之为兄后者，尝以公之志气从学于予。予又尝假馆于其里，乐其山川之胜。"①

嘉泰二年（1202）九月，黄榦先后在福州城南乌石山神光寺、仁王寺设书局修《礼书》，招同门学友长乐刘砺，及门人郑惟忠、潘敬、郑文通分任其事，见《勉斋年谱》记载。

嘉泰二年（1202）三月，文公大祥，先生心丧终除。八月，获得监嘉兴府崇德县石门酒库的任命，待次于家中之时授徒讲学不断。九月，在安葬其兄长乐安君黄东于桃枝山之后，与朋友先相会于城南乌石山寺，一面讨论学术，一面续修《仪礼》，以成文公之志。修书地点后来主要是在神光寺与仁王寺，参与人物有郑文通、刘励（用之）以及门人郑宗亮（惟忠）、潘敬（茂修）等人，分任其事，共修礼书。

嘉泰三年（1203）癸亥七月，刘忠肃公之子学雅正之（号遂初居士），延先生于家塾，以为二子刘庶、刘度老师。

嘉泰三年（1203）冬，黄榦赴官石门酒库。陈义和因表叔潘柄与黄榦为密友，故弱冠即从黄榦学。此时陈义和侍行受学，林观过亦前来从学。

嘉定二年（1209）春正月，黄榦任职临川时，郡守以礼延先生于郡庠讲书，为讲四端之要。三月，新作临川县学。嘉定三年（1210）春，帅檄票议，自临川如豫章。李敬子之徒两三人亦来相聚论学。黄榦任临川知县（1208～1211），何伯慧为县丞，其子何基、何南坡得以从学黄榦。李武伯亦从学，嘉定九年（1216）三月，黄榦离汉阳知军任回闽，李武伯又随师至闽续学三月而归。此后，黄榦又嘱其从李燔学。临川期间，曾于淳熙十五、十六年（1188～1189）从学朱熹于武夷精舍的同门黄义勇前来从学，此外，黄榦弟子还有黄义明、黄伯新（黄榦官汉阳时又跟随从学）、李修、薛师邵等人。

嘉定五年（1212），黄榦知新淦县事，四月命下，五月到任。漕使杨公楫延先生于东湖书院，讲《中庸》第四章。郭圣与得以从学。

嘉定六年（1213）九月至次年二月，黄榦为安丰通判，进士方来从

---

① （宋）黄榦：《勉斋先生黄文肃公文集》，第138页。

学之。

嘉定七至八年（1214~1215），黄榦知汉阳。此为吴昌裔、吴泳兄弟从学之时。嘉定八年秋，始治学政，五日一下学，劝课诸生讲诵，躬督教之。十一月新作五先生祠堂、凤山书院皆成。

嘉定九年（1216）闰七月，新作草堂三间于考亭之寓舍，名为环峰，以毋忘御史之遗训。草堂经始，实在此年。十月，自考亭还三山旧居。十一月，寓居城南法云寺僧舍，郑元肃（郑文遹之子）前来从学。冬，家揆亦来从学，嘉定十一年（1218）十一月，又从学于城东张氏南园，见《勉斋年谱》所记。

嘉定十年（1217）春，朋旧生徒毕集于法云寺寓居，先生为立同志规约以示学者。四月，黄榦任安庆知府时，方士繇（伯谟）之子方丕父从学于黄榦。

嘉定十一年（1218）六月，由池阳如江州，寓居庐山楼贤僧舍，以俟朝命。朋友生徒从游讲学于山间。当时安庆新城内外毕役。七月，路经临川，游麻姑山，与临川友人郊游。九月，先生归至法云寓舍。十一月，差主管建宁府武夷山冲佑观。重修《仪礼经传续卷》，置局于寓舍之书室及城东张氏南园，四方生徒会聚讲学，"先生日接乡党后进，讲明身、心、性、情之德，修己治人之方，以开晓学者，始知向方"①。自蜀、江、湖来者日众，如岳阳方遇明父、蜀人家揆本仲等人。

嘉定十二年（1219），诸生移寓于山之嘉福僧舍。"先是先生以法云寓居迫狭，无以容朋友，更辟草舍三间于门侧，先生坐卧寝食其间。至是诸生来者寖多，又不能容，乃假嘉福寺居之。"② 五月，新作书楼法云寓居之右，牓曰云谷，以示毋忘文公之训。取文公隐庐之旧名。李晦前来从学。十二月，门人张元简以古昏礼归其女弟，请于先生。为之正其仪法行之。这一年，黄榦的同门赵崇宪逝世。其子赵必愿居丧丁忧期间，从学于黄榦。冬至次年正月，方遇从学于黄榦。

嘉定十三年（1220），黄榦在怀安县北山鲍牺原建高峰书院，诸生从学，陈仍为从学诸生之一。这年三月，陈仍在嘉福寺为其长子行古冠礼，黄榦参与。五月，门人赵师恕率乡党朋友习乡饮酒仪于补山，黄榦参与并指导。"观者千百辈，无一人敢非笑者，盖先生率之以诚故也。"③

---

① （宋）陈义和撰：《勉斋先生黄文肃公年谱》，第852~853页。
② （宋）陈义和编撰：《勉斋先生黄文肃公年谱》，第853页。
③ （宋）陈义和编撰：《勉斋先生黄文肃公年谱》，第862页。

嘉定十四年（1221）三月，终于所居之正寝。前六日还与杨信斋去信论学，督促学生精进。临终前还在讲学授童，"前属纩之夕，犹诵书课童孙，晨兴而逝"①。

在朱熹生前就已经开始，一直到他自己临终前，黄榦坚持授徒讲学。尤其是他在从政期间，一方面忙碌于各种具体政务，另一方面积极修建官学，亲自从事讲学活动，有不少门人前来问学；从官场隐退归家后，黄榦更是把编修礼书等学术活动与讲学授徒作为自己的主要工作，日夜接引弟子，直至临终前。正是在长期频繁的授徒讲学过程中，勉斋学派得以逐渐形成，并在南宋中后期朱子学发展史上发挥着重要影响。

二 讲学内容

一般来说，授徒首先依靠常规的教育活动，这种教育活动一般有预先设定的教学计划，所教授课程具有一定连续性。其次，非常规的讲学也是授徒的重要方式。讲学就好比今天的学术讲座，通常是围绕某个主题进行一次或几次的讲解。这种讲解与常规性的书院教学活动存在一定差异。讲学或是受邀来讲，或是自己主动去讲，讲述主题比较集中具体。重要的讲学活动往往具有较大的影响力。研究理学家的讲学活动除了要考察讲学时间地点之外，至少还需要回答几个关键问题，为什么讲，讲什么，怎么讲以及效果如何。为什么讲是考察讲学的缘起、背景；讲什么，是讲述内容的选择，由于理学家讲学通常是以儒家经典为依据的文本，所讲内容通常是某一段经典文字，某一类经典文句，讲学的内容就是围绕所选经典文句而展开。怎么讲是如何展开讲学内容，这种展开通常首先是对该文句所含概念进行讲解，其次是引入诠释者已有的知识背景争取将这次讲学活动演进为一个相对完整独立的观念体系，这种演进包括如何导入、如何推演以及如何结束。从内容上来看，理学家的讲学通常围绕某一专门问题而呈体系性展开，此问题首先是以经学的形式出现，但其实质则是成人之道的揭示，这种揭示一则可能是寻求理论依据的哲学论证，二则可能是为学方法与境界的提示。黄榦曾在多个书院讲学，其每次讲学的主题和问题意识明确，其所讲的主要理论就是朱子学的基本义理，包括宇宙论、本体论、心性论、工夫论和境界论等方面。

下面根据现存《勉斋先生黄文肃公文集》当中的几个重要讲义，对黄榦的几次重要讲学活动的具体内容作一分析，以期一窥黄榦的讲学特点。

---

① （宋）陈义和编撰：《勉斋先生黄文肃公年谱》，第 864 页。

需要说明的是，下面的标题都是《勉斋先生黄文肃公文集》中所标注的，而且这些讲义有可能是在讲完之后再行成文，就像朱熹的《玉山讲义》和陆九渊的《白鹿洞讲义》。

(一) 临川郡学①

按年谱记载，嘉定二年（1209）春正月，郡守以礼延先生于郡庠讲书，所讲为四德四端之要，该讲义保留在《勉斋先生黄文肃公集》中。黄榦的这次讲学与老师朱熹的《玉山讲义》基本观点一致。南宋绍熙五年（1194），朱熹从临安回福建，途经江西玉山时，在怀玉山中的草堂书院②讲学，"为其令司马迈讲四端之旨，学者传焉"（同治《玉山县志》卷六下），讲学内容和他回到武夷山之后的又一讲学内容合并，作成《玉山讲义》③，围绕四端展开。比较朱熹和黄榦的这两个讲义可以给我们一些启示。

《玉山讲义》是应玉山县令邀请，为县学诸生讲述。从内容来看，一开始，朱熹就指明"正当学问"不是为了科名爵禄之计而从事造作文辞，而是《大学》所言的内圣外王之学，即格物、致知、诚意、正心、修身、齐家、治国、平天下。随后学子程珙提出关于孔子与孟子关于仁的说法不同的问题，程珙提出，《论语》多说仁而《孟子》兼说仁义，仁即元气，仁义即阴阳，仁为体，义为用。这一说法用作为宇宙论概念的气来解释作为德性概念的仁义，而且认为孔子所说的仁即元气，孟子所说的仁义则用阴阳来解释，这种解释存在一些明显的问题，一方面是孔子的仁与孟子的仁有差异，这种差异是元气和阴阳的不同，按照一般的理解，元气是阴阳未分时的本原之气；另一方面仁体义用，这里作为用的义自然是孟子所言，而作为体的仁自然也是孟子所言，这里就蕴含了阴阳之间存在体用关系的观点，那么作为本原的元气又当作何理解。程珙这里的说法表面上涉及孔孟的同异问题，实质上关于如何理解仁义的问题。因此，朱熹针对程珙的问题，首先指出"然今当理会何者为仁，何者为义，晓此两字，义理分明，方于自己分上用力处，然后孔孟之言，有异同处，可得而论"。接下来朱子的解读并未局限于仁义这两个概念，而是从理学体系的角度给予完整的论述。从宇宙论的层面来说，"大凡天之生物，各付一性，性非有物，只是一个道理之在我者耳。故性之所以为体，只是仁、义、礼、智、

---

① 本次讲学内容都引自（宋）黄榦《勉斋先生黄文肃公文集》，第776~777页。
② 关于此次讲学地点，这里采用徐公喜先生的说法，详见徐公喜《朱熹玉山讲义及其思想价值述论》，《徽学》第四卷，安徽大学出版社，2006年。
③ （宋）朱熹撰：《朱子全书》第24册，第3587~3594页，以下部分未注明出处的均引自《玉山讲义》。

信五字"。这是朱子学基本的理解，仁、义、礼、智、信是天赋之性，此性亦为体。其中，"所谓信是个真实无妄底道理，如仁、义、礼、智皆是真实而无妄者也"，因此只需要说仁、义、礼、智四个概念就可以，这四个概念就是孟子所言的四德。朱子对四德逐一作了解释，"仁，则是个温和慈爱底道理；义，则是个断制裁割底道理；礼，则是个恭敬撙节底道理；智，则是个分别是非底道理"。而且，作为性体的四德分别发显出来就是作为情的四端。这是对孟子人性论的理解。接着，朱子对这四德之间的关系作了区分，仁义是个大界限，如天地造化，四序流行，而其实不过一阴一阳而已。这里看上去认同程珙用阴阳来解释仁义的观点。但朱子更进一步，"仁字是个生底意思，通贯周流于四者之中，仁，固仁之本体也，义，则仁之断制也，礼，则仁之节文也，智，则仁之分别也。这种关系可以用四季来说明。仁即天地之生理，而春之生气贯彻四时。春则生之生也，夏，则生之长也，秋，则生之收也，冬，则生之藏也"。仁可以专言，也可以偏言，专言就是作为涵盖四德的总名，偏言就是与义礼智并列的四德之一。孔子所言仁即是专言，内在包含了四德，孟子所言仁义则是偏言。这样一来，程珙从元气和阴阳来看孔子之仁与孟子之仁的差异，在朱子这里就明确为专言和偏言的问题，而且孔孟两种讲法也可以融通。若用体用来解仁义，朱子认为就有两种理解，一是仁体义用，二是未发为体，已发为用。这样的体用说回避了阴阳存在体用关系的问题，更为合理。

程珙接着又提出一问："三代以前，只是说中，说极，至孔门答问，说著便是仁，何也？"这一问题指向的是在思想史如何理解孔子提出仁这一概念的根本原因和意义问题，属于儒学的基础性问题。对此，朱熹表达了几层观点，第一，提出仁是孔子的独特贡献，"夫子所以贤于尧舜，于此可见其一端也"。第二，对仁的理解，"须更于自己分上实下功夫始得，若是草草说过，无益于事也"。也就是说，对仁的理解不能仅仅停留于口耳之间，必须实际践行亲身践履，这样才可能真正把握。第三，朱子举孟子为滕文公道性善的说法进一步解释，并且用了一个非常易懂的比喻来说明相关概念，"天之生此仁，如朝廷之命此官，人之有此性者，如官之有此职。朝廷所命之职，无非使之行法治民，岂有不善？天之生此人，无不与之以仁、义、礼、智之理，亦何尝有不善？但欲生此物，必须有气，然后此物有以聚而成质。而气之为物，有清浊、昏明之不同，禀其清明之气，而无物欲之累，则为圣；禀其清明而未纯全，则未免微有物欲之累，而能克以去之，则为贤；禀其昏浊之气，又为物欲之所蔽，而不能去，则为愚、为不肖。是皆气禀物欲之所为，而性之善未尝不同也"。这里的讲法还不完整，朱子曾多次使用官职来比喻性善说，可供参考，如："'天命之谓性'。命，便是告札之类；性，便是合当做底职事。如主簿销注，县尉巡捕；心，便是官人；气质，便是官人所习尚，或宽或猛；情，便是当厅处断事，如县尉捉得贼。情便是发用处。"① 天命之性，就如同朝廷所设置的官职，这个职位对应的是一整套职责和义务，性也是如此，意味着一整套的行为规范；而具体担任该官职的官员就是心，官员应该是按照所处职责来行为的人，心也应该是听从性的安排来发动的实体。官员的行为就好比作为心之所发的情，就官员与官职来说，官员是实体，官职是官员行为的应然依据和标准，性应该是情的依据。但就现实官员履职来看，并非所有行为都符合其职责要求，这就好比心的发动并非完全符合性的标准，总是会出现与善性相背离的恶的情。性作为心之主宰，就好比官职对官员的规范和约束，这是应然层面的要求，在现实层面可能出现不吻合的情况，心发显为杂有善恶的情。这个比喻非常通俗易懂，可以帮助我们理解朱子的心、性、情之间的关系。

接着，《玉山讲义》中，朱熹主张："君子之学，既能尊德性以全其大，便须道问学以尽其小……学者于此，固有当以尊德性为主，然于道问学亦不可不尽其力。要当使之有以交相滋益，互相发明。则自然该贯通达而于道体之全，无欠缺处矣。"尊德性与道问学并重，这是朱子晚年定论，而历来用道问学和尊德性来区分朱陆学问差异的看法并不准确。最后朱熹以玉山县令司马迈先人、玉山人汪应辰为例鼓励诸生向他们学习。

在《玉山讲义》中，朱子有用气来解释仁、义、礼、智的说法，但并未详论，也只是用春夏秋冬的说法来类比仁、义、礼、智。

此外，朱子在《元亨利贞说》中说：

> 元亨利贞，性也；生长收藏，情也；以元生，以亨长，以利收，以贞藏者，心也。仁、义、礼、智，性也；恻隐、羞恶、辞让、是非，情也；以仁爱，以义恶，以礼让，以智知者，心也。性者，心之理也，情者，心之用也；心者，性情之主也。②

朱子在这里将宇宙论与心性论一一对应起来，他直接在宇宙论和心性论

---

① （宋）黎靖德编：《朱子语类》，第64页。
② （宋）朱熹撰：《朱子全书》第23册，第3254页。

上使用性、情的概念，性在宇宙论上是指元亨利贞，在心性论上则是仁、义、礼、智，情在宇宙论上为生长收藏，而在心性论上即四端之心。性为心之理，情为心之用，心为性情之主。参考上面提到的官职比喻，这里的性情之主，说的不是主宰之主，而应该是主体之主，是性情的承载实体。

黄榦在临川郡学的讲学综合继承了朱子这两篇文献的基本观点。四德即《易传》当中的元亨利贞，四端为孟子所言仁、义、礼、智。仁德与元相通，与春之生气相通，在朱子那里已有此思想。黄榦这里从天地阴阳五行讲到四德四性说，指出四德与四性逐一对应，这是从宇宙论说到心性本体论；黄榦在讲学当中有所推进的是他接下来的一个设问，即都是人，都被赋予人性，也都有人之形，何以会有孔子所言具此四德的君子和孟子所说的四德"不能充之者"的区别呢？将话题引到现实人性上来，说明仁、义、礼、智之性没有得到扩充和彰显的实质即"如此则虽有人之形以生，亦何以异于禽兽哉"，并指出其原因在于，"此无他学问之功，不明而无以全其本然之性也"。这里强调气质、习俗、师友与学问是遮蔽污染本性的重要因素。到这里，黄榦凸显了学问的重要性，学问的实质也就是"求其知吾性之至善以全其所固有也"，如此学问，"故其仁之用足以爱人而利物，义之用足以制事而度宜，礼之用足以事上而接下，智之用足以明物而察伦，是岂独足以尽人之性哉。盖将与天地相为流通而无间矣"。这一学问之道在三代之前是很鲜明的，秦汉以后就因为功利之习盛行，而使得这一成人之学被遮蔽而不明。最后，黄榦总结道："诚能玩大易之旨，味孟子之言，反观默省而知吾心四德之本，穷理格物而辨吾心四德之实，存养修省而审吾心四德之几，勉强力行而全吾心四德之用，则天地之所以为天地，圣贤之所以为圣贤，皆吾分内事也。"吾心四德之本即易所言的元亨利贞之天地四德，吾心四德之实是仁、义、礼、智，即人之道德本性，体察吾心四德之几并力行以全吾心四德之用，如此才可以成圣贤。

如果与朱子的《玉山讲义》相比较，朱子讲学的侧重点在于解释仁、义、礼、智之间的关系，有意揭发仁、义、礼、智的宇宙论内涵，黄榦更加明确这种从宇宙论来言仁的思路，而且更为重要的是，他尤其强调学问对于扩充四端之心保养四德的重要性。虽然朱子也从尊德性与道问学并重的角度讨论了为学的问题，但黄榦这里对为学之方的解释更为细致。

从结构上来看，黄榦的这次讲学，与《中庸》首章的思路非常相近。朱熹曾概括《中庸》首章内容为："首明道之本原出于天而不可易，其实体备于己而不可离，次言存养省察之要，终言圣神功化之极。"① 最先是天道本原，接着是人性具体内涵，再次为修养工夫，最后描述工夫之境界。在这一讲中，黄榦首先从宇宙论出发，对元亨利贞作了一个说明；接着从人性论角度对仁、义、礼、智之四德作出解释；然后以一个现实人性状况的设问将问题讨论引上现实人性善恶混杂问题的原因和对治措施上来，从工夫论的角度上来说，黄榦强调通过学问之功来对治该问题，这个学问之功也就是包括致知与力行两方面的朱子学为学之方；当然，从境界论的角度上说，这一为学之方指向的是成就儒家圣贤。这是黄榦讲义的最后落脚点。整体而言，围绕《易传》和《孟子》的两段文字，黄榦没有局限于对这两段文字本身的字词解读，而是以比较精练的方式讲解了道学最基本的义理，本身构成一个简要却相对完整的道学体系，涵盖了宇宙论、本体论、工夫论和境界论等道学主要内容。

黄榦讲学时特别善于设问，通过问题将讲学活动逐渐引向深入，这是他讲学的一个特点。后面隆兴府东湖书院和新淦县学的讲学均是如此。他的讲学思路一般都是从义理解读最后落实到为学之方。

（二）隆兴府东湖书院②

据年谱载，嘉定五年（1212），二月改宣教郎，知临江军，卢公子文奏辟先生知新淦县事，四月命下，五月到任。漕使杨公楫延先生于东湖书院，讲《中庸》第四章。此讲义当作于嘉定五年（1212）五月之后不久，主要是针对当时关于讲学的一些不当观念，阐述讲学的重要性，有明显的劝学目的。

之所以讲这一章，乃针对受陆九渊心学影响的江西学者，他们往往不重著述讲学。后来黄榦回顾这一段讲学经历："先生尝言，江西诸公有言，学不必讲，可以一傲而至圣贤之域。为申此章以辨之。"从现存《勉斋文集》中的《隆兴府东湖书院》来看，黄榦此次解读的是《中庸》之"子曰道之不行也，我知之矣"一章。该章主要讲道之不行不明，黄榦通过对这一章的讲解来证明讲学的重要性。朱子在《四书章句集注》中称"道者，天理之当然，中而已矣"。黄榦首先回答道是什么的问题，"道者何？君之仁、臣之敬、父之慈、子之孝、与人交之信，根于吾心之本然，而形见于事为之当然者，皆是也"，道是根于吾心之本然而表现为处理人际关系的道德规范，这是朱子学的基本概念。接着对"过与不及"作出说明，

---

① （宋）朱熹撰：《四书章句集注》，第18页。
② 本次讲学内容都引自（宋）黄榦《勉斋先生黄文肃公文集》，第777~778页。

过与不及是道之不明不行的原因。接着，黄榦重点对于为何贤与知者之过等同于愚不肖者之不及的问题作出说明，"盖道之在天下中而已，过非中也，不及非中也"。因此，他特别指出，博学、审问、慎思、明辨、笃行的为学工夫非常重要，可以避免过与不及的情况出现，而达到中道。相反，"若曰学可以不讲而一蹴可以至乎圣贤之域，既未免乎贤且知之过，至于用力不笃，悠悠玩日而卒无所得，则虽谓之愚不肖，亦奚不可哉"。特别申明讲学的必要性。

（三）新淦县学①

嘉定五年（1212）五月，黄榦到任新淦。"忽有改除之命"②，即指嘉定六年（1213）癸酉。此时新淦政成，六月除监尚书六部门。此次讲学应是作于此时，即嘉定六年（1213）六月。

此次县学讲学的主题是士，主要围绕《论语》和《孟子》当中四个相关的材料而展开。一是子贡问曰何如斯可谓之士矣全章。二是王子垫问曰，士何事，孟子曰尚志全章。三是古之欲明明德于天下者一章。四君子喻于义，小人喻于利；君子求诸己，小人求诸人；君子上达，小人下达；君子周而不比，小人比而不周；君子和而不同，小人同而不和；君子泰而不骄，小人骄而不泰。

第一部分是关于《论语》当中子贡问士，黄榦指出士的本质在于五伦，在于有得于人道之大端；第二部分重点在于解释孟子所言的仁义之道，与孔子的仁、仁义礼智四德是内在相通的；第三部分重点是讲述儒家所重的"学"，正人心、明人伦、齐家、治国，天地位焉、万物育焉都有待于"学"而后能成，而"学"主要包括致知与力行两方面工夫；第四部分是解读君子小人的区别。

黄榦的这个讲义与陆九渊的《白鹿洞书院讲义》一样，关注的主题都与儒家理想人格相关，可以作一比较。陆九渊的《白鹿洞书院讲义》围绕《论语》中的"君子喻于义，小人喻于利"这两句展开。象山的问题意识是学者通常并不能从这两句辞意明白的话语中真正获益，其原因在于不能切己观省。象山由所喻向内追溯到志向问题，由于志于义还是志于利的区别，所习也就不同，所习不同就造成所喻不同，而所喻不同会导致决胜场屋的不同方式以及随之而来的仕宦方式，最后导致君子与小人的实质区别。这是一条常规的成长方式，由于起点在于立志问题，中间经过所习和

---

① 本次讲学内容都引自（宋）黄榦《勉斋先生黄文肃公文集》，第778~781页。
② （宋）黄榦：《勉斋先生黄文肃公文集》，第781页。

所喻从而导致君子与小人的实质区分。由此，陆九渊凸显出辨志问题的重要性，这一问题直接影响到所成就的是君子还是小人。这种揭示被朱熹认为切中学生隐微深痼之病，不可忘却。

正如上文的揭示，新淦县学的这四个讲义之间有着一个较为完整的内在体系。县学的讲学对象自然是读书人，黄榦的前两讲以士这一概念为核心，首先指出士的本质，接着从仁义的角度来讲明士所应当遵循的基本道德原则，后两讲则从工夫和目标两个角度继续讲解，先围绕学这一概念指出致知力行的重要性，最后以君子小人之辨来揭示士之理想人格目标，由此明白圣贤教人之深意，"然即数章而观之，虽其言各有所称，总其要而论之，则循天理者为君子，狥人欲者为小人也"。

（四）竹林精舍祠堂①

自唐以后，历代王朝规定每年仲春（二月）、仲秋（八月）的上丁之日为祭祀孔子的日子。在嘉定丙子仲秋上丁之翌日，即嘉定九年（1216）八月，上丁之日是祭祀孔子的日子，第二天祭祀朱子。"同舍诸贤会于先师之祠下，祀事毕，俾榦讲明先师教人之意。"在这个讲义中，黄榦明确界定了朱子之道，即"窃谓先师之道，本诸无极二五流行发育之妙，具诸天理人心常行日用之间，存之则为圣为贤，去之则为下愚为不肖"。这个界定涉及三个角度，一是此道之本原，二是道之具体体现，三是存与去之的不同结果，即圣贤与愚不肖。在这个基础上，与一命之爵和十金之产相比较，圣贤之道更为可贵。黄榦在纪念先师的时候，特别阐明圣贤之道的宝贵与重要，以期鼓舞同道对于圣贤之道的信心。这次讲学的重点是讲明先师教人之意，给后来学者提供一定的为学指导。

（五）安庆郡学②

嘉定十年（1217），黄榦四月到任安庆。嘉定十一年（1218）六月赴行在奏事。此讲学应该是在此期间。黄榦主要围绕以下一些经典文句展开：

> 《易大传》曰："立天之道曰阴与阳，立地之道曰柔与刚，立人之道曰仁与义。"

此段讲天地人三才之道，黄榦既有分别的解读，又对三者的内在一致有所揭示，"阴阳以气言，刚柔以质言，仁义以理言。虽若有不同，然仁者，

---

① 本次讲学内容都引自（宋）黄榦《勉斋先生黄文肃公文集》，第782页。
② 本次讲学内容都引自（宋）黄榦《勉斋先生黄文肃公文集》，第782~786页。

阳刚之理也，义者，阴柔之理也。其实则一而已"。而且"非阴阳刚柔，则虽天地不能以自立，不仁不义则亦不可以谓之人矣"。仁义之道是人的本质属性，"仁义之道根于吾心之所固有，初非有甚高难之事也，存之于虚静纯一之中，推之于动作应酬之际，则仁义之道在我矣"。有志于学者应该努力尽仁义之道，这才是入德之门。

> 《书》曰："惟皇上帝降衷于下民，若有恒性，克绥厥猷，惟后。"

在黄榦看来，"历考圣贤垂世立教，示人以性，其源流盖本诸此"。在如何成为圣贤的儒家教育过程当中必须以揭示人之本性作为重要任务，"使人知有生之初，万善具足，为圣为贤不待外求，而可以取足于吾之一身也"。接着黄榦指出，"性者，人所固有也。而言性，比之以天者，使人知吾此性纯粹至善，莫非天理之本然而初无一毫人为之私也"。性为人所固有，根源于天，是纯粹至善而无一毫人为之私。体认、保养、扩充这一至善本性就是历代儒家所言修养工夫的实质。让人充分理解人性本善，这是儒家在成圣问题上最重要的一环，对于鼓舞成圣信心、明确成圣根据乃至掌握成圣方法都具有重要指导。

> 《乐记》曰："人生而静，天之性也，感物而动，性之欲也。物至而知之，而后好恶形焉，好恶无节于内，知诱于外，不能反躬，天理灭矣。"

此条经文为《乐记》中关于人生而静的一段论述，是对性、欲、知以及好恶相继形成过程的说明，好恶之心若无节制，任凭外在事物的诱惑而不反省自身，那么天理就会被遮蔽与泯灭。黄榦的讲解则是围绕尧舜十六字心传"人心惟危，道心惟微；惟精惟一，允执厥中"展开的，强调精一工夫的重要性。对于吾之心念的发动，要精以察之，辨明这一心念是否合乎道，是纯粹无瑕疵还是有毫厘差误在其中，这一察识是以道义来检查现实发动的心念；对于其中纯粹至善合乎道的部分就以一守之，在日用常行中以道义原则来进行衡量与规范，是所谓"精而察之于其始，一以守之于其终"。这里讲精察为始，而一以守之为终，与胡宏的先察识后涵养的思路一致。而朱熹反对胡宏主张，提出在察识之前还应该有涵养工夫，黄榦此处的讲解是否与朱熹不同呢，这点还需要进一步分析。朱熹所言工夫先后是就一般的工夫来说，而黄榦这里的工夫是有前提的，这个前提就是《乐记》这段话是自知讲起,而当知发生之后,那么此时属于已发工夫,已发自然就应该先察识后涵养守成。黄榦接着指出"盖心者,万化之根本",而精一工夫是尧舜禹等古之圣人自治其心的方法,值得后世学者深入体认与坚定践行。

黄榦的讲学通常围绕四书或《易传》等儒家经典展开,通常是选择其中某些重要章节进行讲解,但他的讲解并非只是针对儒家经典文句的一般性注释与介绍,更多的是在朱子理学义理体系的基础上,围绕该经文所涉及某一核心概念或命题解说一个较为完整的思想体系;他特别重视儒家工夫的解说,几乎每个讲义最后的部分往往都是为学之方的揭示,希望以此振奋和规范学子的读书向学之心;黄榦在讲义当中还经常就经文或朱子的注解提出疑问以启示听众的主动思考。

(六)南康白鹿书院①

按年谱记载,嘉定十一年(1218)六月,黄榦由池阳到江州,寓居庐山楼贤僧舍,以俟朝命。朋友生徒游从讲学于山间。这次白鹿洞书院讲学于这个时间段很有可能。

这次黄榦所讲的是围绕乾坤二爻辞展开的:

> 乾之九三曰,君子终日乾乾,夕惕若厉无咎。文言曰君子进德修业,忠信所以进德也,修辞立其诚,所以居业也。坤之六二曰,直方大,不习无不利。文言曰,君子敬以直内,义以方外,敬义立,而德不孤,直方大,不习,无不利,则不疑其所行也。

朱子对这两句的解释:"重刚不中,居下之上,乃危地也。然性体刚健,有能乾乾惕厉之象,故其占如此。君子,指占者而言。言能忧惧如是,则虽处危地而无咎也。"② 又说:"文言曰君子敬以直内……此以学言之也。正谓本体,义谓裁制,敬则本体之守也。直内方外,程传备矣。不孤言大也,疑故习而后利,不疑则何假于习。"③ 而黄榦的讲解重点不在于乾坤二爻的本意,而是指向学问之道,这是黄榦的发挥之处。乾乃天道,本性至健而动,坤乃地道,本性至顺而静;君子继承这两种德性就体现为自强不息和守正不挠,学问之道也就是学习培养这两种德性,即自强与守正两

---

① 本次讲学内容都引自(宋)黄榦《勉斋先生黄文肃公文集》,第786~787页。
② (宋)朱熹撰:《朱子全书》第1册,第31页。
③ (宋)朱熹撰:《朱子全书》第1册,第151页。

方面，自强可以内以进其德，外以修其业，守正则能内以存吾敬，外以行吾义。接着黄榦进一步解读德、业、敬与义这四个概念。人秉五行之秀以生，而德的实质就是人所具仁、义、礼、智之理；在应事接物过程中扩充该德性就是业，德不充则业不进；敬即主一无适而虚明不昧；穷理度宜而品节不差者义也。不敬则所主纷扰矣，不义则所行悖缪矣。穷理与力行皆合乎道理规则，是为义。这点符合朱子的看法，既"'义者，心之制，事之宜。'所谓事之宜，方是指那事物当然之理，未说到处置合宜处也"①。

此外，黄榦还于嘉定八年（1215）在汉阳军学讲《孟子》二十章，此次讲学是朱子学向汉阳及周边地区传播的重要事件，黄榦也自信"庶几异日汉水之滨，将有圣道为诸儒倡者矣"②，又由于汉阳是朱子学向北方传播的重要中转站，后世学者认为"黄榦又曾知德安（今湖北汉阳），于朱学之流入北方，决有关系"③。从内容上看，黄榦讲"于此二十章之中，玩味而有得焉，则七篇之旨可以类推，圣贤之道可以驯致"，这是黄榦诠释《孟子》的主要材料，前面的章节已有讨论，这里就不再赘述。

对于黄榦这些讲学活动的意义，蔡仁厚先生关于讲习的一段话可以帮助我们理解：

> 每一个时代的学术，都是靠当时与后世人的反复讲习，而后乃能延续而光大。讲之益精，习之益熟，便自能有推进，有开发，所以"讲习"可以说是学术发展的必要条件（但非充足条件）。学术当然应该有创发……就宋明儒学来说，没有二程门人之相续讲习，哪能有洛学之南传与发展？没有朱陆门人之讲习，又岂有朱陆之学的绵衍？没有王门诸子的讲习，阳明良知之学岂能遍行天下？再如魏晋之玄学，南北朝隋唐之佛学，皆分别在历史上占有数百年的时间，而形成那个阶段的学术主潮，这亦都是相续讲习之功。④

这里所讲讲习包括书院讲学，主要谈论的是讲学对于学术传承与发展的价值。事实上，理学家的讲学活动具有多方面的意义：讲学是理学家思想展

---

① （宋）黎靖德编：《朱子语类》，第1120页。
② （宋）黄榦：《勉斋先生黄文肃公文集》，第801页。
③ 陈荣捷：《朱子门人》，华东师范大学出版社，2007年，第18页。
④ 蔡仁厚：《代跋：关于"讲习"与"师门之学"》，《宋明理学·北宋篇》，吉林出版集团有限责任公司，2009年，第350~351页。

示的重要途径,在讲学过程中,不仅学派的基本义理得以阐释,讲者个人思想特色也同时得到呈现,这点集中体现在讲学主题的选择与讲述内容的解读过程;讲学是进行学术思想传播的重要方式,可以在更为广泛的地域和受众当中提升个人以及所属学派的学术影响力,是地方之学成为全国性学问的重要方式之一;讲学也是重要的授徒方式,对于学术思想传承,学术流派的形成与演变都具有重要价值;讲学是学派联系与凝集的重要机会,理学家的许多讲学是同门邀请,同门学者多有参与;外地学者前来讲学,可以活跃地方学术氛围,端正学术风气;理学家的讲学通常都会有劝学功能,给听者给予读书和成长的正确指导,纠正对学习任务的一些具体误解;作为重要的教育活动,讲学还具有化民成俗的功能,振兴与发展当地的文教事业。对于黄榦讲学的意义,我们也同样可以从以上诸多方面来理解。

第二节 门人全貌

与朱熹一样,黄榦常年热衷于从事教学授徒的活动,因此门人众多。[①] 但到底有多少门人,《勉斋年谱》称黄榦去世后门人弟子二百余人,这应该是个约数,黄宗羲《宋元学案·勉斋学案》中记录32人,李清馥《闽中理学渊源考》记录6人,万斯同《儒林宗派》收录24人。韩国学者池俊浩在其博士学位论文中曾有专门考证,共得黄榦门人56人。而方彦寿先生考得黄榦门人64人[②],并且逐一介绍这些门人的基本情况,但方先生未见韩国学者池先生的考证成果,其64人之说并非确数。综合前述文献记载和研究成果,我们考得现存留有姓名的黄榦门人共70位。[③]

朱在、林学蒙、郑文遹、赵汝腾、林学之、林行之、郑适、朱钜、朱钧、郑师孟、杨复、林子牧、林子敫、郑忠亮、潘徽、陈义和、郑元肃、家揜、叶士龙、赵师恕、刘庶、刘度、陈象祖、赵必愿、方遥、李晦、孙

[①] 笔者在《朱子门人与朱子学》的第九章"朱子学传承"中专设两节,一节为"黄榦门人",另一节为"饶鲁师承黄榦考辨",在这里将考察黄榦门人基本情况、黄榦与门人的交往过程和黄榦重要门人概况等问题,以期更进一步揭示黄榦在朱学传承方面的重要贡献。

[②] 方彦寿:《勉斋先生黄榦门人考》,《闽江学院学报》2015年第6期。

[③] 笔者之前漏了一人即李修,认为黄榦弟子69人,参见邓庆平《朱子门人与朱子学》,第370~376页。而且,就黄榦长期讲学来说,在这70人之外应该还有很多未曾留下姓名的弟子。

德舆、陈宓、叶真、林垧、陈仍、熊刚大、郑子羽、张元简、刘子玠、黄振龙、郑鼎新、陈如晦、黄师雍、李鉴、陈伦、林观过、蔡念成、何基、何南坡、李武伯、黄义勇、黄义明、黄伯新、李修、郭圣与、方来、吴泳、吴昌裔、方丕父、饶鲁、董梦程、袁俊明、宋斌、曾成叔、梁祖康、薛师邵、林圆、周锡、焦柄炎（焦炳炎）、董鼎、曾守约、黄崇义、刘养拙、林学聚。另有两人即刘宰、王遂有记录认为亦是黄榦门人，但事实上并不是。①

黄榦门人基本情况如下：

姓名	字号	籍贯	备注
蔡念成	字元思	德安（今属江西）	亦为朱子门人
陈伦	字泰之	长溪（今属福建）	
陈宓（1171~1226或1230）	字师复，称复斋	莆田县（今属福建）	早年从学朱熹，后又从学于黄榦。官至直秘阁。陈俊卿子
陈如晦	字日昭	长乐（今属福建）	授本州教授。著有《论语问答》及讲义、文集
陈仍		福州闽县（今福建闽侯县）	
陈象祖	字仪父	侯官（今属福建）	黄榦学友陈孔硕的族侄
陈义和	字子绍，号乌山	侯官（今属福建）	嘉定七年（1214）进士，官至朝奉郎直秘阁，曾编《勉斋先生黄文肃公年谱》
董梦程	字万里，号介轩	鄱阳（今属江西）	董铢从子，初学于董铢与程正思，其后学于勉斋。开禧进士、朝散郎、钦州通判。所著《诗》《书》二经、《大尔雅通释》。开创了介轩学派
董鼎	字季亨，一作季享	鄱阳（今属江西）	因族兄董梦程受学于黄榦
方丕父		莆田（今属福建）	方士繇之子
方来	字齐英	永嘉（今属浙江）	开禧间（1205~1207）举进士，官至侍郎，兼学叶适

---

① 相关论证可以参见邓庆平《朱子门人与朱子学》，第371~372页。

续表

姓名	字号	籍贯	备注
方遁	字明甫,号连云	湖南平江（今属湖南）	先师事李燔,以李燔之命,学于黄榦
郭圣与		新淦县（今属江西）	
何基（1188~1269）	字子恭,号北山	金华（今属浙江）	辑有《大学发挥》《中庸发挥》《易系辞发挥》等。著作多亡佚,今仅存《何北山遗集》4卷。开创北山学派
何南坡	号漕元居士	金华（今属浙江）	何基兄
黄伯新		抚州临川（今属江西）	
黄崇义	字润西	乐安（今属江西）	
黄师雍	字子敬	闽清（今属福建）	宝庆二年（1226）进士,历官婺州教授、龙溪知县等,后官至礼部侍郎
黄振龙（1169~1219）	字振玉,一作仲玉	闽县（今属福建）	
黄义明	字景亮,号傲斋	抚州临川（今属江西）	黄义勇弟
黄义勇	字去私	抚州临川（今属江西）	从朱熹学于武夷精舍,卒业于黄榦之门。陈宓知南康军,聘其为白鹿书院堂长
家抆	字本仲	眉山（今属四川）	
焦柄炎	字晦甫、济甫	宣州（今属安徽）	理宗朝登进士
李鉴	字汝明,号一斋	宁德（今属福建）	嘉定元年（1208）进士,历官广东提举。《儒林宗派》亦列为杨复门人,也曾受学于黄榦。著有《鸣和集》
李晦	字随甫（父）,一作晦甫	长乐（今属福建）	
李武伯		临川（今属江西）	
李修		抚州临川（今属江西）	嘉熙元年（1237）李修任尤溪知县,创南溪书院
梁康祖	一作梁祖康,字宁翁		

续表

姓名	字号	籍贯	备注
林子牧		福州怀安县（今属福建）	其父林端仲为黄榦友人
林子敏		福州怀安县（今属福建）	其父林端仲为黄榦友人
林学蒙	一名羽，字正卿，号梅坞	福州永福县（今福建永泰县）	绍熙二年（1191）春从学于黄榦，后从学于朱熹，后又卒业于黄榦之门（《考亭渊源录》）。陈宓于延平（今福建南平）建道南书院，聘林学蒙为堂长。著有《梅坞集》
林学聚			《儒林宗派》所载
林学之	原名庚，字伯明	福州怀安县（今属福建）	黄榦友人林仲则之子，林行之之兄
林行之	原名武，字仲强	福州怀安县（今属福建）	黄榦友人林仲则之子
林坰			
林观过	字自知，号退斋	福州闽县（今福建闽侯县）	嘉定十年（1217）进士，历官浙江新昌知县。著作有《经说》一卷
林圆			勉斋语录有"门人承务郎致仕林圆记录"字样
刘庶		崇安五夫（今属福建）	刘度之兄
刘度		崇安五夫（今属福建）	
刘玠	一作刘子玠，字君锡，号立斋	长乐（今属福建）	朱子门人刘砥之子
刘养拙			
潘㣲	字茂修	福州闽县（今福建闽侯县）	
饶鲁	一名师鲁，字伯舆，一字仲元，自号双峰	余干（今属江西）	又从学于李燔、黄榦，开创了双峰学派
宋斌	字文叔	袁州（今属江西）	少从黄榦、李燔游，得登朱子门

续表

姓名	字号	籍贯	备注
孙德兴	字行之	福清（今属福建福州）	
吴昌裔	字季永	潼州（今属四川）	吴泳弟。嘉定进士。登调闽县尉，又调眉州教授。有文集、奏议、《四书讲义》《乡约口义》《诸老记闻》《容台议礼》行于世
吴泳	字叔永	潼州（今属四川）	吴昌裔之兄。嘉定二年（1209）进士，官至尚书。著作有《鹤林集》
熊刚大	号古溪	建阳（今属福建）	嘉定七年（1214）进士，历官建安县儒学教授，兼建安书院山长。亦从学于蔡渊。著有《诗注解》《性理群书句解》
薛师邵	字希贤	抚州（今属江西）	
杨复	字志仁，一字茂才，称信斋先生	福安（今属福建）	初学于朱子。著有《祭礼》《仪礼图》《家礼杂说附注》等
叶士龙	字云叟，号淡轩	浙江括苍，后迁居长乐（今属福建）	曾任考亭书院堂长，编有《晦庵先生语录类要》十八卷
叶真		建安（今属福建）	
袁俊明	字稼学		重新衷辑《勉斋讲录》二十余卷
曾成叔			记录部分勉斋语录
曾守约	字惟鲁	大庾（今属江西）	
张元简	字敬父	清江（今属江西）一云闽县	嘉定七年（1214）进士，历官剑浦（今南平）县尉、荆门知军，累迁宝章阁，权发遣鄂州沿江制置副使

续表

姓名	字号	籍贯	备注
赵必愿（?~1249）	字立先	饶州余干（今属江西）	初以恩荫补承务郎，嘉定七年（1214）进士，任崇安知县，以修学政、选善士、苏民困著称。官至直阁，赵汝愚孙，赵崇宪子
赵汝腾（?~1261年）	字茂实，号庸斋	福州（今属福建）	宝庆（1225~1227年）初进士，历官至礼部尚书，拜翰林学士
赵师恕	字季仁	福州（今属福建）	曾从学于朱熹，复从黄榦学。嘉泰元年（1201）官广东潮阳尉，嘉定九年（1216）官浙江余杭令，嘉熙年间官湖南安抚使
郑鼎新	字中实，一作仲实	仙游（今属福建）	嘉定十六年（1223）进士，知晋江县，寻通判处州。著有《礼学举要》及《礼学从宜集》。少受业黄榦，而与杨复游
郑文遹	一名遹，字成叔，号庸斋	福州闽县（今福建闽侯县）	亦为朱子门人
郑元肃	号荷溪	福州闽县（今福建闽侯县）	郑文遹之子
郑适	字周父	福州闽县（今福建闽侯县）	郑文遹季弟
郑师孟	字齐卿，号存斋	宁德（今福建）	朱子门人，黄榦女婿
郑忠亮	字惟忠，一作维忠	福州闽县（今福建闽侯县）	
郑子羽		闽人（今福建）	
周锡			赵汝腾《经筵讲义跋》记其为勉斋弟子
朱钜	字子大	徽州婺源（今属江西）	朱熹之孙，朱埜之子
朱钧	字子衡	徽州婺源（今属江西）	朱熹之孙，朱埜之子

续表

姓名	字号	籍贯	备注
朱在	字叔敬，一字敬之	徽州婺源（今属江西）	朱熹季子，应该是黄榦第一位弟子。亦曾从吕祖谦学。以荫补承务郎，累迁大理寺正，知南康军，历浙西常平使右曹郎官兼知嘉兴府，召伟司农少卿、吏部侍郎、宝谟阁待制等

方彦寿先生曾对64位黄榦弟子的一些基本情况有过总结，我们之前也曾从三个方面揭示黄榦门人的一些特点。第一，朱熹弟子同时又从学于黄榦这些人至少有：蔡念成、陈宓、杨复、黄义勇、郑师孟、宋斌等。第二，兄弟一同受学，如：陈象祖乃朱熹弟子陈孔硕之族。董梦程乃董铢之从子。董鼎，董梦程之族弟。郑周父，郑成叔之季弟。刘子玠，刘砥之子。吴昌裔，与兄吴泳一同受学黄榦。林庚，字缪之，栗山人，林仲则之子，林武（字行之）之兄。第三，同门遣来受学，如：朱子门人董铢之子受学于黄榦之外，朱子门人方士繇之子方丕父从学于黄榦，受李燔之命前来求学的方遣，还有从杨复处前来的李鉴。① 这里根据一些新的材料，从学术影响等方面对黄榦70位门人的情况再作一简单分析：就人数来说，在朱子门人当中，黄榦的弟子人数应该是最多的②；其中有著述的门人至少有14人，进士至少有14人，至少有18人担任官职，其中不少是州县学教授，另有不少书院山长，于此可以看出勉斋学派在后朱熹时代的重要影响。从籍贯来看，福建人35人，江西人19人，浙江人4人，四川3人，湖南、安徽各1人，另有7人籍贯不明。从学地点来说，在福州从学最多，其次是石门、临川、新淦、安丰、汉阳和安庆等他任职之地。这情况与黄榦的学术与从政活动区域大体相近。这也可以证明在后朱熹时代形成了一个以福州为中心的、以黄榦为朱门领袖的福建朱子学派，该学派"对福州乃至全闽的理学传播和书院教育的发展起到了重要的推动作用"③。而且，何基开创北山学派，饶鲁开创双峰学派，董梦程开创介轩学派，黄榦的学术影响对江西、浙江等地方朱子学在后朱熹时代的发展也具有非常重要的意义。如果说朱熹去世之后，朱子学派的主要代表是朱子

---

① 参见邓庆平《朱子门人与朱子学》，第372~375页。
② 参见邓庆平《朱子门人与朱子学》，第370~407页。
③ 方彦寿：《勉斋先生黄榦门人考》，《闽江学院学报》2015年第6期。

门人，朱子学派分化为各个朱子门人所创立的后朱子学学派，那么综合如上分析，应该说，这个结论是可以成立的：勉斋学派是朱熹去世之后最重要的后朱子学学派。因此，再加上黄榦与其他同门的广泛交往，黄榦被视为朱熹之后最主要的朱子学者也就可以成立。

第三节　个案解读
——蔡念成

江西是"宋元明理学发展的最重要的地区"①。就朱子学来说，留有姓名的江西籍朱子门人共88位，其中以南康军的最多，其中包括被时人称为"经术行义亚黄榦，当今海内一人而已"②的李燔，也有被元儒吴澄称为"朱门四友"③的都昌黄灏、彭蠡、冯椅与曹彦约，此外还有：蔡念成④、李辉、李孝述、曹彦纯、彭寻、彭方、杨友直、符叙、符初、符国瑞、胡泳、吕炎、吕熠、吕炳、吕焘、吕焕、刘贲、周谟、余宋杰、熊兆、周亨仲、周方、李埜、陈秬、陈秸、王阮、周颐等人。⑤他们时常相聚讲学，持续多年，使得南康军成为南宋后期朱子理学文化的重镇。

在朱子江西门人当中，蔡念成的问学经历与学术影响具有一定的代表性。在收录朱子重要门人的《宋元学案》卷六十九《沧州诸儒学案》当中，"隐君蔡先生念成"条为："蔡念成，字元思，德安人。文公守南康时，讲学于白鹿洞，先生从之游。隐居求志，乐道不仕。文公没，心丧三年。又以事文公者事黄直卿而卒业焉。晚与同门数人，每季月一集，以相切磋，如此者三十年，州间服行其化。（参《江西人物志》）"⑤ 这一记录对蔡念成的介绍比较完整，他先后从学于朱熹和黄榦，一生无心仕途，大多时间隐居读书求理、教化乡里，故称隐君。可惜此前学者关注不多。

下面结合其他文献记录，对蔡念成的求学经历与学术思想作一简要介绍。

---

① 陈来：《〈朱熹与江西理学〉序》，《朱子学刊》，江西高校出版社，2007，第315页。
② （元）脱脱等撰：《宋史》，第8872页。
③ （元）吴澄：《吴文正集》，钦定四库全书本，台北：台湾商务印书馆，1986年，第13页。
④ 陈荣捷的《朱子门人》写作"蔡念诚"，华东师范大学出版社，2007年，第232页。徐公喜的《朱子门人学案》（江西人民出版社，2018年）未收录。
⑤ （清）黄宗羲原著，（清）全祖望补修：《宋元学案》，第2321~2322页。

一　问学朱、黄

蔡念成是今江西省德安县大屋蔡村始祖，浔阳始迁祖，来自建阳建宁卜居安邑双洞长坑金山水阁，其后世蔡氏宗族堂号为孺慕堂。

就求学于朱熹来说，蔡念成曾至少三次问学于朱熹。① 除了《宋元学案》提到的这次是朱熹在白鹿洞书院讲学时外，另有两次依据《朱子语类》所载相关材料可以考出：第二次为绍熙二年（1191）四月，朱熹守漳州时，这点从郑可学所录两条"元思问"得到证明。第三次是庆元五年（1200），这点从《朱子语类》记录的沈僩所录蔡元思问《大学》等条可以证明。三次问学时间跨度二十余年。

《朱子语类》涉及蔡念成部分有六条，其中涉及《中庸》《大学》《论语》《孟子》《周易》和持敬问题，从中可以看出蔡念成问学朱熹的一些情况。如：

> 蔡元思问："大学八者条目，若必待行得一节了，旋进一节，则没世穷年，亦做不彻。看来日用之间，须是随其所在而致力：遇着物来面前，便用格；知之所至，便用致；意之发，便用诚；心之动，便用正；身之应接，便用修；家便用齐；国便用治，方得。"
>
> 曰："固是。他合下便说'古之欲明明德于天下'，便是就这大规模上说起。只是细推他节目紧要处，则须在致知、格物、诚意迤逦做将去"云云。又曰："有国家者，不成说家未齐，未能治国，且待我去齐得家了，却来治国；家未齐者，不成说身未修，且待我修身了，却来齐家！无此理。但细推其次序，须着如此做。若随其所遇，合当做处，则一齐做，始得。"僩。②

此条直接记录了蔡念成与朱子关于《大学》的一个讨论，蔡念成认为大学八目的次第不可僵化理解，不必一定要先格物做好了再致知，致知做好了再去做诚意工夫，正确的态度应该是，在日用之间随其所在而致力，也就是说当物在面前即格物，当认知发生便用致知，当意念已经发动便要诚意，不可拘泥于先后。这个理解得到朱子的认可，朱子指出八目的次序是认知上的推导，至于实际践行应该是如蔡念成所理解的那样，看具体情形

---

① 参见方彦寿《朱熹书院与门人考》，第141页。
② （宋）黎靖德编：《朱子语类》，第310页。

需要而随之相应用功。这条语录可以看出蔡念成对朱子思想拥有很好的理解,得到朱子的认可。

> 国秀问:"旧见蔡元思说,先生说复卦处:'静极而动,圣人之复;恶极而善,常人之复。'是否?"曰:"固是。但常人也有静极而动底时节,圣人则不复有恶极而善之复矣。"僩。①

余国秀是江西朱子门人,与蔡念成交往密切。这里提到的是蔡念成所转述朱子对复卦的一个解读,这点也可以佐证蔡念成对朱子思想的忠实理解。此外,朱子长孙朱鉴在《文公易说》与《诗传遗说》当中收录蔡念成述李燔所闻各一条。

朱熹去世之后,黄榦逐渐成为朱子学派的核心人物。于是,蔡念成又从学于黄榦。黄榦嘉定六年(1213)九月到任通判安丰军之后,曾与蔡念诚讨论《西铭》问题:"近因与蔡兄元思论《西铭》颇为痛快,敬子当能言之,余俟骑气之来耳。"② 更为具体的从学经过目前无法考证,但是现存《勉斋文集》中收录了一卷语录,其中就有蔡念成所记录的一部分,主要是对《中庸》"君子之道费而隐"的解读,《中庸章句》当中所解"费,用之广也;隐,体之微也"③。黄榦对此进一步解读,并联系周敦颐的太极、阴阳、五行和"一物各具一太极""万物体统一太极"等命题来进一步阐发了他对体与用的理解。尤其需要注意的是,在他的讲解中提到两个比喻,一个是阴湿之气的比喻,"由某观之,如今风雨之时,满室皆阴气,然不可见,此体之隐也,其着衣服则觉得温润,着人理则觉得酸楚,此显而可见者,用之广也,然着人衣服身体即是那满室阴湿之气耳"。另一个是鱼与水的比喻,"事物在理如鱼之在水,无往非水,鱼但游于其间耳,然鱼水终是两物,又言水则不见体之隐处,不若阴湿之气取譬为得也"④。鱼与水的比喻与朱熹常用的明珠在水的比喻相近,这里黄榦指出该比喻将理与物视为两物,且将体之隐显为某物,因此相比之下,阴湿之气的比喻更为恰当,这点可以看出黄榦思想的精微辨析。蔡念成的这个记录对于我们理解黄榦的体用观是有价值的。

---

① (宋)黎靖德编:《朱子语类》,第1796页。
② (宋)黄榦:《勉斋先生黄文肃公文集》,第596页。
③ (宋)朱熹撰:《四书章句集注》,第22页。
④ (宋)黄榦:《勉斋先生黄文肃公文集》,第241~242页。

二 江西朱子学的重要代表

黄榦在朱熹去世之后，即便是出仕为官过程中，也十分注意与各地同门的交往，其中就包括他与李燔、甘吉父、蔡念成等江西朱子门人的交往。在黄榦的文集中多次提及蔡念成，于其中可以一窥蔡念成的交往情况。黄榦曾在《周舜弼墓志铭》中描绘了朱子江西门人时常聚讲的情形："先生殁，学徒解散，靳靳守旧闻，漫无讲习，微言不绝如线，独康庐间有李敬子燔、余国秀、宋杰、蔡元思念成、胡伯量泳兄弟，帅其徒数十人，惟先生书是读，季一集，迭主之，至期集主者之家往复问难，相告以善，有过规正之。"① 黄榦还将庐山聚讲的这个群体视作朱子去世之后的一个代表性的地方朱子学群体。他在《复李贯之兵部》中讲"向来从学之士今凋零殆尽，闽中则潘谦之、杨志仁、林正卿、林子武、李守约、李公晦，江西则甘吉父、黄去私、张元德，江东则李敬子、胡伯量、蔡元思，浙中则叶味道、潘子善、黄子洪，大约不过此数人而已"②。于此可以看到蔡念成是当时朱子学的重要代表人物，与李燔、余国秀、宋杰、胡伯量、胡泳、周谟等人交往较多。绍定五年（1232），李燔去世，《宋史·李燔传》提及蔡念成对李燔的评价为"心事有如秋月"③。此外，黄榦在安庆任上从蔡念成那里了解到李道传的病情："元思报果州兄之病，令人熬恼，为之奈何。"④ 而且，据《知果州李兵部墓志铭》记录，嘉定十年（1217）十月李道传临终时，"疾革属其友南康李燔以后事，一本朱先生之礼，释老之说皆不用……九江蔡念成举易簀语以告，则对曰不敢忘已"⑤。李燔、蔡念成等友人俱在一旁，随后应该也一并协助操办李道传的丧事。朱子门人陈宓作诗，其中一首为《嘉定戊寅秋同蔡念成诸人游三叠泉》，提到蔡念成与陈宓在九江共同活动，全诗如下："去城三十蹑云端，特地山灵纵我观。白玉岩边数行字，只知末后密并官。"⑥ 蔡念成与陈宓的交往由此可见一斑。后来真德秀于端平乙未年（1235）为朱子学者蔡沉撰写《墓志铭》时也曾提到蔡沉与蔡元思、李公晦等人的交往。

综合这些材料来看，蔡念成是当时朱熹之后的江西朱子门人的代表人

---

① （宋）黄榦：《勉斋先生黄文肃公文集》，第143页。
② （宋）黄榦：《勉斋先生黄文肃公文集》，第679页。
③ （元）脱脱等撰：《宋史》，第8872页。
④ （宋）黄榦：《勉斋先生黄文肃公文集》，第574页。
⑤ （宋）黄榦：《勉斋先生黄文肃公文集》，第147页。
⑥ （宋）陈宓：《复斋先生龙图陈公文集》，第419页。

物。元代九江瑞昌蔡季霖、蔡士仁父子办义学，虞集为之作《瑞昌蔡氏义学记》时，特意追溯九江朱子学的源头，指出："自朱公讲学白鹿洞，环匡庐之麓，士君子闻风而起者多矣，其在德安则有蔡元思，其在瑞昌则有周舜弼……。而元思事文公最久，辨疑问答，必悟彻实践而后已。文公没，心丧三年。又以事文公者事黄直卿，而卒业焉。其晚也，与其同门之友数人，每季月一集，以相切磋，如此者三十年，而乡都州间之间，父兄子弟，相与服行其化，庶几邹鲁之盛矣！"① 这里对蔡念成的为学与经历有较详细的叙述，尤其是与同门聚会讲学长达三十年。虞集一再感叹"朱氏之学行于当时，而九江南康之间如蔡周诸君子，得以化成于其乡也……吾故知文公之为教，元思、舜弼之流风遗俗犹有存者"②。这里明确指出，南宋蔡念成长期教化乡里的实践一直影响到元代。

三　两个讲义

嘉定十五年（1222），陈宓修建延平书院，建成后请同门蔡念成主持延平书院。③ 延平书院是福建最早的官办书院。据《福建通志》记载，蔡念成，九江人，嘉定初长延平书院，学行精粹，学者倚为斯文桢干；真德秀授长沙帅未任，亦来预讲冠履趋跄，诵之声彻于朝夕。④

现存《元公周先生濂溪集》卷之九讲义中保留了蔡念成的两个讲义，分别是《通书》中《志学章讲义》⑤和《论语孔颜所乐二章讲义》⑥。蔡念成的讲义涉及儒学的重要问题，他没有专就章句训诂诠释，而是在理学整体视野下对其背后的义理进行系统解读，既有理论论证与说明，更有为学方法与修养工夫的指点。疏解这两个讲义，也可以让我们一窥蔡念成的理学思想。

　　通书志学章　堂长蔡念成东涧

---

① （元）虞集撰：《道园学古录》卷三十六《瑞昌蔡氏义学记》，商务印书馆，1937年，第608页。
② （元）虞集撰：《道园学古录》，第609页。
③ 金银珍、牟娟：《书院·闽北》，同济大学出版社，2010年，第195页。
④ （清）郝玉麟：《福建通志》，四库全书本，台北：台湾商务印书馆，1986年，第506页。但这里对延平书院的修建时间记录有误，学界有考证，当为嘉定十五年（1222）。
⑤ （宋）周敦颐：《元公周先生濂溪集》，湖南省濂溪学研究会整理，岳麓书社，2006年，第164~165页。下引该文不再标注。
⑥ （宋）周敦颐：《元公周先生濂溪集》，第165~166页。下引该文不再标注。此篇在本书中未标明蔡念成作，而是写"前人"，但据梁绍辉等点校的《周敦颐集》（岳麓书社，2007年）明确把该篇定为蔡念成作。

> 圣希天，贤希圣，士希贤。伊尹、颜渊，大贤也。伊尹耻其君不为尧舜，一夫不得其所，若挞于市。颜渊不迁怒，不二过，三月不违仁。志伊尹之所志，学颜子之所学，过则圣，及则贤，不及则亦不失于令名。

这是《通书》"志学章"的内容，蔡念成的讲解就是针对这一章。志与学是该章的主题，志即目标，而学则是达至目标的具体途径。儒家学者都强调立志，并认为必须立大志向。朱子对《通书》这一章有注解，重点讲立志的重要性。蔡念成对此章的讲解却融通了整个朱子学的基本思路。他认为"士莫陋于无志，莫病于无学。志则欲其弘大，学则欲其细密"。立志应该像伊尹，为学须学颜回。"诚能以伊尹之志为志，则知人之有生，父乾母坤，同得其气以为形，同得其理以为性。故虽势在匹夫之贱，而视天下犹一家，中国犹一人，皆其胸中素定之规模矣。诚能以颜子之学为学，则知天理人欲同行异情，其始有毫厘之差，则其终有千里之缪。故凡日用动静之间，居敬以求其存养之固，穷理以致其察识之精，皆其日新不已之工夫矣。""立弘大之志"，是为学目标的问题。有了"弘大"的目标意味着心胸和视野的高远与开阔，这样才可以理解人生之根源在于乾坤，在于理与气的结合，才能做到视天下犹一家，中国犹一人。为学细密讲的是实现目标的具体途径，这个途经必须细致严谨，如此则可以在日用动静之间居敬穷理，日新不已。如此立志与为学，循序渐进，逐步实现由士而贤而圣而天的目标。"立弘大之志，充细密之学，循序而进，历阶而升。由士而贤，由贤而圣，由圣而天，皆在我耳。"蔡念成的讲解涉及了理学的几个主体部分，既有事关人之生成的理气根源，也有视天下中国为一体的气魄，更有居敬穷理等具体工夫，由士而成为贤人，再成为圣人，最后与天合一的逐层上升的理想境界。这个讲解抓住目标与途径两个关键性的范畴，符合朱子学的基本理论主张，对于我们今天的教育与成长也有指导意义。

> 《论语》孔颜所乐二章：
> 子曰，饭疏食饮水，曲肱而枕之，乐亦在其中矣。不义而富且贵，于我如浮云。
> 子曰，贤哉，回也，一箪食一瓢饮，在陋巷，人不堪其忧，回也不改其乐，贤哉回也。

这是《论语》中涉及孔子之乐与颜回之乐的两段经文，蔡念成的讲解就围绕这两段文字展开。《通书》中《颜子第二十三》专论颜子之所乐。寻孔颜乐处，是周敦颐教授二程的重要内容，对二程的为学是有深刻影响的。后来程颐在太学学习时就应胡瑗要求作《颜子所好何学论》，他在区分两种不同学问的基础上就颜回之乐的实质与工夫论有所阐述。蔡念成对这一问题进行了较为详细的讲解，表达了以下几层意思。

1. 蔡念成这里的讲解是对孔子与颜回之乐的全面解读，他不仅关注颜回之乐，而且注意到孔子之乐。重点论述程子对孔子与颜子气象的描述，蔡念成注意孔子之乐与颜子之乐的区分，认为"欲寻孔子之所乐，当自颜子之所乐始。欲寻颜子之所乐，又当自其进修之迹始"。

2. 通过博文约礼可以寻得颜子之乐。蔡念成引入《论语》当中颜回对孔子的一个喟然之叹，指出博文约礼是孔子教人之序，这一方法与《大学》《中庸》《孟子》中所讲的为学方法是一致的。盖博文约礼，即《大学》之所谓格物、致知、诚意、正心、修身也；《中庸》之所谓博学、审问、慎思、明辨、笃行也；孟子之所谓尽心知性、存心养性，而夭寿不二，修身以俟命者也。盖博文则有以穷古今，该事变，而开发其聪明；约礼则有以尊所闻，行所知，而检束其践履。自昔圣贤之所以为教法者，举不越此。"博文即致知等内在心性修养，约礼乃是践履等外在行为实践。"学者用力之地，要在恢拓弘大，以致其博文之功；持守收敛，以极其约礼之趣，则气质之昏不得以蔽其清明，物欲之累不得以屈其志操，而颜子之乐真可寻矣。通过博文约礼可以寻得颜子之乐，进而真切寻得孔子之乐，使得"孔颜之乐在我"。

3. 寻得孔颜之乐之后，也就能够真正体会到周子、程子之乐：

> 孔颜之乐在我，则知周子之胸中洒落如光风霁月者，此乐也；窗前草不除去，与自家意思一般者，亦此乐也。程子之再见周子而吟风弄月以归，有吾与点也之气象者，此乐也；从容静观万物之自得，而与四时之佳兴同焉者，亦此乐也。周子以此乐而付之程子，程子复以此乐而望之后学。

孔颜之乐成了道学传承的重要内容。周子传此乐给程子，程子再传此乐给后学。蔡念成进一步揭示此乐的天道根源与人性基础，所谓"此乐之在人心，得于降衷，根于秉彝，不为孔颜周程而有余，不为后学而不足。诚能寻而得之，则处乎天地之间，而仰无所愧，俯无所怍，心宽体胖，睟面盎背，素富贵而行乎富贵，素贫贱而行乎贫贱，素夷狄而行乎夷狄，素患难而行乎患难，果何往而非乐地也哉！"孔颜之乐具有根源性与普遍性。

4. 最后指出，孔颜之乐应该成为读书人追求的目标：

> 故士不博文而知识于卑污蹇浅之中者，不足以寻此乐。士不约礼，而肆躯壳于规矩准绳之外者，不足以寻此乐，是谓自弃于孔颜周程之教者也。凡我士友之共学于斯堂者，其亦反之于身而勉之，以仰称明师帅所以拳拳于世道人材作兴之盛心也哉。①

蔡念成的这个讲义与程颐的孔颜乐处不同，侧重于孔颜乐处的不同内涵，将孔子之乐与颜回之乐分开来讨论，首先要寻颜回之乐，然后再寻孔子之乐，最后就寻孔颜乐处的具体步骤与方法来确立传统儒学的价值立场。

蔡念成作为朱子重要门人，同时也是黄榦的弟子，应该说是江西朱子学者当中的佼佼者，九江理学文化的重要代表。1962 年 3 月，曾经在九江德安生活学习过的当代著名哲学家熊十力先生给德安孙自诚先生去信，信中提到"望夫山上的山花依旧欣欣向荣否？蔡念成是望夫山下大屋蔡村人，望你成为德安第二个蔡念成"②。孙自诚先生曾此前两年于上海拜熊十力先生为师，并在熊先生家中住了一个星期。信中提到的望夫山是熊十力先生早年在德安读书的地方，从这封书信中可以看出南宋朱子学者蔡念成受到了熊先生的关注。

---

① （宋）周敦颐：《元公周先生濂溪集》，第 166 页。
② 孙自诚：《怀念熊十力先生》，刊于中国人民政治协商会议九江市委员、会文史资料研究委员会编《九江文史资料选辑》第二辑，南昌市抚河印刷厂印刷，内部发行 1985 年版，第 175 页。

第九章　韩国传播

众所周知，朱子学自创立不久就远播海外，在韩国、日本、越南等地发挥重要影响，逐渐成为东亚文化的重要内涵。朱子学的海外传播是朱子学研究领域的重要问题，但是目前学界关注的重心集中在朱熹及其学问思想，对于朱子门人在海外的影响基本被忽视。本章就选择海外朱子学最为兴盛的韩国为例，集中讨论黄榦学术思想在韩国性理学史上的重要影响。关于这个问题，韩国学者池俊浩先生曾在其博士学位论文《黄榦哲学思想研究》中略有提及，但异常简略，对黄榦文集传入韩国的时间过程以及思想影响等并未系统讨论。我们曾经梳理韩国儒学史上有关黄榦的材料，从资料传入、义理影响、行为模范等方面试图勾勒出一个韩国儒学视野中的黄榦形象，对黄榦在韩国儒学发展当中的影响作过一系统讨论。① 这里希望在此前研究基础上再进一步，首先对《勉斋集》（韩国文献中多称《勉斋集》，故本章沿用《勉斋集》，而未用《勉斋文集》）流传朝鲜经过作一考证，然后以退溪为例再窥韩国性理学家对黄榦思想的理解与接受。

第一节　《勉斋集》流传朝鲜经过考

我们曾经考察过黄榦资料传入朝鲜半岛的三个阶段：第一阶段，初步传入（丽末，约14世纪）。自1289年高丽人安珦出使元大都，接触到当时元大都盛行的朱子学之后，除了朱熹本人的著述之外，还包括一些理学汇编类书籍，例如丽末权溥在韩国刊行的《四书纂述》②。一方面朱子多

---

① 详见邓庆平《朱子门人与朱子学》，第414～431页。
② 〔韩〕权溥：《阳村先生文集》卷之三十八，《权政丞讳溥》中提到："将朱子《四书纂疏》立白刊行，东方性理之学，由公始倡。"权溥（1262～1346），曾经刊行《四书纂疏》，可见此时理学汇编类的书籍已经逐步在韩国流传开来。本书所引韩国性理学家的材料均出自韩国古典翻译院（前身为民族文化推进会）编纂出版的《韩国文集丛刊》，电子检索网址 http://db.itkc.or.kr。后面的引用均不再标注。

数书籍中都有关于门人的一些记录，另一方面理学汇编著作中收录了不少朱子门人的材料，因此朝鲜学者在接受朱子学的同时也对包括黄榦在内的朱子门人会有一定了解；第二阶段，涉入义理论争（15~17世纪），主要是一些重要的理学汇编著作如《性理大全》《四书大全》《五经大全》就特别受到朝鲜学者重视；第三阶段，专文讨论（18~19世纪），主要是权尚夏的《勉斋集辨》（《寒水斋先生文集》卷之二十一，《杂著》）和韩元震的《黄勉斋性情说辨》（《南塘先生文集》卷之二十七，《杂著》），围绕《勉斋集》中的《答李公晦书》对黄榦性情论展开批判。①

这里我们主要就《勉斋集》的传入过程作一细致考论。② 自高丽后期学者安珦（1234~1306年）在出使元朝时将许多朱子的书籍带回高丽，朱子学在朝鲜地区逐渐流传。尤其是之后朝鲜李朝时期，朱子学逐渐成为朝鲜地区的主流学术思想。黄榦作为朱子的首要弟子，其学术思想也同样受到朝鲜学者的重视。但在相当长时间内，朝鲜学者所接触到的黄榦思想主要依据朱子文集以及后来《性理大全》等理学汇编类书籍当中摘录的勉斋文献，《勉斋集》③ 在朝鲜的流传有一个长期的过程，这里我们对《勉斋集》流传朝鲜经过作一简略考论，借此，也可一窥朝鲜对中国朱子学尤其是朱子门人后学的接受过程。

李退溪（1502~1571年）作为朝鲜思想史上最重要的朱子学者，对于黄榦的学术思想大力推崇，其包括理气互发说在内的许多观点都溯源于黄榦的言论当中，但退溪所见黄榦的材料并未见于今本的《勉斋集》。据李德弘（1541~1596年，字宏仲，号艮斋，祖籍永川，是李退溪的高弟）在《溪山记善录下》提到：

> 先生讲书传，每诵蔡注，叹味不已曰，朱门传道之人，虽称勉斋为第一，以注观之，九峰当为第一也。勉斋著述未得多见，不知所言所见能有过于此乎。④

---

① 详见邓庆平《朱子门人与朱子学》，第414~417页。
② 以下考证过程为课题研究参与者王小珍、宋从的论文，即《〈勉斋集〉流传朝鲜经过考》，《朱子学研究》2021年第1期。
③ 在朝鲜性理学当中，《勉斋集》还有《黄勉斋文集》《黄勉斋集》《勉斋先生黄文肃公文集》《勉斋全集》等名称，此处以《勉斋集》指称黄榦的文集，主要是因为勉斋的文集传入朝鲜之后，性理学者较多用《勉斋集》这一名称。
④ 〔韩〕李德弘：《艮斋先生文集》卷之六（韩国文集丛刊51），《溪山记善录下》，韩国古典翻译院，1990年，第96页。

对于朱子门人，李滉因为未能见到勉斋的完整著述，因而认为就著述来说，以蔡九峰为第一。从退溪所引勉斋的材料也可以证明，此时李滉所见勉斋的材料，主要来自《性理大全》。

金富伦（1531～1598年，字惇叙，雪月堂），祖籍光山，退溪的门人。他在《送金吏部士纯以谢恩兼奏请书状如京》的诗之后有注：

> 龟山，韦斋，东莱，勉斋诸先生集，东国皆无之，请来故有觅新刊之语。①

另据金诚一（1538～1593年，字士纯，号鹤峰）的《鹤峰集》所附年谱可知，金士纯出使北京是在万历五年即1577年。从这里的记载可以看出，此时《勉斋集》尚未流传于朝鲜。

据柳希春（1513～1577年，字仁仲，号眉严、涟溪，崔山斗、金安国门人）在"丙子（1576年）日记"中也和朋友提到从北京购置相关书籍："此外如有涉于学问治道书，亦皆贸来何如，《南轩先生集》，《黄勉斋文集》"② 等。可见此时朝鲜学者已经有意引入《黄勉斋文集》。

过了近半个世纪，洪大容在《与秋庯书》中录有一篇《洪花浦奏请日录略》，其中提到在天启四年（1624）甲子八月，朝鲜奏请正使李德泂、副使吴䎘、书状洪翼汉（字伯升，号花浦）由海路赴北京。《洪花浦奏请日录略》说道：

> 承问以愿得之书，至有邮寄之计，则故人厚意也。东方贡使相望，中国书籍颇有流传。惟《黄勉斋集》，只有四五卷小本。闻有全集中有论礼书多可观，每年购诸京市，终未得之⋯⋯何可远寄耶。③

这里提到，此时朝鲜流传的《黄勉斋集》仅有四五卷小本，听闻全集中

---

① 〔韩〕金富伦：《雪月堂先生文集》卷之二（韩国文集丛刊41），《送金吏部士纯以谢恩兼奏请书状如京》，韩国古典翻译院，1989年，第28页。
② 〔韩〕柳希春：《眉岩先生集》卷之十四（韩国文集丛刊34），《丙子》，韩国古典翻译院，1989年，第398页。
③ 〔韩〕洪大容：《湛轩书外集》卷一（韩国文集丛刊248），《与秋庯书》，韩国古典翻译院，2000年，第113页。

有论礼之书。这里的小本《黄勉斋集》或许就是此前燕行使者所带回朝鲜的本子。于此也可见此时包括众多礼学内容的《勉斋全集》尚未见于朝鲜，也未提及单独的《仪礼经传通解》。参见现行《勉斋集》，其中论礼的内容并不多，那么这里的《勉斋全集》是否包括了黄榦所修《仪礼经传通解》。

宋浚吉（1606～1672年），字明甫，号同春堂，祖籍恩津，金长生、郑经世的门人。在丁亥（1647年）《答慎独斋先生》中提到：

> 才得《仪礼经传通解》，乃古件善本，《丧礼》以上通二十册，而一册见阙，《丧礼》以下勉斋所续则全无矣。昔年所借李相家册，乃《丧礼》以下否，抑《通丧礼》以上，皆有之否，共几卷耶。此处所得中所阙二册及《丧礼》以下几卷。若合力誊出，合作一帙，则当成完本。此举恐不可已，切望留念。劝勉诸士友，如何如何。《仪礼图》讲了即还，如何，有所考耳。曾闻《通解》共三十二卷云，必是《通丧礼》以上以下而言也。果是则《丧礼》以下，似只十二卷也。愿知之，不宣。①

《仪礼经传通解》先为朱熹所作，《丧礼》以下为黄榦所续编撰。宋浚吉所见《仪礼经传通解》却缺了黄榦所编即《丧礼》以下的部分。慎独斋先生乃是金集（1574～1656年，字士刚，号慎独斋，祖籍光州）。从信中可以推测，金集早年在李相家里曾借过《仪礼经传通解》，因此宋浚吉询问他其中是否有黄榦所编《丧礼》以下的部分。此时黄榦所编《仪礼经传通解》很有可能在朝鲜已经流传。

此后，在李氏朝鲜中期的礼讼论争当中，特别是在"甲寅礼讼"之后，宋时烈几次提到《勉斋集》及其中的"邦礼"，作为其反驳政敌的论据之一：

> 《勉斋集》虽得，而尹鑴既攻朱子，则其于勉斋何有。今人以此集为大事，心窃笑之耳。②

---

① 〔韩〕宋浚吉：《同春堂先生文集》卷之十（韩国文集丛刊106），《答慎独斋先生》，韩国古典翻译院，1993年，第509页。
② 〔韩〕宋时烈：《宋子大全》卷一百十五（韩国文集丛刊112），《与闵周镜》，韩国古典翻译院，1993年，第143页。

> 新闻《勉斋集》，明有邦礼大证，此语闻知否。少辈颇以此为幸云，此甚可笑。尹挥斥朱夫子，至有成书，其视勉斋，当如觳耳。①

信中，尹鑴（1617~1680 年）字斗魁、希仲，号白湖、夏轩，本贯南原尹氏，是韩国李氏朝鲜中期的政治家和思想家，南人党中激进人物。而宋时烈等西人党为李氏朝鲜中期礼讼论争时南人党的主要论客。当时礼讼论争主要已亥礼讼［发生在李氏朝鲜孝宗十年（1659 年）五月，因为孝宗国王过世，就孝宗的继母庄烈王后该如何服丧一事引发的争论，西人党胜］与甲寅礼讼［显宗十五年（1674 年）孝宗王妃仁宣王后逝世后，慈懿大妃的服丧问题所引起的争论，南人党胜］，所涉及的是《仪礼》当中的《丧服》规制问题。此信明确，在第二次礼讼之后的四年，当时学者们刚刚获得《勉斋集》，其中阐明了礼讼所争论的"邦礼"问题，这对于已经落败的西人党来说本应是好消息，但此时礼讼已不是纯学术问题，而是政治斗争，故宋时烈并不以《勉斋集》的出现就可以挽回败局。从所涉内容来推测，此时他们所见《勉斋集》至少应包括了《仪礼经传通解》中黄榦所编部分。

此外，宋时烈的另一门人闵鼎重（1628~1692 年，字大受，号老峰）在《书与黄周卿》中也明确讲道：

> 《黄勉斋集》，金斯百取见于金耎家云，岂至远买燕市耶。李元祯之子得见于他家，瞿然而归告其父曰，吾辈将无以为辞。元祯曰，勉斋何足言，虽有朱子之论，奈今日何。李同揆生时，其乡人问礼论是非，曰宋是，然则何攻击若此，曰上心所恶，自不得不然。然当伸于后世矣，看渠辈所为，不在义理是非，不畏他日公论，只为目下富贵计，不可以常情谕之矣。②

这里指出，南人李元祯曾听其子闻知《黄勉斋集》，但并不为所动。闵鼎重卒于 1692 年，此信当写于此前，从信中内容可知，《黄勉斋集》此时已为一些朝鲜学者所见，并认为没有必要再从燕京购买。这里提到的《黄勉斋集》也主要是指礼学方面的。

---

① 〔韩〕宋时烈：《宋子大全》卷六十三（韩国文集丛刊 110），《与闵持叔别纸》，韩国古典翻译院，1993 年，第 201 页。
② 〔韩〕闵鼎重：《老峰先生文集》卷之六（韩国文集丛刊 129），《与黄周卿》，韩国古典翻译院，1994 年，第 133 页。

朴光一（1655~1723年），字士元，号逊斋，祖籍顺天，宋时烈门人，与权尚夏交游。他在《上尤菴先生书》的信中提到：

> 下教《勉斋集》及吕蓝田游察院诸集，盖湖南士夫之所罕见者。①

此信作于壬戌（1682年）三月。朝鲜时期传统习惯将全国划分为六个大区，所谓"湖南"即其一，为忠清道一部分加上全罗道。此时《勉斋集》尚未流传于该地区。

但据南塘韩元震（1682~1751年）在给老师权尚夏（1641~1721年）所作年谱中提到"己亥先生七十九岁作勉斋集辨说"，乙亥即1719年，在这一条当中，韩元震有一注曰：

> 《勉斋集》前未行于东方，季公以副价赴燕，始得其书而来。②

此外，韩元震自己所作《黄勉斋性情说辨》中也有记载：

> 《勉斋全集》，前不东来。顷年权副使尚游之自燕还，始行于东方，今几家置而户诵矣。③

这里的《勉斋先生黄文肃公文集》即《勉斋全集》，之前并未传入朝鲜，是权尚夏之季弟权尚游（1656~1724年）在以副使身份出使北京时，得到《勉斋先生黄文肃公文集》，带回朝鲜，自此，《勉斋先生黄文肃公文集》开始在朝鲜流行开来。据《肃宗实录》"肃宗39年（1713癸巳，康熙五十二年）7月28日（癸酉）"的记载："癸酉，谢恩使临昌君焜、副使权尚游、书状官韩重熙，如清国。"④ 权尚游作为副使出使北京是在1713年。故《勉斋先生黄文肃公文集》传入朝鲜应该是在1713年。此前，朝鲜学者对勉斋的认识主要来源于《性理大全》中所收录黄榦的材料，所引

---

① 〔韩〕朴光一：《逊斋先生文集》卷之三（韩国文集丛刊171），《上尤庵先生书》，韩国古典翻译院，1996年，第38页。
② 〔韩〕韩元震：《寒水斋集》（韩国文集丛刊151），《寒水斋先生年谱》，韩国古典翻译院，1995年，第188页。
③ 〔韩〕韩元震：《南塘先生文集》卷之二十七（韩国文集丛刊202），《黄勉斋性情说辨》，韩国古典翻译院，1998年，第76页。
④ 《肃宗实录》，《朝鲜王朝实录》第四十册，国史编纂委员会，1993年，第551页。

文献多出于此。此后,《勉斋先生黄文肃公文集》在朝鲜学者间逐渐流传开来。权尚夏、韩元震相继写作专文对《勉斋集》当中的《复李公晦书》《与叶味道》等提出批评。

大约同一时期,李喜朝(1655~1724年,字同甫,号芝村、艮庵、志事斋,祖籍延安,宋时烈门人)与即将出使北京的赵锡五讨论在北京购买《南轩先生文集》的事宜时提到:

> 苟能至诚求之,宁有不得之理哉。以近日《四书精义》《勉斋集》等书,观之可知也。①

这里提到《四书精义》、《勉斋集》等,也可印证,《勉斋集》的购置也是在朝鲜使者出使北京时所购置,且似乎颇费周折。另据闵鼎重(1628~1692年)记载:"明尚书同二侍郎往福建招抚。系去年五月去。今尚未回。……南市。有《四书精义》《要义》否。此书南方有之。或有周旋觅示之路耶。当于冬间觅之。"(《老峰集》卷十《回时问答》)此是闵鼎重1670年间与朋友问答,信中问清朝朋友有无《四书精义》《要义》。若这里的《四书精义》与《要义》是两本书,那么《四书精义》与《勉斋集》当是此后才入朝鲜。

若韩元震的讲法属实,则与宋时烈等人早前提到《勉斋集》的材料似有冲突。考虑到权尚夏为宋时烈的门人,若宋时烈等人在1678年前后就见到《勉斋集》,权尚夏应该会了解,而且宋时烈等人与尹镌等人的礼讼论争在当时是非常重大的事件,韩元震作为宋时烈一系的后学也应该有所了解。于是,综合这些情况,我们大胆推测,可能的情况是,宋时烈等人所言的《勉斋集》与韩元震所言的《勉斋先生黄文肃公文集》并非同一文本。其中,韩元震所言《勉斋先生黄文肃公文集》包括勉斋的书信,如为权尚夏所批评的《与李公晦》《复叶味道》等,应与今天所谓《勉斋先生黄文肃公文集》相同,其中关于邦礼的内容很少,而宋时烈等提到《勉斋集》主要是指礼学方面,且明确提到"邦礼"的内容,联系到宋浚吉对黄榦所编《仪礼经传通解》的询问,宋时烈等所见《勉斋集》或是黄榦所编《仪礼经传通解》的部分。如果这个推测成立,那么黄榦所编《仪礼经传通解》至少在《勉斋先生黄文肃公文集》进入朝鲜之前二三十年就已经在朝鲜流行。

---

① 〔韩〕李喜朝:《芝村先生文集》卷之十九(韩国文集丛刊170),《别赵令公锡五赴燕序》,韩国古典翻译院,1996年,第399页。

此后，崔兴远（1705~1786年，字太初、汝浩，号百弗菴、漆溪，祖籍庆州）的《年谱》中记录了其读书经历，其中提到：

> 十九年癸亥，先生三十九岁。（1743年）
> 五月，读《性理大全》。
> 至黄勉斋所撰《朱子行状》末端语，居敬以立其本，穷理以致其知，克己以灭其私，存诚以致其实，以为切于受用，书于历上面，以资观省焉。
> 二十一年乙丑，先生四十一岁。（1745年）
> 七月，看《延平答问》及《勉斋集》。
> 先生曰，二书熟复玩味，学问切实，与朱子书吻合，颇有会心处云。①

从思想派系来看，崔兴远属于南人学者，就其与黄榦相关的读书顺序来说，先是《性理大全》《朱子行状》，然后是《勉斋集》。这也说明，《勉斋集》已经成为朝鲜学者日常所读的重要书目。

同为南人学者的李象靖（1711~1781年，字景文，号大山，祖籍韩山）在其关于《四端七情说》当中引述了黄榦的两则文献：

> 勉斋黄氏曰："性固为气质所杂矣，然方其未发，此心湛然，物欲不生，则气虽偏而理自正，气虽昏而理自明，气虽有赢乏而理则无胜负。及其感物而动，则或气动而理随之，或理动而气挟之。"
> 又曰："人指此身而言，道指此理而言。发于此身者则如喜、怒、哀、乐是也，发于此理者则仁、义、礼、智是也。若必谓兼喜、怒、哀、乐而为道心，则理与气浑然而无别矣。故以喜、怒、哀、乐谓人心者，以其发于形气之私也。以仁、义、礼、智为道心者以其原于性命之正也。人心道心，相对而言，犹易之言器与道，孟子之言气与义也。②"

前一则出自《性理大全》，后一则出自《勉斋先生黄文肃公文集》中的

---

① 〔韩〕崔兴远：《百弗庵先生文集》附录卷之二（韩国文集丛刊222），《年谱上》，韩国古典翻译院，1999年，第239~240页。
② 〔韩〕李象靖：《大山先生文集》卷之三十九（韩国文集丛刊227），《四端七情说》，韩国古典翻译院，1999年，第242页。

《复李公晦书》，这个先后顺序与黄榦文献在朝鲜的传入过程也是一致的。

总的来说，在较长一段时间内，朝鲜士人接触的与勉斋黄榦有关的文献主要是保留在朱子文集当中的相关部分，勉斋完整的文集传入朝鲜有一个漫长的过程，直到1713年权尚游作为副使出使北京时才购入。此前，朝鲜学者对勉斋的认识主要来源于《性理大全》中所收录黄榦的材料，所引文献多出于此。此后，《勉斋集》在朝鲜学者间逐渐流传开来。

第二节　退溪对黄榦思想的理解与接受

自从高丽末期朱子学传入朝鲜半岛之后，朱子学逐渐成为朝鲜（本文所称朝鲜是指朝鲜王朝统治时期）主流的意识形态，经过历代韩国学者的讨论阐发，逐渐形成具有韩国特色的性理学传统。在这些性理学家的视野中朱熹无疑具有独尊的地位，相应的一些重要的朱子门人也逐渐得到众多朝鲜学者的重视与研究。黄榦作为朱熹的女婿，也是朱子的首要弟子，其学术思想传入韩国之后，受到性理学者的重视，作为重要的思想资源常常被引入当时的性理学论争当中，对于韩国性理学的思想发展具有重要影响。这里选择以退溪李滉（1501~1570年）为例，试图通过考察这位朝鲜最伟大的性理学家对勉斋的理解与接受来一窥黄榦思想对朝鲜性理学的重要影响。[①]

一　对四端七情论争的影响

金应祖（1587~1667年）指出：

> 四端七情之理发气发、气挟理随之论，始发于朱夫子，继发于黄勉斋。元明以下及我东诸大儒，未有说得到焉。退陶老先生，乃始发之于《天命图》。虽以奇高峰之辩博，未免始疑二而终勉从，实前圣所未发精微之极致也。[②]

四端七情是朝鲜性理学上的第一大问题，韩儒当中形成了两大派，一是以

[①]　下面的讨论在笔者此前出版的《朱子门人与朱子学》中有所涉及，但该文存在一些问题，这里作了一定修改。
[②]　〔韩〕金应祖：《鹤沙先生文集》卷之五（韩国文集丛刊91），《大学十箴性理渊源撮要重刊后识》，韩国古典翻译院，1992年，第109页。

退溪为首主张理气互发观，二是以栗谷为代表主张气发理乘一途说。金应祖这里指出，退溪的理气互发观开始于他与奇高峰关于《天命图》的讨论，但从学术渊源来看，乃始发于朱熹，其次继发自勉斋。

退溪一派的学者李玄逸（1627~1704 年）更明确地指出退溪与勉斋观点之间的相合之处：

> 若退溪所谓四端理发而气随，七情气发而理乘云者，亦是分别理气，两下开说。然但其言句之间，参涉理气而为言，与黄勉斋所论方其未发，气虽偏而理自正，气虽昏而理自明，及其感物而动则或气动而理随之，或理动而气挟之者。语意实相符合。盖朱子述孟子论性不论气之意，勉斋，退溪参用程、张论性不论气不备之意。故其语势自不得不然邪。①

勉斋的"或气动而理随之，或理动而气挟之"被朝鲜性理学者引为对四端七情的理解，如柳崇祖（字宗孝，1452~1512 年）就指出"理动气挟，四端之情；气动理随，七情之萌"②。同时，这句话也成为李退溪的理气互发之说的源头。需要指出的是，由于完整的《勉斋先生黄文肃公文集》传入朝鲜的时间比较晚，朝鲜学者对勉斋思想的理解最初都是通过《性理大全》等资料，故最初朝鲜性理学视野中的勉斋主要是《性理大全》等资料中抄录的勉斋部分。勉斋的这句话也不见于现行《勉斋先生黄文肃公文集》之中，而是出自《性理大全》。

此处认为勉斋之语与退溪之论语意相符合，这点是许多朝鲜性理学者的共同印象。需要说明的是，勉斋的原话是解释人心流为不善的两种情况，而退溪则是在解释四端与七情发生机制时采用理气互发说，二者是有差异的。另外还有一个问题便是，在退溪文集当中并未发现退溪直接指明其理气互发观来自勉斋，但有一点是可以肯定的，那就是对勉斋的这句话退溪是看到过的。讲到天地之性时，退溪引述李宏仲所言：

> 天地之性，性字未详何谓。窃见勉斋答论性之说曰："是天地赋

---

① 〔韩〕李玄逸：《葛庵先生文集》卷之八（韩国文集丛刊 127），《答丁君翊》，韩国古典翻译院，1994 年，第 535 页。
② 〔韩〕金镇东：《素岩先生文集》卷之四（韩国文集丛刊续 89），《嘉善大夫同知中枢府事真一斋柳先生行状》，韩国古典翻译院，2009 年，第 521 页。

予万物之本然者,而寓乎气质中也。故其言曰:善反之则天地之性存。盖谓天地之性,未尝离乎气质之中也。其以天地为言,特指其纯粹至善,乃天地赋予之本然也。"然则此性字,就天地本体上说乎,就人物禀赋上说乎。①

退溪认为:"以此论张子善反之则天地之性存焉则可,若论天地之性人为贵则不可。"也就是说,勉斋所言用来理解张载"善反之则天地之性存"是适用的,而对于理解"天地之性人为贵"中天地之性是不恰当的。这里引用的勉斋之语出自《性理大全》中关于《正蒙》正文"心能尽性,人能弘道也,性不知检其心"的部分。退溪这里引的是其中前半段,其后半段便有"曰性固为气质所杂矣,然方其未发也,此心湛然,物欲不生,则气虽偏而理自正,气虽昏而理自明,气虽有赢乏而理则无胜负,及其感物而动,则或气动而理随之,或理动而气挟之,由是至善之理听命于气,善恶由之而判矣,此未发之前,天地之性纯粹至善,而子思之所谓中也"。由此可见,退溪虽未直接引用勉斋的"或气动而理随之,或理动而气挟之",但退溪应该看到了这两句话。而且与退溪讨论四端七情的奇高峰也是特别注意到了勉斋的这两句话,他在《高峰先生文集》卷第三《答郑哀侍澈》就直接指出"四七之说,大概精密……气动而理随之,理动而气挟之。此说出于勉斋黄氏"②。

那么,这里便产生出一个问题,为何退溪不直接引用勉斋的这两句话来作为自己观点的佐证,毕竟勉斋为朱子首要弟子,其观点的证明力是非常强的。我想,这其中涉及两句话的理解。首先,动与发的概念略有差异,动乃本体论的讲法,而发则直接是心性论的用语,相对于四端七情之论来说,用发字更为恰当。其次,勉斋所言"气动而理随之",是指以气动为主的情形,"理动而气挟之"则是理动为主的情形。退溪认为"大抵有理发而气随之者,则可主理而言耳"③ 是理发为主,而"气发而理乘之者,则可主气而言耳"④ 是指气发为主的情形。暂不管动与发在用法上的

---

① 〔韩〕李滉:《退溪先生文集》卷之三十六(韩国文集丛刊30),《答李宏仲问目》,韩国古典翻译院,1989年,第312页。
② 〔韩〕奇大升:《高峰先生文集》卷第三(韩国文集丛刊40),《答郑哀侍澈》,韩国古典翻译院,1989年,第135页。
③ 〔韩〕李滉:《退溪先生文集》卷之十六(韩国文集丛刊29),《答奇明彦论四端七情第二书》,韩国古典翻译院,1989年,第421页。
④ 〔韩〕李滉:《退溪先生文集》卷之十六(韩国文集丛刊29),《答奇明彦论四端七情第二书》,第421页。

区别，就气动为主或气发为主的情形来看，勉斋用"理随之"来描述，退溪则用"理乘之"，无疑，勉斋的用语表明，此时理是随附的地位，而退溪的用语则依然可以看出理对气的乘载之主导性可能；就理动为主或理发为主的情形，勉斋用"气挟之"，强调是气对理的挟持作用，"由是至善之理听命于气"，而退溪则用"气随之"，强调气的随顺依附，理的主导性更加突出。总体上来看，勉斋的用意在于分析人心不善的来源，故用语对气的作用强调得更多，而退溪则旨在说明四端七情的发生机制，故对理的主导性更为重视。就朱子学本身来说，理无疑是第一位的，退溪未能因循勉斋的讲法而将其作了一定修改，这便可以理解了。当然，就勉斋与退溪的言语来说，二说皆重视理气之互发，承认理有动，在这点上，二人的立场又是一致的。正如尹鑴说道：

> 详此数说，皆以理有动静为言。然考朱子说，又曰太极涵动静，动静非太极。盖太极固无动静，而亦可以动静言之。正如昔者所论理非神也，而亦可以神言之云耳。况黄勉斋尝以理动之说，称闻之师而著之，殆非妄言也。①

李玄逸也讲：

> 然尝见黄勉斋答或人之问曰："性固为气质之所杂矣，然及其感物而动，则或气动而理随之，或理动而气挟之。"朱子又尝有言曰，理在心之中，包蓄不住，随事而发。方其乍见孺子入井时，气也着脚手不得。又曰"理有动静"，故气有动静，若理无动静。气何自而有动静乎，只是理有动静，理不可见。因阴阳而后知，由此观之，非但气有动静，理亦自有动静也。②

勉斋的这两句话也被用来论证退溪一派所持"理有动静"的观点。正因为这个一致之处，加之退溪对勉斋多有推崇之意，后来学者特别是退溪学派才总是将退溪的理气互发说归结于勉斋的这两句话。

对于退溪学派以勉斋观点来为自己的四端七情说作辩护，鉴于勉斋在

---

① 〔韩〕尹鑴：《白湖先生文集》卷之十四（韩国文集丛刊123），《与权思诚》，韩国古典翻译院，1994年，第246页。
② 〔韩〕李玄逸：《葛庵先生文集》卷之八（韩国文集丛刊127），《答丁君翊》，第529页。

朱子学当中的重要地位，栗谷不好直接反驳，只好说：

> 理气无始……至如以勉斋之说，为得强敌者，尤近于戏语。若以道理相辨，则刍荛可询，狂言可择。珥亦可以容喙矣，今若不求之道理，而惟强弱是观，则一退溪足以胜十李珥矣，况将勉斋助之乎，是群虎搏一羊也。①

栗谷面对明确可见的勉斋关于理动气动之说，自然不好直接反驳，只好提示应该就道理本身来辨，而不能因人废言。事实上，栗谷对勉斋等朱子门人的评价与退溪的评价相比，并不太高。在《圣学辑要》中，栗谷明确讲道："朱子之后，得道统正脉者，无可的指之人。"② 对于退溪学派所引用《朱子语类》当中的一些关于理有动静的语录，栗谷在《答成浩原书》中认为属于"或有见其记录之误而犹牵合从之者"③。于是，愚潭丁时翰在《四七辨证》中直接指出"盖栗谷所入之路头，既与朱子、退溪之见不同，故于退溪互发之说，则力加排抑。于朱子理发气发之语，则以其出于门人之所记录，直斥而不讳"④。

二 对勉斋解"极"的推崇

"无极"是《老子》当中的重要概念，"太极"在《易传》中已经出现，周敦颐的《太极图说》的首句"无极而太极"综合了这两个概念。这一命题为朱熹所重视，自此，"太极""无极"一直是朱子学当中的最高范畴，构成其宇宙论本体论的起点，历来围绕这两个概念以及"无极而太极，太极本无极"的命题产生不少争论，典型的有象山与朱子之间的争论。同时也因这两个概念的抽象程度而一直使人难以真正恰当把握。朱熹在《太极图说解》等著作中对"无极""太极"有过专门诠释，也多次与弟子讨论。在继承朱子理解思路的基础上，黄榦也非常重视太极概念的理解问题。

---

① 〔韩〕李珥：《栗谷先生全书》卷之十（韩国文集丛刊44），《与成浩原》，韩国古典翻译院，1989年，第217~218页。
② 〔韩〕李珥：《栗谷先生全书》卷之二十六（韩国文集丛刊45），《圣贤道统第五》，韩国古典翻译院，1989年，第79页。
③ 〔韩〕李珥：《栗谷先生全书》卷之十（韩国文集丛刊44），《答成浩原》，第215页。
④ 〔韩〕丁时翰：《愚潭先生文集》卷之八（韩国文集丛刊126），《四七辨证》，韩国古典翻译院，1994年，第343页。

正如前面第六章第一节对此的专门论述所揭示的，这些论述材料以《性理大全》卷一的一段材料为主，表达了黄榦对太极概念疏解有以下三层主张。其一，黄榦注意到无极与太极均含有"极"字，故以屋之脊梁来解释"极"字本义，进而解释太极图当中的无极、太极这两个概念。其二，为更进一步理解易之至理，黄榦接着又分析了"无极而太极""太极本无极"这两个命题。其三，黄榦接着指出象山对"无极""太极"的理解有误。黄榦注意到无极与太极两个概念都包含一"极"字，他站在朱子学立场上对"极"的这一类比的解释非常形象而且解释得也很到位，对理学当中的那个最高之理有很好的揭示，有助于后学者的理解。因此，黄榦的这个对于"极"字的理解后来被详细收入《性理大全》，且列在"卷一太极图"的最前面，可见编者对其解说的重视，对后人理解理学思想体系而言，黄榦的这个解释具有正本清源的作用，为后世学者认可。

在韩国性理学当中，黄榦的这种理解同样为退溪所接受：

> 问目：无极而太极，窃疑极之义虽训为至，而原其所以得名，则实有取于有形状方所而为言。盖居至高而为四方之标准，到此尽了，更去不得故也。至于太极，实为众理之本，万化之原。而其总合归会底意思，有类于极，故亦以极名之。然则太极之得名，虽因其形状方所，而以有喻无，以实喻虚。初非有形状方所之可寻也，但他书，有以屋梁为屋极者。北辰为北极者，此皆有形之极。故周子恐人以此极之例求之，则或未免同于一物，滞于形状，而失圣人取譬之本意，故又以无极二字加之。盖其假彼喻此，以明此理之无形状无方所。而至有者在焉，至实者存焉尔，鄙意看得如此。故极者，疑似近是。若曰无极，以一无字，带看无形状方所底意思，而以两极字，皆作极至之理看过，则无极二字足矣，不应复有所谓太极者矣。窃闻先生常主此释云，然否。
>
> 看得黄勉斋说，详密，当以来说为是，从前谬说，已改之。在别纸。①

此信作于1570年，退溪去世前不久。李公浩对"无极而太极"的理解基本上就是勉斋的思路，就其最后提到退溪主张无极足矣而不应复有太极的

---

① 〔韩〕李滉：《退溪先生文集》卷之三十九（韩国文集丛刊30），《答李公浩问目》，韩国古典翻译院，1989年，第383页。

问题，退溪明确承认，勉斋对"极"的解释促使自己思想发生一次转变。退溪弟子李德弘记录了退溪的这个转变过程：

> 先生初释无极而太极曰"无之之极，太之之极。"奇明彦曰，此可疑，其本注曰，上天之载，无声无臭，而实造化之枢纽，品汇之根柢。其小注曰，理之无极，只是无形象，无方所。又曰，苍苍者是上天，理在载字上。盖载字是理，声臭字帖极字，实字帖太字。根柢枢纽帖下一极字。勉斋又曰，极字如北极皇极尔极民极之类，然皆以物之有方所形象，适似于极而具极之义。故以极明之，以物喻物，而后世多遽以理言。故不惟理不可无，而于周子无极之语，有所难晓云云。今以此等语观之，当释曰，极虽无之而太之之极也。先生呼德弘曰，明彦如此云云，其言极是，君亦知之，盖先生虚己受人，改过不吝如此。此易箦前一月也。①

"无极而太极"是对同一本体概念的不同侧重层面的解说，黄榦的理解兼顾极之无（无形状方所等具体属性）与太（尊而无对）两方面的属性，分别对应无极与太极两个概念。李滉原本将"无极而太极"理解为"无之之极，太之之极"，联系到上面提及"若曰无极，以一无字，带看无形状方所底意思，而以两极字，皆作极至之理看过，则无极二字足矣，不应很有所谓太极者矣"。退溪的这种理解将极理解为极至之理，而无极既含极至之理的意思又带有无形状方所之意，故只讲无极便可以，不需要再讲太极。奇明彦对此则质疑，他引用勉斋的理解，认为"极"当兼无之与太之两层含义，单提无极是不够的。退溪的问题在于没有看到太极之太（尊而无对的最高实在本体义）的内涵。由于奇明彦的质疑，退溪转而抛弃原说而信服勉斋之理解，认为"其中如黄勉斋说，最为详尽"②。此次思想转变发生在李滉去世前一个月左右。在此信中也可以看到，奇明彦非常关注勉斋思想，他对勉斋的理解非常深刻，这种理解直接影响到退溪。

勉斋对"极"的这个理解也得到其他朝鲜性理学者的认可。李玄逸（1627~1704年，号葛庵）的《葛庵先生文集》卷之十九《愁州管窥录》

---

① 〔韩〕李德弘：《艮斋先生文集》卷之五（韩国文集丛刊51），《溪山记善录上》，韩国古典翻译院，1990年，第88页。
② 〔韩〕李滉：《退溪先生文集》卷之十八（韩国文集丛刊29），《答奇明彦别纸》，韩国古典翻译院，1989年，第467页。

也提到:"理之无极,只是无形象无方所。勉斋黄氏之说,又以为极字如北极民极之类,以物之有形象方所者明之。"①

三 围绕阴阳五行说的讨论

在1570年退溪与李公浩的书信中,涉及了不少勉斋的思想,除了上面提到的对于"极"字的理解之外,还提到勉斋的太极生阴阳、五行次序乃至其中涉及精气魂魄等观念。

> 太极动而生阳,静而生阴。朱子曰:"理无情意无造作"。既无情意造作,则恐不能生阴阳。若曰能生,则是当初本无气。到那太极生出阴阳,然后其气方有否。勉斋曰:"生阳生冷,亦犹阳生阴生。"亦莫是恶其造作太甚否。
>
> 朱子尝曰:理有动静,故气有动静。若理无动静,气何自而有动静乎。知此则无此疑矣。盖无情意云云,本然之体,能发能生,至妙之用也。勉斋说:"亦不必如此也,何者?理自有用,故自然而生阳生阴也。"②

这里一问一答,问者为李公浩,答者为李滉。其中勉斋所言出自《性理大全》卷一中"太极动而生阳、静而生阴"的部分,其中有:"既是阴阳,如何又说生阴生阳,曰生阴生阳亦犹阳生阴生,太极随阴阳而为动静,阴阳则于动静而见其生,不是太极在这边动,阳在那边生,譬如蚁在磨盘上一般,磨动则蚁随他动,磨止则蚁他止,蚁随磨转,而因蚁之动静可以见磨之动静。"李公浩认为,勉斋讲"生阳生阴亦即阳生阴生"是为了避免太极生阴生阳的造作之意,退溪则认为勉斋的观点还是在讲理之生阳生阴的自然而生之意。

接着,退溪与李公浩又讨论五行次序的问题:

> 阳盛阴盛,阳稚阴稚,万物成形。以微著为渐,五行生序,亦以微著为次。天一生水尚弱,到那生木,其形已实,地二生火尚微,到

---

① 〔韩〕李玄逸:《葛庵先生文集》卷之十九(韩国文集丛刊128),《愁州管窥录》,韩国古典翻译院,1994年,第182页。
② 〔韩〕李滉:《退溪先生文集》卷之三十九(韩国文集丛刊30),《答李公浩问目》,韩国古典翻译院,1989年,第383~384页。

那生金，其体已固。如此则水为阳稚，木为阳盛，火为阴稚，金为阴盛。而图解所指顾如彼者，何义？黄勉斋亦尝有此疑，今当以何说为定。

以生出言，水阳稚，木阳盛，火阴稚，金阴盛也。以运行言，木阳稚，火阳盛，金阴稚，水阴盛。各有一义，今图解所指，似是生出之妙而云云。故勉斋以为可疑，若转作行之序看，则无可疑矣。①

这里由阴阳生五行而涉及五行之序的问题。对五行之序，朱熹有生之序与行之序两种讲法，黄榦对朱熹的这两种讲法产生过疑问，认为造化万物的次序应该只有一个，故黄榦对五行的次序有过专门的辩解。勉斋的这些观点在他与友人甘吉甫等人的书信中有所表达，前面第五章对此有过讨论。后来这些内容被部分地抄录到《性理大全》中，退溪所见到的乃是《性理大全》抄录的部分。李公浩提出勉斋对朱子的质疑，退溪则认为勉斋的质疑在于将《太极图解》中阴阳之序理解为生之序，如果将之做行之序来看则没有疑问。退溪这里的处理是比较简略的，一来并未指出为何《太极图解》中的五行之序可以作为行之序来理解，二来也未对勉斋的质疑作出实质性的回应。勉斋的质疑乃是认为宇宙造物的次序应该只有一个，故而对朱子的两种五行次序说难以认同。因而，勉斋的策略便是指出五行之序只有一个，而朱子的两种次序说并非五行实质的产生次序，乃是因人为言说方便而提出的。

关于勉斋的五行次序说，退溪指出：

此即启蒙天一地二章注勉斋黄氏说之意，滉尝深服其说，以为确论。及考性理大全，载李氏希濂之说，乃苛斥黄氏，何耶？详李氏所斥黄氏说，非专是见于启蒙者，当别有其说，然其语意与见启蒙者相同，故今泣引为言。其间火生金之说，黄氏果误矣，其余黄说之误，果皆如李说耶。②

在这里，勉斋的观点最初受到李滉的认可。到后来看到《性理大全》中明

---

① 〔韩〕李滉：《退溪先生文集》卷之三十九（韩国文集丛刊30），《答李公浩问目》，第384页。
② 〔韩〕李滉：《退溪先生文集》卷之二十五（韩国文集丛刊30），《答郑子中别纸》，韩国古典翻译院，1989年，第99页。

代李希濂对勉斋之说的辩驳之后，退溪认同李希濂对勉斋火生金观点的批判，但对李希濂的其他批判却有所保留。事实上希濂之辨误实在需要再行辨析，详见前面第五章内容。退溪这里的态度是比较合理的。

四 结语

作为朱熹最重要的门人，黄榦在多个方面丰富和发展了朱熹学术与思想。这些丰富与发展成为韩国性理学深化与发展中国朱子学过程中借鉴与吸收的重要思想资源。作为朝鲜性理学的标志性人物，退溪可以说是对勉斋思想最为重视的一位性理学家。他对勉斋的观点推崇与吸收较多，但也并未非盲从，对勉斋的一些观点也提出过不同看法。比如对于"精"的理解，退溪以为勉斋之论有所不当：

> 气质精神魂魄……真西山以耳目之能聪能明为精，黄勉斋以毛骨血肉为精。毛骨血肉，既是有形可见底物，然则精有两义否。质与精与魄，亦有异同否？魂与神，更无精粗否。……精则当以西山说为是，勉斋则谓是四者属于精耳，非谓四者即精也。①

退溪认为，这里对精的理解应该以真德秀为是，而勉斋所言毛骨血肉则属于精，而并非精本身。退溪对勉斋说法的辨析，实为反对而不直言。可见李滉对勉斋思想的理解达到了异常精微严谨的程度。下面一例亦能说明此点：

> 勉斋黄氏于朱门，所得尤邃，后学固不敢妄议。然每读此条，不能无疑焉。夫人之生也，得是气以为形，具是理以为性者，勉斋之说不可易也。而其所以能虚灵知觉而为心者，即此理气之合而能然尔，非理气之外，别有所谓虚灵知觉者存乎其间也。今于体性之下，曰又必有虚灵知觉者，存乎其间以为心，则是疑若使人舍理气而索虚灵知觉也，是其语意之间，不无差失。与朱子训明德训心等语，迥然不同矣。至其下文"虚灵知觉者，感而遂通"之语，以上下文势义理推之，知其必有阙文无疑。何者？上文既原心性而立论，下文又解寂感而究言，则其中间语意，不能举一遗一也。当日事物未接，思虑未

---

① 〔韩〕李滉：《退溪先生文集》卷之三十九（韩国文集丛刊30），《答李公浩问目》，第385~386页。

萌，虚灵知觉者寂然不动；事物既接，思虑方萌，虚灵知觉者感而遂通。其下系以一寂一感之说，意义方为圆备矣。若以今说为是，则方言未发之前，而径以已发之后当之，阙却寂然一段境界。此则勉斋本说，未必如此之误，乃后来传写脱漏，而无人订正之故。今之读者不可不察，而此书引此条下，须注说此意为当也，如何如何。①

退溪这里讨论的应该是《性理大全》卷四七《学五、存养》中"勉斋曰"的部分。退溪在这段材料中提出了两个疑问：第一，勉斋讲必有虚灵知觉者以为心，容易使人误以为此心在理气之外，而事实上虚灵知觉也是理气妙合的结果。第二，在"虚灵知觉者，感而遂通"之前存有阙文，该阙文当是就事物未接、思虑未萌时的寂然不动而言。退溪的这个判断建立在自己对文义的推断上面。勉斋的该段材料出自其《敬说》一文，见于《勉斋先生黄文肃公文集》，后抄录于《性理大全》。参考今天所见的《勉斋先生黄文肃公文集》和四库本《性理大全》，我们发现了该处为"又必有虚灵如觉者存乎其间以为心。事物未接，思虑未萌，虚灵知觉者，感而遂通，一寂一感"，这里明确提到事物未接、思虑未萌，可见退溪所见的《性理大全》在传写过程中确有脱漏，退溪的推断非常准确。虽然"勉斋黄氏于朱门，所得尤邃，后学固不敢妄议"，但从退溪对《性理大全》中勉斋材料阙文的这一质疑当中，我们也可一窥退溪对于勉斋材料的研读并未一味盲从，而是异常细致严谨。

总体来看，无论四端七情，还是太极与阴阳五行都是朱子哲学尤其是朝鲜性理学的基础性问题，勉斋思想对退溪均有重要影响。这种影响一方面证明了黄榦思想的独特价值所在，另一方面也显示出朝鲜性理学家对包括朱子门人在内广义朱子学思想的广泛研读与批判性理解，这种理解远远超过同一时期中国学者对朱子门人的重视与理解。这些理解构成15、16世纪乃至之后较长一段时间内朝鲜性理学义理发展的重要组成部分，也成为明中期朱子学发展中心由中国转到朝鲜半岛的一个新例证。

---

① 〔韩〕李滉：《退溪先生续集》卷之三（韩国文集丛刊31），《答朴泽之别纸》，韩国古典翻译院，1989年，第128页。

结　　语

就宋明理学的发生与发展过程来说，唐代中期开始复兴儒学的尝试，但更多停留于呼吁与理论尝试，到北宋才真正开始新儒学理论建构与注释经典的工作，这一工作在北宋五子那里有多角度的展开。从根本上来说，这些工作是围绕历代儒家所共同倡导的生活方式而展开的，这种生活方式以仁、义、礼、智、信等儒家伦理价值规范为基本特征。宋代理学家所做的学术努力就是从宇宙论、本体论的角度为儒家生活方式提供形而上学论证与说明，从工夫论与境界论的角度对儒家生活方式的养成提供实践指导。周敦颐综合《周易》与《中庸》，从"太极—诚"的角度重建儒家宇宙论与本体论，为儒家生活方式的合理性提供了一个纲领式的论证与说明。更为具体与系统的工作是二程、邵雍与张载完成的。二程侧重于宇宙论的规律义与理性义，邵雍侧重宇宙论规律的象数学模式，张载侧重于宇宙实存一体于气的角度。与此同时，这些不同角度的理论建构成果通过经典注疏的方式灌注于儒家基本经典当中。从理论建构的角度来看，北宋五子的理论工作到南宋时期已经获得较大成功，使得儒家生活方式的合理性在士大夫群体当中成为共识，陆九渊反对读书穷理的支离事业就是以这个背景为前提而提出的。陆九渊强调收拾精神、自作主宰，认为士大夫的生命努力重心应该放在尊德性即自立本心这一根本上面，这是儒家理想人格的根本特征，也是儒家生活方式养成在工夫层面的关键环节。朱子则看到北宋五子理论建构之间的差异化局面，试图在回归孔孟儒学的旗帜下，综合汉宋儒学创新以集两宋理学之大成，并把这一集大成的理论体系灌注到儒家所有经典即四书五经当中去。由于朱子及其近五百位门人的共同努力，宋明理学的主要学术任务大体完成，即从形上理论层面为儒家生活方式进行哲学论证与理性说明，从工夫论与境界论理论层面对儒家生活方式的养成与结果给予实践指导的工作基本完成。而且，在朱子门人后学的努力下，朱子学不仅在理论规模方面成为宋明理学之致广大尽精微者，朱子学的学术与社会影响力也成为两宋理学最为突出的代表，最终在南宋末期实现制度化，成为官学。我们曾在《朱子门人与朱子学》当中把朱子门人群体的学术贡献归结为八个方面，即：1. 朱子门人是朱子学最早的学习者、信仰者与践行者；2. 朱子门人是朱子学学术思想体系创立过程中的重要参与者与完成者；3. 朱子门人是南宋中后期朱子学哲学思想体系的重要创立者与主要代表；4. 朱子门人是朱子学思想义理的系统理解与规范化的再诠释者；5. 朱子门人是朱熹历史形象的初次重建者，是朱熹道统地位的论定者；6. 朱子门人是朱子学走向社会化和制度化的主要推动者；7. 朱子门人是朱子学向后世发展的主要传人；8. 朱子门人是中国朱子学向海外传播的重要组成部分，是整个东亚朱子学的重要代表。[1] 朱子门人群体在宋明理学发展过程当中扮演了独特而不可或缺的重要角色。

正如本书前面的研究所示，作为朱子最重要的弟子，黄榦善于读书"看文字"[2]，研理精审，深得朱子为学精神。朱熹在诀别时曾留信黄榦，嘱托编修礼书与教导诸子孙，同时明确"凡百更宜加勉力。吾道之托在此者，吾无憾矣"[3]，期待黄榦承接道统之传。总体来说，黄榦的学术贡献至少包括以下一些方面。

第一，在朱熹生前参与朱熹的注经讲学工作，朱熹去世继续主持编修《仪礼经传通解》，同时围绕四书对朱子相关四书诠释著作有着非常深入的疏解，四书成为黄榦讲学的重要内容。

第二，作为朱子最为密切的弟子，黄榦从学二十多年，对朱子学有着全面且深入的把握，他在朱熹去世之后成为全面总结与推尊朱子的主要代表，在两宋道学史上确认了朱子"道统之著者"的地位。

第三，在继承北宋理学与朱子学的基础上，黄榦在宇宙论、本体论、心性论与工夫论等方面造诣极高，其中不少方面与朱子思想有一定差异，成为朱子学派义理创造的重要代表。

第四，在朱熹生前与逝后，黄榦与同门保持着密切的学术交往，尤其是在朱熹去世之后，不少同门从学于黄榦，黄榦逐渐成为凝聚学派的重要人物，所创"勉斋学派"成为后朱子学的中心。

第五，朱熹去世后，黄榦在浙江、江西、安徽、湖北等多地为官，在勤勉理政创获许多优异事功的同时，也在各地广为授徒讲学，积极传播朱子学，对于朱熹之后朱子学学术影响力的提升发挥了重要作用，也因此成

---

[1] 参考邓庆平《朱子门人与朱子学》，第 449 页~453 页。
[2] （宋）黎靖德编：《朱子语类》，第 2807 页。
[3] （宋）朱熹撰：《朱子全书》第 21 册，第 1286 页

为后世朱子学发展的重要源头。后来朱子学派以江西、浙江与北方为代表，均赖勉斋之传，江西一支由黄榦传给饶鲁，饶鲁再传给程若庸，并由程若庸传给吴澄；浙江金华一支由黄榦传给何基，何基再传给王柏，由王柏传给金履祥，由金履祥传给许谦；北方一支赵复、姚枢、刘因、许衡等也最有可能出自黄榦在湖北的讲学授徒。

第六，随着朱子学向海外传播，黄榦的著作与学术思想也随之传入海外，至少在朝鲜半岛成为韩国性理学发展过程之中的重要思想资源。

由于这些突出的学术贡献，黄榦一直被视为朱子最重要的门人，是朱熹之后最重要的道统传人。在朱子门人后学编辑朱子语录的过程中也将黄榦的语录编入其中。在现存《朱子语类》中我们可以发现涉及黄榦的语录主要有两类：一类是作为弟子的黄榦向朱子问学讨论的部分，其中不少材料明确记录黄榦的理解直接得到朱子的肯定。如"直卿曰：'五常中说知有两般：就知识处看，用着知识者是知；就理上看，所以为是为非者，亦知也。一属理，一属情。'曰：固是。道德皆有体有用。'寓"①。"蜚卿问：'未有上好仁而下不好义，如何上仁而下便义？'曰：'这只是一个。在上便唤做仁，在下便唤做义，在父便谓之慈，在子便谓之孝。'直卿云：'也如孝慈则忠。'曰：'然。'道夫。"② 另一类是其他朱子门人问学时黄榦的回答与朱子的回答被同等重视。"吉甫问：'仁、义、礼、智，立名还有意义否？'曰：'说仁，便有慈爱底意思；说义，便有刚果底意思。声音气象，自然如此。'直卿云：'六经中专言仁者，包四端也；言仁义而不言礼智者，仁包礼，义包智。'方子。节同。佐同。"③ 甚至还有不少直接是同门问学黄榦的记录，如"吉甫问恭敬。曰：''恭'字软，'敬'字硬。'直卿云：'恭似低头，敬似抬头。'至"④。由此可以看出黄榦在朱子学派内部具有仅次于朱子的地位，堪称朱子第一门人。这点在朱子学派内部也是被认可的。朱子弟子陈宓在《赞勉斋黄先生像》中讲黄榦："仰止朱门，孰出其上？"⑤ 在《祭勉斋黄先生祠》文中也指出"维先生传道之嫡，以淑诸人"⑥，明确黄榦乃是朱子学的正统嫡传。因为这种认可，因此，不少朱子晚年门人在朱熹去世之后转学黄榦，黄榦成为朱熹去世之后朱子

---

① （宋）黎靖德编：《朱子语类》，第 122 页。
② （宋）黎靖德编：《朱子语类》，第 367 页。
③ （宋）黎靖德编：《朱子语类》，第 105~106 页。
④ （宋）黎靖德编：《朱子语类》，第 123 页。
⑤ （宋）陈宓：《复斋先生龙图陈公文集》，第 455 页。
⑥ （宋）陈宓：《复斋先生龙图陈公文集》，第 611 页。

学派的学术领袖。南宋末年刘克庄在《跋黄勉斋书卷后》称："初勉斋名重一世，门人高弟甚众。"① 黄宗羲也直接肯定："在朱门，勉斋（黄榦）称为豪杰之士。盖论学统以勉斋为第一。"② 因此，后世许多收录朱子门人名录的著作都将黄榦列为第一。如《宋史·道学传》中的"《朱熹传》共八千余字，基本都是照搬《朱子行状》，其文字百分之九十以上直接抄录《朱子行状》，仅少量地方作了一些简化和改写"③。而且，《道学传·朱氏门人》列黄榦为第一。这种观念也为海外学者所认可。如韩国近代儒家学者俛宇郭钟锡（1846~1919 年）曾与金振玉讨论谁是重要朱子门人的问题，对许多朱子重要门人有不同评价，但以黄榦为朱门第一人是二人共同认可的。④

在学术思想总结方面，勉斋之后朱子学代表人物真德秀讲"勉斋先生黄公，惟公之在考亭，犹颜、曾之在洙泗。发幽阐微，既有补于学者继志嗣事，又有功于师门。采诸众言，奉以侑食，英灵未泯，必乐于斯"⑤。在这里以颜回、曾子来比拟黄榦，说明黄榦在朱子学派当中具有重要地位，是朱子学最为重要的传承者。宋末元初牟巘也讲："《勉斋黄文肃公讲义》二十余卷，大抵本朱子，提纲挈领，不为伎辞，而简要严切，深中学者陷溺沉痼之病，世不可无此书。……因勉斋所讲以求朱子之言，其为发明弘益多矣。……勉斋力阐师说，有益世教，固已无愧其门。"⑥ 高度肯定勉斋讲义对于发明师说的价值。当时著名学者黄震（字东发）对黄榦学术思想与事功有较全面的评述：

> 乾、淳之盛，晦庵、南轩、东莱称三先生，独晦庵先生得年最高、讲学最久，尤为集大成。晦庵既没，门人如闽中则潘谦之、杨志仁、林正卿、林子武、李守约、李公晦，江西则甘吉父、黄去私、张元德，江东则李敬子、胡伯量、蔡元思，浙中则叶味道、潘子善、黄子洪，皆号高弟，又独勉斋先生强毅自立，足任负荷。如辅汉卿疑

---

① （宋）刘克庄：《黄勉斋书卷后》，《后村先生大全集》卷九十九，商务印书馆，1936 年，第 856 页。
② （清）黄宗羲：《宋元学案》，第 2273 页。
③ 邓庆平：《朱子门人与朱子学》，第 232 页。
④ 参见邓庆平《朱子门人与朱子学》，第 409~410 页。
⑤ （宋）真德秀：《勉斋祝文》，《西山先生真文忠公文集》卷五十，商务印书馆，1937 年，第 969 页。
⑥ （宋）牟巘：《袁稼学重刊勉斋讲义序》，《牟氏陵阳集》卷十三，景印文渊阁四库全书本，台北：台湾商务印书馆，1986 年，第 112 页。

"恶亦不可不谓性";如李公晦疑喜、怒、哀、乐由声色臭味者为人心,由仁、义、礼、智者为道心;如林正卿疑大易本为垂教,而伏羲、文王特借之以卜筮;如真公刊《近思》后语,先《近思》而后四书,先生皆一一辨明不少恕。甚至晦庵谓《春秋》止是直书,勉斋则谓其间亦有晓然若出于微意者;晦庵论《近思》,先太极说,勉斋则谓:"名近思,反若远思"者;晦庵解"人不知而不愠,惟成德者能之",勉斋提云:"是君子然后能不愠,非不愠然后为君子";晦庵解"敏于事而慎于言",以慎为不敢尽其所有余,勉斋提慎字本无不敢尽之意,特以言易肆,故当谨耳。凡其于晦庵殁后,讲学精审,不苟如此,岂惟确守其师之说而已哉!若其见之行事,则如宰临川、新淦,推行实政;守安庆、汉阳,慷慨事功,又皆卓卓在人耳目,然则晦庵于门人弟子中,独授之屋、妻之女、奏之官,亲倚独切,夫岂无见而然哉!勉斋之文,宏肆畅达,髣髴晦翁。晦翁不为讲义,而《勉斋讲义》三十二章,皆足发明斯道,其诲学者,尝曰:"人不知理义,则无以自别于物。周旋斯世,自少至老,不过情欲利害之间,甚至三纲沦、九法斁,亦将何所不至?"其言哀痛至此。其为天下后世虑也,亦远矣。勉斋之生虽在诸儒后,故以居乾、淳三先生之次,明晦庵之传在焉。①

这段文字介绍了朱熹之后朱子学在四地的代表性人物,认为勉斋黄榦最为学派传承的代表。他对于黄榦学术思想的总结在后世文献中最为详细与具体,列举了黄榦有所发明创新的诸多具体观点,其中既有黄榦对于同门学术疑问的解答,更有对朱熹思想观点的质疑、疏解与推进,明确点出黄榦为学的重要特点在于讲学精审;朱子讲义类文献不多,而《勉斋讲义》对于发明道学义理具有重要贡献。由此,黄震认为"勉斋之生虽在诸儒后,故以居乾、淳三先生之次,明晦庵之传在焉"。南宋后期学者对于黄榦作为朱子嫡传的学术地位具有较为普遍的认可,黄榦被明确视为后朱熹的道统代表。因此,吕祖谦在《宋元学案》中也讲"嘉定而后,足以光师传,为有体有用之儒者,勉斋黄文肃公其人与?玉峰、东发论道统,三先生之后,勉斋一人而已"②。

---

① (宋)黄震:《黄氏日抄》卷四十,影印文渊阁四库全书本,台北:台湾商务印书馆,1986年,第180~181页。
② (清)黄宗羲原著,(清)全祖望补修:《宋元学案》,第2020页。

黄榦曾任职江西新淦，六十年后新淦的地方官员为纪念黄榦，专建高峰书院。大德四年（1300）知名学者程钜夫为之作书院记，是为《高峰书院记》，其中讲："'高峰'者，勉斋黄先生晚年所以名斋也。宋嘉定癸酉，勉斋宰新淦，六十年间，流风未泯也。咸淳癸酉，先叔父西渠公寔来为政，一以勉斋为法，致其尊慕，以示风厉。于是捐俸钱三百缗，市曾氏宅一区为高峰书院。塈屋壁、建门庑，堂设勉斋像，朱子而上别有祠。岁十一月，合九乡之士，行乡饮酒礼，至者二百七十有五人……西渠，希勉斋者也。勉斋，希朱子者也。朱子，希夫子者也。由勉斋之学遡朱子之学，由朱子之道遡夫子之道……大德四年八月朔日记。"① 黄榦于嘉定五年（1212）到六年（1213）任职新淦，在六十年后即1273年新淦高峰书院落成，里面专设勉斋像和勉斋祠纪念黄榦，当时一次祭祀活动就有两百七十五人参加。由此可见，当时学人对黄榦较高的重视程度。而且，这里明确将勉斋、朱子与孔子贯通起来，亦有纳入道统谱系意义。

此外，在朱子为黄榦建造的环峰精舍的基础上，宋理宗下令在建阳建环峰书院祭祀黄榦，并御书匾额，在官方层面尊崇勉斋。书院后经元代毁损，到明正德年间又开始复建。书院落成后，明嘉靖九年（1530）毛宪曾作《环峰书院记》②，详细记录了环峰书院三百多年的历史："宋大儒勉斋黄先生故有书院于建阳青城，乃宋理宗敕创以祀先生者也。先生世居闽之环峰，往从子朱子讲道于建阳之考亭，独得其传。朱子为筑室其侧，徙居焉。久之，构精舍，仍匾'环峰'，示不忘先训也。既没，门人辈俎豆其间。逮淳祐，书院成，御书匾额，而名益显。值元季，兵燹倾毁。我皇明尊崇儒道，屡檄修饰，迄未有成。正德庚辰，裔孙滩暨诸生赵才、熊元莊辈，言于巡察史沈公灼、汪公珊、督学宪胡公择、分宪萧公乱元，咸报可，而藩臬诸公佥议克协恊。越辛巳，知建阳县邵侯幽力任厥事，以故趾前建公署，撤复孔艰，乃谋于邑博韩君孟良、曹君祥、传君绅，度地庠之南，半山瘴址，厥峰环拱，厥灵攸萃，爰鸠金计材，属司税刘禄董其役。中为正堂，四楹肖先生像，以门人潘瓜山柄、杨信斋复、何北山基、饶双峰鲁配斋，左曰：'尊德'，右曰：'凝道'。前为堂，四楹榜：'麟凤龟龙'。又前为仪门，如堂之数，榜：'扶植道脉'。又前为大门，榜：'环峰书院'，存旧额也。门之外数武，有甘井覆亭，榜：'半亩方塘'，泝源

---

① （元）程钜夫：《程钜夫集》，张文澍校点，吉林文史出版社，2009年，第123~124页。
② （明）毛宪：《环峰书院记》，《嘉靖建阳县志》卷之六上，《天一阁藏明代方志选刊》（三一），上海古籍书店，1981年，重印版，第45页（刻本卷内页码）。

流也。已而为左右翼屋各四楹,置祭田若干亩,则继知县事项侯锡、薛侯宗铠,协力增饰者也。始事于辛巳某月,越某岁某月落成,于是可以妥灵,可以祀享。"最后,毛宪指出:"尧、舜以来,数圣贤授受心法,越千古如一辙。宋儒继起,至朱子而大备。惟先生笃信实学,妙悟有得,故朱子每致意焉。世之学者,或专心而遗事,或逐末而弃本,偏胜弊起,而圣道益离。使非先生师弟明训具在,士何由考寻正脉、不汩异论耶?故尝谓先生之道,承前觉后,百世宗仰,而况宦其地者乎?而况生其乡与为子孙者乎?书院拓新,有由然矣,然则进道曷为要?先生尝曰:'居敬以立其本,穷经以致其知,克己以减其私,存诚以致其实。'以是存诸心,则圣贤所以传道教人者,不越乎此。学者体认斯言而有得焉,则由先生以观数圣贤中正之道,庶乎其不谬哉!"环峰书院的复建本身就说明黄榦学术思想的深远影响,而文中肯定黄榦在学术史上是"承前觉后,百世宗仰"的地位,可谓三百年后学界对黄榦道统地位的高度认可。

引入现代学术研究范式之后,多数学者对朱子门人的研究主要围绕蔡元定、蔡沉、黄榦与陈淳等重要代表展开①,对于黄榦在朱子学派当中的重要地位也多能认可。如吕思勉在《理学纲要》中指出:"勉斋(黄榦②,字直卿,闽县人)以爱婿为上座,实能总持朱子之学。"③ 但是,对于黄榦学术思想内容与特色的具体解读还有不少可以推进的空间,在东亚朱子学的视野下真正证成黄榦作为朱子学道统嫡传的思想史定位还需要进一步的专门研究。这是我在系统考察朱子门人群体学术贡献之后,专注于黄榦思想研究的重要原因。

---

① 有关朱子门人研究现状,可以参看邓庆平《朱子门人与朱子学》,"绪论"第1~14页。
② 当为"榦"字。
③ 吕思勉:《理学纲要》,岳麓书社,2010年,第30~31页。

附录一：黄榦年谱

黄榦，字季直，一字直卿，号"勉斋"①，福建闽县人（黄榦的出生地位于今福建省福州市旧城东门外里余的三昧、崇寿两寺之间，今属于福州市晋安区范围）。今黄榦故居为宋大儒黄勉斋特祠，位于长乐区古槐镇青山村董奉山之麓，为市级文物保护单位。其墓在福州北峰，目前已公布为省级文物保护单位。其传记被收入《宋史·道学传》当中。据《勉斋先生黄文肃公文集》和门人郑元肃录、陈义和编撰的《勉斋先生黄文肃公年谱》②等文献撰成此年谱。

宋高宗绍兴二十二年壬申（1152），一岁

六月壬申亥时，先生生于三山城东故居。先生讳榦，字季直，为朝散郎黄瑀第四子，其母曰安人叶氏。

朱文公为先生之父黄瑀撰《朝散黄公墓志铭》云："公讳瑀，字德藻。其先世居福州长乐县青山下，后乃徙家郡城之东，为闽县人六世矣。曾祖徽、祖时皆不仕。父南仲，七试礼部不偶，以公故赠朝奉郎，而妣陈氏亦封太安人。公中绍兴八年进士第。"③黄瑀曾为饶州司户参军，赴湖北转运司、两浙转运司干办公事，知永春，权秀州华亭县事，知漳州，后至朝散郎。黄瑀生五子，长曰杲，仕至江西提刑司检法官；次曰东，乐安知县；次曰香，不仕；次则先生；又次曰梲，蚤世。

绍兴二十七年丁丑（1157），六岁

其父御史公为永春知县，先生从行。

---

① 嘉定五年（1212），始有勉斋之号，因文公诀别之书有勉学之语，故先生因以自号。参见（宋）陈义和编撰《勉斋先生黄文肃公年谱》，第810页。
② 本年谱主要线索参考（宋）陈义和编撰《勉斋先生黄文肃公年谱》，因此，仅在明确引用该书门人言论补充说明和参考其他文献材料时标注出处页码。
③ （宋）朱熹撰：《朱子全书》第25册，第4284~4285页。

乾道四年戊子（1168），十七岁

八月辛卯，其父卒。先生居丧如礼。既葬，遂从学于乡先生淡斋李深卿与拙斋先生林少颖之门。

淳熙元年甲午（1174），二十三岁

伯兄官于湖北，先生于桃源寺侍母，遂应湖北漕举。

淳熙二年乙未（1175），二十四岁

冬，仲兄官于吉州，先生从行，因识清江刘清之（字子澄），刘清之推荐黄榦到朱熹处从学。

门人陈伦师训曰："先生性禀高明、家法严重，自少年勇于有立，即有任重道远之意。一日岁晚，刘公叩门，约同拜朱夫子，入禀母夫人，即日命行。出门，雪大作。既抵屏山，朱夫子适他出。先生留客邸，坚苦思索，盖卧起一榻，不解衣者两月，而后夫子归，遂终身焉。其得道之传自此始。先生每从容与伦言及此事，曰此吾母之明且决也。盖先生得斯道之传，虽其天资绝人，亦察院刚明风烈，叶夫人懿行远识之所助云。"①

淳熙三年丙申（1176），二十五岁

春，第一次在五夫拜见朱熹。朱子将先生安置于屏山潭溪之侧的一小屋子，令其读书。

是年自建安到金华，从学于东莱吕先生，逾年始归。

淳熙六年己亥（1179），二十八岁

三月，朱熹到任知南康军，先生从行。

四月，伯兄检法府君卒，先生奔丧还家。

六月十七日，朱熹在与吕东莱的书信中讲："此两月间只看得两篇《论语》，亦是黄直卿先为看过，参考异同了，方为折中。尚且如此。渠昨日又闻兄丧归去，此事益难就绪矣。"②

---

① （宋）陈义和编撰：《勉斋先生黄文肃公年谱》，第741页。
② （宋）朱熹撰：《朱子全书》第21册，第1484~1485页。

淳熙七年庚子（1180），二十九岁

先生留福州。

是岁，朱熹在与先生的信中讲："南轩云亡，吾道益孤，朋友难得十分可指拟者。所望于贤者不轻，千万勉旃。"① 又云："世态不佳，老病益厌俯仰，但思归卧山林，与如直卿者一二人相与讲论，以终素业耳。"②

淳熙八年辛丑（1181），三十岁

闰三月，朱子代归，先生从行，同游庐阜之阴。

四月六日，会拜濂溪先生像于书堂。七日朋友各散，先生侍朱子南归。文公在南康时，先生尝请求朱子为其父撰写墓志铭，朱子罢郡后乃为之。

十月，朱子被召至京城杭州，先生从行。

淳熙九年壬寅（1182），三十一岁

朱子将仲女朱兑嫁给先生，将其安置于五夫紫阳书堂。

淳熙十年癸卯（1183），三十二岁

朱子建武夷精舍，先生协助。

淳熙十一年甲辰（1184），三十三岁

先生留建安，在问学的同时协助朱子著述。

潘瓜山曰："文公退居山谷者三十年，专讨论经典、训释诸书，以惠后学。时从游者独公日侍左右，纂集考订之功居多。"③

先生《送徐居父归永嘉序》云，"淳熙甲辰，始识包君定于武夷之下"④，君定，永嘉人也。

十二月，长子辂生。

淳熙十二年乙巳（1185），三十四岁

居建安，日侍朱子。有《祭丁复之文》。

---

① （宋）朱熹撰：《朱子全书》第 25 册，第 4645 页。
② （宋）朱熹撰：《朱子全书》第 25 册，第 4646 页。
③ （宋）陈义和编撰：《勉斋先生黄文肃公年谱》，第 748 页。
④ （宋）黄榦：《勉斋先生黄文肃公文集》，第 728 页。

淳熙十三年丙午（1186），三十五岁

三月，仲子辅生。是岁，仲兄奉太夫人官于沙邑，先生自建安前往沙县省侍。

淳熙十四年丁未（1187），三十六岁

朱子命季子朱在从学黄榦于沙邑。

淳熙十五年戊申（1188），三十七岁

夏，先生接妻子及辂、辅回到沙邑太夫人身边。

不久，先生回到五夫朱子身边。

冬，又回到沙邑。

淳熙十六年己酉（1189），三十八岁

是年居沙邑。

光宗绍熙元年庚戌（1190），三十九岁

春，先生携妻儿回到朱子身边。

夏，朱子到漳州赴任，先生从行。秋，自临漳复还三山。十月与诸君游郊三山。

十一月，回到临漳，居月余。

绍熙二年辛亥（1191），四十岁

春，自临漳归三山。

朋友生徒会于新河旧居，讲学授徒。

当时赵汝愚为七闽帅，舍先生于登瀛馆，诸生从学于所馆。不久，移会叶氏悦乐堂。

五月，同诸君游鼓山大顶峰。同游者，同郡潘谦之、赵舜和、郑成叔、唐去华、括苍叶味道、永嘉徐居父、仁父。是岁有《送陈元平昭武》《送徐居父归永嘉》二序。

秋，朱子自漳州请祠南归，道经三山。先生从朱子至武夷，寻复归乡。

绍熙三年壬子（1192），四十一岁

春，约表兄弟定期于城外僧舍集会。

诸生从学于城东古寺。

初，朱子编集《仪礼经传通解》，先生分掌丧祭二礼。是秋，始与朋友共讨论之。九月，子辂生。冬，自三山到建安。

绍熙四年癸丑（1193），四十二岁

春，自建安归三山所居。钟山赵善绰（字友裕，庸斋赵汝腾之父）聘请先生为诸子老师。

秋，泛舟九龙山，哭故人林不显之丧。

因访郑文遹成叔于象山下。

冬，仲兄奉太夫人到衢州为官，先生又至建安。

十二月，归三山。

绍熙五年甲寅（1194），四十三岁

春，先生在去三衢省母的途中路过建安，正好朱子前往湖南赴任，先生从行。

七月，宁宗即位，朱子以捧表恩奏补先生为将仕郎，先生力辞，诸公以为不可辞而止。后到铨曹报到时事不如意。

时赵汝愚为丞相，召朱子为侍讲，先生从至京师。赵汝愚有意召见，而先生未往。

后韩侂胄用事，赵汝愚与朱子俱罢。先生从行出京，留于三衢。

宁宗庆元元年乙卯（1195），四十四岁

春二月，铨中；四月，授迪功郎、监台州户部赡军酒库，在行都与吕子约（讳祖俭，东莱先生弟）、赵子钦（讳□辅）交游，因以《礼书图证》相与讲明之。

当时吕子约以言事得罪，被贬到瑞州，形势危急，唯独先生与之饯行，出城乃反。

十一月，赵汝愚谪永州，朱子奉祠居家，先生自京城回到朱子身边。

庆元二年丙辰（1196），四十五岁

自建安归三山，诸生从学于城南。时朱子被罢祠闲居，安排门人编辑礼书。先生实为分经类传，朱子删修笔削条例，皆与先生讨论。

秋，自三山再回朱子身边。

黄义刚录："文公云，直卿与某相聚多年，看文字甚仔细。在三山亦

甚有益于学者。今日可为某说。直卿起辞，先生曰，不必多逊。包显道请申言《论语》'有子'一章，于是直卿略言此章之指，复历述圣贤相传之心法。"①

庆元三年丁巳（1197），四十六岁

仲兄黄东赴任庐陵万安，先生从行。朱子为先生于考亭新居之旁筑室。

七月，其母安人叶氏卒，先生与仲兄护丧回到箕山。

庆元四年戊午（1198），四十七岁

诸生从学于箕山庐居。时林仲则之二子即林武与林庚，自栗山前来从学。

月祔葬母夫人于先兆。这一年，朱子生病，写信给先生，并以深衣及平生所著书授之。

庆元五年乙未（1199），四十八岁

于新河所居开设斋馆，诸生从学，朱子遣其诸孙来从学。

授徒之余，同时邀请朋友一同修纂丧祭二礼，各为长编，以纳于朱子之所。

七月免丧，教学地点遂迁移到城南。

八月朔日，开始考核诸生。日讲易一卦、孟子两版。休日毕集于僧舍，设汤饼供。选请五六人复述所学，不通者罚，从容终日而罢。

十一月，登栗山，访故旧。回家后再到考亭，因迁于考亭新居。

庆元六年庚申（1200），四十九岁

自二月十二日自考亭登舟至三山之家。二月二十一日，诸生拟试，遂行舍菜之礼。三月一日，立定课程读书，诸生从学于闽县学。

三月初九，朱子去世。前一日还留书信给先生，以勉学及修正礼书为言。讣闻，先生日行百里，二十一日至考亭。为朱子护丧事，遂持心丧三年，不复调官。先生归考亭后，有书《与闽县学诸友》。

五月，仲兄黄东卒。讣闻，先生徒步迎丧于抚州学舍。八月以仲兄之

---

① （宋）陈义和编撰：《勉斋先生黄文肃公年谱》，第767页，亦可参考（宋）黎靖德编《朱子语类》，第2870页。

丧寓于考亭。十一月，朱子葬于唐石。

嘉泰元年辛酉（1201），五十岁

正月，先生告辞朱子几筵，护仲兄之丧于三山。诸生从学于栗山草堂，朱子诸孙也在其中。

三月，朱子小祥，先生设位奠于所馆。七月，同诸君行，前往考亭，未几还馆。

嘉泰二年壬戌（1202），五十一岁

三月朱子大祥，先生心丧结束。夏，前往行都听候迁调。八月，得监嘉兴府崇德县石门酒库一职，待次于家。九月，安葬仲兄乐安君黄东于桃枝山。遂会朋友于城南乌石山寺。后在李筠翁的神光寺，仁王寺等地创书局，编修礼书，写信召唤郑文通、刘励与门人郑宗亮、潘徼等人，分任其事。

冬，遂归考亭。子钘生。

嘉泰三年癸亥（1203），五十二岁

刘忠肃公之子学雅正之（号遂初居士），延请先生于家塾，以为二子师。有诗和刘氏遂初堂记。

冬，赴任嘉兴府石门酒库，十二月始到石门。

嘉泰四年甲子（1204），五十三岁

石门酒库政事兴复。门人叶氏、林梅坞有记载："是岁有谒陆宣公祠，谒高金判所居、闵雨、道中、石门诸诗，又谢漕使启、与辛侍郎书。"

《宋史·黄榦传》称："时韩侂胄方谋用兵，吴猎帅湖北，将赴镇，访以兵事。榦曰：'闻议者谓今天下欲为大举深入之谋，果尔，必败。此何时而可进取哉？'猎雅敬榦名德，辟为荆湖北路安抚司激赏酒库兼准备差遣，事有未当，必输忠款力争。"[1] 徐幹学编《资治通鉴后编》记录此事发生于冬十月。

冬，兼管新市、乌青诸酒库事。

---

[1] （元）脱脱等撰：《宋史》，第8867~8868页。

开禧元年己丑（1205），五十四岁

浙西三库酒政皆正常化，部使者遂向朝廷举荐先生。

开禧二年丙寅（1206），五十五岁

春，往来处理三库事务。

先生石门酒库在任两考零两月，是岁某月某日解罢。

三月授荆湖北路安抚司激赏酒库、兼准备差遣。五月到任。以招军买马有劳，辞赏不受。

七月，檄措置极边关隘总领、宣抚二司，就委提点八关，经历光、黄、德安、信阳四郡之间。十一月房攻阳、破随州。帅司檄先生归，在途绝量成疾，"开禧丙寅，往来兵间，因得奇疾"①。后来此疾常发作。未几，吴公改除京西湖北，抚使北宣抚，先生随司解罢。

开禧三年丁卯（1207），五十六岁

宇文公绍节代吴公为帅，再辟先生入幕。四月，复授湖北帅属，力辞。别与干官差遣，又辞。丐岳祠未报，径归建安。

十一月，江西提举常平赵公希怿知抚州，高公商老奏辟先生知临川县事。十二月前往。

嘉定元年戊辰（1208），五十七岁

正月到任。

处理临川政事、决讼理冤等甚勤甚公，事见《勉斋文集》中诸多相关判语、公状。

嘉定二年己巳（1209），五十八岁

正月，临川郡学讲四德四端之要。三月，新作临川县学。

嘉定三年庚午（1210），五十九岁

春，自临川如豫章，李燔之徒两三人亦来相聚。

时临川旱灾、蝗灾，黄榦采取祈雨、除虫、平抑物价与恢复生产等措施，赈灾甚力。临川政成，郡守、部使交荐于朝。

---

① （宋）黄榦：《勉斋先生黄文肃公文集》，第91页。

嘉定四年辛未（1211），六十岁

春，江西提刑李珏举荐先生兼督捕节制司干官，力辞不就。

二月临川秩满。李公又以为请，先生又辞。临川在任三考零二十四日，以是年二月日满。

自江右如行都，六月循从政郎，授南剑州剑浦县令，待次考亭。

嘉定五年壬申（1212），六十一岁

二月改为宣教郎，知临江军。卢公子文奏辟先生知新淦县事，四月命下，五月到任。

漕使杨公楫延先生于东湖书院，讲《中庸》第四章。

始有勉斋之号。

嘉定六年癸酉（1213），六十二岁

新淦政成，部使者、郡太守交荐于朝。江西安抚使王补之檄先生摄南安军，不果往。六月除监尚书六部门。

未赴，改差通判安丰军。九月到任。未几为郡将诬陷，先生引疾请归，不许。

近臣郑昭先、汪达等人举荐先生堪守边郡。

十二月，受命自安丰到历阳妥当处理疑难案件。

嘉定七年甲戌（1214），六十三岁

二月，特添差通判建康府事，仍厘务。安丰在任五月二十一日，此时离职。

自安丰巡历淮垠守御要害。道经仪真，与李公道传胥会。

五月，到任建康府，制使又命权太平州，未几还任。

九月，除权发遣汉阳军，提举义勇民兵，辞不许。十月到任。增兵积栗，计划筑城。

嘉定八年乙亥（1215），六十四岁

汉阳大旱，先生竭力赈济灾民，与制垣漕使不合。六月丐祠，不报。漕使上救荒之功，乞留在任。

秋，始治学校教育事务，五日一次到学校劝课诸生讲诵，讲《孟子》二十篇。十一月新作五先生祠堂、凤山书院皆成。

十一月丐祠。十二月，差主管建宁府武夷山冲佑观，漕使再乞留。

嘉定九年丙子（1216），六十五岁

二月转通直郎。三月，自汉阳道经庐山之下以归。四月至考亭所居。诸生从学于竹林精舍。

闰七月，新作草堂三间于考亭之寓舍，名为环峰。

十月自考亭还三山旧居。十一月，寓居城南法云寺僧舍。

十二月，除权发遣安庆府事，力辞不许。

嘉定十年丁丑（1217），六十六岁

春，朋旧生徒毕集于法云寺寓居，先生为立同志规约以示学者。

二月，始拜安庆之命，单骑赴任。四月初一到任。五月八日开始于是竭力经营安庆城池，大为战守之备。

江淮制置使李珏奏请辟先生为参议官。十一月命下，仍俟新城毕工日赴司供职。又辞，不许。

嘉定十一年戊寅（1218），六十七岁

春正月，黄州，砂锅诸关告急，诏以先生提督五关守御，督战光州，节制江、池三州戍兵、光、黄、蕲、安庆四州民兵。二月，改除权发遣和州，兼管内安抚、节制戍兵，力辞，不许。

时王师败绩于泗水，制帅请令先生赴司禀议。自龙舒来金陵，从制帅劳军维杨、寻以所议不合引归。

四月，依旧知安庆府，兼制置司参议官。六月，召赴行在奏事，屡辞不就。

由池阳如江州，寓居庐山楼贤僧舍，以俟朝命。朋友生徒游从讲学于山间。当时，安庆新城内外毕役。后三年。虏大入，边城被祸，独安庆，无虏，人益感先生之德。在安庆时民立生祠于城北，去后，复立祠城南。

七月，除大理寺丞，又辞。监察御史李楠奏罢之。命下，先生已至临川，遂游麻姑，取道顺昌以归。

八月，长孙兴公生。九月，先生归至法云寓舍。十一月差主管建宁府武夷山冲佑观。重修《仪礼经传续卷》，置局于寓舍之书室及城东张氏南园，四方生徒会聚讲学。自蜀、江、湖来者日众。

嘉定十二年己卯（1219），六十八岁

诸生移寓于山之嘉福僧舍。

五月，新作书楼法云寓居之右，牓曰云谷。

十二月，门人张元简以古昏礼归其女弟，请于先生。

嘉定十三年庚辰（1220），六十九岁

春，先生躬相丘宅于北山鲍犧原，结庐其旁，牓曰高峰书院。诸生从学于山间，地在怀安县灵山乡遵化里林洋寺。是年陈师复、潘谦之自莆来会。名其亭曰求得正，其阁曰老益壮，其轩曰笑不答，其泉曰逝如斯，安处其中。州郡屡延请讲书，辞不就。

三月，门人陈仍以古冠礼冠其长子，请于先生。为之正其仪法，且莅其事。

夏，《仪礼经传通解续卷》之《丧礼》书成。

五月，门人赵师恕率乡党朋友习乡饮酒仪于补山，先生以上僎临之。

六月，朝廷追谥周敦颐曰元，程颢曰纯，程颐曰正。

八月，先生转奉议郎。九月除权发遣潮州，再辞。十二月差主管亳州明道宫。

九月升任潮州知州，这是非常难得的提拔任用，但黄榦辞而不就任。

《孝经本旨》成，门人陈宓刊于延平。

以明年七十乞致仕。

嘉定十四年辛巳（1221），七十岁

正月，《文公行状》成，有告文公祠堂文。

三月，壬寅，终于所居之正寝。

四月乙丑，葬于高峰书院。门人弟子执绋者二百余人，皆衰绖官屦，引柩三十余里至山间，丧仪如礼。乡人叹息以为前此未之有。

八月壬子，孺人朱氏卒。十月，合葬于高峰之原。

十二月，转承议郎致仕。

理宗宝庆三年丁亥（1227），逝后七年

正月，理宗下诏褒奖朱熹集注《大学》《论语》《孟子》《中庸》发挥了圣贤蕴奥，有利于治道，特追赠朱熹为太师，追封信国公，改徽国公。

诸生祠先生于龟峰精舍,即嘉福僧舍,旧日从游之地。

绍定六年癸巳(1233),逝后十三年

诏谓朝奉郎,仍与一子恩泽。

端平元年甲午(1234),逝后十四年

五月二十八日,理宗诏曰:"黄榦、李燔、李道传、陈宓、楼昉、徐宣、胡梦昱,皆厄于权奸,而各行其志,没齿无怨,其赐谥、复官、存恤,仍各录用其子,以旌忠义。"①

六月,太常少卿徐侨侍讲,开陈友爱大义,帝悟。侨又请从祀周敦颐、程颢、程颐、张载、朱熹,以赵汝愚侑食宁宗,帝皆听纳。

端平二年乙未(1235),逝后十五年

因礼部尚书兼侍讲李埴所奏,胡瑗、孙复、邵雍、欧阳修、周敦颐、司马光、苏轼、张载、程颢、程颐等十人得进入从祀之列。

端平三年丙申(1236),逝后十六年

先生得谥号文肃。

景定五年(1264),逝后四十四年

在门人郑元肃所录基础上,门人陈义和编定勉斋年谱。②

---

① (元)脱脱等撰:《宋史》,第501页。
② (宋)陈义和编撰:《勉斋先生黄文肃公年谱》,第883页。

附录二：《勉斋集》信文写作时间考

这里主要根据《朱子全书》《勉斋先生黄文肃公年谱》、元刻本《勉斋先生黄文肃公文集》与钦定四库全书本《勉斋先生黄文肃公文集》（以下简称四库本《勉斋集》）等朱子学文献，逐一考订《勉斋先生黄文肃公文集》当中所有书信、诗文的写作年代如下，其编排顺序以四库本《勉斋集》为准①。

卷一，讲义

《临川郡学》

按年谱载②，嘉定二年（1209），春正月，郡守以礼延先生于郡庠讲书，为讲四德四端之要。此书作于嘉定二年（1209）正月。

《隆兴府东湖书院》

据年谱载：嘉定五年（1212），二月改宣教郎，知临江军，卢公子文奏辟先生知新淦县事，四月命下，五月到任。漕使杨公栐延先生于东湖书院，讲《中庸》第四章。此书当作于嘉定五年（1212）五月之后不久。

《新淦县学》

嘉定五年（1212），五月到任新淦，已经整整一年，忽有改除之命。嘉定六年（1213），新淦政成，六月除监尚书六部门。此次讲学应是作于此时，即嘉定六年（1213）六月。

《竹林精舍祠堂》

信中开头即言"嘉定丙子仲秋上丁之翌日，同舍诸贤会于先师之祠

---

① 这个考证最早作于2014~2015年笔者访学于韩国首尔时，所依据文本为韩国建国大学图书馆所藏四库本《勉斋集》，2018年申报国家社科后期资助项目时完善。至结项后发现，有两篇硕士学位论文关注同一主题，即罗参峰的《黄榦诗文编年考证》（暨南大学2021年硕士学位论文）与刘佳佳的《黄榦事迹著作编年》（山东大学2021年硕士学位论文）。

② 此年谱为《勉斋先生黄文肃公年谱》，除特别说明外，本书中"据年谱载"均为勉斋年谱。

下，祀事毕，俾榦讲明先师教人之意"。自唐以后，历代王朝规定每年仲春（二月）、仲秋（八月）的上丁之日为祭祀孔子的日子。这里的嘉定丙子仲秋，即嘉定九年（1216）八月，上丁之日是祭祀孔子的日子，第二天祭祀朱子。此书作于嘉定九年（1216）八月。

《安庆郡学》

据年谱载，嘉定十年（1217），四月到任安庆。嘉定十一年（1218）六月赴行在奏事。此讲学应该是在此期间，即嘉定十年（1217）四月至嘉定十一年（1218）六月。

《南康白鹿书院》

据年谱载，嘉定十一年（1218）六月，由池阳如江州，寓居庐山楼贤僧舍，以俟朝命。朋友生徒游从讲学于山间。这次讲学即于嘉定十一年（1218）六月。

卷二，讲义

《汉阳军学》

文中提及，嘉定乙亥长至后学黄榦谨书，即嘉定八年（1215）十一月二十三日。

卷三，经说

《大学经一章解》《大学章句疏义》《论语集注学而疏义》《系辞传解二章》《中庸总说》《五常五行太极说三条》《孟子说三条》《敬说》 等文为黄榦去世后弟子整理所得，黄榦写作时间不详。

《圣贤道统传授总叙说》

经考，该文作于嘉定五年（1212）到嘉定七年（1214）十月，考证过程详见本书第七章第四节。

《读左氏传杂说三条》

文中明确为嘉定十年（1217）二月一日。

《舜禹传心周程言性二图辨寄黄子洪》

文中提及"榦年已七十，病倦不及栽谢，姑寄此以见朋友切磋之意，幸亮之"，嘉定十四年黄榦年七十，三月壬寅卒。此书作于嘉定十四年（1221）三月前。

《中庸总论》

文中明确：嘉定戊寅（1218）楼贤寺书此以为"《中庸》总论"。此论作于嘉定戊寅（1218）六月从行在后到江州，寓居庐山楼贤僧寺。

卷四，书

《与晦庵朱先生书》

"榦侍亲，幸安"

书称主馆徽猷先生，又有岁晚天寒之问。朱熹淳熙九年（1182）除直徽猷阁，淳熙十年（1183）二月拜命主管台州崇道观，此信当是淳熙十年（1183）冬。

"榦门户衰替"

此书称主管修撰郎中先生，又有秋高极凉之问。家兄卜筑小庵，按黄榦年谱，时间当为庆元三年（1197）。正值庆元党禁之时，故信中提及不测之事多出。此书作于庆元三年（1197）秋。

"榦同二姐领儿女辈"

束景南以为此信在绍熙二年（1191），吕子约除籍当在庆元元年（1195）四月后，此信提及与赵帅见面谈话，赵汝愚在庆元元年（1195）十一月即被谪永州，庆元二年正月在赴永州的途中即染病去世。此信当在庆元元年（1195）十一月至庆元二年（1196）正月。

"榦侍旁，幸安。偷闲温习，比去岁差得暇耳"

据朱熹年谱：绍熙二年（1191），正月二十四日长子卒于婺州[①]；绍熙三年（1192）二月，有旨趣湖南运转使任，二十日复辞，并请补祠秩，从之。[②] 十一月十五日葬长子于大同山北麓。[③] 此信提到朱塾之墓葬问题，又提到朱熹祠命已下，故推断该信应写于绍熙三年（1192）二月后不久。其中辛宪应是辛弃疾，他于绍熙三年任福建提刑，故称辛宪，而绍熙四年知福州兼福建安抚使，当称帅。

"仲则相访已悉以尊意达之，仲则近已得乡枢荐章"

仲则相访，因是上一封信之后，经朱熹向辛弃疾推荐，仲则已得荐章，此时当在绍熙三年（1192）。信中提到七月初便当一出，因此，此信应在绍熙三年（1192）七月之前。按黄榦年谱，这一年春至冬，黄榦均居家授学。

"榦初八晚，已抵侍旁，老幼幸无恙"

此书称主管修撰先生，乃八月十日书也。绍熙二年（1191）三月朱熹除秘阁修撰，九月，除荆湖南路转运副使。此信当写于绍熙二年（1191）

[①] 参见束景南《朱熹年谱长编》，华东师范大学出版社，2001年，第1019页。
[②] 参见束景南《朱熹年谱长编》，第1055页。
[③] 参见束景南《朱熹年谱长编》，第1076页。

八月十日。又该年四月二十六日朱熹解罢郡事,再辞职名。二十九日离开漳州。经福州,见赵汝愚,黄榦从侍归武夷。五月,二十四日归抵建阳,寓居同繇桥。购屋谋居,卜居考亭。由此也可知,八月初八,黄榦应该是从朱熹所在建阳返回三山家中。

"榦以初八日抵侍旁,所幸尊幼皆安,亲老尤安健"

枉季路被罢发生在庆元元年(1195)六月,朱熹,是年五月辞职名并乞致仕,不允。此信当写在庆元元年(1195)六月不久。

"辞职休致之情"

这里提到杨子直、刘智夫关于朱子辞职休致的讨论,当是上一封中提到的二人在黄榦处的议论,因此,此信应在上一封信后不久,也在庆元元年即庆元二年(1196)。

《与某书失名》

"游谈,诸司闻其说"

据年谱载,黄母于庆元三年(1197)七月逝世,庆元四年(1198)下葬。此信提及"去岁扶护还家"并详言为父母选择墓穴之事,此信当写在庆元四年(1198)下葬之前。按其中提及天气来看,可能在夏季。

"榦罪逆不孝"

此书称侍读先生,十一月十九日书也。此书提到自己母亲下葬与蔡丈之亡,故当在庆元四年(1198)十一月十九日。

"林井伯归"

元刻本多了一小行注,其中有:"此书称'致政侍讲先生',五月朔旦日书也"①,故此信当作于庆元五年(1199)五月一日。另:巩仲至与朱熹有书信往来,朱熹有不少教诲,应是朱子门人,而诸书未记载此人。

《与辛稼轩侍郎书》

"榦拜违几舄,十有余年"

开禧二年(1206)十二月辛弃疾任兵部侍郎,第二年八月为枢密都承旨,九月即染病去世,此信当写于开禧三年(1207)八月之前。黄榦年谱记载:"嘉泰四年(1204),石门酒政修举,是岁有与辛侍郎书。"应该不是此信。

卷五,书

《与李敬子司直书》

"榦只得仆仆入京为调官计"

---

① (宋)《勉斋先生黄文肃公文集》,第563页。

文中提及"漕幕之请全无来历，大抵皆出于丰公之意。临别犹有不忍相舍之状，其拳拳于胡公之意厚矣，非所以相为谋也"，这里的胡公应为年谱所记嘉定三年（1210）中的"（江西）运判胡公榩"，而嘉定三年时黄榦正在临川任上，此信讲入京为调官当为嘉定四年二月黄榦在临川满考后，自江右如行都，六月循从政郎，授南剑州。此信应作于嘉定四年临川任满到六月授新职之前，即嘉定四年（1211）二月至六月。

"榦自南昌行至上饶"

信中"榦自南昌行至上饶，忽动家山之兴，慨然南辕"，又讲"秋凉或走见"，应在秋之前。年谱载："嘉定三年春，自临川如豫章，次年二月临川任满后自江右如行都。"此次自南昌行至上饶应是自江右到行都的路上。综合来看此信当为嘉定四年（1211）二月后不久所作。

"榦以是月三日交钱事"

信中直接将此县与临川相比，应该是黄榦知临川之后到任新淦最初的情形，故该信当写于嘉定五年（1212）五月到任新淦。

"榦视事已月余矣"

此信继续与临川相比较，应是到任新淦之后一月所写，即嘉定五年（1212）六月。

"榦以一身当众怒"

信中明确为新淦任上，而自嘉定五年（1212）五月到任后，嘉定六年（1213）新淦政成，此信当写于嘉定五年（1212）六月之后到嘉定六年（1213）新淦政成期间。

"榦自别后，又得漕使书"

与临川比较，应是新淦任上，即嘉定五年（1212）五月之后不久。

"榦受纳装纲"

年谱载，嘉定六年（1213），新淦政成，江西安抚使王公补之檄先生摄南安军，不果往。六月除监尚书六部门。信中讨论章贡南安之事，推测应该也是新淦政成到嘉定六年（1213）六月期间。

"昨遣辅孙往候计使"

文中讲"三月上旬必可拜"，此信当在此之前，而此时以上休致之章。据年谱载，嘉定六年，南安任命下达，未赴，改差通判安丰军；此信当于嘉定六年（1213）三月前不久。

"榦昨拜书于小儿呈纳"

信中提到若为南安之行，而年谱中载，嘉定六年，新淦政成，部使者、郡太守交荐于朝。江西安抚使王公补之檄先生摄南安军，不果往。六月除监尚书六部门。此信当作于南安任命以下而初监尚书六部门之命尚未下期间，即嘉定六年（1213）六月前不久。

"榦本县纲运已装足"

这里也提到丞权县谢知府，应是前一信中所言"谢公为一邑之巨党"，因此，此郡亦为新淦，此信作于新淦任上。若信中提到"杨漕此来"即漕使杨公楫延先生于东湖书院之事，那么该信作于嘉定五年（1212）五月到任新淦之后，在嘉定六年（1213）之前。

"榦录于此方喜"

据年谱，嘉定六年（1213），新淦政成，部使者、郡太守交荐于朝。江西安抚使王公补之檄先生摄南安军，不果往。六月除监尚书六部门。此信当为嘉定六年（1213）六月间。

"同官王丞以急班改乞免考试"

这里讲到的拜托李敬子引荐同官之事，从前面的信件"榦自别后，又得漕使书，缕缕甚敢替助之意"之中已有此意，应是新淦任上的同官，此信亦作于新淦任上，即嘉定五年（1212）五月至嘉定六年（1213）政成期间。

"闻袁、吉皆盛传富家藏楮之说"

"袁、吉皆盛传富家藏楮之说"乃南宋对会子的两次大规模称提，官方曾强迫百姓贮藏会子，主要见于江西和福建。《宋史·李燔传》载：江西"漕司以十四界会子新行，价日损，乃视民税产物力，各藏会子若干，官为封识，不时点阅……慢令者黥籍"。据汪圣铎先生称："嘉定年间的称提会子，在嘉定元年就开始议论务虚，但采取措施的确切时间诸书记载不一，大约是在嘉定二年或三年。称提的高潮是在嘉定四年。"① 而此信中最后提到"相见在即"。据黄榦年谱载，嘉定三年（1210）春，帅檄票议，自临川如豫章；李敬子之徒两三人亦来相聚。故此信应该是在嘉定三年（1210）春自临川如豫章之前不久。

"闻从人暂出章贡"

信中提到"到此已两月"，即到任安丰已经两月，据年谱，嘉定六年（1213）九月黄榦到任安丰，此信即作于嘉定六年（1213）十一月。

"承闻已解台幕之印"

信中提到"遂留仪真月余"，然后往金陵，并于五月四日交贱事。年谱载，嘉定七年（1214）九月，除权发遣汉阳军，提举义勇民兵，辞不

---

① 汪圣铎：《南宋对会子的两次大规模"称提"》，《中国钱币》1993年第1期。

许。十月到任（与孙行之云，自金陵五十日到官）。此信作于嘉定七年（1214）五月四日之后，在嘉定七年（1214）八月离开金陵前往汉阳之前。

"伯量兄来"

信中提到"春夏之交不雨"，嘉定七年（1214）二月黄榦在安丰任满，故此信中"春夏之交"应是嘉定八年（1215）春夏之交，黄榦正在汉阳任上，此信当写在此时。此时不雨，造成了下一封信中提到的"今岁大旱"。

"朋友得书或云赴新任"

年谱载，嘉定八年（1215），大旱，竭力为荒政备。坐是与制垣漕使不合。六月丐祠，不报。漕使上救荒之功，乞留在任。信中讲到两上丐祠不遂，此信应在嘉定八年（1215）六月之后。

"适方知已办"

信中标明"汉阳归途"，据年谱载，嘉定九年（1216），二月转通直郎。三月，自汉阳道庐山之下以归。四月至考亭所居。此信应是嘉定九年（1216）三、四月。

"榦归三山已月余"

据年谱载，嘉定九年（1216）十月自考亭还三山旧居。十一月，寓居城南法云寺僧舍。十二月，除权发遣安庆府事，力辞不许。信中讲"归三山已月余""近得小寺"，故可知此信应作于嘉定九年（1216）十一月。

"榦以被命日久，又有促行之旨"

信末附"安庆道中"，据年谱，嘉定十年（1217）二月，始拜安庆之命，单骑赴任。四月到任。此信即是赴任途中所作，即嘉定十年（1217）二月至四月。

"闲居想甚适，知识时势"

信中提到"到此五日，便闻浮光之警，今兵退已两月矣"。而嘉定十年（1217）四月初一，光州被攻破[①]，又嘉定十年三月只有二十九日，由此可知，黄榦到任应为三月二十六日，此信应是嘉定十年（1217）六月所作。

"为贫试郡，落在尘埃"

据年谱载，嘉定十一年（1218）四月，依旧知安庆府，兼制置司参议

[①] "嘉定十年夏四月丁未朔，金虏入寇，犯光州中渡镇。"参见（宋）佚名编，汝企和点校《续编两朝纲目备要》卷15"嘉定十年四月"条，中华书局，1995年，第283页。

官。六月，召赴行在奏事，屡辞不就。由池阳如江州，寓居庐山楼贤僧舍，以俟朝命。朋友生徒游从讲学于山间。于是安庆新城内外毕役。七月，除大理寺丞，又辞。监察御史李楠奏罢之。命下，先生已至临川，遂游麻姑，取道顺昌以归。信中讲到留濂溪、迁太乙观，过山南，正是嘉定十一年（1218）六月由池阳到江州后逗留之时，信即作于嘉定十一年（1218）六、七月。

"榦以九月一日抵家，因得杜门绝人事"

此信应是嘉定十一年（1218）九月一日抵家不久所作。

"榦屏居粗遣，惟是虽脱吏役"

文中提及新年六十八，又提及李武伯留此三月，故此信当在嘉定十一年（1218）十二月。

"长沙之行"

信中讲"榦还家已跼一年"，此时应是嘉定十二年（1219）九月后不久。

"闻赵仓相与之意甚厚"

此信讲闲居乡间，架一小堂，修礼书，当为嘉定十一年（1218）九月归家之后的事。

"道体流行，无物不有"

春阳已盛，引发黄榦对曾点言志一章的领悟，此信应写于春。何年不详。

"元思报果州兄之病"

据年谱载，黄榦嘉定十年（1217）四月[①]到任安庆，嘉定十一年（1218）二月，改除权发遣和州，兼管内安抚、节制戍兵，力辞，不许。时王师败绩于泗水，制帅请令先生赴司禀议。自龙舒来金陵。四月仍知安庆。信末附"安庆"二字，此信应写于此时。信中提到果州在病中，而据《知果州李兵部墓志铭》中"嘉定十年冬十月壬子尚书兵部员外郎知果州李君讳道传，字贯之，以疾终于江州之寓舍"，李果州生卒年为1170~1217，故此信应是嘉定十年（1217）四月至十月在安庆任上所作。

"榦抵临川已两日"

信中言及抵临川、至麻姑；而据黄榦年谱载，嘉定十一年七月，除大理寺丞，又辞。监察御史李楠奏罢之。命下，先生已至临川，遂游麻姑，

[①] 由前面《与李敬子司直书》之"闲居想甚适，知识时势"的考证可知，实际到任应为三月二十六日。

取道顺昌以归。八月，长孙兴公生。九月，先生归至法云寓舍。此信应是此次归家时所作，其时在嘉定十一年（1218）九月一日抵家后。又信中提及为贯之立祠作记，而该记作于1219正月初七。故此信应在嘉定十二年（1219）正月初七不久。

"榦屏居如常，人事绝不讲"

据年谱载，嘉定十一年（1218），十一月差主管建宁府武夷山冲佑观。重修《仪礼经传续卷》，置局于寓舍之书室及城东张氏南圆，四方生徒会聚讲学。自蜀、江、湖来者日众。江西、□□□□岳阳方遑明父、蜀人家演本仲皆来。此信中提到李武伯去后，家本仲等留有月余，李武伯为临川人，当为年谱中江西后面缺漏的人。于此也可知该信写于嘉定十一年（1218）十二月之后。

"余国秀兄，已为古人"

信中言及方明父远来相访，由下一封信讲岳阳方兄之远来在家仲本来访之后，此信应是上一封信后不久。

"昨迓曹帅"

此信言去冬家本仲来访月余，此信应在嘉定十二年（1219），也是岳阳方明父来访之后。

卷六，书

《复杨知县通老》

"榦录录如昨，无足道者"

嘉泰四年（1204）冬，檄权新市、乌青诸库。此信应写在此时。

"榦汨没如昨，无足道者"

信中言及"乃以邻库不容辞"，又提及夏月，应是开禧元年（1205）夏，此信当写在此时。信末所言朋友过此者多往往不能久留，也印证了下面几封信中所提及的肤仲、志仁、景孙、永嘉朋友来访之事。

"榦去冬已一考度满"

石门酒库一考满之日应在嘉泰四年（1204）十二月，故此信应写在开禧元年（1205）年初。

"榦行李以午后次郡城"

此信应在开禧二年（1206）二月石门酒库解罢之前所为，按对《复杨知县通老楫》之"榦猥贱苟遣，无足道者，杂居庸保以贩鬻为业"一信的考辨理由，这里也提到志仁相聚之事，此信应写在开禧元年（1205）。

"榦猥贱苟遣，无足道者，杂居庸保以贩鬻为业"

自《勉斋集》卷八《与胡伯量书》之"榦录录贱职，无足道，身老累重书"之信中可知，肤仲嘉泰四年（1204）曾来黄榦处。而开禧元年（1205）初的《复杨知县通老揖》的"榦去冬已一考度满，罢之日"一信中提及"得永嘉徐居父书，亦欲此来"，恐即此信中"忽天台永嘉一二友人求访"，恐是在该年。此信还提到杨志仁来访之事，似也在同一年，即开禧元年（1205）。此信应写在开禧元年（1205）。

另，信中所言"近事想闻之，又似一变"若是指开禧元年（1205）四月宋宁宗采纳韩侂胄的建议而追封岳飞为鄂王而下诏追究秦桧之事，则更可印证此信即写在开禧元年（1205）四月后。信中所言"舜和遂为古人"当是卒于近期即开禧元年（1205）。

《复江西漕杨通老》

"榦连日获侍，教诲益"

信中讲到以教化"今欲行之于新淦"，此在新淦任上所言。据年谱，嘉定五年壬申（1212），五月到任新淦，漕使杨公楫延先生于东湖书院，讲《中庸》第四章。嘉定六年（1213），新淦政成。信中提到关于东湖应拨入州学之建议，此信似应在东湖书院讲学之后所作，嘉定五年（1212）五月后到嘉定六年（1213）。

《复刘师文宝学》

"榦八月下旬自金陵邸吏递至台翰"

信中一开始就说"榦八月下旬，自金陵邸吏递至台翰并奏藁各一通，捧读惊愕，莫知所自，未及修谢，忽被汉阳之命已而督促就道，水路奔驰，凡两月方达汉阳，遂成稽缓"，又讲"榦之年六十有三"。故此信应是其嘉定七年（1214）十月到任汉阳后所作的回信。

《石门拟与两浙陈运判》

"夫以一介之贱吏获隶于贤使者按临之下"

信中讲"今如榦之职，诚所谓酿数百斛酒，办数千缗钱"，并提及石门酒课今年岁解一万常不足，应是石门酒库任上不久，据年谱，黄榦嘉泰三年（1203）十二月到任石门，此信应在此后至嘉泰四年（1204）石门政成之前所作。

《复芦子陈监酒》[1]

"榦讲闻盛名甚久"

---

[1] 这一篇和后面《与嘉兴钟知府书》《与或人》不见于四库本《勉斋文集》，据元刻本补充于此，三文见于《勉斋先生黄文肃公文集》，第583~585页。

监酒是监督造酒的官员，此陈监酒应为黄榦石门酒库的同僚。由文义观之，应为黄榦到任石门后所作，即嘉泰三年（1203）十二月后。

《与嘉兴钟知府书》

"榦昨已拜违"

嘉兴知府应是黄榦在石门酒库任职时的上司。信中讲"榦昨已拜违，不欲造谒，留此数日"，可知该信应为黄榦任嘉兴府崇德县石门酒库时所作，约在嘉泰三年（1203）十二月至开禧二年（1206）离开前。

《与或人》

"仇耻之未雪"

信中开头即说："仇耻之未雪，竟土之未复，中原之地化为腥膻，江南之民疲于岁币，此臣子之至痛也。八十年间，圣君贤相间有奋然欲一洗祖宗之大耻，率以牵制而不敢发。"祖宗之大耻应为靖康二年（1127）的靖康之耻，八十年后应为开禧三年（1207）左右。据黄榦年谱载，开禧二年丙寅（1206）三月授荆湖北路安抚司激赏酒库、兼准备差遣，五月到任，以招军买马有劳，辞赏不受；未几，吴公改除京西湖北，抚使北宣抚，先生随司解罢。开禧三年，宇文公绍节代吴公为帅，再辟先生入幕。四月，复授湖北帅属，力辞。信中讲"榦自荆襄往来，薛、吴二宣抚间见，其所请之事无一不从"。薛、吴二人应分别是指开禧二年的宣抚使薛叔似和荆湖北路安抚使吴猎。宇文氏于四月十五日取代吴猎任荆湖北安抚使，黄榦于五月离职，此信大概作于开禧三年（1207）四五月。

卷七，书

《复辅汉卿主管书》

"昨所论性无善恶，心有善恶"

据《宋元学案》卷六四"潜庵学案"载："嘉定初，上政府书，反覆于是非成败之际，政府不悦。时卫清叔在枢密，雅重先生，政府益忌之，授意言官劾之，奉祠而归。"[1] 此信称辅汉卿主管，当是称其奉祠职名，故此信应作于嘉定初（1208）之后。

《上江西运使书》

"居于其职而不知事之曲直者"

信为上江西运使，且文中提到"以一命之微而膺百里之寄"，此信应是黄榦任职江西期间所作。又信中言及王氏饶珉之讼，而据年谱载，嘉定

---

[1] （清）黄宗羲原著，（清）全祖望补修：《宋元学案》，第2054页。

元年（1208）正月到任。案临川政事决讼理冤等，事见集中上漕使理王氏饶珉讼书、与江西安抚抚州知郡辩危教授诉熊祥书，又办王寺簿买山事书，及任内前后判语，然未必皆在此年也。故此信亦在嘉定元年（1208）。

《复李仲诗淮西帅》

"榦比以踪迹不能自明"

据年谱记载，嘉定六年（1213）九月，先生天资高明，不同流合污以自媚于世，郡将郭绍彭不乐。会徐师点、李明之徒结集北界，绍彭妄谓先生实使之，物论沸腾，颇闻于朝，先生遂以疾丐祠，事见《与淮西帅李仲诗书》及《申状》。此文应作于嘉定六年九月。

《复交代王寺丞》

"榦比承台翰之赐"

信中提到汉阳，并讲榦视事已数日，此信当是嘉定七年（1214）十月到任汉阳数日后所作。

《复李军使书》

"榦讲闻高谊之日久矣"

信中自称"老而无成，资性狷狭，与世多龃龉，其穷悴特甚，俾守偏垒"，又讲"方上香火之请"，筑城为安庆任上的主要事务，信中一字未提，推测为汉阳任上。而年谱载，嘉定八年，坐是与制垣漕使不合，六月丐祠，不报。此信有可能作于此时，即嘉定八年（1215）六月。

《与刘晦伯侍郎书》

"榦拙谬，无他长"

信中说"榦冬至一疾，几殆稍安，即过历阳鞫狱往反一月，胡总卿以檄见招，更两三日后偏走讼淮数百里巡视，守把即过金陵，亦得一见，制帅入幕之请，恐非寒贱所敢望也"。据年谱，嘉定六年安丰任上，十二月，自安丰如历阳鞫狱；嘉定七年，二月，特添差通判建康府事，此信应作于嘉定七年（1214）二月命下不久。

《与胡总卿书》

"榦比因人行尝草率"

信中讲"遂上香火之请，不蒙开允"，又言及言汉阳之旱，据年谱载，嘉定八年，大旱，竭力为荒政备。坐是与制垣漕使不合。六月丐祠，不报。漕使上救荒之功，乞留在任。九月又请丐祠。信中结尾处说"榦止俟赈济结局，当再申前请"，可见此信应作于嘉定八年（1215）六月至九月。文中所言"去家十五年"应是自嘉泰二年壬戌（1202）夏赴调行都算起略虚说一年。

《与綦总郎书》

"复自向者某官出宰建阳"

文提及汉阳任上讨论增兵、筑城等事，即年谱所载，嘉定七年十月到任汉阳，增兵积栗，为城筑计。故此信应为嘉定七年（1214）十月到任后不久所作。

《复丰宅之淮西帅》

"榦备员假守，才具浅拙"

浮光之警为黄榦嘉定十年（1217）四月到任安庆后不久，而信中"浮光之警，今又两月矣"，故知此信应是嘉定十年（1217）六月所作。

卷八，书

《与胡伯量书》

"榦录录贱职，无足道，身老累重书"

陈孔硕（字肤仲）之长子陈子华，即陈韡（1179～1261），字子华，福州侯官人，为开禧元年（1205）进士，此信讲子华今岁登科，又讲肤仲去岁留此甚久，可见此信应是作于开禧元年（1205）。

"榦衰晚之踪夺于儿女之累"

次子辅生于十三年（1186），今年二十三，今年当是嘉定元年（1208），此信应在该年秋之前。

"李宪相约为章贡之行"

信中提及约为章贡之行、黄去私来访、余国秀之说以及教育子辈等事，从语气上似为嘉定九年三月，自汉阳道经庐山之下以归之后所作。信中还提及夏初相见，此信似为嘉定九年（1216）夏之后不久所作。

"榦一身百虑"

信中讲"至上饶，又且不免还家看孥累。米价大贵"，这一表述即前面《与李敬子司直书》中所言"榦自南昌行至上饶，忽动家山之兴，慨然南辕，意欲且留家，间遣人求一差遣。及抵家，米价大贵，家间典质已竭，只得且解囊中以济其乏，而急走中都，求见次以济之"，前已考证，该封《与李敬子司直书》作于嘉定四年（1211）二月后不久。由此可知，本信亦作于嘉定四年（1211）二月后不久。

"明德只得如章句所说"。

此文与上文讨论问题都有关于《大学》首章的内容，时间应该不会相差太远，故此信亦疑为嘉定四年（1211）二月后不久。

"榦本是村秀才，却被捉从此来"

此信应是从政期间，其中两次讲到所习骑射，应是战事紧张之时，故推测此信应是嘉定六年（1213）九月到任通判安丰军之后，包括汉阳、安庆任上之时。

"前日之事乃知诸公酝酿甚久"

论及先师，又讲到南康、临川与此间之事，很可能是在嘉定十一年（1218）取道临川归家之后所作。

"日来讲学，想日有新功"

信中言"榦衰老多病"，此信也是嘉定十一年（1218）之后晚年居家所作。

《复胡伯量书》

"承诲以朋友讲问之详"

此文讨论道体，可能与下文写作时间相近为，应为嘉定四年（1211）六月至次年二月。

"榦偶当一职，自不敢苟以是亦粗办"

信中"榦偶当一职"，当是黄榦从宦之时，从后文的语气来看，更可能是从宦早期。

"闻果州之兄病，令人终日忧恼"

自《复陈师复寺丞》之"寺丞天资高明，闲居益加涵养吾道之幸也"信中提及"李贯之尚留九江，亦屡得书"，该信作于嘉定十年（1217）五月后，那时尚未提及果州之病，果州之病应在五月后，而果州卒于嘉定十年（1217）十月，此信即作于嘉定十年（1217）五月至十月。

《与胡伯履西园书》

"榦贱迹如旧，去冬复为此来"

信中所言"去冬复为此来，更两三日，即理归装"，应是黄榦于冬时到任之事且于次年即有辞归之计。据年谱载，黄榦从宦有两次是冬时到任，一是知临川，开禧三年（1207）十一月，江西提举常平赵公希怿知抚州，高公商老奏辟先生知临川县事，十二月之任，次年正月到任；二是知汉阳，嘉定七年（1214）九月，除权发遣汉阳军，提举义勇民兵，辞不许，十月到任。但知临川时第二年黄榦并无辞归的计划，反而是知汉阳时；嘉定八年乙亥（1215），大旱，竭力为荒政备；坐是与制垣漕使不合，六月丐祠，不报；九月、十一月又两次丐祠。因此，此信应该是在嘉定八年（1215）六月丐祠之前不久所作。

《复胡叔器书》

"榦两岁奔走相望"

信中说"已上丐祠之请，不蒙报"，又说"此间事简，偶值大旱"，据年谱，嘉定八年，大旱，竭力为荒政备。坐是与制垣漕使不合。六月丐祠，不报。漕使上救荒之功，乞留在任。此信应是作于嘉定八年（1215）六月后不久。

《复叶味道书》

"榦录录如昨，衰老冒昧"

信中说"初以事简为幸，忽值大旱不遑宁处，所幸方旱之初积得米"，又说"亟上丐祠之请，不蒙听聪，然亦可以为岁终再请之地也"，据年谱载，嘉定八年乙亥，大旱，竭力为荒政备。坐是与制垣漕使不合。六月丐祠，不报。漕使上救荒之功，乞留在任，九月又请。此信应是作于嘉定八年（1215）六月后不久，九月再请之前。

"问小德川流、大德敦化与万物统体一太极、一物各具一太极，是同是别"或与上一信同年。

"榦昨以鄙见所疑奉质"

应为上一信后不久所作。

《复李公晦书》

"来教谓喜、怒、哀、乐属于人心为未当"

时间不详。

"真丈所刊《近思》、《小学》皆已得之"

文中提及刊刻朱子著作，应为"嘉定更化"以后。

"所拟近思数条言仁一也"

与上一信应作于同时。

《与某人书》

"三才之植立"

文中讲："惟夫君相之尊、公侯之贵，天下之所观瞻，人心之所趋向，诚能笃意于斯道，则措天下于泰山之安，壮国势于九鼎之重，直反掌耳，是则榦之所以有望于阁下也。"此君相之尊、公侯之贵可能是赵汝愚。绍熙五年八月赵汝愚拜相，而庆元元年（1195）二月罢去，此信或为拜相后不久黄榦的去信，即绍熙五年（1194）八月后不久。

卷九，书

《与郑成叔书》

"榦同朋友寓萧寺，终日无来人"

作于绍熙三年（1192）夏。

"传谕尊丈宣义,眷睐之意甚厚"

信中"博议"应是《东莱左氏博议》,应作于绍熙三年(1192)秋。

"榦昨入城,特留一两日,复入山"

《仪礼经传》于绍熙三年(1192)秋开始与朋友讨论,此信提及秋试日近之时,此秋试应是绍熙四年(1193)的秋试。绍熙四年(1193)五月己巳,秋试即出结果,陈亮为状元。又言及久旱,因此,该信若在绍熙四年(1193),则是在三四月。此时两熟之田并不见得有伤。因此,可以推出,此信应是在绍熙三年(1192)秋收之前。

"榦明日遂行,上元前度可抵家"

绍熙三年(1192)冬,自三山如建安。绍熙四年(1193)春,自建安归三山所居。此信当在绍熙四年(1193)正月,在十五之前。

"榦抵此,诸况如昨,但日俟家兄之报,以决行期"

丙辰即庆元二年(1196),自建安归三山,信为抵家后作。

"榦罪逆不天先妣葬事有日欲启先人旧圹"

戊午即庆元四年(1198)所作。

"承许下访兼闻昆仲偕来"

己未春,成叔遣其季弟周父来从先生学。庆元五年(1199)正月初,上元之前。

"榦祸患余生,心力调耗"

此信是庆元五年(1199)会聚朋友相与编礼书,按前后两封信来看,应是在上半年,作于前后两封信之间。

"榦祥祭在近,意绪摧割"

此书当作于庆元五年(1199)七月初一之前。其中提到日与后生习无益之业,当是指教习科举。该年五月科举结束,故推测此信似应作于五月之前。

"榦祥祭在即,哀慕何穷"

庆元三年(1197)七月,黄榦之母去世,大祥为父母亡故第二十五个月,此信大致作于黄母逝后第二十五个月之时,即庆元五年(1199)七月初九之前。

"榦祥祭甫毕,哀慕尚深"

祥祭是在庆元五年(1199)八月,此信为祭后不久。其中提到"八月一日课诸兄……承许月半后此来,当不爽约也",故知此信应作于庆元五年(1199)八月十五日之前。

"榦诸况如昨,但渐觉多事"

此信当作于庆元五年（1199）。

"榦颇苦多事，七家兄方遣女六家兄复治行坟禁之讼"

此信当作于庆元五年（1199），上一封信之后不久。

"榦入栗山，因访必大"

据年谱称，庆元五年（1199）十一月，黄榦入栗山访吴必大等友人。此信当作在此后不久。

"榦诸况如昨，病躯渐向安然"

朱熹卒即庆元六年（1200）三月，此信当作于下一封信之前，即在庆元六年（1200）三月至五月。

"榦一岁之中，灾祸沓至"

庆元六年（1200）五月，兄仲亡故，此信当作于此时，即庆元六年（1200）五月之后不久。

"榦诸况如昨，无足言者，俟先生掩圹后"

庆元六年（1200）十一月文公葬于唐石，而九月廿四日陈彦忠死，此信当作于九月至十一月。

"榦山居甚适，但朋友日课举业讲切殆废"

此信言及陈彦忠作檀越，当作于嘉泰元年（1201）六月。

"榦衰晚，试邑不敢惮劳"

嘉定己巳时宰临川，即作于嘉定二年（1209）六月。

"榦素不治生业"

信中提及"去岁之夏一至中都""冬初，已半年"等信息，此信应作于嘉定五年（1212）五六月。

"榦请违甚久，奔走官涂"

文中提到"丙子先生罢汉阳守，奉祠居考亭，是冬归乡"，丙子即嘉定九年（1216）四月至考亭，此信提到在考亭已住五十日，此信应作于嘉定九年（1216）六月。十月至三山家中。

"榦诸况粗遣，无足道者"

此信应作于嘉定九年（1216）夏。

"榦抵家两月余，日望骑气之至"

嘉定九年（1216）十月从考亭至三山，十一月寓城南法云寺僧舍，此信当作于嘉定九年（1216）十二月左右。

"投老来归，百事非旧"

此信应作于临近新年正月之时，比上一封信稍晚。

"榦衰晚为贫，冒昧不意边事扰扰如此"

文中有言"丁丑冬在舒州时书",丁丑即 1217 年,该信作于嘉定十年(1217)冬。

"榦以与当路诸贤议论"

嘉定十一年(1218)七月至临川,信作于此时。

"榦诸况如常,痰嗽不止"

文中讲"春初蚤入城,此间有安下处,岳阳一朋友在此,真能任道者,恐其正月末即归",信当作于嘉定十二年(1219)正月。

"榦自夏间为气疾所苦"

嘉定十三年(1220)年九月除潮州,这里提到"潮阳之命力以疾辞,已再上矣",十二月豪州明道观,此信当在该年九月至十二月。

"榦辞免之命再上"

嘉定十三年(1220)十一月"庚戌,大风。壬子,临安府火"。黄榦于嘉定十三年十二月乞致仕,此信当在上一信之后不久,在十一月至十二月乞致仕期间。

《与郑　失名》

"榦愚不肖,过蒙眷予之厚"

按黄榦年谱,绍熙四年(1193)因访郑文通成叔于象山下。此信应是访后不久所作。

卷十,书

《与李侍郎梦闻书》

"榦服职淮壖,幸未退斥"

信中提到岁前一至历阳鞫狱,此为嘉定六年(1213)十二月之事,后嘉定七年(1214)二月巡历淮垠,即至金陵,五月到任通判建康府事,此信当作于嘉定七年(1214)二月至五月。

"榦自知疎拙,不敢萌一毫寸进之念"

此信为嘉定七年(1214)自金陵赴任汉阳之后所作,其中讨论筑城之事,应为嘉定七年(1214)十月到任后所作。

"榦久不拜隶人之敬,拳拳尊仰"

先师亡已十六年,此即嘉定八年(1215)。黄榦于此年六、九、十一月三请丐祠,十二月得差武夷山冲佑观。该信提到汉阳救荒以及辞官等事,并称下半年尚有一章,可知,此信可能为第二次丐祠之后和第三次请丐祠之前,即嘉定八年(1215)十一月上请丐祠前不久。

《与金陵制使李梦闻书》

"榦离里中之日，拜领台翰之辱"

李梦闻即李珏，于嘉定十年二月至十二年四月任江南东路制置使①，信中提到"抵郡视事之三日"，此信应为黄榦嘉定十年到任安庆三日后所作。由前面《与李敬子司直书》之"闲居想甚适，知识时势"的考证可知，实际到任应为三月二十六日。此信即到任三日即嘉定十年（1217）三月二十八日所作。

"榦被命此来，视事已五日"

此信为到任安全五日后所作，即嘉定十年（1217）四月一日。

"投老此来，所恃者有制使尚书知爱之厚耳"

此书即到任后不久所作，即嘉定十年（1217）四月。

《再与侍制李梦闻书》

"榦辄有私祷，前书已略言之矣"

信中说"榦适承其后，视事之日便为筑城之谋"，又说"秋晚可成，则今冬无虑"，此为安庆任上所作，此信乃嘉定十年（1217）四月到任安庆之后至秋之前所作。

"边事不宁，想尚书措置筹度良劳"

据史载，宋嘉定十年四月，金命乌库哩庆寿、完颜萨布帅师南侵。攻宋光州中渡镇，杀榷场官盛允升。庆寿分兵攻樊城，围枣阳、光化军。又命完颜阿林入大散关，攻西和、阶、成等州。宋令京湖、江淮、四川制置使赵方、李珏、董居谊部署抗敌。赵方亲抵襄阳，檄统制扈再兴、陈祥、钤辖孟宗政等御敌，并增戍光化、信阳、均州以联声势。②此信开头所言"边事不宁，想尚书措置筹度良劳，前屡闻捷报，亦深以为喜。适闻二十七日三统制之败，极为寒心，大军自是不足用，但可张声势耳。今乃深入以取败衂，是何轻率如此"。应指统制扈再兴、陈祥、钤辖孟宗政先分兵佯装败退而设伏待之，最后大败金兵，黄榦此处只提佯败而未及最后战况，故此信应在嘉定十年（1217）四月底五月初在安庆任上所作。

"浮光之警，今已两月矣"

浮光之警为黄榦嘉定十年（1217）四月到任安庆后不久，而信中"浮光之警，今已两月矣"，故知此信应是嘉定十年（1217）六月所作。

---

① 李昌宪：《宋代安抚使考》，齐鲁书社，1997年，第430页。
② （清）毕沅撰：《续资治通鉴》，岳麓书社，2008年，第746页。

卷十一，书

《与金陵制使李梦闻书》

"榦比奉使帖，且准省剳"

此当在嘉定十年（1217）年底，十一月李珏辟先生为参议官，黄榦力辞，正在筑城，此信大概写于此时。安庆城内外于嘉定十一年（1218）六月方成。

"榦迂疎狷狭，生长桑梓"

此信力辞李公之命，亦是嘉定十年（1217）年底，稍晚于上一封。

"榦不自揆度，妄谈当世之务"

信中讲到"今者维扬之行"，"今归已五日矣"，"今浮光之报已至矣，北兵欲以十六县之众以四月攻浮光，以万人刘吾麦，以五万人攻五关"，而年谱中记载，嘉定十一年（1218）春正月，虏犯黄州，砂锅诸关，诏以先生提督五关守御，督战光州，节制江、池三州戍兵、光、黄、蕲、安庆四州民兵。二月，改除权发遣和州，兼管内安抚、节制戍兵，力辞，不许。时王师败绩于泗水，制帅请令先生赴司禀议。自龙舒来金陵，从制帅劳军维扬。此信应作于从制帅劳军维扬归来五日后，在嘉定十一年（1218）四月前不久。

"榦衰病之迹已两上祠请，未报"

信中所言两上丐祠不准，又说今枣阳被围百日，据史载，嘉定十一年（1218）正月，金签书枢密院事完颜赛不率军号称十万围枣阳，后双方相峙达三月之久。

信中提到泗水之败与维扬之行，据年谱载，嘉定十一年戊寅，二月，改除权发遣和州，兼管内安抚、节制戍兵，力辞，不许。时王师败绩于泗水，制帅请令先生赴司禀议。自龙舒来金陵，从制帅劳军维扬、寻以所议不合引归。

综合这几点可知，此信应作于嘉定十一年（1218）二三月。

"窃谓两淮之事，亦不难处"

浮光之警在嘉定十年（1217）三月二十六日到任安庆五日听闻，又五日闻安丰之事。此信提及两处，当作于此时嘉定十年（1217）四月到任后。

卷十二，书

《复吴胜之湖北运判》

"榦伏拜台翰之赐"

文中讲"但俟半考即上祠禄之请""至五月半即半考",又提及据年谱记载,嘉定七年十月到任汉阳,嘉定八年,汉阳大旱,先生竭力赈济灾民,与制垣漕使不合。六月丐祠,不报。文中又讲"后月之望,未免徧以公状申诸台,乞为备申,丐归田里更望都运寺丞力赐扶持",可知该信应作于嘉定八年(1215)四月。

"筑城一事,戎司终不以为然"

据年谱,嘉定八年,大旱,竭力为荒政备。坐是与制垣漕使不合。六月丐祠,不报。此信作于该年旱情初起之后到六月期间。

"昨承不鄙,访以救荒之策"

信中讲因旱而访以救荒之策,而年谱称嘉定嘉定八年(1215)六月丐祠之请。此信应在此上丐祠之前不久所作。

"榦伏承台翰之辱"[①]

信中提及救荒,并讲"况榦之去意已决,不敢承当此事",可知该信应作于嘉定八年六月。

《辞知潮州复郑知院》

据年谱,嘉定十三年(1220)九月除权发遣潮州,再辞。此信即是嘉定十三年九月命下而作。

"榦憔悴无聊,疾病转剧"

此信为归家后再求祠禄而作,据年谱,嘉定十三年九月除权发遣潮州,再辞,十二月差主管豪州明道宫。此信似在嘉定十三年(1220)九月辞权发遣潮州后两个月,即十一月所作。

"榦伏自昨者,敬伸不得已之祷"

此信为其归家之后所作,又讲到得到朝廷祠禄,据年谱中载,嘉定十三年(1220)十二月差主管豪州明道宫,该是指此祠禄。信中又讲到"入春已两月",故此信应是嘉定十四年(1221)二月所作。

《辞再知安庆府》

据年谱记载,嘉定十一年(1218)四月,依旧知安庆府,兼制置司参议官。此信为四月命下而作。

《复林正卿》

"窃观所论作易大旨"

《与潘谦之》提到"榦近日在甘泉与林正卿讲及一贯忠恕一章",与

---

① 此信在四库本中与上一封信在一起,这里据元刻本分开,见于(宋)黄榦《勉斋先生黄文肃公文集》,第637~639页。

此信内容不同。嘉定三年（1210）七月初一黄榦作记《林正卿龙门庵记》，此信内容不详，但应在朱熹去世后，很可能嘉定三年（1210）七月左右。

《与潘谦之》

"榦此间粮食虽已竭"

潘谦之是黄榦居家时主要的交往同门，在与潘谦之的几封信中黄榦屡屡提及相聚讲习之事，这一封信应该是在庆元六年（1200），正好此年闰二月，朱熹尚在病中，此时黄榦正在朱熹身边。

"榦十二日登舟，十七日早已抵家"

此信乃侍先生两月后归家后所作，据《勉斋先生黄文肃公年谱》，庆元五年十一月，黄榦至考亭，然后第二年二月十二日离开考亭归家（三山）①，在考亭正好待了两个月。此信一开始就说"十二日登舟，十七日早已抵家"，又提及县学及行舍菜之礼。据年谱载，庆元六年（1200）春，自考亭还三山。二月十二日登舟至家，二十一日，诸生拟试，遂行舍菜之礼。此信即写于归家后不久，在行舍菜礼之前，即庆元六年（1200）二月十七日至二十一日。

"尊兄久寓京城"

此信详言季聚讲学之事，应在朱子生前。

《答潘谦之》

"榦碌碌远宦，无足言者"

信中明言"行年六十有三矣"，当在嘉定七年（1214），信中讲"已于五月四日交贱事"，乃年谱中"五月，到任，制使檄权太平州，未几还任"，此信当作于嘉定七年（1214）五月四日后不久。

"榦踪迹想不知其详"

信中提及大旱以及吴漕在本军境内拦截米船不得过武昌之事，当在汉阳任上，信中提及俟省剳下，此信应在嘉定八年（1215）六月丐祠之请时。

卷十三，书

《复杨志仁书》

"榦官守如昨，春苦蝗夏苦旱"

---

① "六年庚申春，自考亭还三山……先生以二月十二日自考亭登舟，至家二十一日。"而从黄榦此信所言，黄榦到家应该是十七日而非二十一日。参见（宋）陈义和编撰《勉斋先生黄文肃公年谱》，第773页。

附录二：《勉斋集》信文写作时间考　337

信中提到春蝗夏旱，而据黄榦年谱载，先生自到任（临川），值旱、蝗相仍，祷雨不验。且嘉定三年（1210），时邑中仍岁旱蝗，至是民益艰食。嘉定元年（1208）正月到任临川，信中讲"一考零八月"，故此信当作于嘉定二年（1209）八月。

"去岁新淦"

信中提到"擢贰淮州"，这里当是指受命安丰军。据年谱，嘉定五年（1212）五月到任新淦，嘉定六年（1213），新淦政成，六月除监尚书六部门。未赴，改差通判安丰军。九月到任。信中讲到"来春当力恳庙堂求为归计"，此信应是作于嘉定六年（1213）九月到任安丰前夕。

"榦比尝拜书托郑梦锡转达便中承书"

据年谱记载，嘉定七年（1214）九月，除权发遣汉阳军，提举义勇民兵，辞不许。十月到任（与孙行之云，自金陵五十日到官），此信应是嘉定七年（1214）十月到任汉阳之后所作。

"榦去冬已拜予祠之命"

信中"去冬已拜予祠之命""四月七日抵家"，据年谱载，嘉定八年（1215）十一月丐祠。十二月，差主管建宁府武夷山冲佑观。初请六月，奉旨不允，又请九月、不允，十一月奉旨依，十二月命下。嘉定九年（1216），二月转通直郎。三月，自汉阳道庐山之下以归。四月至考亭所居。此信应是抵家之后所作。再加上信中言及"偶以故居太窄，不足容孥累，遂再创数椽于其后"，而年谱载，"嘉定九年（1216）闰七月，新作草堂三间于考亭之寓舍，名为环峰"，此信应是嘉定九年（1216）闰七月之后所作。

"榦以孥累，猥众未能忘禄"

信中讲到"属有帅檄摄倅南安"，年谱载，嘉定六年（1213），新淦政成，部使者、郡太守交荐于朝。运判杨楫、提举常平袁燮、知军卢子文、安抚使李珏。江西安抚使王公补之檄先生摄南安军，不果往。六月除监尚书六部门。此信应是嘉定六年（1213）六月之前。

"年事迟暮，常惧即填沟壑"

信中所言"三上方得请"，而据年谱，嘉定八年（1215）六月一请丐祠，奉旨不允，又请九月不允，十一月奉旨依，十二月命下。此信应是在嘉定八年（1215）十二月命下后不久所作。

"示及双条所论"

专论学问，时间待考。

"榦归老山樊，此心甚安"

嘉定九年（1216），二月转通直郎。三月，自汉阳道庐山之下以归。四月至考亭所居。闰七月，新作草堂三间于考亭之寓舍。信中所言"四月归抵""稍为葺治屋舍"与"十月初决归福州"，此信应写于嘉定九年（1216）七月至十月。

"榦以向者见理之不明"

信中提及："二月敌攻浮光，令往黄州守御，已而敌势颇炽，又令往光州督战，既而历阳徐守求去"，"既辞历阳并辞安庆，又辞奏事"，"还家二十余日"。此乃安庆任后，年谱载，嘉定十一年（1218）七月，除大理寺丞，又辞。监察御史李楠奏罢之。命下，先生已至临川，遂游麻姑，取道顺昌以归。嘉定十一年（1218），八月，长孙兴公生。九月，先生归至法云寓舍。此信即为嘉定十一年（1218）九月归家后二十余日所作。

"有司如主人服"

专论学问，时间待考。

"自此理而出一句不可晓"

专论学问，时间待考。

《复甘吉甫》

"叶味道来此已留月余矣"

信中讲"叶味道来此已留月余矣"，又说"榦老矣"，从语气上推测，此信应是在黄榦年老归家之后的事，即嘉定十一年（1218）九月后。

"榦山居，幸无他，以两房子舍在此"

信中所言"榦山居，幸无他，以两房子舍在此，旧居窄隘，不足以容，遂以屋后架堂三间，方不过二三丈，为送老之计。以百物皆旋措置，遂迟缓至今，更旬日亦当告成也"。而据年谱所载，嘉定九年（1216）闰七月，新作草堂三间于考亭之寓舍。此外又载，嘉定十一年（1218）九月，先生归至法云寓舍；先生以法云寓居迫狭，无以容朋友，更辟草舍三间于门侧，先生坐卧寝食其间。嘉定十二年（1219），诸生移寓于山之嘉福僧舍。

《复杨志仁书》"榦归老山樊，此心甚安，甚慊而家事亦有费区处者"一信中讲到嘉定九年（1216）留考亭时"只得留之在此，以长子主之，稍为葺治屋舍，使可居止"，对修屋之事用"葺治"一词，而这封信中讲屋后架堂，应不是同一件事。且信中所讲屋后架堂三间为"送老计"，应该是指后一件事，此信即作于嘉定十一年（1218）九月归家之后，在嘉定十二年（1219）移居嘉福寺之前。

"贱职甚简静可以终日读书"

同官多贤，初到便相疑，据年谱载，嘉定六年（1213），未赴，改差通判安丰军。九月到任。未几为郡将诬陷，先生引疾请归，不许。此信应是作于安丰任上不久，即嘉定六年（1213）九月后不久。此后三信纯论学问，时间待考。

"榦生平学问自谓有得力处"

信中提到方明父来此相聚累月，乃嘉定十一年（1218）末至嘉定十二年（1219）年初，此信即作于嘉定十二年（1219）初。

卷十四，书

《与闽县学诸友》

此信乃黄榦赴朱熹之丧到达考亭后所作，应是庆元六年（1200）三月丙子所作。

《与林宗鲁司业》

"榦同碎累，离金陵"

信中提及"离金陵，宿半山……留五七日，俟报，若未有指挥，即过九江"，"年六十七"，"安庆任上已是一考"，据年谱记载："嘉定十一年（1218），四月，依旧知安庆府，兼制置司参议官。六月，召赴行在奏事，屡辞不就。由池阳如江州，寓居庐山楼贤僧舍，以俟朝命。"此信应是作于嘉定十一年（1218）六月逗留池阳之时，由后面的"榦十七日抵九江"一信，可知此时应在六月十七日之前几日。

"榦碌碌寓此，已三季矣"

信中言及"寓此，已三季""版筑之役"与"制参之除，李公可谓不知人矣"等信息，据年谱记载，嘉定十年（1217）二月，始拜安庆之命，单骑赴任。四月到任。① 竭力经营安庆城池，大为战守之备。以绍兴名臣陈公规守城之法锓木以示邦人。江淮制置使李珏奏请辟先生为参议官。十一月命下，仍俟新城毕工日赴司供职。又辞不许。另信中提及"开春再上祠请"，此信当作于开春之前，即嘉定十一年（1218）冬。

"榦十七日抵九江"

信中言"去年之方筑城也""十七日抵九江"，而据年谱记载："嘉定十一年（1218），四月，依旧知安庆府，兼制置司参议官。六月，召赴行在奏事，屡辞不就。由池阳如江州，寓居庐山楼贤僧舍，以俟朝命。"可

---

① 由前面《与李敬子司直书》之"闲居想甚适，知识时势"的考证可知，实际到任应为三月二十六日。

知此信在嘉定十一年（1218）六月十七日抵达九江后所作。

《与某某书》

"闻敌人有必亡之势，如人将死"

嘉定十一年（1218）七月，除大理寺丞，又辞。监察御史李楠奏罢之。命下，先生已至临川，遂游麻姑，取道顺昌以归。信中提及有意卜居临川，而且甘吉父、黄去私等均为江西人士，此信应是作于逗留临川之时。

"榦还家杜门，百念灰冷"

嘉定十一年（1218）九月，先生归至法云寓舍。此信应作于此后不久。

《与黄去私书 义勇》①

"先师教人为学"

论学，时间待考。

《复余道夫书》②

"可愧耳"

信中所言"北虏有必亡之势"是指金，而蒙金战争始于嘉定四年（1211），此信应写在此后。信中说自己"榦特以老年，不欲弃坟墓，亦甚有卜居临川之意"，同时提到临川甘吉父、黄去私等人。据年谱，嘉定十一年（1218）七八月时途经临川，游麻姑，取道顺昌以归。此信可能作于此时。

"榦还家杜门"

此信很可能是嘉定十一年（1218）九月归家后所作。

《与孙居敬提刑》

"榦野拙无庸"

孙居敬应为孙约，婺州东阳县人，于嘉定九年至十年为湖南提点刑狱。③ 此信似为辞官而作，据年谱记载，嘉定八年十二月，差主管建宁府武夷山冲佑观，漕使再乞留。直到次年三月，黄才获准返乡。此信很可能是嘉定八年十二月至次年初所作。

《与江陵吴帅宾客张生简》

"榦少禀夜来见"

---

① 四库本无此信，据元刻本补上，见（宋）黄榦《勉斋先生黄文肃公文集》，第 659 页。
② 四库本无此信，据元刻本补上，见（宋）黄榦《勉斋先生黄文肃公文集》，第 660 页。
③ 李之亮：《宋代路分长官通考》，巴蜀书社，2003 年，第 1666 页。

年谱载，开禧二年（1206）二月石门任满，时边事动，吴公猎出师江陵，躬至石门访问筹策，奏辟先生入幕。三月授荆湖北路安抚司激赏酒库、兼准备差遣。五月到任。以招军买马有劳，辞赏不受。此信提到"到此甫五十日"，又讲"顾以善招军买马见荐"，当在开禧二年（1206）五月到任之后五十日所作，应在六七月。

《答林公度》

"承垂谕以令从子加冠"

林宪卿（1148~1217），字公度。此信讲"但顷从朱先生游"，未称文公，也未称先师，此信应在朱子生前。信中说"承垂谕以令从子加冠"，提及林宪卿侄子加冠，此事疑指林仲则二子林庚、林武，黄榦在庆元戊午十一月十八日作《林仲则二子名字序》，信中也讲"予与仲则兄弟交最久"。此信可能即该年（1198）十一月中下旬作。

"闲居计颇有静养功夫，且认得性情部分"

信中讲"所幸师儒并世而不闻道以死亦可哀"，此信应在朱子生前。

"衰病之余，益觉世味无足留恋"

信中黄榦自称乡间晚辈，当在出仕之前。信中"衰病之余，益觉世味无足留恋"当指嘉泰元年（1201）感风寒之后生病所致，可见《答林公度》中"均此情，榦晨夜兼行，冲冒风露，痰喘气促，至今未复，气息奄奄，亦非久于人世者"一信，当作于嘉泰元年（1201）。

"不能安贫，强颜求禄"

此处言强颜求禄，应是从宦之时，又讲到"须半月可毕事，事毕去求山寺。事毕，去求山寺度暑。七月初，便作归计也"。据年谱记载，嘉定十一年（1218）六月安庆筑城事毕，而决意归家；同时嘉定八年乙亥，汉阳大旱，先生竭力赈济灾民，与制垣漕使不合，六月丐祠，不报。因为林公度嘉定十年（1217）即去世，所以此信很可能是嘉定八年（1215）五月所作。

"均此情，榦晨夜兼行"

这里提到先生死，明年科举，栗山，综合考虑应该是在嘉泰元年（1201）。

"榦忧苦贫病不自聊"

这里提到先生葬期安排与先兄，信应在庆元六年（1200）十一月文公下葬之日。

"榦忽得季亨书，承闻先太夫人奄弃色养"

信中提及林宪卿母吴氏之亡。据黄榦《吴夫人墓志铭》载，林宪卿母吴氏于庆元五年十一月三十日去世，次年二月十四日安葬。信中讲"正月半间即归"，此信应作于庆元五年（1199）十二月。

"榦诸况如昨，无足云者"

信中说"近得先生书，亦再三以此为问"，可见在朱子生前，应为晚年。

"榦以礼书未就绪"

这里提到为先兄择地，此当在其兄逝后不久。据黄榦年谱载，庆元六年（1200）五月，榦兄乐安府君卒，嘉泰元年（1201）正月，先生告辞文公几筵。护乐安之丧于三山。诸生从学于栗山草堂。此信应写于嘉泰元年（1201）春。

"榦猥贱苟活为朋友羞然"

这里所言"已一考有半"，考黄仕宦经历中唯有石门酒库与临川任上超过此数。信中又提到"久败之场务幸亦渐成伦理，酒酤气振"，此时很有可能即是石门酒库任上，自嘉泰三年（1203）十二月到任石门酒库，一考有半，此时应是开禧元年（1205）六月。

"榦一坠官途，如入苦海"

信中"三上香火"即年谱所载嘉定八年（1215）六月初请丐祠，奉旨不允，又请九月，不允，十一月奉旨依，十二月命下。年谱又载，嘉定九年（1216），二月转通直郎。三月，自汉阳道庐山之下以归。四月至考亭所居。

而此信一开始就讲坠入官途几许十四年，乃将近十四年，乃自嘉泰三年（1203）十二月到任石门酒库算起，此时应是嘉定九年（1216）四月七日抵达考亭之后。

"榦为贫一出，奔走十五年于公私之计"

信中言"为贫一出，奔走十五年"，黄榦出来为官是在嘉泰三年（1203）十二月到任石门酒库，又提及法云僧堂，应为嘉定十年（1217）左右。据年谱，嘉定九年十一月"寓居城南法云僧舍"，嘉定十年二月始拜安庆之命，四月到任。而林宪卿于六月十六日去世[1]。因此，此信很可能作于嘉定十年（1217）正月前后。

卷十五，书

《复陈师复监簿》

"顷于诸先，令兄多雅"

---

[1] 《勉斋先生黄文肃公文集》中《林存斋墓志铭》明确记录这一时间。

信中所言"方数千里之旱"与"昨上香火之请",据年谱,嘉定八年,大旱,竭力为荒政备。坐是与制垣漕使不合。六月丐祠,不报。漕使上救荒之功,乞留在任。信中又说"适赵兴国持仓节于榦,为姻党至亲,不容不引嫌而去",而《申京湖制置司辨汉阳军籴米事状》中讲"近以兴国赵知军除本路提举",其考证为嘉定八年九月。年谱中又说,嘉定八年,会赵君师夏新除本路常平使者,赵君娶文公之孙女,与先生长子辂为友婿,于是复申前请";可知九月后黄榦再请丐祠。《丐祠第二状》中正好有:"兴国赵知军改除湖北提举。窃缘榦系娶朱侍讲之女,赵提举娶朱侍讲之孙女,榦之长子又娶赵提举之妻妹,于赵提举为僚婿。其于姻党,可谓最亲"[①]。故此信应是嘉定八年(1215)九月再上丐祠不久而作。

《复陈师复寺丞》

"寺丞天资高明,闲居益加涵养吾道之幸也"

信中讲抵此五日即闻浮光之警、李贯之尚留九江,到此一月以六书达制师,据年谱载,嘉定十年(1217)四月抵达安庆,后便有浮光之警,另据《知果州李兵部墓志铭》载嘉定十年(1217)十月李贯之去世。此信应是嘉定十年(1217)五月后所作。

"久不拜状,正切尊祝兄来"

信中提到敌犯浮光、土城已经完备尚未包砌与去岁一筑城等信息,可知此信应是嘉定十一年(1218)年初之时作。

"承闻开府,未几"

信中讨论筑城之事,又说来岁夏末此事可毕,据年谱载嘉定十一年(1218)六月间城筑好,此信应是嘉定十年(1217)四月赴任安庆之后所作,信中又提到赈灾与砌毕五门,故此信应是嘉定十年(1217)秋冬所作。

"榦窃度时势,金人之弱甚矣"

此信当作于黄榦仕宦后期即将归山之际,嘉定十一年(1218)六七月。

"涌临之以一代之伟人"

信中说"抵此已逾半年","只得为筑城",此信应是作于嘉定十年(1217)十月之后即该年冬。

"榦自前月来,愈觉多事"

据年谱,嘉定十年(1217)四月黄榦到任安庆后不久,开始筑城之事,嘉定十一年(1218),春正月,虏犯黄州、砂锅诸关,诏以先生提督

---

① (宋)黄榦:《勉斋先生黄文肃公文集》,第666页。

五关守御，督战光州，节制江、池三州戍兵、光、黄、蕲、安庆四州民兵。此信中提及黄州、光州，"安庆城壁未包砌"，且"枣阳被围四十日"等事，而据史载，嘉定十一年（1218）正月，金签书枢密院事完颜赛不率军号称十万围枣阳，后双方相峙达三月之久。综合这几点可知，此信应作于嘉定十一年（1218）初。

"榦读书爱日之意甚切"

信中说"新岁已登七十矣"，黄榦年七十，即嘉定十四年（1221），三月，壬寅，终于所居之正寝。此信又提及十二月十七日的小报，此信应为嘉定十四年（1221）年初所作。

《与真景元直院》

"榦伏自寿春僭拜"

黄榦时在寿春，而乾道三年（1167），改寿春府为淮南西路安丰军，治所寿春。据年谱，黄榦于嘉定六年（1213）九月到任安丰军，嘉定七年二月去职。此信很可能为此年（1213）九月后至嘉定七年（1214）二月所作。

"榦老矣，本不敢有寸进之念"

信中讲"冒昧此来已逾半考""旱亢如此，郡计萧然，地居安复武昌之间"，言及荆湖北路两司交斗。据年谱，嘉定八年，汉阳大旱，先生竭力赈济灾民，与制垣漕使不合。此信当嘉定七年（1214）十月上任汉阳半年之后，即作于嘉定八年（1215）四月。

《与孙行之正字》

"榦衰晚负丞，窃粟自知亡补"

信中提到"自金陵五十日方抵""无汉阳则无武昌矣，抵此二十日且以治财赋增兵廪"，年谱载嘉定七年（1214）十月上任汉阳，该信就写在上任二十余日之后。

《复赵蹈中寺丞》

"榦昨者僭拜记室之问，率略之甚"

信中有"今乃得复守安庆之旨辞"，年谱载，嘉定十一年（1218），春正月，虏犯黄州、砂锅诸关，诏以先生提督五关守御，督战光州，节制江、池三州戍兵；嘉定十一年（1218）四月，依旧知安庆府，兼制置司参议官。信中"更一两日往江池间"，而年谱载六月十七日（据《与林宗鲁司业》之"榦十七日抵九江"信）由池阳到江州。可见此信即写于此时即嘉定十一年（1218）六月十七日前不久。

《与李子复书》

"榦不能安贫，冒昧一出"

由信中"榦抵此以郡无城壁一意兴筑，不待报下，即便兴工，五月而城成，今五门亦已包砌，屹然遂为淮右之冠"，可知此乃嘉定十年（1217）四月到安庆任上后五个月，即嘉定十年（1217）十月后，即该年冬。

《与赵省仓》

"人来承惠书，虽未及瞻拜"

文中讲"榦老矣，方力上丐祠之请"，而据年谱，（嘉定八年）会赵君师夏新除本路常平使者，赵君娶文公之孙女，与先生长子辂为友婿，于是复申前请。该年六月黄榦上请丐祠，信中赵省仓似为赵师复，由此可见，此信应该是嘉定八年（1215）六月后。

《答陈泰之书》

"榦伏承不鄙，特枉临，顾先之朋友以达其意"

信中讲"先师永逝，吾道益孤"，似在朱熹庆元六年（1200）三月去世后不久所作。

后三信即"敬字看得亲切""承谕'旦昼念虑，不如平旦静坐'""致知乃入道之方"均论学，时间待考。

卷十六，书

《与李贯之兵部书》

"连辱书诲，三复，感慰旱势"

信中讲"感慰旱势""六月初遣人丐祠"。年谱载，嘉定八年（1215），大旱，竭力为荒政备。坐是与制垣漕使不合。六月丐祠，不报。漕使上救荒之功，乞留在任。此信大概作于嘉定八年（1215）六月丐祠不报之后不久。

"来谕赵制帅遣籴事，想众人皆不以为然"

年谱记载，嘉定八年（1215），大旱，竭力为荒政备。坐是与制垣漕使不合。六月丐祠，不报。漕使上救荒之功，乞留在任。此信当在嘉定八年（1215）六月。

"国事之成败不在乎两阵相向之日"

信中讲到"浮光之事""城壁见兴筑，邦人皆乐从，秋冬可办"，可见此信应写在嘉定十年（1217）四月到任安庆后开始筑城的夏间。

《复李贯之兵部》

"岂弟慈祥之政，抚摩凋敝之郡"

信中讲到"榦归建安寓居，整整四月矣"，据年谱，嘉定九年，二月转通直郎，三月，自汉阳道经庐山之下以归，四月至考亭所居。此信为嘉定九年（1216）八月所作。

"春间过康庐，胡伯量出示诸人讲论祭祀鬼神一段"

信中讲"春间过康庐"，据年谱："嘉定九年（1216），二月转通直郎。三月，自汉阳道庐山之下以归。四月至考亭所居。"其中三月经过庐山正是"春间过康庐"。信即写于嘉定九年（1216）四月归家之后。

"按行属郡具得吏治明情之大要，酌其利害而罢行之"

信中言及"大旱如此"，"但榦之来此，便已立定规模，只住半年便为去计，此月半已得半年矣，更数日后便遣人引疾丐祠"，据年谱，嘉定七年（1214）十月到任汉阳，嘉定八年（1215）汉阳大旱，六月丐祠之请，未报。此月半已得半年，则其到任汉阳大约为嘉定七年（1214）十月半，半年后即是嘉定八年（1215）四月半，故可知此信即作于嘉定八年（1215）四月，更具体应在四月十五日之后。

《答林季亨书》

"榦承书忽闻公度六三哥有母夫人之丧"

据黄榦《吴夫人墓志铭》载，林宪卿（字公度）母吴氏于庆元五年十一月三十日去世，《答林公度》之"榦忽得季亨书"中也讲到公度有母夫人之丧，而该信经考定在庆元五年（1199）十二月所作，此信应也作于庆元五年（1199）十二月。

"榦不审六二哥六三哥两日来所处如何"

此信应在上一封之后不久，此时尚未及绍熙四年（1193）正月上元前抵家之事，应也在绍熙三年（1192）冬。

《答林子至书》

"惠书具知近况之详，役事为之怅然"

信中讲到"榦晚景冒昧一出"，并提及自己与近来聚敛财货的州县官员争辩，此后还家四十余日。据年谱，嘉定八年（1215）汉阳任上与制垣漕使不合；嘉定九年（1216）四月，回至考亭所居。此信似在此时所作，即嘉定九年（1216）五月。

"承诲字，喜聆役事已休"

上信讲"具知近况之详，役事为之怅然"，此处一开始就说"喜聆役事已休"，也讲到自己归家之事，可见当在上一封信后不久。

"榦投老归来，引疾丐归"

信中言及"引疾丐归""起以大郡""二月半间此事可决"等信息，

据年谱，嘉定八年（1215）六、九、十一月三请丐祠，最终于十二月获准，后嘉定九年（1216）四月归家，十二月又除权发遣安庆府事，力辞不许。嘉定十年（1217）二月，始拜安庆之命，单骑赴任。此信最后说"春事向暖，须至箕山为旬日之留"，综合上述信息，可见该信应是在嘉定九年（1216）十二月除权发安庆府事命下不久所作。

《答郑子立书》

"榦至愚，无所容于世，年既踰冠，始获从先生长者游"

嘉定七年（1214），黄榦知安丰军，盼望潘谦之与陈安溪一同前来相聚，同时提及后学郑子立，希望能够给予扶持提携以助其为学求道："朝夕念归，然亦觉于义可以少留，则又且浮湛为仰禄计耳。行年六十有三矣，每思师友之训，令人惕然以惭也尊兄今岁安寓，或云留兴化果否，陈安溪已除六院，能与之偕来亦佳，此间相去不远，又可以一见也。郑子立相见否，乡间朋友难得其意向如此，肯与吾相亲，又才气亦非常流，吾人只得扶持之，彼既多与世不合，吾人又疎远之，恐非所宜也。"① 而此信为黄榦与郑子立之书，信中也是勉励其为学之方，当也在此时，或此后不久即嘉定七年（1214）之后。

《答郑子羽书》

"榦尝窃自念斯道之显晦系于人物之盛衰"

《与郑成叔书》之"榦昨入城，特留一两日，复入山"中提及"子羽尚未来，秋试甚近，计淬厉日进"，该信为绍熙三年（1192）所作。此信也提及"足下吾乡之秀"，可能也在此时或其后。

"榦衰病不足齿，比来多事如昨"

信中提及"榦衰病不足齿"，常用衰病自称，似在晚年。

《与吴伯丰》

"'浴沂'一章"

论学之信，时间待考。

《答王幼观》

"榦碌碌如昨，初以为贫勉强从仕"

信中提及"叔仲生平力学识敏而气锐，一别七八年，遂为古人，殊可伤悼，想闾里间失此人亦复萧索，榦与之情最厚，行状之责故不敢辞"，叔仲应为董叔重，据《董县尉墓志铭》中讲"番阳董君叔重之子浚以书走汉阳，叙次叔重之言行，以求铭于其父之友黄榦"，此信提及的应该是

---

① （宋）黄榦：《勉斋先生黄文肃公文集》，第645页。

黄榦对董浃所请的回应。据年谱载，黄榦于嘉定七年（1214）十月到任汉阳，次年六月请祠，此信中讲"更两三月即为丐归之谋"。此信应作于嘉定八年（1215）三月前后。

《答董叔重之子书》

"先丈县尉，弃世，又将小祥"

此信即是董子赴汉阳向黄榦求铭后黄榦的回信，黄榦嘉定七年（1214）十月半到任汉阳，董子前来应是十月半之后。《董县尉墓志铭》中讲到董叔重嘉定甲戌（1214年）卒，此信中讲到"又将小祥"，可见此时应在嘉定八年（1215），且此时尚未作成墓志铭，可见此信应与《答王幼观》写作时间相近，即在嘉定八年（1215）三月前后所作。

卷十七，书

《与陈子华书》

"归来数得欵语，但亦彼此忙迫"

"榦到此五日，即闻浮光之警"，"今已退矣"，此信即是到任安庆后不久开始考虑筑城时所作，在嘉定十年（1217）四月后不久。

《复王幼学书》

"榦衰病之踪不足齿恤，去冬腊月祠秩当满"

信中开始就说"去冬腊月祠秩当满，便当上谢事之请，偶蒙朝廷记忆，畀以州麾"，据年谱，嘉定九年（1216）十二月，除权发遣安庆府事，力辞不许。嘉定十年（1217）四月到任安庆。信中也提及安庆之事，信为在安庆任上所作。此外信中还讲"秋冬间可毕事，邦人便有可恃，老夫亦可丐归矣"，据年谱载，嘉定十年（1217），江淮制置使李珏奏请辟先生为参议官，十一月命下，仍俟新城毕工日赴司供职，又辞不许。可见此信应是在嘉定十年（1217）秋冬之前所作。

"榦自顾生平，禀资甚庸，涉道甚浅"

信中讲"抵家两年"，应是嘉定十一年（1218）九月先生归至法云寓舍之后的两年，可见此信应在嘉定十三年（1220）九月后所作。

《复邹俊甫书》

"榦壬申之夏，偶获邂逅"

"壬申之夏"即嘉定五年（1212）夏，从语气看应该是几年前；信中又说"榦老矣，无以糊其口，尚此窃禄荒陋之邦"。故此时不太可能是嘉定六年（1213）安丰任上，应是在汉阳或安庆任上，且从所谓荒陋之邦来看，更有可能是尚无城郭的安庆，即嘉定十年（1217）四月至嘉定十一年

（1218）六月。

《复王主簿》

"便中两辱书诲，感感，知遂从提举李兄游"

信中说"一旱如此，事甚可忧，衰晚不才，旦夕即上归休之请"，据年谱载，嘉定八年（1215），大旱，竭力为荒政备。坐是与制垣漕使不合。六月丐祠，不报。此信应是嘉定八年（1215）六月上丐祠之前所作。

《复黄会卿》

"榦衰晚如常，无足道者，更数月则当挂冠矣"

信中"去城四十里入深山得一埋骨之所，方遣学生被茸数椽，架小楼，楼成即移居其中以待尽耳"，据年谱记载，嘉定十三年，先生躬相丘宅于北山匏犧原，结庐罝旁，牓曰高峰书院。诸生从学于山间。信中所言"去冬腊月祠秩当满"应指嘉定十三年十二月差主管亳州明道宫，此信应是作于嘉定十四年（1221）春。

《复黄清卿》

"榦衰病如常，无足言者"

信中"近方谋为山居之计，更两三月，当就绪"，据年谱，嘉定十三年春，先生躬相丘宅于北山匏犧原，结庐罝旁，牓曰高峰书院，诸生从学于山间。此信作于嘉定十二年（1219）末至嘉定十三年（1220）初。

《复薛希贤书》

"人心蒙蔽理义难明，足下超然独得"

信末讲"梦寐未尝不在灵谷、拟岘之间也"，"灵谷、拟岘"即抚州郡城附近的灵谷峰与拟岘台。薛希贤为黄榦弟子，从此信语气看，此信应为薛希贤早期从学黄榦时所作，即"勉斋官临川，从之游"，此信当作于临川任上，即嘉定元年（1208）正月至嘉定四年（1211）二月。

《答余瞻之》

"榦奉亲幸安，不足勤齿卹，杜门闲居"

信中称"比收先生四月十三日书为况，甚适，但云赈济无效，丐归甚力，不知果遂否，恐欲知之浙间二麦亦不全好"，顾宏义认为，这里提到的朱熹之信为浙东任上即淳熙九年（1182）四月十三日所作①。黄榦此信中既讲到朱子赈灾，又提及浙间的二麦亦出现状况。据朱子生平，淳熙八年（1181）十二月赴任提举浙东常平茶盐公事，直至此年九月。信中提及"夏深"，此信应为淳熙十年（1183）的六七月所作。

---

① 顾宏义撰：《朱熹师友门人往还书札汇编》，上海古籍出版社，2017年，第975页。

《复饶伯舆》

"榦诸况如常,杜门读书,所恨者朋友可与讲习者难其人耳"

信开头就讲"榦诸况如常,杜门读书,所恨者朋友可与讲习者难其人耳。病躯支离,度不可复求友于四方矣"。杜门读书与病躯支离,可见此信应是晚年嘉定十一年(1218)九月归家之后所作。

"承闻教授里间向道日笃,不胜敬叹"

信中言及"近亦谋山居",当是指嘉定十三年庚辰(1220)春,先生躬相丘宅于北山匏犠原,结庐置旁,牓曰高峰书院,诸生从学于山间。另信中又提及"每见明父",据嘉定十三年(1220)正月二十七日所作《送方明父归岳阳序》,其中言"明父复为予言,番阳饶曾师鲁之为人自以为莫及也",可见此次方明父来见黄榦应是在嘉定十三年(1220)之初,也可印证黄榦与饶鲁的这封信应作于嘉定十三年(1220)春。

"榦诸况如常,无足道者"

信中讲"明父兄此来,说足下之贤不容口",这里向黄榦推荐饶鲁的明父当是方明父,为黄榦的另一重要门人。另据黄榦嘉定十三年(1220)正月二十七日所作《送方明父归岳阳序》,其中也提及"明父复为予言,番阳(此"阳"字为四库本,在元刻本中写作"易")饶曾师鲁之为人自以为莫及也",可见此信提到"明父此来"应是在嘉定十三年(1220)之初。故黄榦与饶鲁的这封信应在方明父离开黄榦处之后不久,即嘉定十三年(1220)正月二十七日后不久所作。

方明父拜会黄榦的时间有几个:据年谱所载,嘉定十一年(1218)十一月差主管建宁府武夷山冲佑观。重修《仪礼经传续卷》,置局于寓舍之书室及城东张氏南圆,四方生徒会聚讲学。自蜀、江、湖来者日众。江西、□□□□□岳阳方遑明父、蜀人家演本仲皆来。而据《送方明父归岳阳序》可知,嘉定十三年(1220)正月二十七日前曾又来访。据黄榦与饶鲁的"承闻教授里间向道日笃,不胜敬叹。榦承晤之日浅,每见明父,极谈操履纯笃,趋向坚正",也可知方明父与黄榦相见不止一次。

"榦旧苦痰咳,今夏于小腹之右"

信中提及潮阳之命,据年谱为嘉定十三年(1220)八月,转奉议郎。九月除权发遣潮州,再辞。信中又提及都城失火,据史载,嘉定十三年十一月,"壬子,临安火"[①],壬子即十一月二十六日。此信当作于嘉定十三年(1220)十一月二十六日之后到年末之前。

---

① (宋)佚名编,汝企和点校:《续编两朝纲目备要》,第294页。

《复赵立夫》

"榦伏承别纸之谕,以读礼之暇,不废讲学"

信中讲"老来闲居",似指其嘉定十一年(1218)九月归家之后,此信即此后所作。

《复林自知》

"承下问,以心无据依,顷于石门"

信中言"顷于石门",又讲"榦岳祠必可得,自是归老武夷",据年谱载,开禧三年(1207)四月,复授湖北帅属,力辞,别与干官差遣,又辞。丐岳祠未报,径归建安。可见该信应作于丐岳词未报之前,即开禧三年(1207)四月不久。

《与张敬父书》

"自契兄之行"

从信中议论乡间风气,此信应为晚年归家所作,时在嘉定十一年(1218)九月后。

"四郎来闻为况之详,武伯至又承惠书,感感"

信中讲"归乡两年有余",据年谱载,其嘉定十一年(1218)九月归家,此时应是嘉定十三年(1220)九月之后。信中又明言"榦已得予祠之命",即嘉定十三年十二月,差遣主管亳州明道宫。信中又倡议"春夏间晴和,或可约朋友相会",可见此时当在嘉定十三年(1220)冬至嘉定十四年(1221)初。

《复李随甫书》

"伏承示及论语疑义,观左右之用心"

信中讲"榦一去乡井十有五年,投老来归",当在嘉定十一年(1218)九月归家后所作。

《答梁宁翁书》

"榦承惠书,且言年少不谨"

论学书,时间待考。

卷十八,书

《复李汝明书》

"中间获奉欸晤,窃观志尚大非世俗所敢望"

信中提及"榦老病益侵,辞免之章再上,未报,不能者,止自当固辞也"。辞免之章当在黄榦晚年。汉阳任后黄榦是三上丐祠而归,居家时,嘉定九年(1216)十二月,除权发遣安庆府事,力辞不许。嘉定十一年

(1218) 安庆任上，四月，依旧知安庆府，兼制置司参议官。六月，召赴行在奏事，屡辞不就。七月，除大理寺丞，又辞。此信中所言辞免之章再上未报，应该是在安庆任上，可能是在嘉定十一年（1218）六月后。

"闲居玩理，想不为无见"。

"闲居玩理"，当是嘉定十一年（1218）九月后闲居家中所作。

"榦衰病如常，无足道者"

"衰病如常"，当是嘉定十一年（1218）九月后闲居家中所作。

《与曾文仲鲁仲》

"山居闲静"

似在朱子生前即庆元六年（1200）前所书。

"忽得建阳书，疾驱以来，至建宁闻先师已下世"

信之开头就讲"忽得建阳书，疾驱以来，至建宁闻先师已下世"，此信应是庆元六年（1200）三月所书。

《与叶云叟书》

"暇日千万莫废读书"

文中讲"榦岁晚又丐祠，若得归便洒扫精舍，不复与世交矣"，据年谱载，嘉定八年（1215）六月请丐祠，不允，九月又请，不允，十一月奉旨依丐祠，十二月，差主管建宁府武夷山冲佑观。此信应是嘉定八年（1215）十一月再请丐祠之前不久所作。

"榦仰惟吾友以妙年能力学自守"

论学书，时间待考。

"四郎情性比旧差胜"

信中讲"榦岁晚又丐祠，若得归"，当为嘉定八年（1215）六月、十一月辞知汉阳军，或嘉定十一年六月再辞知安庆府，或嘉定十三年九月辞潮阳。

"忍贫读书"

信中讲"老病日甚"，似为晚年归家时作。

"乡曲书馆可以接续"

信中讲"榦老益甚，病益加，奉祠得闲，莫大之幸"，似在上一封信后请丐祠得允之后，很可能是嘉定十三年（1220）十二月差主管豪州明道宫所作。

《答或人》

"人来承海"

信中讲"榦尝为郑成叔作《怡阁记》"，据《郑次山怡阁记》为绍熙三年（1192）五月所作，故此信应该是此后，具体待考。

《答黄伯新》

"榦诸况如常，无足言者"

信中言及旱势已成，又提及旱前籴得米二万石与前任留下二万石等事，可知此是汉阳任上嘉定八年（1215）夏之事，此信即作于此时。

《回考亭别诸友劄子》

"榦复辱劄翰以祀事毕，令榦讲明先师教人之意"。

此文中"祀事毕，令榦讲明先师教人之意"也见于《竹林精舍祠堂》，而《竹林精舍祠堂》乃作于嘉定丙子仲秋，即嘉定九年（1216）八月，上丁之日是祭祀孔子的日子，第二天祭祀朱子。此文也应作于当时。

《与杨德渊书》

"国博令孙有嫁母之丧"

待考。

《荆南与吴宣抚乞罢置柜事》

"榦窃见宣抚待制德望足以高一世者"

据年谱载，开禧二年（1206），吴公猎出师江陵，躬至石门访问筹策，奏辟先生入幕。三月授黄榦荆湖北路安抚司激赏酒库、兼准备差遣。五月黄榦到任。十一月房攻阳、破随州，未几，吴公改除京西湖北，抚使北宣抚。此信应是作于此间开禧二年（1206）五月至十一月。

《与宇文宣抚言荆襄事体》

"今日之患莫甚于诸将之为欺，荆襄去朝廷远"

此文中提到去夏唐州一败，即开禧二年五月，皇甫斌所部大败于唐州；魏友谅二月二十四日战事，即开禧三年二月十四日，又说"万一秋高马肥"，此论应是作于此次襄阳战事结束后，即开禧三年（1207）二月二十七日到秋季之前。年谱中也将此文列入此年。

"又画一六事"

写作时间大概与上文同时。

《建宁社仓利病》

待考。

《代胡总领论保伍》

论中提到"今闻敌人迁居汴京"，此事指金嘉定七年（1214）五月迁都开封，此论应作于此后不久。

《回总郎言筑城事》

"榦复蒙台慈"

信中言及筑城，是为嘉定七年（1214）十月到任汉阳后讨论筑城而作。

《石门酒器五铭》

此为石门任上所作。

卷十九，记

《杨恭老敬义堂记》

信中言"吾与通老从游于夫子之门二十年矣"，黄榦淳熙二年（1175）首登朱子之门，二十年即庆元元年（1195），此记当作为此后。杨通老生卒年为1142年至1213年，此记当在嘉定六年（1213）之前。

《郑次山怡阁记》

绍熙二年冬即1191年，明年夏来请记，故此记作于绍熙三年（1192）五月初一。

《刘正之遂初堂记》

文中标明"七月朔旦，长乐黄榦记"。据年谱载，嘉泰三年（1203），又作《刘氏遂初堂记》。此文作于嘉泰三年（1203）七月初一。

《家恭伯重斋记》

嘉定辛未长至，即嘉定四年（1211）冬至（十一月九日）作记。

《郭圣予瑞莲堂记》

嘉定六年（1213）六月十六日作。

《林正卿龙门庵记》

嘉定三年（1210）七月初一作记。

《安庆府新建庙学记》

嘉定六年癸酉（1213）十月庚子（初四）学成，此记作于此后十天，即十四日。

《平江府和靖尹先生祠堂记》

嘉定七年（1214）六月既望（十六日）所作。

《袁州萍乡县西社仓絜矩堂记》

朱子去世前二十日，作《跋袁州萍乡县社仓记》，黄榦所作此记应在朱熹去世之后，有可能是黄榦在江西任职（知临川与知新淦）期间应请而作，即1208年至1213年。

《吉州永新县学记》

信中提到嘉定元年盗发之事，越数年始克，此记很有可能是黄榦江西任职期间应请而作，"数年"一般理解至少应该是三年以上，即1211年至1213年。

《徽州朱文公祠堂记》

嘉定七年（1214）十月初一作。

卷二十，记

《汉阳军学五先生祠堂记》

文中讲"嘉定八年冬十有一月，汉阳军学五先生祠堂成，郡假守长乐黄榦帅其属与在学之士"，此记即作于嘉定八年（1215）十一月。

《鄂州州学四贤堂记》

记中讲到"嘉定八年春二月，四先生祠堂成"，而后黄榦才作此记，故在嘉定八年（1215）二月。

《南康军新修白鹿书院记》

嘉定十年（1217）三月作。

《李德进毋自欺斋记》

嘉定十年（1217）五月丁酉（二十一日）作。

《陈师复仰止堂记》

据《宋史·陈宓传》，嘉定九年（1216），陈宓擢太府寺丞，即此信所谓"立朝临政"，随后不久即知南康军。此信当写于此间。

《家本仲无欲斋记》

正旦为每年正月初一，此记作于嘉定十二年（1219）正月初一。

《李兵部祠堂记》

旧俗以农历正月初七为人日，此记作于嘉定十二年（1219）正月初七。

《袁州重建韩文公庙记》

记中明言庙成于嘉定十二年（1219）三月，后三月望日而作，即嘉定十二年（1219）六月十五日作。

《曾氏乐斯菴记》

嘉定十四年（1221）二月初一作。

《台州州学四先生祠堂记代刘晦伯作》

记中首言"嘉定五年春正月，天台郡学始建四先生祠，郡侯豫章黄𰚥以其事来言"，此记乃应请而作，故当作于嘉定五年（1212）正月。

卷二十一，序

《送陈元平宰邵武序》

绍熙辛亥暮春既望即绍熙二年（1191）三月十六日作。

《辅仁録序》

绍熙辛亥六月九日即绍熙二年（1191）六月九日作。

《送徐居父归永嘉序》

绍熙辛亥（1191）九月六日作。

《代仲兄会表兄弟序》

文中讲"吾欲与兄弟约以岁正月之十日、六月之二十日会于天宁之浮屠"，并说"吾欲始以壬子之春"。据年谱载，绍熙三年（1192）春，约表兄弟岁两集于城外僧舍，事见先生《代仲兄会表兄弟序》。可知，此序应作于绍熙三年（1192）正月。

《林仲则二子名字序》

庆元四年（1198）冬至后二日（十一月十八日）作。

《久要录序》

不详。

《送许太博入宇文宣抚幕府序》

开禧三年（1207），宇文公绍节代吴公为帅，再辟先生入幕。四月，复授湖北帅属，力辞。此文当于开禧三年（1207）四月后不久所作。

《叶云叟子名序》

文中讲"叶云叟以嘉定丙子后七月生男，越三日来请名"，故乃嘉定九年（1216）七月后不久作。

《赵季仁二子字序》

嘉定丁丑长至即嘉定十年（1217）十一月十四日。

《黄西坡文集序》

文中提到"予始识君于康庐，今四十年矣"，淳熙六年（1179）与淳熙八年（1181），黄榦曾两次随朱熹在南康与庐山，此文所记与黄西坡相识当在此时，相识四十年之后，故在1219、1221年。据黄榦年谱，嘉定十一年（1218）六月黄榦既从池阳到庐山，七月已至临川，九月即返回福建，直至去世不再到江西。而文中提及路过黄西坡家当在此次黄榦回福建的路上，故此序当作于嘉定十一年（1218）六七月。黄榦年谱将此文误记为嘉定元年。

《林子至子字序》

嘉定己卯（1219）夏至（五月二日）作

《送方明父归岳阳序》

嘉定庚辰（1220）正月二十七日作。

《赵季仁习乡饮酒仪序》

嘉定庚辰六月朔旦即嘉定十三年（1220）六月初一作。

《林良夫三子字序》

嘉定辛巳（1221）二月望日（十五）作。

《与郭德元序》

嘉定五年（1212）暮春既望（三月十六日）作。

《李维志字序》

绍熙甲寅（1194）八月既望（十六日）作。

卷二十二，题跋

《书蔡西山家书》

文中言及朱熹去世及此前给黄榦的一封信，故此书当作于朱熹庆元六年（1200）三月去世后不久。

《代书晦庵先生四斋箴》

四库本文后记为"嘉定辛酉十有一日朔旦门人长乐黄榦敬书"，嘉定并无辛酉年。元刻本记为"绍熙甲寅三月朔，门人余元一谨书"，此文当在绍熙五年（1194）三月初一。

《书晦庵先生正本大学》①

嘉泰辛酉（1201）十有一月朔旦（初一）作。

《跋三衢毛氏增韵》

开禧乙丑（1205）二月五日作。

《跋方耕道书》

开禧丁卯（1207）春社作，春社即立春后第五个戊日，即开禧三年（1207）二月十二日作。

《书晦庵先生所书损益大象》

嘉定己巳（1209）莫春望日（三月十五日）作。

《跋乐安曾一庵岁月记》

嘉定壬申二月既望即嘉定五年（1212）二月十六日作。

《跋西山徐介甫手泽》

嘉定壬申（1212）长至（十一月二十日）作。

《书袭梦锡所编晦庵先生语录》

嘉定癸酉（1213）七月望日（十五日）作。

---

① 四库本无，据元刻本补上。

《跋南康胡氏乡约》

嘉定乙亥（1215）四月晦日（三十日）作。

《书晦庵先生语录》

嘉定乙亥（1215）十月朔旦（初一）作。

《书东莱吕先生寄李文简手帖》

嘉定乙亥（1215）长至后一日（十一月二十四日）作。

《书晦庵先生家礼》

嘉定丙子（1216）夏至（五月二十八日）作。

《跋陈履道先坟庵额大字》

嘉定丙子（1216）六月既望（十六日）作。

《跋陈履道辩诬卷》

嘉定丙子（1216）六月既望（十六日）作。

《跋陈履道烝尝田约》

嘉定丙子（1216）六月既望（十六日）作。

《书龟山杨先生家书》

嘉定丙子（1216）九月五日作。

《书新淦郭氏叙谱堂记》

嘉定丁丑（1217）长至（十一月十四日）作。

《书陈密学守城录》

嘉定戊寅（1218）二月既望（十六日）作。

《书龟山杨先生帖》

嘉定己卯（1219）七月二十三日作。

《书赵华文行状》

嘉定庚辰（1220）十二月二十五日作。

卷二十三，启

《通两浙赵漕启》《通提领所董主管启》《通提领所丰提属启》《通嘉兴知府启》

年谱载，嘉泰三年（1203）冬，赴石门酒库，十二月到任，始到石门，有通漕使及幕属、知州、县官启，申漕司公事状三通。上面四启即为到任石门不久所作之一。

《谢两浙漕司送钱启》

信中讲"奔于两库之间……自冬涉春"，据年谱，嘉泰四年（1204）冬，檄权新市、乌青诸库。此信当作于开禧元年（1205）春。

《谢两浙陈运使许荐启》

《谢两浙漕司送钱启》中讲"复拜金钱之赐",即此信之"复拜赐于金钱,悯其寒微,许以甄拔",另据年谱载,开禧元年(1205),浙西三库酒政皆举,部使者遂荐之于朝。此信大约作于同时即开禧元年(1205)春。

《回崇德吴尉启》

为官任上,文中讲"赋命多奇""一官蹭蹬",尚苦饥寒方兴,复起折腰无米之叹,尚赖仁贤之诲,顿宽寂寞之忧",此信似为嘉泰三年(1203)十二月石门上任不久而作。

《通属官启》

信中讲自己为了养家糊口,而"杂居庸保",当为嘉泰三年(1203)十二月石门上任不久而作。

《通孟主管启》

同样是在嘉泰三年(1203)十二月上任石门不久所作。

《通程主管启》

文中讲"酒正卑官,获执隶人之役……窃以库名犒赏,实助军须",应为嘉泰三年十二月到任石门后不久所作。

《谢两浙詹漕荐启》

据年谱载,开禧元年浙西三酒库政皆举,部使者遂荐之于朝。两浙运判詹公徽之举充从事郎以上任使。此文当作于开禧元年(1205)春。

《通江陵府教授启》

文中提及:"开禧二年丙寅春,往来处理三库事务……三月授荆湖北路安抚司激赏酒库、兼准备差遣。五月到任。"此文应作于开禧二年(1206)五月。

《回临川陈主学启》

信中讲"忽蒙台府之误知,乃以为小才付之大邑",据年谱,开禧三年(1207)十一月,江西提举常平赵公希怿知抚州,高公商老奏辟先生知临川县事,十二月之任。此文应为开禧三年(1207)十一月命下不久后所作。

《谢江西王提举荐启》

据年谱载,嘉定三年(1210)春,临川政成,郡守、部使交荐于朝。知抚州陈公蕃孙、江西安抚使赵公希怿、李公珏、运判胡公槻、提举常平章公良肱,提举常平王公顾问举政绩奏云。此文当是此时即嘉定三年(1210)春所作。

《谢抚州陈守荐启》

据年谱载,嘉定三年(1210),临川政成,郡守、部使交荐于朝。知抚州陈公蕃孙、江西安抚使赵公希怿、李公珏、运判胡公槻、提举常平章公良肱、提举常平王公顾问举政绩奏云。此文当是此时即嘉定三年(1210)所作。

《谢江西胡漕荐启》

据年谱载,嘉定三年(1210)春,运判胡公槻奏云:"学有源流,才有兼剧易。"当时,黄榦知临川县期满而改任,为感谢时任知江西运判胡槻的举荐而作。

《谢江西章提举荐启》

嘉定三年(1210)春,黄榦知临川县期满而改任,为感谢时任知江西提举常平章良肱的举荐而作。

《贺福建张(据元刻本应为章)漕启》

黄榦祝贺章良肱改任福建转运判官之作,而章良肱于嘉定三年由江西运判改任福建运判①,此文作于该年(1210)。

《通江西提刑启》一

文中提及"金水一来,适当凋弊之后",金水属新淦县,据年谱载,嘉定五年黄榦任知新淦县事,五月到任时,也讲"新淦为邑,凋敝特甚"②,此文当为黄榦到任知新淦县不久后所作。

《通江西提刑启》二

文中讲"财赋殚匮,困于追呼;豪猾纵横,见之讼牒"。据年谱载,黄榦知新淦县事,时邑凋敝特甚,同时,"有寓公,以赀武断乡曲,租税不输,邑与民苦之,累讼牒至三四百纸,先生为申诸司"③,此寓公应为谢知府,其判词亦载于《勉斋集》中。此文亦为嘉定五年(1212)五月到任新淦后而作。

《通江西王安抚启》

王安抚应为王补之,他于嘉定六年任江西安抚使④。据年谱载,嘉定六年,江西安抚使王公补之檄先生摄南安军,不果往。六月,除监尚书六部门,后改差通判安丰军,九月到任。文中讲到"千里畏途,敢惮驽骀之

---

① 李之亮:《宋代路分长官通考》,第 924 页。
② (宋)陈义和编撰:《勉斋先生黄文肃公年谱》,第 807 页。
③ (宋)陈义和编撰:《勉斋先生黄文肃公年谱》,第 809 页。
④ 李昌宪:《宋代安抚使考》,第 443 页。

力",此文应为黄榦获任通判安丰军后与王补之的通信,应在嘉定六年(1213)七八月。

《谢史丞相启》

文中讲:"六曹管钥之司,方拜误恩之及;千里藩篱之重,遽叨二郡之除。……淮右号咽喉之地",应为黄榦嘉定六年(1213)九月到任安丰后所作。后面三文《通淮西李帅启》《通淮西钱漕启》《通安丰郭守启》应为同时作品。

《通江东柴漕启》

江东柴漕即柴中行,在嘉定七年至八年任江东转运①。据年谱载,嘉定七年二月,特添差通判建康府事,五月到任,此文为到任后所作,即嘉定七年(1214)五月。

《贺刘尚书仲则启》

文中讲"适时旱暵,种不入土,米价踊翔,细民窘匮。加以制漕之交斗,难乎州县之奉承。……投老无庸,亟上香火之请"。据年谱载,嘉定八年,汉阳大旱,先生竭力赈济灾民,与制垣漕使不合;六月丐祠。刘仲则即刘槩,嘉定八年(1215)七月任工部尚书。故此文应在嘉定八年(1215)七月刘仲则任尚书后所作。

卷二十四,婚书祝文

《代刘氏女嫁郑氏》

不详。

《大儿娶舅氏女》

大儿即黄榦之长子黄辂,于淳熙十一年(1184)十二月出生。《朱子行状》中曾提及"(孙)女九人,婿承议郎、主管华州云台观赵师夏,进士叶韬甫、周巽亨、郑宗亮、黄辂……"②。黄榦曾在嘉定元年的《与胡伯量书》"榦衰晚之踪夺于儿女之累"中讲到"儿女十人,一儿一女已婚嫁,次女已许人,今秋可了。更四男子,次子辅已二十三矣,懵然无所知",已婚之子应为长子黄辂。故此文应在嘉定元年(1208)之前所作。

《仲子娶潘氏女》

仲子即次子黄辅,出生于淳熙十三年(1186)三月,在嘉定元年

---

① 李之亮:《宋代路分长官通考》,第631页。
② (宋)黄榦:《勉斋先生黄文肃公文集》,第131~132页。

(1208）即二十三岁时尚未成婚，其成婚应该在不久之后，此文应作于嘉定元年后。

《季子娶赵氏》

黄榦季子为黄䎖，生于绍熙三年（1192）九月，其成亲在其兄黄辅之后，应在嘉定四年（1211）黄䎖弱冠之后。

《长女嫁高氏》

在作于嘉定元年（1208）的《与胡伯量书》"榦衰晚之踪夺于儿女之累"中提及长女黄淳已嫁，此文当在嘉定元年（1208）之前。

《叔女嫁陈氏》

次女黄淑在嘉定元年已经许配，成婚应该在此后不久。

《代朱氏娶李氏》

罗参峰以为朱氏为朱子之孙朱钜，此文应为黄榦晚年归乡期间（1218~1221）所作①。

《代刘枢府请开善长老疏》

罗参峰疑为开禧元年（1205）四月至九月。②

《安庆祈晴文》

文中讲"淫雨过常，失秋敛冬藏之节"，应为嘉定十年四月到任安庆后秋冬所作。

《栗山书社祭神文》

据年谱载，庆元五年十一月，登栗山，访故旧。由《庆元乙未冬至前二日访林公度至栗山翌日同访吴必大林季亨容之偕行爱其溪山池亭之胜为之赋诗》，可知此文当作于庆元五年（1199）十一月十七日左右。

《闽县学谒先圣文》

据年谱，庆元六年庚申（1200），春，自考亭还三山［二月十二日登舟至家，二十一日，诸生拟试，遂行舍菜之礼。三月一日，立定课程读书（先生与潘瓜山书）］，诸生从学于闽县学。此文当作于此间，即庆元六年（1200）二月二十一日。

《荆南代吴安抚祷雨文》

文中讲，"往岁之夏，不雨而阳，饥馑存臻，民卒流亡。彼夏而旱，已乖其常；此春而旱，于何不臧"，而年谱载，开禧二年三月，授荆湖北路安抚司激赏酒库兼准备差遣，五月到任，"在江陵府时，有代吴公

---

① 罗参峰：《黄榦诗文编年考证》，第171页。
② 罗参峰：《黄榦诗文编年考证》，第171页。

祷雨及言事诸札"①，即此文。开禧二年（1206）年五月到任后不久所作。

《临川谒庙文》

临川任上所作。

《新淦谒庙文》

嘉定五年（1212）五月到任新淦，嘉定六年（1213）政成，此谒庙文应作于此期间。

《建康谒庙文》

黄榦出仕经历中与建康有关的只有一次，据年谱，嘉定七年二月，特添差通判建康府事，五月到任。可见，此"建康谒庙文"应是嘉定七年（1214）五月到任后不久所作。

《汉阳军祭五先生文》

其中《濂溪周先生文》明言，"嘉定八年，岁次乙亥，十有二月乙酉朔，六日庚寅，汉阳军学五先生祠堂成"，此祭五先生文应是作于此时，即嘉定八年（1215）十二月六日。

《安庆府祭诸庙文》

据年谱，嘉定十年（1217）四月到任安庆，嘉定十一年（1218）二月，改除权发遣和州。此祭庙文应在嘉定十年四月初到安庆时所作。

《汉阳条奏便民五事》

奏状上说"今者蒙恩假守汉阳，适值天旱"，据年谱，嘉定八年，大旱，竭力为荒政备。坐是与制垣漕使不合。六月丐祠，不报。漕使上救荒之功，乞留在任。此奏状应是作于嘉定八年（1215）夏旱之后。

卷二十五，《拟奏》

《安庆府拟奏便民五事》

安庆任上所作。文中讲到浮光、安丰、庐、濠诸州的情况。据年谱，嘉定十一年春正月，虏犯黄州、砂窝诸关。诏以先生提督五关守御，督战光州，节制江、池三州戍兵，光、黄、蕲、安庆四州民兵。此文应作于嘉定十一（1218）年正月。

《拟应诏封事》

文中所言"奸臣就戮"应为诛韩韩侂胄之事，时在开禧三年（1207）十一月三日。文中提到"阴阳旱蝗相因，流殍满野"。而嘉定元年

---

① （宋）陈义和编撰：《勉斋先生黄文肃公年谱》，第 788 页。

（1208）黄榦到任临川，时逢旱蝗，故此文应为嘉定元年（1208）春。

《代抚州陈守》

知临川时所作。据年谱，黄榦于嘉定元年正月到任知抚州临川县，有《代陈知郡条奏五事》并奏事二札，此文《代抚州陈守奏事第一札》与《代抚州陈守奏事第二札》同在嘉定元年（1208）到任后所作。

卷二十六，策问

《时务策问》

文中明确提到"圣天子嗣登宝位六年……嘉泰之名以幸天下恭……乃以是岁之春，特命改元""惟圣天子嗣登大宝，七年于兹"，应是作于嘉泰二年（1202）。

《拟难策问》

从此文内容来看，与嘉定年间在安庆郡学和庐山白鹿洞书院的讲学内容相关，很可能是黄榦寓居庐山栖贤僧舍所创发的易学思想，疑为嘉定十一年夏所作。

《申两浙运司催石门库吏责办年计札子》

文中讲"榦今来贱职石门"，该文应为石门任上所作。

《申提领所金厅解钱札子》

信中讲到"榦自十二月二十七日交割，及今方十五日"，据年谱载，黄榦嘉泰三年（1203）十二月到任石门，此时应是嘉泰四年（1204）一月十二日。

《申崇德县乞追究钱福札子》

石门任上所作。

《江陵归乞岳庙札子》《第二札》《辞宇文宣抚再辟帅幕札子》《乞岳庙第三札子》《第四札》

以上几札均在开禧三年（1207）前后数月。据年谱载，开禧三年（1207），宇文公绍节代吴公为帅，再辟先生入幕。四月，复授湖北帅属，力辞。别与干官差遣，又辞。

卷二十七，公札

《临川代郡守申纲运利病》

文中讲"某庸缪不才，蒙恩试郡。入境之初，首问民俗之利病，皆以为纲运一事大为一郡吏民之害……五月半间，方蒙给降糜费等钱"。据勉斋年谱，嘉定元年正月到任临川，此文应作于嘉定元年（1208）六月左右。

《代人禀宰执论岁币》

文中讲"数月以来,皆言虏人已迁汴京,以愚料之,其实不然",是指嘉定七年(1214)五月金迁汴京之事,此信应写在此后数月。

《申抚州辨危教授诉熊祥》《申安抚司辨危教授诉熊祥事》

此案发生在临川任上。据年谱载,嘉定元年(1208),临川政事决讼理冤等事。此两文应作于该年(1208)。

《申江西提刑辞差兼节干》一、二

文中提及江西提刑之令,据年谱载,嘉定四年(1211)春,江西提刑李珏檄牺牲兼督捕节制司干官,二月临川秩满。李公又以为请,先生又辞。此两文当作于嘉定四年(1211)二月后不久。

《新淦申转运司乞依本军例拨贴纲钱》《申临江军乞减醋息钱》《申转运司为曾县尉不法豪横事》

文中言及新淦弊端与事务,据年谱,嘉定五年(1212)五月黄榦到任新淦,前两文为到任后不久所作。

《安丰申朝省辨郭知军诬罔事仍丐祠》

文中讲到在安丰军时黄榦与郭绍彭交恶一事。据勉斋年谱,嘉定六年(1213)九月,到任安丰军,未几为郡将诬陷,先生引疾请归,不许。嘉定七年(1214)二月改除通判建康府,谏官辨之。本文中提到"今月初五日准省札""改除之命",此文当为嘉定七年(1214)二月所作。

《申安抚司给武定将校俸》

文中讲"榦窃见丙寅丁卯间虏骑犯淮,沿江诸军悉已渡江",丙寅丁卯为开禧二年和三年。此文当为此后江淮任职时所作。据年谱载,嘉定七年,林梅坞曰:"李公节制江淮,先生乃其夙所敬重者也。念不可以常礼事之,贻书规切,大抵言;'……广招募,增事权,以重武定军'"①。而《与金陵制使李梦闻书》"浮光之警"中也提及武定军,该信是嘉定十年(1217)六月所作,此文大概写于同时。

《申乞筑安丰城壁事》

据年谱载,黄榦在嘉定六年(1213)九月到任安丰,次年二月改任。本文讲到"春雨淋漓",此文应作于嘉定七年(1214)正月至二月。

---

① (宋)陈义和编撰:《勉斋先生黄文肃公年谱》,第841页。

卷二十八，公札

《汉阳申朝省筑城事》

本文讨论汉阳筑城一事，据年谱载，黄榦于嘉定七年十月到任知汉阳军，为城筑计。文中讲"然冬月浅涸，亦不足恃"。该文应是作于嘉定七年（1214）冬。

《申两司言筑城事》

文中讲"登大别之山，望汉阳之城，相去数百步，岂有矢石可以相及？……自去年来……目今干旱"，此文为汉阳任上所作。据年谱载，嘉定八年大旱。在《申京湖制置司辨汉汉阳籴米事状》中说"又照得本军于二三月间欲旱之际"，故此文应作于嘉定八年（1215）二月至三月。

《与京湖制使请兴筑汉阳城壁》

文中讲"行年六十有四，意绪衰懒，深惧不足以当千里之寄……榦自到郡以来，深念本军全无城壁，亦欲建白"，此时应为嘉定八年，文中为申请筑汉阳城而作，故应为嘉定八年（1215）春所作。

《复湖广总领请创筑汉阳城壁》

文中讲："衰晚不才，误蒙朝廷躐分郡寄，到任以来，惟思勉竭庸愚，以图称塞。……但事贵乘机，谋贵及时，目今日晷正长，可以兴役，若至天寒，则无所措手。本军所申朝省已及月余，未蒙行下，更乞备申，早赐施行，不胜幸甚。"日晷正长而天寒不至，应为年末寒冬前不久。据年谱，嘉定七年十月，到任汉阳军。增兵积粟，为城筑计。此文应为到任后不久，在来年之前而作，即嘉定七年（1214）十月至十二月。

《复湖北运使请兴筑汉阳城壁》

文中同样提到"本军昨申朝廷，至今两月矣，尚未蒙行下。目今日晷正长，可以兴工，若至冬深，则难为力"，此文应作于嘉定七年（1214）十二月。

《与漕使赵监丞论钱监利害》

文中讲"榦到郡已三阅月"，此文应为嘉定七年（1214）十二月至次年正月。

《与漕司论放鱼利事》

文中讲"榦伏准使司行下，欲以湖北路诸州所管鱼湖所收课利尽行蠲免，应湖北所产鱼蚌之属，听贫民从便采取，主家不得执占，仍许诸州以交割钱理折每岁所收鱼利。既不失诸州支遣财赋，又使贫民得采鱼为食，以度饥荒，似为良便……今岁大旱，无民不饥，若是者皆非能取鱼者也，通州县而计之，旁湖而能取鱼者十之一二耳"，据《申京湖制置司辨汉阳军籴米事状》中讲"又照得本军于二三月间欲旱之际"，《申省豁常平米状》讲"本军管内多湖泽荻林，湖泽有鱼虾，荻林有藤根，皆可充饥……去岁（嘉定八年）乃是二月以后种不入土，四州之人自六月以后便来采取。至九十月间，鱼虾、藤根亦已竭矣"，由此可知，此文为讨论方便饥民而放行鱼利的札子，当在二三月之后，六月四州之人来汉阳军采鱼充饥之前；又据年谱，黄榦曾于六月请祠。此文应作于嘉定八年（1215）三月至六月。

《申制置司乞援鄂州给米》

文中讲："榦也，庸缪衰晚之一夫，朝廷过听，畀以专城之寄。岁适大旱，种不入土，野无青草，湖北一路未有汉阳之甚者也。……近闻江东一路请于朝廷，得米三十万硕，又有常平米三十万硕，又和籴到十万硕，朝廷又以三监司各分州俾任赈济之责。"发放米粮之事在《宋史全文》有记录：七月丙子"出赈米三十万石，赈粜江东饥民"[1]。此文应作于嘉定八年（1215）七月至八月。

《安庆与宰相乞筑城及边防利便》

信中提及浮光之警，这是黄榦嘉定十年（1217）四月到任安庆五日后听闻，还说"又五日闻安丰被扰"，此信为筑城建议，应作于嘉定十年（1217）五月左右。

《与淮西乔运判辨起夫运粮事》《申安抚司论买马利害》《与安庆属邑诘问起夫事》

均为安庆任上即嘉定十年（1217）四月至嘉定十一年（1218）四月所作。

《辞依旧知安庆且丐祠》《与制帅辞依旧知安庆府》

据年谱，嘉定十一年（1218）四月，依旧知安庆府，兼制置司参议官。此两文即作于命下不久。

《与西外知宗诉同庆坟地并事目》

文中讲"而先兄即世，榦又以贫故奔走急禄，十有八年……及榦奉祠来归……今岁之春，族人相率修葺理坟墙"。此文为黄榦出仕十八年后奉祠归闽后而作。据年谱，嘉定十三年十二月，差主管亳州明道宫，次年三月去世。此文应作于嘉定十四年（1221）正月至二月。

《新淦申转运司乞赈恤县道》

该文讨论治理新淦纲运事，当为嘉定五年（1212）五月黄榦到任新淦

---

[1] 汪圣铎点校：《宋史全文》卷30"嘉定八年七月"条，中华书局，2016年，第2571页。

《再辞知潮州丐祠》

据年谱，嘉定十三年九月除权发遣潮州，再辞。十二月，差主管亳州明道宫。此文当为该年（1220）十二月前所作。

卷二十九，公状

《石门申提领所请截留本钱》

文中讲"榦之到库，却有两月发卖清酒……终岁纷纷，而酒课卒不办"，据年谱，嘉泰三年（1203）冬，赴石门酒库，十二月到任，此信应为到任不久，在嘉泰四年之前。

《申提领所乞惩治钱福》

应为到任石门酒库后不久，在上一信稍后，为嘉泰四年（1204）初。

《申提领所体究乌青库监官及措置官互申事》

据年谱记载，嘉泰四年冬，檄权新市、乌青诸库。此信当为此后到开禧二年（1206）春三库政成之间所作。

《临川申提举司住行赈粜》

此文讲临川救荒事。据年谱记载，嘉定三年，临川旱灾、蝗灾，黄榦采取祈雨、除虫、平抑物价与恢复生产等措施，赈灾甚力。此文应为此时，即嘉定三年（1210）夏。

《申抚州辨危教授诉熊祥》

据《申抚州辨危教授诉熊祥札子》《申安抚司辨危教授诉熊祥事札子》所考，此书应作于嘉定元年（1208）。

《申提举司乞约束破坏义役》

应为临川任上。

《新淦申临江军及诸司乞申朝廷给下卖过职田钱就人户取回》《申江西转运司乞申朝省照卖过屯田租米数蠲减上供》《申临江军为邹司户违法典买田产事》《申临江军乞申朝省除豁纲欠》

应为嘉定五年（1212）五月到任新淦后任上所作。

《申帅司乞免权南安军通判事》

文中讲："伏准使帖差权南安军通判职事，相度置寨，差军出戍……伏乞台慈特赐蠲免，别行委官前去权摄，庶不误事。"据年谱记载，嘉定六年（1213），江西安抚使王公补之檄先生摄南安军，不果往，六月，除监尚书六部门。此文应作于嘉定六年六月前后。

《安丰申相视开浚河道》《申朝省相视开浚河道》

前一文中讲："准本军牒委前去安丰县体访开河利害事。"后一文讲"但目今正值隆冬盛寒,艰于用工,开正春事将兴,又恐有妨农务"。据年谱,嘉定六年九月到任安丰,此两书当作于该年(1213)冬。

卷三十,公状

《汉阳申朝省为旱荒乞更详审筑城事》《申帅漕两司为旱荒乞别相度筑城事》《申转运司乞候岁丰别议筑城事》《申朝省乞候救荒结局别行措置筑城事》《申转运司乞止约客庄搬载租课米事》《申转运司为追逮汉川县吏及市民事》《申转运司为客船匿税及米价不同事》《申京湖制置司辨汉阳军籴米事》《申制司再乞给米》《申制置司为赈籴米价太高事》《汉阳丐祠申省》《申朝省为已乞祠禄申审筑城事》《申总领所为已乞祠禄申审筑城事》《丐祠第二状》《申诸司乞备申病笃解罢》《乞离任申省》《乞起离第二状》《申朝省罢筑城事》

据年谱,嘉定七年(1214)十月到任汉阳;增兵积粟,计划筑城;嘉定八年(1215),汉阳大旱,先生竭力赈济灾民,与制垣漕使不合,六月丐祠,不报,漕使上救荒之功,乞留在任。上述文章均作于汉阳任上,即嘉定八年(1215)。

卷三十一,公状

《汉阳军管下赈荒条件》。

嘉定八年(1215)所作。

《申省籴桩积米》

文中讲:"榦自去年十一月交割以后,窃见粒米狼戾,颇亦伤农,而备边急务,以食为重……委本军知录郑从政、司法梅从政、汉阳知县陈儒林多方收籴,务要春前收籴数足。"这里十一月交割应为黄榦嘉定八年(1215)十一月丐祠之后,此信当在嘉定九年三月自汉阳回老家前所作。

《申省桩米八千硕》

文中讲:"今来榦已被奉祠之命,只俟申审交割指挥下日即便离任……榦照得本军去岁大旱,赈籴百姓。"据年谱,嘉定八年(1215)大旱,十二月,差主管建宁府武夷山冲佑观,漕使再乞留;嘉定九年二月转通直郎,三月,自汉阳道经庐山之下以归。此文应作于嘉定九年(1216)三月归家前。

《申省糶常平米》《申省赈籴日月及米价》应与前两文同时所作。

《申省筑安庆城》

据年谱,黄榦嘉定十年(1217)四月,到任(安庆)……即申朝廷乞兴版筑,为与民死守之计。不俟报,自五月八日兴工。此文应作于嘉定十年(1217)年四月。

《申朝省以安庆筑城乞减漕司行下和籴数》《申转运司乞减和籴数》与《申转运司乞免起夫运粮》

上文均为安庆筑城之事,当作于嘉定十年(1217)五月。

《申制司行以安庆府催包砌城壁事宜》

文中讲:"照对安庆府自去年创筑城壁,至岁终土功已毕,五门并已包砌。"安庆城墙竣工当在嘉定十年年底。据年谱,嘉定十一年(1218),春正月,黄州、砂锅诸关告急,诏以先生提督五关守御,督战光州,节制江、池三州戍兵、光、黄、蕲、安庆四州民兵,二月,改除权发遣和州,兼管内安抚、节制戍兵。而文中讲"缘目今未有正官",可知该文应作于嘉定十一年(1218)正月。

《申省土功告毕状》《申省乞拨本府前政椿管修城余钱包砌城壁》①

应与上文同时,即嘉定十一年(1218)正月。

《申制司乞拨修城米赈粜》②

文中讲"照对安庆府虽称大郡,其实依……岁春夏间率是艰籴,民以为苦"应为黄榦安庆府任上所作,即大概嘉定十年(1217)夏初至次年(1218)二月。

《辞兼知和州申省》③

据年谱,嘉定十一年(1218)二月,改除权发遣和州,兼管内安抚、节制戍兵,力辞,不许。此文当作于嘉定十一年(1218)二月。

《申制司乞备申省丐祠》④ **《申省再丐祠》《辞依旧知安庆府申省》《再辞依旧兼知安庆府申省》《三辞依旧兼知安庆府申省》**

据年谱记载,嘉定十一年(1218)四月,依旧知安庆府,兼制置司参议官……初辞,五月,奉旨不允,六月,召赴行在奏事,屡辞不就。上两文应在嘉定十一年(1218)四月至五月。

《辞免奏事指挥申省》

文中讲"照对六月十六日江州发到省札一道,六月八日三省同奉圣

---

① 此两文在四库本中无,在元刻本中残缺。
② 此文在四库本中无,在元刻本中残缺。
③ 此文在四库本中无,在元刻本中残缺。
④ 此文在四库本中无,在元刻本中残缺。

旨，黄榦令赴行在奏事者"，此文应在嘉定十一年（1218）六月。

《辞知潮州申省》

文中讲"照对榦九月十一日准省札二道，三省同奉圣旨：……黄榦差知潮州"。据年谱，嘉定十三年（1220）九月，除权发遣潮州，再辞。此文当作于嘉定十三年（1220）九月。

《再辞知潮州申省》

当在嘉定十三年（1220）十一月。

《新除知安庆府申省辞免》

据年谱，嘉定九年（1216）十二月，除权发遣安庆府事，力辞不许。此文应作于十二月。

卷三十二，判语

《危教授论熊祥停盗》

据卷二十七《申抚州辨危教授诉熊祥》，此案为嘉定元年（1208）。

《曾知府论黄国材停盗》

嘉定三年（1210）五月。①

《曾适张潜争地》《曾潍赵师渊互论置曾挺田产》《白莲寺僧如琏论陂田》

文中提及临川、金溪等地，应为临川任上所作。

卷三十三，判语

《陈如椿论房弟妇不应立异姓子为嗣》

文中讲"刘氏以为，其夫宁乡知县陈邵于甲寅年在潭州抱养同官遗弃之子，立名志学，经今十六年"。甲寅年当为绍熙五年（1194），今年应为嘉定二年（1209）。

《崇真观女道士论掘坟》

罗参峰以为当在嘉定三年（1210）。②

《张运属兄弟互诉基田》

文中有注"新淦"，是为新淦任上所作，即嘉定五年（1212）五月至次年六月。

《窑户杨三十四等论谢知府宅强买砖瓦》《彭念七谢知府宅追扰》《邹宗逸诉谢八官人违法刑害》《徐十论谢知府宅九官人及人力胡先强奸》

---

① 罗参峰：《黄榦诗文编年考证》，第 260 页。
② 罗参峰：《黄榦诗文编年考证》，第 262 页。

《人为告罪》《宋有论谢知府宅侵占坟地》《王显论谢知府占庙地》《张凯夫诉谢知府宅贪并田产》《徐莘首赌及邑民列状论徐莘》《陈会卿诉郭六朝散赎田》《徐铠教唆徐莘哥妄论刘少六》《郝神保论曾运干赎田》《陈安节论陈安国盗卖田地事》《陈希点帅文先争田》《聂士元论陈希点占学租》《龚仪久追不出》《京宣义诉曾嵩叟取妻归葬》《徐家论陈家取去媳妇及田产》《李良佐诉李师膺取唐氏归李家》①《谢文学诉嫂黎氏立继》②《郭氏刘拱礼诉刘仁谦等冒占田产》

皆为新淦任上所作。

《张日新诉庄武离间母子》

注"权太平州",据年谱,嘉定七年(1214)五月檄权太平州,未几还任,有《张日新诉庄武判语》即此文。

《漕司行下放寄庄米》《沈总属》

注"汉阳",当为汉阳任上,为嘉定八年(1215)汉阳大旱时所作。

《太学生刘机罪犯》《王珍减尅军粮断配》《宣永等因筑城乞觅断配》《武楷认金》《劫盗祝兴逃走处斩》

注"安庆",当为嘉定十年(1217)四月至次年(1218)二月所作。

卷三十四,杂著

《催科辩》

催科辩中提到嘉定元年新税,据年谱:嘉定二年(1209),春正月,郡守以礼延先生于郡庠讲书,为讲四德四端之要。三月新作临川县学。时州郡方以催科为急,先生力言其弊,且为经理之。此催科辩当作于嘉定二年(1209)三月。

《不从宇文辟辩》

年谱载,开禧三年(1207),宇文公绍节代吴公为帅,再辟先生入幕。四月,复授湖北帅属,力辞。别与干官差遣,又辞。丐岳祠未报,径归建安。事见先生所作不从宇文辟辩及与宇文宣抚剳子、申庙堂丐祠禄状、丁卯揲卦二解、送许太傅入宇文幕序。此书为开禧三年(1207)所作。

---

① 罗参峰误将该文与《谢文学诉诉嫂黎氏立继》当作一个文章,以为新淦任上。参见罗参峰《黄淦诗文编年考证》,第270页。
② 四库本记"自嘉泰三年论诉至今,经隔五年",则嘉泰三年之后五年应为嘉定元年,当时黄榦到任临川。元刻本则记为"自嘉定三年论诉至今,经隔五年",罗参峰以为嘉定三年应为嘉定二年,此书为嘉定六年新淦任上所作。参见罗参峰《黄淦诗文编年考证》,第270页。

《除丧辩》《易说》

不详。

《西铭说》

文中明确"丁卯夏,三衢舟中因思之,方知其然",当作于开禧三年（1207）夏。

《雨阳寒暖风说》

文章开头即提及"衢州道间因思雨阳寒煖风之变",当与《西铭说》同时,开禧三年（1207）夏。

《金、木、水、火、土说》

不详。

《戒杀记》

记中开头就回顾了"丁卯夏用兵,冬,北兵入边"之事,丁卯即开禧三年（1207）,此《戒杀记》应是此后。记中最后署"仲夏三衢舟中记",至少应是临川任满之后才可能仲夏之时人在三衢,此记当在嘉定四年（1211）之后。

《记丁卯揲卦解》

文中讲"丁卯正月朔旦……五月一日占……占之不吉而归",当为开禧三年（1207）五月。

《日记式》

"书之家庙以示不忘",似在晚年即嘉定十一年（1218）九月归家后作。这种日作功课的做法在后来儒者那里很是风行,黄榦此当为一创举,具有标杆作用。

《始祖祭田关约》

文字标明"嘉定十四年仲春清明",即嘉定十四年（1221）清明（三月初一前后）时所作。

《临川劝谕文》

临川任上所作。

《禁诗轴彩旗榜文》

临川任上所作。

《新淦劝农文》

新淦任上所作。

《汉阳禁约官属违法出界仍榜客位》《放免渔人纲钓利钱榜文》《免行户买物榜文》《免人户赈粜榜文》《约束场务买纳岁计食物榜文》

均为汉阳任上所写。

《安庆劝谕团结保伍榜文》

安庆任上所作。

《戒约隅官保长以下榜文》

信中提及"保长大小",据卷二十五《撰拟奏》之《安庆府拟奏便民五事》中"一安淮民"中介绍,大小保长是两淮的制度,此文亦是安庆任上所作。

《禁约顽民诬赖榜文》

此文亦安庆任上所为。

《晓示城西居民筑城利便》

"七月十六日,据府市西厢士民"

此文为筑城晓示城西之民,为安庆任上,具体为嘉定十年(1217)七月十六日后不久所作,当在七月二十九日之前。

"七月二十九日,据西门厢士民计"

此文为上一晓示之后的另一文,当在嘉定十年(1217)七月二十九日之后不久所作。

卷三十五,杂著

《帖军学请孟主簿充学正》

据年谱载,嘉定八年(1215)秋,始治学政,五日一下学,劝课诸生讲诵,躬督教之;十一月新作五先生祠堂、凤山书院皆成。此帖为汉阳军学请学正,应当正是作于该年(1215)秋后。

《行下军学为申请增俸钱帖》

信中言及汉阳军钱物,为汉阳任上。而据年谱载,嘉定八年(1215)秋,始治学政。此帖应是此时所作。

《行下军学罢职事二员帖》

据年谱载,嘉定八年(1215)秋,始治学政。此帖应是此时所作。

《行下军学申严释奠事》

据年谱载,嘉定八年(1215)秋,始治学政。此帖应是此时所作。

《劝奖赈济官李监务牒》

据年谱,嘉定八年(1215),汉阳大旱,竭力为荒政备。六月丐祠,不报。漕使上救荒之功,乞留在任。此文当为赈济灾后,故应在嘉定八年(1215)夏之后两个月。

《再除知安庆府行下本府牒》

据年谱载,嘉定十一年(1218)四月,依旧知安庆府,兼制置司参议官。此信中讲"今仍旧知安庆府",正是此事,此牒正是作于嘉定十一年(1218)四月二十日之后不久。

卷三十六,行状

《朝奉大夫文华阁侍制赠宝谟阁直学士通议大夫谥文朱先生行状》

据笔者考证,该文开禧三年(1207)开始撰写,嘉定十年(1217)初成,嘉定十四年(1221)定稿。①

卷三十七,行状

《贡士林君丕显行状》

绍熙五年(1194)九月作。

《朝奉郎尚书吏部右曹郎中王公行状》

行状中说君卒于嘉定四年(1211)六月九日,葬于该年十月二日,就文义而言,行状因其子之请而作,当于葬后不久。

《肇庆府节度推官曾君行状》

行状言"嘉定五年六月十日卒",即嘉定五年(1212)六月十日,行状当作于此后不久。

《处士唐君焕文行状》

行状中"君以庆元戊午正月晦日殁""将以四月二十九日葬",可见行状当作于此期间,即庆元四年(1198)正月至四月二十九日。

《处士潘君立之行状》

《祭潘立之文》中讲"昔我宦游,君以病止,今以倦归,君病不起",可知潘立之去世应在黄榦晚年归家后,很可能为嘉定十一年七月归家后。徐公喜《朱子门人学案》将其卒年定为1219年即嘉定十二年。② 此文当在嘉定十一年(1218)七月后,很可能是在嘉定十二年(1219)之后。

《太恭人李氏行状》

行状指出卒于"嘉定十二年十二月二十七日""明年三月十二日葬于侯官县保庆寺上鸠山之原",即嘉定十二年(1219)十二月二十七日卒,嘉定十三年(1220)三月十二日葬,行状作于葬期前后。

---

① 参见邓庆平《朱子门人与朱子学》,第 222~227 页。
② 徐公喜:《朱子门人学案》,第 43 页。

《通直郎致仕林公行状》

行状中明言"嘉定庚辰六月十九日"卒,"将以是年十二月十日葬",此行状当作于此期间,即嘉定十三年(1220)六月十九日至十二月十日。

《贡士黄君仲玉行状》

行状中明言"嘉定乙卯七月甲寅终于正寝""将以是年十月二十二日葬于闽县横屿山之原",故此行状应作于此间,即嘉定十二年(1219)七月至十月。

《太安人林氏行状》

行状中明言"己卯七月某日以疾终于适寝",即嘉定十二年(1219)七月卒,此行状即作于此后。

卷三十八,志铭

《郑处士墓志》

信中讲"庆元元年八月卒""将以三年九月葬",此铭即作于此间,即1195年至1197年。

《方夫人墓志铭》

此铭应在"庆元五年春三月辛酉,象山郑遹成叔以其外祖母方氏之丧来讣",且问治丧之礼,此后再来请铭,此铭很有可能还是在庆元五年即1199年。

《吴氏夫人墓志铭》

庆元己末(1199)十一月三十日卒,庆元六年(1200)二月十四日葬,此铭即作于卒后葬前的时间。信中提及其子治丧尽斥去浮屠氏法而受人非礼,而文公去信勉励,考虑到治丧非议与文公书信所需时间等,此信作于庆元六年(1200)的可能性比较大。

《林端仲墓志铭》

林端仲为宋代名医,其葬之地在福州附近。据年谱,嘉泰二年有《林端仲墓志铭》,此文即作于嘉泰二年(1202)。

《黄仲修墓志铭》

信中说"仲修将以嘉定三年十二月十八日壬申葬于县之明贤乡唐门之原,二子以其师盱江傅沂之状来请铭",此铭即作于嘉定三年(1210)十二月十八日之前。

《笃孝傅公墓志铭》

信中提到"嘉定元年十有二月癸酉葬于所居之南荷田源,是岁十月公季子瑭走临川谒公之友长乐黄榦",此铭即是应其请而作,故当在嘉定元年（1208）十月至十二月所作。

《董县尉墓志铭》

信中讲"叔重以嘉定甲戌卒，享年六十有三，葬于其乡银城九峰之原，卒之明年八月也。先师没有十六年"，嘉定甲戌即嘉定七年（1214），此时应是嘉定八年（1215）。此铭当作于嘉定八年（1215）八月葬之前，黄榦汉阳任上。

《周舜弼墓志铭》

"君生于绍兴辛酉，其卒以嘉泰壬午"，绍兴十一年（1141），嘉泰没有壬午年，只有壬戌嘉泰二年（1202），此铭因黄榦嘉定丙子（1216）自汉阳道过其里耳应其子之请而作。据年谱载，嘉定丙子三月，自汉阳道庐山之下以归，四月至考亭所居。黄榦过建昌应是嘉定九年（1216）三月间，此铭大约作于此后不久。

信中提到文公逝世之后其门人在康庐季聚讲学，而南康建昌之季聚讲学，乃周谟发起，而到嘉定丙子黄榦自汉阳到建昌时，犹能集中十七人来聚会讲学。

《吴节推墓志铭》

信中提到"君殁之十年"，且"君生以建炎丙午（建炎未有丙午？），其殁以开禧丙寅"，君之生卒年为？～1206年，此铭应是嘉定九年（1216）所作。

《知果州李兵部墓志铭》

嘉定十年（1217）冬十月卒，又"夫明年冬太常寺丞知南康军陈宓以书告于长乐黄榦曰李君有惠政于江东，乐与此邦之士游，今亡矣，从之游者祠之庐山楼贤寺，子与李君交最厚，愿有记。榦悲君之不可复见，遂为之记以见君之诚于身信于友也，又明年君之兄弟若子以君门人牟桂之状来请铭"。此铭即于嘉定十二年（1219）应请而作。

《林存斋墓志铭》

嘉定己卯（1219）九月辛酉葬，从文义看，就此铭当作于其后不久。

《郭夫人墓志铭》

嘉定癸酉（1213）九月卒，乙亥（1215）九月铭，此铭即此时嘉定八年（1215）九月作。

《杨料院墓志铭》

嘉定十二年（1219）己卯三月二十有六日卒，将以明年正月壬子葬，此信当写于葬之前即嘉定十三年（1220）正月壬子前。

《李知县墓志铭》

嘉定十二年（1219）己卯七月十九日卒，明年四月二十有一日葬，此墓志铭当写于葬之前，即嘉定十三（1220）四月二十一日前。

《族叔处士墓志铭》

嘉定庚辰十月丁丑卒，十二月葬，此墓志铭当写于此年即嘉定十三年（1220）十月至十二月。

《林处士墓志铭》

嘉定己卯十月卒，明年十一月葬，此墓志铭当写于葬时的嘉定十三年（1220）十一月之前。

《朱夫人墓表》

朱夫人庆元五年（1199）去世，葬也似在此年，墓表当也在此年。

《仲兄知县墓表》

嘉泰三年（1203）十二月到任石门酒库之职，嘉泰四年（1204）冬，檄权新市、乌青诸库。此墓表当写于此间。

卷三十九，祭文

《祭临江刘静春先生文》

据《宋名臣言行录外集》记载刘清之"淳熙十六年九月殁，享年五十七"①，此即光宗即位之后淳熙十六年（1189）九月，此文当作于此后不久。

《祭丁复之文》

丁克（？~1185），字复之，建宁府崇安人。文末言及"自冬徂春，聚粮千里，庶得以哭于殡吊其父而抚其子也"，此文当作于淳熙十二年（1185）逝后不久，冬之前。

《祭林丕显文》

《贡士林君丕显行状》中讲"君以绍熙癸丑年正月卒，享年五十有九"。林薯于绍熙四年（1193）正月去世，故此文应不久所作。

《祭晦庵朱先生文》

此文是朱子庆元六年（1200）三月去世后不久所作。

《又祭晦庵朱先生文》

朱子去世后不久所作，下葬之前。

《辞晦庵朱先生几筵文》

练祭，即古代亲丧一周年的祭礼。又称"小祥"。《礼记·曾子问》：

---

① （宋）李幼武纂集：《宋名臣言行录外集》，《文渊阁四库全书》第449册，第811页。

"小祥者，主人练祭而不旅。"该文为朱熹去世一年后练祭所作，即嘉泰元年（1201）三月。

《晦庵先生小祥祭文》

该文为朱熹去世一年后小祥所作，即嘉泰元年（1201）三月。

《祭赵舜和文》

据勉斋年谱，绍熙二年（1191），朋友生徒会于新河旧居；五月，与诸君游鼓山大顶峰；同游者同郡潘谦之、赵舜和、郑成叔、唐去华、括峰叶味道、永嘉徐君居父、仁父。此文中提及"昔我兄弟，退居乡邻……自始至今余二十春，有不见者未尝涉旬"，所谓"有不见者未尝涉旬"，即不超过十天，据此可大略判定此时应在黄榦嘉泰三年（1203）冬赴任石门酒库之前。据年谱，淳熙七年（1180），先生尚留福州。

《祭任舶并女兄文》

文中讲"自榦之迁，武夷之趾，效官荆吴，一别半纪"，"半纪"即六年。黄榦于嘉泰三年（1203）外出为官，后开禧二年（1206）至三年为湖北安抚司幕僚，此即"效官荆吴"，后嘉定元年（1208）正月知临川县事。由此可知，一别六年即嘉定元年，此文当作于是年。

《祭范伯崇文》

范伯崇即朱子门人范念德，生卒年不详。

《祭陈寅伯文》

文中讲"自吾仲氏之亡，已不胜索居之叹，今又失吾寅伯，使两家二弟形影相吊，衔哀抱痛，何时而已耶"。吾仲氏应为黄榦仲兄黄东，据年谱载，黄东在庆元六年（1200）五月去世，从语义推断，陈寅伯应在黄东去世后不久，故此文也应作于庆元六年（1200）后不久。

《哭朱文公文》

文中讲"榦之从游余三十年"，自淳熙三年（1176）春从学朱熹。据《宋史》，朱熹得谥号"文"当在嘉定二年（1209），此时距从学刚好三十余年。故此文当作于嘉定二年（1209）。

《祭徐子宜文》

关于徐谊卒年，叶适在《徐公墓志铭》记："嘉定元年，有星陨州之南，明日七月朔而公卒，年六十五。"[①] 此文当作于嘉定元年（1208）七月后不久。

---

① （宋）叶适：《叶适集》卷21《徐公墓志铭》，刘公纯、王孝鱼、李哲夫点校，中华书局，2010年，第404页。

《祭高应朝文》

待考。

《祭刘正之文》

待考。

《祭王子正文》

王子正即王遇，据《朝奉郎尚书吏部右曹郎中王公行状》，"（嘉定四年）六月九日终于位"①，其卒于嘉定四年（1211）六月九日，此文当作于此后不久。

《祭曾光祖文》

曾光祖即曾兴宗，据《肇庆府节度推官曾君行状》，"君年六十有七，以嘉定五年六月十日卒于家"②，其卒于嘉定五年（1212）六月十日，此文当作于此后不久。

《祭杨通老文》

杨通老即杨楫，据《考亭渊源录》卷一五《杨楫传》："嘉定六年，卒于官"③，此文当作于此后不久。

《祭安庆项教授母文》

项教授为黄榦知安庆府时僚属，此文乃为其母所作祭文，当为黄榦安庆任上所作。

《祭李贯之文》

据《知果州李兵部墓志铭》："嘉定十年冬十月壬子，尚书兵部员外郎、知果州李君讳道传字贯之，以疾终于江州之寓舍。"④ 此文当作于嘉定十年（1217）十月后不久。

《祭林存斋文》

据《林存斋墓志铭》："年七十，嘉定丁丑六月壬戌，以疾终于家。"⑤ 林存斋卒于嘉定十年（1217）六月十六日，此文当作于此后不久。

《祭李守约文》

待考。

《祭陈监场文》

待考。

---

① （宋）黄榦：《勉斋先生黄文肃公文集》，第98页。
② （宋）黄榦：《勉斋先生黄文肃公文集》，第101页。
③ （明）宋端仪撰，薛应旂重辑，彭荣点校：《考亭渊源录》卷15《杨楫传》，《儒藏》精华编，第152册，北京大学出版社，2016年，第629页。
④ （宋）黄榦：《勉斋先生黄文肃公文集》，第145页。
⑤ （宋）黄榦：《勉斋先生黄文肃公文集》，第149页。

《祭潘立之文》

四库本《勉斋集》卷三十七有《处士潘君立之行状》，讲到潘立之卒年五十九岁，但相关文字被涂抹，时间待考。徐公喜《朱子门人学案》将其卒年定为1219年即嘉定十二年。[1]

《祭赵㙷文》

待考。

《晦庵朱先生行状成告家庙文》

年谱记为黄榦去世之前即嘉定十四年（1221）。

《辞晦庵先生墓文》

文中有言"先生弃诸生二十有一年"，乃知此文作于嘉定十四年（1221）。

《祭某人文》

待考。

《代祭林黄中侍郎文》

待考。罗参峰以为林黄中即林栗，该文作于绍熙元年（1190）秋。[2]

《祭章翼之运使文》

文首一句"筮仕二十年"，可见此文当作于黄榦晚年。

卷四十，诗

《答曾伯玉借长编二首》

罗参峰以为淳熙十一年（1184）所作[3]。

绍熙庚戌十月偕赵仲宗舜和潘谦之曾鲁仲游九峰芙蓉寿山纪行十首：《九日登桃枝岭》《道间观瀑布》《夜宿九峰寺》《十日值雨》《早观龙湫》《宿芙蓉寺》《十一日早登灵洞岩》《过翠微院》《十二日复归桃枝岭》《寿山》

均为绍熙元年（1190）十月九日至十二日所作。

《凡今之人莫如兄弟诗》

序中明确讲绍熙庚戌之冬与友人赵仲宗舜和潘谦之曾鲁仲游九峰芙蓉寿山时所作，此诗亦为绍熙元年（1190）十月所作。

《游鼓山登大顶峰》

诗注"辛亥夏"。据年谱载，绍熙二年五月，同诸君游鼓山大顶峰。

---

[1] 徐公喜：《朱子门人学案》，第43页。
[2] 罗参峰：《黄榦诗文编年考证》，第245页。
[3] 罗参峰：《黄榦诗文编年考证》，第23~24页。

先生赋诗，其首联云："登山如学道，可进不可已"，卒章云："摩挲古石刻，岁月为我纪"①，即此诗。此诗作于绍熙二年（1191）五月。

《双髻峰》

待考。

《侍晦翁饮浮翠用刘叔通韵》

庆元元年（1195）八月二十九日所作。②

《读史记荆卿传》

待考。

《食竹䴗》

待考。

《谇人》

疑为庆元元年（1195）夏。③

《生平》

诗中讲"生平因寡合，岁晚交更少"，似为晚年所作。

《拜文公先生墓下》

疑为嘉定九年（1216）。④

《答刘正之见招四绝》

据年谱，嘉泰三年，刘忠肃公之子学雅刘正之延先生于家塾，以为二子师，又与刘正之、实之唱和诸诗，又作《刘氏遂初堂记》。⑤此诗为嘉泰三年（1203）所作。此外，《读史戏呈刘正之》《和魏元明四月菊》《和刘实之喜雨》《再和刘实之喜雨呈正之》《和刘实之寄生日》《刘正之宜楼四章》，似在此诗后不久而作。

《与胡西园》

待考。

《嘉兴道间二首》《谒陆宣公祠于嘉兴府学门外二首》《石门》《访高金判所居》《甲子语溪闵雨四首》《喜雨用前韵》

据年谱载，嘉泰四年有《谒陆宣公祠》《谒高金判所居》《闵雨》《喜

---

① （宋）陈义和编撰：《勉斋先生黄文肃公年谱》，第755页。四库本《勉斋文集》后两句为"摩挲陈公碑，岁月为我纪。更持末后句，归于铭吾儿"，略不同。
② 罗参峰：《黄榦诗文编年考证》，第25页。
③ 罗参峰：《黄榦诗文编年考证》，第25页。
④ 罗参峰：《黄榦诗文编年考证》，第26页。
⑤ （宋）陈义和编撰：《勉斋先生黄文肃公年谱》，第779页。

雨》《道中》《石门》诸诗①。以上诗应作于嘉泰四年（1204）。

《又用前韵谢华宰》

诗序说："适有以予闵雨四诗呈似者，不鄙而和之。"此诗应作于《甲子语溪闵雨四首》之后不久，亦为嘉泰四年（1204）。

《嘻嘻示儿》

诗中提及生活困顿，并说"大儿知书故自忍，小儿叫怒来牵裳"，黄榦长子黄辂生于淳熙十一年（1184）十二月，二子黄辅生于淳熙十三年（1186），三子黄輹生于绍熙三年（1192），四子黄韶生于嘉泰二年（1202）年冬，而黄榦于嘉泰三年（1203）十二月到任石门酒库，到任之后生活会有所改善。诗中大儿知书和小儿叫怒，此小儿不可能是四子，当为四子出生之前的三子黄輹少时。此诗作于绍熙二年（1191）后几年。

《送宋知府归阆州》

不详。

《浙江舟行遇风》

不详。

《和江西王仓中秋赏月韵》

嘉定元年（1208）至五年八月十五日。②

《勉都干权君》

嘉定六年（1213）至七年，或嘉定十年（1217）至十一年。③

《送章元德司理罢官归永嘉》

不详。

《谢潘谦之二首》

诗中讲"生平不作温饱计，岁晚宁愁衣褐无"，应为黄榦晚年归家所作。

《庆元己未冬至前二日访林公度至栗山翌日同访吴必大林季亨容之偕行爱其溪山池亭之胜为之赋诗》

庆元五年（1199）十一月二十五日所作。

《会南禅游邹氏园和知丞韵》

不详。

---

① （宋）陈义和编撰：《勉斋先生黄文肃公年谱》，第 782 页。
② 罗参峰：《黄榦诗文编年考证》，第 29 页。
③ 罗参峰：《黄榦诗文编年考证》，第 29 页。

《寄郑维忠叶云叟诸友》

疑为嘉定十一年（1218）至十三年（1220）的某年秋。①

《宿庐阜题正觉禅师》

疑为嘉定十一年（1218）夏。②

《挽云门郑君》

不详。

《挽潘孺人》

不详。

《挽新市张监酒三首》

据年谱载，嘉泰四年（1204）冬，檄权新市、乌青诸库，诗中讲，"捧檄来新市，逢人说旧官"，此诗当为嘉泰四年（1204）冬所作。

《代王维谨挽李察院二首》

不详。

《代曾鲁仲挽蒋同叔母二首》

不详。

《代季亨二首》

季亨即林季亨，黄榦好友林宪卿的族人，庆元五年（1199）十二月所作。③

《代良夫人二首》

不详。

《挽李尚书母太淑人》

嘉泰三年（1203）至四年（1204）所作④。

---

① 罗参峰：《黄榦诗文编年考证》，第30页。
② 罗参峰：《黄榦诗文编年考证》，第31页。
③ 罗参峰：《黄榦诗文编年考证》，第32页。
④ 罗参峰：《黄榦诗文编年考证》，第32页。

附录三：《性理大全》中的黄榦资料

根据山东友谊书社 1989 年出版的《性理大全》（全四册）对勉斋材料进行辑佚①，所获如下：

卷之一，《太极图》

勉斋黄氏曰：极之得名，以屋之脊栋为一屋之中居高处，尽为众木之总会，四方之尊仰，而举一屋之木莫能加焉。故极之义虽训为至，而实则以有方所行状而指名也。如北极、皇极、尔极、民极之类，皆取诸此。然皆以物之有方所形状适似于极，而具极之义。故以极明之，以物喻物。盖无难晓，惟大，传以易之至理，在易之中，为众理之总会，万化之本原，而举天下之理莫能加焉。其义莫可得名，而有类于极，于是取极名之而系以太，则其尊而无对，又非它极之比也。然太极者，特假是物以名是理。虽因其有方所形状以名，而非有方所形状之求。虽与他书所用极字取义略同，而以实喻虚，以有喻无，所喻在于言外，其意则异。周夫子有见于此，恐夫人以它书闲字之例求之，则或未免滞于方所形状，而失圣人取喻之意。故为之言曰"无极而太极"，盖其指辞之法，犹曰无形而至形，无方而大方。欲人知夫非有是极而谓之太极，亦特托于极以明理耳。又曰"太极本无极也"，盖谓之极，则有方所形状矣。故又反而言之谓无极云耳，本非有极之实，欲人不以方所形状求，而当以意会于此。其反复推本圣人所以言太极之意，最为明白。后之读者，字义不明，而以中训极，已为失之。然又不知极字但为取喻，而遽以理言，故不惟理不可无，于周子无极之语有所难通。且太极之为至理，其辞已足，而加以无极，则诚似于

---

① 这里所辑的材料主要是《性理大全》所收录材料中超出《勉斋文集》的部分，每段材料后用括号注明所在《性理大全》的页码。《性理大全》所收录材料也有不少是出自现存的《勉斋文集》，凡此类材料都略写，用双引号列出该材料的第一句，随后在括号中标明所在《性理大全》的页码与出自《勉斋文集》中的哪一篇，以此亦可见《性理大全》所收勉斋文献的基本情况。

赘者矣。因见象山论无极书，正应不能察此，而辄肆于粗辨，为之窃叹，故著其说如此云。（第83~84页）

未有五行，只得唤做阴阳。既有五行，则阴阳在五行之中矣。（第84~85页）

太极只是极至之理，不可形容。圣贤只说到一阴一阳处住，只是个一阴一阳底道理，所以天地寒暑昼夜生死，千变万化都只是一样。分而言之，则一物各具一阴阳；合而言之，则万物总具一阴阳耳。（第85页）

《太极图说》云"无极而太极"，妄意谓无极而太极者，非老氏之出无入有，与佛之所谓空也，乃斯道之本体，万化之领会，而子思所谓天命之性，而孟子所谓生之谓性也。《通书》统论之曰"诚者，圣人之本也。大哉乾元，万物资始；诚之源也，乾道变化，各正性命，诚斯立焉，纯粹至善者也"，此所以发明"无极而太极"，原始而要其终也。既又引《易》之《系辞》而明之曰"一阴一阳之谓道，继之者善也，成之者性也。元亨，诚之通；利贞，诚之复。大哉易也，性命之源乎"，盖冲漠无朕之中万象森然已具，而无所亏欠。天之所以覆，地之所以载，日月之所以照，鬼神之所以幽，风雷之所以变，江河之所以流，性命之所以正，伦理之所以著，人之所以为圣人，本末上下，贯乎一理，其实然而不可易者欤。（第91~92页）

太极动而生阳，动极而静，静而生阴，静极复动，一动一静，互为其根，分阴分阳，两仪立焉。

勉斋黄氏曰："太极动而生阳"，不成太极在一处，阴阳在一处生，动静底便是阴阳，阴阳都是这气拍塞，即无些子空缺处。人愚见天在上，地在下，便道中间有空缺处，不知天地间逼拶都实。吾身之外都是气，如脱了衣服便觉寒冷，是这气袭人。旧尝寓一间屋，两头都垂簾，揭起这一个，那一个也掣动，这是气拶出。横渠云"知虚空即气无无"是如此，又云"所以致中和，便天地位，万物育"，只是如此。（第109页）

"太极动而生阳"，"静而生阴"，太极不是会动静底物。动静，阴阳也。所以图解云"动静者，所乘之机也"。所乘之机四字最难看，旧蔡季通对朱先生问所乘之机如何下得恁地好，先生微笑。大抵只看太极乘着什么机，乘着动机便动，乘着静机便静，那太极却不自会动静。既是阴阳，如何又说生阴生阳？曰："生阴生阳，亦犹阳生阴生。太极随阴阳而为动静，阴阳则于动静而见其生。不是太极在这边动，阳在那边生。譬如蚁在磨盘上一般，磨动则蚁随他动；磨止则蚁他止。蚁随磨转，而因蚁之动静，可以见磨之动静。"（第109~110页）

天道是理，阴阳五行是气。合而言之，气即是理，一阴一阳之谓道也；分而言之，理自为理，气自为气，形而上下是也。（第110页）

一阴便是静，一阳便是动。道是太极，诚是太极。其动也、其静也二条，上合动静说，此分动静说。"动极而静"以下又换形了，一个说流行底，一个说定分底。盖太极而下，上文解图周匝。此下文又衮说个太极与阴阳。自其著而观之，著是阴阳；自其微而观之，微是太极。问："既太极阴阳不是二物，如何又有微有著？"曰："须看观字，是我去他里面拆看，却非他有两个头面。"又曰："所乘之机一句最妙"，又曰："此既言气与理合，虽然以下言虽是恁地，却那里见他入头处，所以不见他合，不见他离。正以其动静无端、阴阳无始，下面若有缝，这太极也须漏出了。（第110~111页）

"太极动而生阳。动极而静，静而生阴，静极复动。一动一静，互为其根，分阴分阳，两仪立焉。"妄意谓此非老氏有生于无与佛氏之所谓妄也。一必有两，体必有用，动必有静。动静迭兴而分阴阳，变化之所由生也。即《通书》之言折而求之，若曰："元亨，诚之通；利贞，诚之复。"盖元气者，始而亨者也，太极之动也。利贞者，性情也，动极而静，静极复动也。又曰"圣人之道，仁义中正而已矣"，又曰"动而正曰道，用而和曰德"，"触类而长之"，其此之谓乎。（第111页）

太极本体虽以形容，缘气察理，遡流求源，则可知矣。一静一动，静动初终，此气之流也，是孰为之哉？理也。天其运乎，地其处也，日月其争于其所乎。孰主张是，孰纲维是？主张纲维，理之谓乎。有是理，故有是气。理如此，则气亦如此。此体用所以一源，显微所以无间也。呜呼，深哉。（第111页）

阳变阴合而生水、火、木、金、土，五气顺布，四时行焉。

勉斋黄氏曰：妄意谓阴阳分，两仪立矣。阳中之阳，阴中之阴，变合相得，而五位成质。横渠先生云："水、火，气也，故炎上润下，与阴阳相为升降，土不得而制焉。木、金者，土之华实。其性有水、火之杂，故木之为物，水渍而得生，火然而不离。盖得土之浮华于水、火之交也。金之为物，得火之精于土之燥，得木之精于水之濡，故水、火相得而不相害。铄之则反流而不耗，盖得土之精实于水、火之际也。土者，物之所以成始成终也，地之质也，化之终也，水、火之所以升降，物兼体而不遗者也。"即是而参之，五行之生，一阴阳之所为也。木之气盛于东，于时为春；火之气盛于南，于时为夏；土之气盛于中央，而寄旺于四时之戊已，而独盛于季夏之时；金之气盛于西，而于时为秋；水之气盛于北，而于时为冬。春夏秋冬，而气以成。此五物者，同出而异名者也。四时之行，即五气之流通，五气之流通即一气之妙用，非截然一彼一此也。《通书》云"动而无静，静而无动，物也；动而无动，静而无静，神也；动而无动，静而无静，非不动不静也。物则不通，神妙万物"，此以明太极动而生阳，以至四时行焉，无非神之所为也。又云"水阴根阳，火阳根阴；五行阴阳，阴阳太极。四时运行，万物终始；混兮辟兮，其无穷兮"，以明五行之生，四时之行，百物之产，一太极而已矣。其然乎，岂其然乎？（第119~120页）

问："阳变阴合而生水、火、木、金、土，次序如何？"曰："水与火对生，木与金对生，因云这里有两项看。如作建寅看时，则木火是阳，金水是阴，此以行之序论；如作建子看时，则水、木是阳，火、金是阴，此以生之序论。大概冬春夏可以谓之阳，夏秋冬可以谓之阴。"因云："《太极图解》有一处可疑，图以水阴盛故居右，火阳盛故居左，金阴稚故次水，木阳稚故次火，此是说生之序。下文却说水、木阳也，火、金阴也，却以此为阳，彼为阴。论来物之初生，自是幼嫩，如阳始生为水尚柔弱，到生木已强盛，阴始生为火尚微，到生金已成质。如此，则水为阳稚，木为阳盛，火为阴稚，金为阴盛。不知图解所指是如何？后请问云图解所分，恐是解剖图体；言其居左居右之位次否？晦庵先生云旧也如此看，只是水而木，木而火以下，毕竟是说行之序，这毕竟是说生之序，毕竟是可疑。"（第120~121页）

五行之序，以质之所生而言，则水本是阳之湿气，以其初动为阴所陷而不得遂，故水阴胜。火本是阴之燥气，以其初动为阳所搏而不得达，故火阳胜。盖生之者微，成之者盛；生之者，形之始，成之者，形之终也。然各以偏胜也，故虽有形而未成质，以气升降，土不得而制焉。木则阳之湿气寖多，以感于阴而舒，故发而为木，其质柔，其性暖。金则阴之燥气寖多，以感于阳而缩，故结而为金，其质刚，其性寒。土则阴阳之气各盛，相交相搏，凝而成质。以气之行而言，则一阴一阳，往来相代。木、火、水云者，各就其中而分老少耳，故其序各由少而老，土则分旺四季而位居中者也。此五者序若参差，而造化所以为发育之具，实并行而不相悖。盖质则阴阳交错凝合而成，气则阴阳两端循环不已。质曰水、火、木、金，盖以阴阳相间言，犹曰东西南北，所谓对待者也。气曰木、火、金、水，盖以阴阳相因言，犹曰东南西北，所谓流行者也。质虽一定而不易，气则变化而无穷，所谓易也。（第121~122页）

五行生之序，则曰水、火、木、金、土，行之序则曰木、火、土、金、水，何故造物却有此两样。看来只是一理，生之序，使是行之序。元初只是一个水，水暖后便成火，此两个是母。木者水之子，金者火之子。冬是太阴，春是少阳，夏是太阳，秋是少阴。从冬起来，故水、木、火、金自成次序，以水生木，以火生金，故生之序便是行之序也。孔子言精气为物，静便是水，气便是火。子产曰"物生始化曰魄，阳曰魂"，魄便是精之灵，魂便是气之灵。水便生木，火便生金。在人一身，初只是生肾水，又生心火，肾水上生木肝，心火上生肺金。造化只是如此，何尝有两样来。天一生水，地二生火，天三生木，地四生金，此便是造化本原，其后流行亦只如此。四时之序，不过二天二地而已，所以《洪范》亦只说水、木、火、金、土谓之五行，则行之序亦是如此也。以此可见造化之端倪，物本生之始。（第122页）

五行有生数，有行数，不知何故，初生是一样，流行又是一样？其为物不二则其生物不测，易简之义，恐不如此。故尝疑其只是一样。及以造化之本原参之，人物之生育初无两样，只是水、木、火、金、土，便是次序。古人欲分别阴阳造化之殊，故以水、火、木、金、土为言耳。自一至十之数，特言奇耦多寡耳，非谓次第如此。盖积实之数，非次第之数也。天得奇而为水，故曰一生水。一之极而为三，故曰三生木。一极为三，以一运之，圆而生三，故一而为三也。地得耦而为火，故曰二生火，二之极而为四，故曰四生金。二极为四，以二周之，方而为四，故二而为四也。水者，初生之阳；木者，极盛之阳。火者，初生之阴，金者，极盛之阴。阳极而生阴，阴极而生阳。故但当以水、木、火、金、土为次序也。自初生至流行皆是如此。若要看阴阳奇耦一初一盛，则当曰水、火、木、金、土，非谓次序如此也。今以为第一生水，第二生火，第三生木，第四生金，以为次序则误矣。水、木、火、金、土，五行之序也，水、火、木、金、土，分其奇耦初盛而为言也。以此观之，只是一样，初无两样也，所谓一二三四，但言一多一少，多之极，少之极也，初非以次序而言。犹人言一文两文，非谓第一名第二名也。果以次序而言之，则一生水而未成水，必至五行俱足，犹待第六而后成水。二生火而未成火，必待五行俱足又成就了水，然后第七而后成了火耶。如此则全不成造化，亦不成义理矣。六之成水耶，犹坎之为卦也，一阳居中。天一生水，地六包于外，阳少阴多而水始成。七之成火也，犹离之为卦也，一阴居中。天七包于外，阴少阳多而火始成。坎属阳而离为阴，以其在内者为生，在外者成之也。若以次序言，全不成义理矣。又曰五行之序，某欲作三句断之曰，论得数奇耦多寡，则曰水、火、木、金、土；论始生之序，则曰水、木、火、金、土；论相生之序，则曰木、火、土、金、水。如此，其庶几乎。（第122~124页）。

太极不可名状，因阴阳而后见。一动一静，一昼一夜，以至于一生一死，一呼一吸，无住而非二也。因阴阳之二，而反以求之，太极之所以为阴阳者，亦不出于二也。[①] 非其本体之二，何以使末流无往不二哉！然二也，各有本末，各有终始，故二分为四而五行立矣。盖一阳分而为木火，一阴分而为金水。木者火之始，火者木之终。金者水之始，水者金之终。物各有终始，未有有始而无终、有终而无始者。二各有终始，则二分为四矣。知二之无不四也，则知其所以为是四者，亦道之本体。非其本体之[②]四，何以使物之无不四哉！故二与四，天下之物无不然，则亦足以见道体之本然也。虽为太极不可名状，此亦可以见其端倪矣。体用一源，显微无闲，要当以是观之，塞天地，贯古今，无往不然。仁、义、礼、智，特就人心而立名耳。（第124页，亦见于《勉斋先生黄文肃公文集》，第649页）

五行一阴阳，阴阳一太极，太极本无极，五行之生，各一其性。

勉斋黄氏曰，"五行一阴阳也，阴阳一太极也，太极本无极也"，妄意谓此三者者即所谓"混兮辟兮"也，惧学者支离其说，故又举而言之。前之言原始而要其终，今之言溯流而穷其源，五行、阴阳同一太极而不相妨也。（第128~129页）

无极之真，二五之精，妙合而凝，乾道成男，坤道成女，二气交感，化生万物，万物生生而变化无穷焉。

勉斋黄氏曰：夫所谓"五行之生，各一其性"者，言五行之成质，虽其别有五，而各具一太极也。"无极之真，二五之精，妙合而凝"者，无极之实理具于二气五行之精，相摩相荡而妙合凝聚也。"乾道成男，坤道成女，二气交感化生万物"者，言无极之真二五之精，既妙合凝聚，则男女之象已分。而"二气交感化生万物"，如《易》所谓"天地氤氲，万物化醇，男女构精，万物化生"也。继之曰"万物生生而变化无穷焉"，言天命流行而不息，万物形化而无穷也。盖生生不穷之理，冲漠于太极之先，成象成形于化生之际，而无一毫间断也。《通书》云，"二气五行，

---

① 这里的"太极不可名状"一段出自黄榦给杨志仁的"示及双条所论"一信，信中在这里多了"如是，则二者，道之体也"一句。见（宋）黄榦《勉斋先生黄文肃公文集》，第649页。
② 黄榦给杨志仁的"示及双条所论"一信中的此句少了"本体之"三字。见（宋）黄榦《勉斋先生黄文肃公文集》，第649页。

化生万物，五殊二实，二本则一，是万为一，一实万分，万一各正，小大有定"，其此之谓乎。（第133页）

气虚而形实，虚者聚而后实者成，如人气嘘呵而后成水也。（第133~134页）

圣人定之于中正仁义而主静，立人极。

问："圣人定之以中正仁义而主静，解云正义是静，正义如何谓之静？"勉斋黄氏曰："是向这里裁一裁便住。"又问："此是圣人主静工夫，学者要主静时，莫是向事物上各得个当然之则，便是主静否？"曰："主静下小注云无欲故静，须就里面下工夫。今人终日纷扰，心不定叠，也须著片时去那里静坐收这心。不专一则不能直遂，不翕聚则不能发散。但看天地之间，冬间才温燠，阳气发泄得尽了，来岁生物必不十分畅茂，也多有疫疠之气。若是凝肃藏闭，大寒极冻，方藏得许多气，一发出便自充塞，万物自是个个长茂。人亦如此。孟子言夜气亦是如此，日间固不可不存。若于早晨清明未接物时才存养得，日间也自别。"（第150页）

故曰立天之道曰阴与阳，立地之道曰柔与刚，立人之道曰仁与义，又曰原始反终，故知死生之说。

勉斋黄氏曰：天之道不外乎阴阳、寒暑往来之类是也。地之道不外柔刚、山川流峙之类是也。人之道不外乎仁义、事亲从兄之类是也。阴阳以气言，刚柔以质言，仁义以理言。虽若有所不同，然仁者阳刚之理也，义者阴柔之理也，其实则一而已。天地亦大矣，人以藐然之身乃与天地立为三。至其为道，又与天地混然而无间，其可不知所以自立哉！非阳刚阴柔，虽天地不能以自立。不仁不义，则亦不可谓之人矣。不谓之人，则与禽兽奚异哉？由仁义，则与天地并立而无间；由不仁不义，则无以自别于禽兽，学者其亦知所择矣。（第162页）

"惟人也得其秀而最灵，形既生矣，神发知矣，五性感到而善恶分，万事出矣"，此即人而明太极之理，与前之言一致也。盖盈天地之间者惟万物，而人居万物之一。物之感人，人之应物，无时不然，其扩充运用，正三纲，明五教，序万事，穷理尽性以至于命。致中和，赞化育，参天地而相为无穷者，圣人也。故继之曰"圣人定之以中正仁义而主静，立人极焉"，又引《易》之辞以明之曰，"故圣人与天地合其德，日月合其明，四时合其序，鬼神合其吉凶"，以此见圣人与太极为一也。而其所以然之妙，则原于主静焉。圣人立极固不假修为而后能，然推本其经纶之所自，因其用以言其体，则有在乎是也。主静云者，非不动也，犹《易》所谓"君子敬以直内，义以方外，敬义立而德不孤"，敬义固未尝相逆也，而敬为之体也。《中庸》曰："喜、怒、哀、乐之未发谓之中，发而皆中节谓之和，中也者，天下之大本，和也者天下之达道。"中和固未尝相违也，而中为之体也，是亦无极而太极之意，初非有先后次序也。又惧夫学者指为圣人之事，高远微妙而不可及，则又继之曰"君子修之吉、小人悖之凶"，庶乎其不自暴自弃，改过迁善而趋吉避凶，主一无适而克己复礼，真积力久，行著习察，忽不自知其自至于贯通处，则是亦圣人矣。吉孰大焉，苟惟拒之以不信，绝之以不为。穷人欲，灭天理，其祸可胜言哉。玩吉凶之二辞，何其为天下后世忧之深、言之切如是乎，又引《系辞》以明三才之本曰"立天之道曰阴与阳，立地之道曰柔与刚，立人之道曰仁与义"，于以见此理之所寓，虽有阴阳、刚柔、仁义之名，而其立处无以异也。（第162~163页）

"原始要终，故知生死之说"，此申"无极而太极，太极本无极"之理，使人知生死本非二事。而老氏谓长生久视，佛氏谓轮回不息，能脱是则无生灭者，皆诞也。横渠曰"物之初生，气日至而滋息；物之既盈，气日反而游散；至之谓神，以其伸也，反之谓鬼，以其归也"，此之谓夫。（第163~164页）

卷之二，《通书一》

诚者，圣人之本。

勉斋黄氏曰：诚即是实，如一个物，看头透尾，里面充足，无一毫空缺处。（第202页）

乾道变化，各正性命，诚斯立焉。

问："朱先生谓此书与太极相表里，诚，即所谓太极也。'大哉乾元，万物资始，诚之源也。'即图之阳动；'乾道变化，各正性命，诚斯立焉。'即图之阴静，如何？"勉斋黄氏曰："阴阳有以对待而言者，一上一下，一东一西，此以对待言也；有以流行言者，一昼一夜，一春一夏，此以流行言也。太极图之言阴阳，其以流行而言者欤？故曰'诚之源'，又曰图之阳动；曰'诚斯立'，又曰图之阴静。诚，理也，阴阳，气也。理与气未尝相离，故言诚而又言阴阳也。"（第203页）

故曰："一阴一阳之谓道，继之者善也，成之者性也。"

问："'继善成性'，解云'阳之属''阴之属'，如何？"勉斋黄氏曰："此言阴之分、阳之分，未说阴阳。"又问："'继之者善'是未有成立时于图上见得否？"曰："这里本无时节，只是要画与人看，便须如此，其实'动静无端，阴阳无始'那里有个时节。如一日之间，昼是阳，夜是阴，如子时前四刻是继善，后四刻是成性。如阳前阴后，少间又阴在前，阳在后，这个变化无穷，所以伊川云'天地之间只有个感与应，更有甚事？'且如自家亦恁地，而今见个事，自家起念去做时，这是'继之者善'。少间做后十分结果得他了，这是'成之者性'。人便即是天，天体物而不遗，犹仁体事而无不在。体物是为物之骨子，一个物里都有一个天，人之于事，无一个事里无一个仁。天之所以成万物，仁之所以成万事，都一般。"（第206~207页）

问："'继善成性'，朱先生以'善者，理之方行，为阳之属；成则物之已成，为阴之属，'不知所谓？"曰："但以四序观之可见，'大哉乾元，万物资始'，春夏之谓也；'乾道变化，各正性命'，秋冬之谓也。春夏，理之方生，故为阳之属；秋冬，物之已成，故为阴之属。"（第207页）

大哉易也，性命之源乎。

勉斋黄氏曰：故曰一下三句，是引《易》来说，结上三节，向后乃赞《易》之语，又曰："而今读书，须以身体之，不可徒泥纸上语"，如此篇说"诚只是实，诚者圣人之本"，是言圣人之所以为圣，以其全是实理而已。下文又不说圣人，只说个实理，"大哉乾元"以下，只把春夏秋冬来看。春夏之时，万物都有生意，蕃育长茂。这是那实理流出之源。秋冬间万物成实，个个物里面都是这实理，"各正性命"是一个物正一个性命去，如柑成柑，橘成橘，个个都实。"元亨诚之通"，是春夏生长意思。"利贞诚之复"，是秋冬成实意思。"一阴一阳之谓道"，阴便是秋冬，阳便是春夏，只这个便是道。阴阳流行，道便在其中，不成别有个道。继之者善，则是那诚之通。未有成立。只唤做善。成之者性，则是那诚之复。已有成立，方唤做性。"大哉易也"，性命之源乎，易便是一阴一阳，命则是继之者，性则是成之者。看来继善成性，只是个头尾。（第214页）

发微不可见，充周不可穷之谓神。

勉斋黄氏曰："诚几德"，此一段文理粲然，只把体用二个字来读他便见。诚是体，几是用。仁、义、礼、智、信是体，爱宜理通守是用。诚几只是德擘来做，在诚为仁，则在几为爱；在诚为义，则在几为宜。性焉，复焉，发微不可见，是体；安焉执焉，充周不可穷，是用。性，如尧舜性之也；复，如汤武反之也；是既失了再复得，安而行之，不恁地辛苦。执，则是择善而固执，须恁地把捉。发是源头底，充是流出底。其发也微而不可见，其充也周而不可穷。是谓神，指圣而不可知者也。（第228页）

问："诚者实然之理，仁、义、礼、智、信五者皆实理也，自然至善无所谓恶，几者动之微，于是始有善恶之分。善则得是五者之理，恶则失是五者之理。所谓德者，是理之得于心者也。以实理言之，无圣贤众人之异。几有善恶，然后有圣贤众人之分。德者惟圣贤有之，故于此下只言圣贤而不言众人。至于发之微、充之周，则又惟圣者能之。故必此只言圣人之神，而不及贤人也。"曰："所说大概得之，但其间曲折更有合细讲处。诚，性也，未发也；几，情也，已发。仁、义、礼、智、信，性也，爱宜理通守，情也。曰者，因情以明性。性也，复也，发微也，主性而言。安也，执也，充周也，主情而言。圣贤体是德于性情之间，浅深之分如此，周子之言简实精要，非知道者，孰能言之。"（第 228~229 页）

问："周子言'爱曰仁'者，爱，情也，仁，性也；情，用也，性，体也。此书解所谓因用以名其体也，孟子既言'恻隐之心，仁之端也'，只此端字便见因用以明体。谓之端，则如木之有萌芽而已发耶，"曰："所解周子之意得之。"（第 229 页）

问："诚几德，朱子解以诚无为此太极，几善恶配阴阳之象，德则曰即五行之性。如此观之，理却贯通。"答曰："以诚几德配太极阴阳五行，此亦要看得活。活则处处皆通，不活则处处唤做不是不得，唤做是亦不得，在人自晓会耳。"（第 229 页）

问："之谓圣、之谓贤、之谓神三句。"曰："圣贤神三字，自是就所到之地位而言，若曰此圣人、此贤人、此神人也。"（第 229 页）

寂然不动者，诚也；感而遂通者，神也；动而未形有无之间者，几也。

太极图中只说"动而生静，静而生阴"，此又说个几，此是动静之间，又有此一项。（第 230 页）

故君子慎动

主静、审几、慎动，三者循环，与孟子夜气、平旦之气、旦昼所为相似。（第 234 页）

或问曰："曷为天下至善？"曰："师。"曰："何谓也？"曰："性者，刚柔善恶中而已矣。"

问："形而后有气质之性，其所以有善恶之不同，何也？"勉斋黄氏曰："气有偏正，则所受之理随而偏正。气有昏明，则所受之理随而有昏明。木之气盛，则金之气衰，故仁常多而义常少。金之气盛，则木之气衰，故义常多而仁常少。若此者，气质之性有善恶也。"曰："既言气质之性有善恶，则不复有天地之性矣。子思子又有未发之中，何也？"曰："性固为气质所杂矣，然方其未发也，此心湛然，物欲不生，则气虽偏而理自正，气虽昏而理自明，气虽有赢乏之而理则无胜负。及其感物而动，则或气动而理随之，或理动而气挟之。由是至善之性听命于气，善恶由之而判矣。此未发之前，天地之性纯粹至善，而子思之所谓中也。《记》曰'人生而静，天之性也'，程子曰：'其本也真而静，其未发也五性具焉'，则理固有寂感，而静则其本也，动则有万变之不同焉。愚尝以是质之先师矣，答曰：'未发之前，气不用事，所以有善而无恶。'至哉此言也。"（第237~238页，此段亦出现在卷五《正蒙一》，第438~439页。）

志伊尹之所志，学颜子之所学。

才说为学，便以伊尹颜子并言，若非为己务实之论，盖人之心里自是有许多事，不然则褊狭了。然又不可不知轻重先后，故伊尹则曰志，颜子则曰学，《大学》既言明德，便言新民，圣贤无一偏之学。又曰颜子是明德，伊尹是新民，本非二事也。（第251~252页）

混兮辟兮，其无穷兮。

或问："周子之语，言合胡不自万而一，言开胡不自一而万？"勉斋黄氏曰："周子之言造化至五行处，是一关隔。自五行而上属乎造化，自五行而下属乎人物。所以《太极图说》说到'四时行焉'，却说转从五行说太极，又从五行之生说'各一其性'，说出至变化无穷。盖天地造化，分阴分阳至五行而止。五行既具，则由是而生人物也。有太极便有阴阳，有阴阳便有五行，三者初无断际。至此若不说合，却恐将作三件物事认了，所以合而谓之妙合，非昔开而今合，莫之合而合也。至于五行既凝，而后有男女。男女既交，而后生万物，此却是有次第，故有五行而下，节节开说，然其理气未尝有异，则恐未尝不合也。"（第266页）

圣可学乎，曰可，曰有要乎，曰有，请闻焉，曰一为要，一者无欲也，无欲则静虚动直，静虚则明，明则通，动直则公，公则溥，明通公溥庶矣乎。

勉斋黄氏曰：一为要，一字有数样。如作左右看，则一为纯一之一，如作前后看，则一为专一之一。此所谓一，是纯一不杂之谓也。譬如一物恁地光洁，更无些物尘污了他。但看下文言无欲是一，静虚，虚也是一，动直，直也是一。何谓无欲，只是纯然是个天理，无一点私欲。此须作两路看，莫非欲也，饮食男女，人之大欲，此不待说。须看面前许多物，苟有一念挂着底，都是欲，如一切嗜好之类，此是一路。又须识得欲，不待沉溺其中而后谓之欲，程子云"才有所向便是欲"，这个甚微。才起念处便是欲，譬如止水上一动相似，若到酒池肉林，已狼当了，无欲则自湛然一物不留，故静便虚。未发时，这虚灵知觉如明镜止水，恁地虚。动便直，做事时只有一路直出，那里有偏曲路径？才虚便明，明则见道理透彻，故通。直便公，公自是无物我，故溥。又曰："通者明之极，溥者公

之极。"（第274页）

静虚动直，动字当就念虑之萌上看，不可就视听言动上看。念虑之萌既直，则视听言动自无非礼。今以视听言动为动直，则念虑之萌处有所略矣，故动静当以心言也。虚直两字亦当子细体认。虚者若此心湛然，外物不能入，故虚直者，循理而发，外邪不能扰，故直。敬则静虚，亦能动直，敬该动静者也。今但言静虚则偏矣。心在则动皆直，心不在则动皆邪，此两句却得之。（第274~275页）

卷之四，《西铭总论》

"尝记师说，《西铭》自乾称处以下至颠连无告，如棋局。"（第369~370页，出自《西铭说》）

卷五《正蒙一》：心能尽性，……然后能成己成物不失其道。

勉斋黄氏曰：自孟子言性善，而荀卿言性恶，杨雄言善恶混，韩文公言三品，及至横渠张子分为天地之性、气质之性，然后诸子之说始定。盖自其理而言之，不杂乎气质而为言，则是天地赋与万物之本然者，而寓乎气质之中也。故其言曰："善反之，则天地之性存焉。"盖谓天地之性，未尝离乎气质之中也，其以天地为言，特指其纯粹至善，乃天地赋予之本然也。（此后文字亦见于第237~238页）曰："形而后有气质之性，其所以有善恶之不同，何也？"勉斋黄氏曰："气有偏正，则所受之理随而偏正。气有昏明，则所受之理随而昏明。木之气盛，则金之气衰，故仁常多而义常少。金之气盛，则木之气衰，故义常多而仁常少。若此者，气质之性有善恶也。"曰："既言气质之性有善恶，则不复有天地之性矣。子思子又有未发之中，何也？"曰："性固为气质所杂矣，然方其未发也，此心湛然，物欲不生，则气虽偏而理自正，气虽昏而理自明，气虽有赢乏而理则无胜负。及其感物而动，则或气动而理随之，或理动而气挟之。由是至善之性听命于气，善恶由之而判矣。此未发之前，天地之性纯粹至善，而子思之所谓中也。《记》曰'人生而静，天之性也'，程子曰：'其本也真而静，其未发也五性具焉'，则理固有寂感，而静则其本也，动则有万变之不同焉。愚尝以是质之先师矣，答曰：'未发之前，气不用事，所以有善而无恶。'至哉此言也。"（第438~439页）

卷之十四《易学启蒙一》

勉斋黄氏曰：自一至十，特言奇偶之多寡尔，初非以次序而言。天得奇而为水，故曰一生水，一之极而为三，故曰三生水；地得偶而为火，故曰二生火，二之极而为四，故曰四生金。何也？一极为三，以一运之圆而成三，故一而三也。二极为四，以二周之方而成四，故二而四也。如果以次序言，则一生水而未成水，必至五行俱足，犹待第六而后成水；二生火而未成火，必待五行俱足，然后第七而成火耶。如此则全不成造化，亦不成义理矣。六之成水也，犹坎之为卦也，一阳居中，天一生水也，地六包于外，阳少阴多而水始盛成；七之成火也，犹离之为卦也，一阴居中，地二生火也，天七包于外，阴少阳多而火始盛成。坎属阳，而离属阴，以其内者为主，而在外者成之也。又曰：只以造化本原及人物之初生验之，便自可合。天一生水，水便有形，人生精血凑合成体，亦若造化之有水也。地二生火，火便有气，人有此体便能为声声者，气之所为，亦若造化之有火也。水阴而火阳，貌亦属阴，而言亦属阳也。水、火虽有形质，然乃造化之初，故水但能润，火但能炎，其形质终是轻清，至若天三生水、地四生金，则形质已全具矣。亦如人身，耳目既具，则人之形成矣。木阳而金阴，亦犹视阳而听阴也。又曰："《洪范》五行五事皆以造化之初，及人物始生而言之，造化之初，天一生水，而三生木，地二生火，而四生金，盖阴阳之气一湿一燥而为水、火，湿极燥极而为木与金耶，人物始生，精与气耳，《大传》曰'精气为物'，子产曰'物生始化曰魄，既生魄，阳曰魂'，此皆精妙之语，人物之生如此而已，精湿而气燥，精实而气虚，精沉而气浮，故精为貌而气为言。精之盛者湿之极，故为木为肝为视。气之盛者燥之极，故为金为肺为听。大抵貌与视属精，故精衰而目暗，言与听属气，故气塞而耳聋，此晓然易见者也。"（出自《复甘吉甫》）又曰："耳属金是诚可疑。医家以耳属肾，以肺属金，然配与属不同，属者管属之谓，配者比并之谓。论其管属则耳属于肾，取其并比则听比于金也。"（出自《复甘吉甫》）又曰："水、火、木、金有两项看。如作行之序看，则木火是阳，金水是阴，行于春夏为阳，行于秋冬为阴，如作生之序看，则水、木是阳，火、金是阴，生于天一天三为阳，生于地二地四为阴。因云：'《太极图解》有一处可疑。图以水阴盛故居右，火阳盛故居左，金阴稚故次水，木阳稚故次火，此是说生之序，下文却说水、木阳也，火、金阴也，却以水为阳，火为阴，论人物之初生，自是幼嫩，如阳始生为水尚柔弱。到生木已强盛，阴始生为火尚微，到生金已成质。如此，则水为阳稚，木为阳盛，火为阴稚，金为阴盛也。'"（第991~993页）

卷之二十六《理气总论》

勉斋黄氏曰：天道是理，阴阳五行是气。合而言之，气即是理，一阴

一阳之谓道也；分而言之理自为理，气自为气，形而上下是也。（第1767页）

理无迹而气有形，理无际而气有限，理一本而气万殊，故言理之当先乎气，深思之则无不通也。（第1767页）

天地生出人物，如大芋头生出小芋头，大底有理与气，一下生出无限小底，却都传与他去。（第1767页）

卷之二十七《天文·风雨雪雹霜露》

阴阳和则雨泽作，诗不云乎，"习习谷风，以阴以雨"，亦以阴阳和而雨。春之所以雨多者，以当春之时，地气上腾，天气下降，故蒸渝而成雨。秋亦然，夏则阳亢，冬则阴过，是以多晴。（第1853页）

《天文·五行》

李氏希濂曰：近见勉斋黄氏论五行多所未解，其曰生之序便是行之序，而以《太极图解》气质之说为不然，以《洪范》五行一曰二曰为非有次第，但言其得数之多寡，以夏后继以秋为火能生金，惟其能生，是以能克。

夫五行一也，而以为有生与行之异，则诚若近于支离者，然天地之间，未有不以两而化成者也，以二气言则互为其根者，气也，分阴分阳者，质也；以五行言，则有形体而分峙于昭昭之间者，其质也，无形体而默运于冥冥之表者，其气也。夫岂混然而无别哉。故就质而原其生出之始，则水、火以阴阳之盛而居先，木、金以阴阳之释居后，此质之序然也；就气而探其运行之常，则木火以阳而居先，金水以阴而居后，此气之序然也。质虽以气而成，然其体一定而不可易，气虽行乎质之内而其用则循环而不可穷。二者相次以成造化。今必混而一之则是天地之间，不过轮一死局而无经纬错综之妙，其为造化亦小矣，此其一也。五行之生，同出于阴阳，有则俱有。诚若不可次第言，然水、火者，阴阳变合之初，气之至精且盛者也。故为五行之先，水阴而根于阳，火阳而根于阴，故水又为火之先也，有水、火而木、金生焉。木华而疏，金实而固，故木、金次于水、火，而木又为金之先也。土则四者之所成终而成始也，故次五焉。易大传自天一至地十，以为五位相得而各有合，正指五行生成之数而言，按之河图可见，而洪范五行亦以是为次，此河图洛书所以相为经纬也。今必削其次第，而但以得多寡为说，则是以五行之质，水、木皆阳之所为而无与乎阴，火、金皆阴之所为而无与乎阳，既乖生成之序，复戾变合之旨，所谓五行一阴阳者皆为虚语矣。然勉斋亦云初只是一个水，水暖后便是火，此两个是母，木是水之子。金是火之子，是四者之序亦未尝无，但所谓水暖后便是火，与金是火之子，亦未详其义而恐其未安耳（按水暖是火，盖取既生魄阳曰魂之意，但二者恐自不同），此其二也。若火生金之说，则尤不可晓。若以相生为序，则曰木、火、土、金、水，若以相克为序则当曰水、火、金、木、土，未有其四以生相受，而其一独以克相生也。《礼运》曰"播五行于四时"，周子亦曰"五气顺布四时行焉"，是四时之内，固备五行之气也。惟土无定位，寄旺于四季，辰未戌丑之月，土之所旺也。土旺则皆可以生金矣，然辰未，阳也；戌丑，阴也。阳则生，阴则成。辰未固皆阳也，春木之气盛，则土为之伤；夏火之气盛，则土为之息。故季夏本土旺之月，而又加之以火，则为尤旺，故能生金而为秋。此其相生之序，岂不了然甚明也哉（按五行家，金生于巳，盖辰之所生也，但孕育方微，必至季夏，然后成体而为壮耳）。今但见夏之后便继以秋，思而不得其说遽断之曰火能生金，窃恐其为疏矣，《月令》以中央土继于季夏之后，《素问》于四时之外，以长夏属土，皆是此意，与十干之序吻合。自炎黄以迄于今，未之有改，周子朱子，盖皆取之。今一旦创立孤论以行其独见，愚恐其不合乎造化本然之体也。① （第1869~1874页）

卷之二十八《鬼神》

论在人鬼神兼精神魂魄

勉斋黄氏曰：夫人之生，惟精与气。为毛骨肉血者精也，为呼吸冷热者气也。然人为万物之灵非木石，故其精其气莫不各有神焉。精之神谓之魄，气之神谓之魂。耳目之所以能视听者，魄为之也；此心之所以能思虑者，魂为之也。合魄与魂，乃阴阳之神，而理实具乎其中。惟其魂魄之中有理具焉，是以静则为仁、义、礼、智之性，动则为恻隐、羞恶、恭敬、是非之情，胥此焉出也。人须如此分作四节看，方体认得着实。或问："朱文公但将理与气对看，今先生分作四节，何也？"曰："理与气对，是自天地生物而言，今之说是自人禀受而言。若但言气，大易何以谓'精气为神'，但言理，横渠何以谓'合性与知觉为心'耶？此意玩味当自知之，若以语人，徒起纷纷也。"（第1932~1933页）

因论虚灵知觉曰，人只有个魂与魄。人记事自然记得底是魄，如会恁地搜索思量底这个是魂。魂日长一日，魄是禀得来合下恁地。如月之光彩

---

① 此条并非黄榦的文献，而是李希濂对黄榦五行次第说的集中评论，较为重要，故收于此。其内容分析见于本书第六章第一节。

是魂，无光处是魄，魄亦有光，但是藏在里面。又曰"气之呼吸为魂，耳目之精明为魄"，耳目精明是光藏在里面，如今人听得事，何尝是去听他，乃是他自入耳里面来，因透诸心便记得，此是魄。魄主受纳，魂主经营，故魄属阴，魂属阳，阴凝静，阳发散。（第1933页）

《易》云"精气为物"，精是精血，气是暖气，有这两件，方始成得个好物出来。如人在胞胎中，即是这两个物。骨肉肌体是精血一路做出来，会呼吸活动是暖气一路做出。然而精血暖气，则自有个虚灵知觉在里面。精血之虚灵知觉便是魄，暖气之虚灵知觉便是魂。这虚灵知觉，又不是一个虚浮底物，里面却又具许多道理。故木神曰仁是虚灵知觉，人受木之气，其虚灵知觉则具仁之理，木便是气血，神便即是魂魄，仁便是个道理。如此看方是。（第1933~1934页）

论祭祀祖考神祇

"古人奉先追远之谊至重。"（第1958~1959页，出自《复李贯之兵部》）

卷之三十一《性理三·气质之性》

或问："自孟子言性善，而荀卿言性恶，杨雄言善恶混，韩文公言三品，及至横渠张子分为天地之性、气质之性，然后诸子之说始定（这一段与《性理大全》卷五之《正蒙一》所录黄榦文字相同，此后不同）。性善者，天地之性也，余则所谓气质者也。然尝疑之，张子所谓'气质之性形而后有'，则天地之性乃未受生以前天理之流行者，故又以为极本穷源之性。又以为万物一源，如此则可以谓之命，而不可以为谓之性也。程子又有'人生而静以上不容说'之语，又于好学论言性之本，而后言形既生矣，则疑若天地之性指命而言。固善矣，于人性果何预乎？"勉斋黄氏曰："程张之论，非此之谓也。（此后文为'盖自其理而言之，不杂乎气质而为言……至哉此言也。'①）"（第2066~2069页）

气有清浊，譬如著些物蔽了发不出。如柔弱之人见义不为，为义之意却在里面，只是发不出。如灯火使纸罩了，光依旧在里面，只是发不出来，拆去了纸便自是光。（第2069页）

"天地之间，只是个阴阳五行。"（第2069~2071页，出自《复辅汉卿主管书》）

"天命之谓性"，是天分付与人底谓之性，"惟皇上帝，降衷于民"是

---

① 这段文字与《性理大全》卷五之《正蒙一》所录黄榦文字相同，见（明）胡广等纂修《性理大全》第438~439页，前面已录，故此处省略。

也。所降之衷，何尝不善？此性本无不善，天将个性与人，便夹了气与人，气裹这性，性才入气里面去，便有善有恶，有清有浊，有偏有正。清浊偏正虽气为之，然著他夹了，则性亦如此。譬如一泓之水本清，流在沙石上去，其清自若；流在浊泥中去，这清底也浊了，不可以浊底为不是水。（第 2071 页）

卷之三十二《性理四·心》

勉斋黄氏曰：古人以心配火，此义最精。（第 2157 页）

说虚灵知觉便是理，固不可；说虚灵知觉与理是两项，亦不可；须当说虚灵知觉上见得许多道理。且如孩提之童知爱其亲，长而知敬其兄，爱敬处便是道理，知爱知敬便是知觉。虽然如此说，若看不分明，又错看成两项，不若只将怵惕恻隐一句看，为尤切。盖怵惕恻隐，因情以见理也；能怵惕恻隐，则知觉也。（第 2157~2158 页）

"心之能为性情之主宰者。"（第 2158 页，出自《复杨志仁书》）

人惟有一心，虚灵知觉者是也。心不可无归藏，故有血肉之心；血肉之心不可无归藏，故有此身体。身体不可无所蔽，故须裘葛；不可无所寄，故须栋宇，其主则在心而已。今人于屋宇、身体、衣服，反切切求过人，而心上却全不理会。（第 2158~2159 页）

卷之三十三《性理五·心性情》

定性字当作定心看，若以心有内外，则不惟未可语定，亦且不识心矣。问："'天地之常'至'而顺应'，是第二段，此书大意不过此七句而已。'廓然大公'，是不绝乎物？'物来顺应'，是不累乎物？"曰："固是如此，然自心普万物，情顺万事，便是不绝乎物；无情无心便是不累乎物，只是此两意贯了一篇。"又曰："自《易》曰'贞吉悔亡'至'而除也'，是第三段，此乃引《易》以结上段之意。贞吉则虚中无我，不绝乎物而亦不累乎物也，憧憧，则累乎物矣。自'人之情'至'索照也'，是第四段，只是与前二段意相反，自私便是求绝乎物，用智是反累乎物，'不能以有为为应迹'，故求绝乎物，'不能以明觉为自然'，故反累乎物。自'《易》曰艮其背'至'应物为累哉'，是第五段，亦引易以结上文，艮不获其身则无我，无我则不自私，用智而凿则不以明觉为自然，故不若内外之两忘也。自'圣人之喜'至'为如何哉'，是第六段，以圣人喜怒明其廓然大公，物来顺应也。后面是第七段，未尝无怒而观理是非，则未至于圣人而于道思过半矣，以此读之，则自粲然明白矣。"又曰："末一段专说顺应一边,然未尝不怒则是大公,朱文公旧说亦兼大公顺应而言,盖以'遽忘其怒'为大公也。"(第 2202~2204 页)

卷之三十四《性理六·道》

"阴阳分而五行具。"(第 2238~2239 页,出自《鄂州州学四贤堂记》)

"三才之植立,万化之流行。"(第 2239~2240 页,出自《与失名》)

或问:"某在匡山时,闻饶师鲁言道必三节看方密,如洒扫应对是事,必有当然之理,又必有所以然之故。以事对当然,则事是粗,当然者是精。以当然对所以然,则当然者是粗,所以然者是精。某既疑道之难以三节分,又疑道之不可以粗言也,遂求质于胡文伯量。胡文云:'朱文公尝谓,心之神灵妙众理而宰万事者也。此乃精中之精,粗中之精。''精忠之精,粗中之精'八字,朱文公语也。以此论之,则师鲁之言未为不然,今敢以质之先生。"曰:"昔人之言道惟以道对器,体对用。道对器,则器可以包用,洒扫应对即精义入神之类是也。体对用,则用可以包器,《中庸》之言费隐、孟子之言仁、义、礼、智、恻隐、羞恶、恭敬、是非之类是也。又何尝分三节,道岂可以粗言,今师鲁之言既不是,伯量之举例又不类,二者皆失之也。至于'粗中之精,精中之精'八字,往往朱文公之意亦不如此。前一段,恐以魂魄为粗,义理为精;后一段,则知又能运用此理者也。噫!微言之绝,大义之乖,只在目前矣,可惧也哉。(第 2240~2241 页)

卷之三十四《性理六·理》

"此身只是形气神理。"(第 2265 页,出自《复杨志仁书》)

卷之三十五《性理七·仁》

仁包四者,包字须看得出。尝记朱先生云"未发则有仁、义、礼、智之性,而仁则包四德,已发则有恻隐、羞恶、恭敬、是非之情,而恻隐则贯四端"。贯字如一个物串在四个物里面过,包字如四个物都合在一个物里面。(第 2231 页)

卷之三十六《性理八·仁义》

"《论语》一书,未尝以仁义对言。"(第 2355~2356 页,出自《新淦县学》)

"仁义之道不在他求。"(第 2356~2358 页,出自《安庆郡学》)

《性理八·仁义礼智》

"道莫大于仁义。"（第 2380~2381 页，出自《新淦县学》）

卷之三十七《性理九·诚》

无妄之谓诚，不欺其次矣。无妄便是诚者天之道，不欺便是诚之者，人之道。诚字也随人看，如说诚自不妄语入。不妄语，只是不欺里面一路，未及躬行底话。假如天下雷行，物与无妄，天地这一副当道理与你，都恁实剥剥地。仁便实是仁，义便实是义，更无一点虚。又如周天三百六十五度，循环不已，曷尝有些子挫过？今年冬至一阳来复，明年冬至亦一阳来复，这是真实无妄。人体这实理，便莫以欺伪存心。所谓不欺，是外面为事，里面须实是如此。才有七分为善，更有两三分为不善底意，便是不实。如颜子三月不违仁，是三月间无不实，三月之后，未免有之。即是有些不实，便屏去了。（第 2414~2415 页）

卷之三十八《道统》

"道原于天，具于人心，著于事物，载于方策……此道统之传，历万世而可考也。"（第 2444~2445 页，出自《徽州朱文公祠堂记》）"有太极而阴阳分，有阴阳而五行具……则千圣万贤所以传道而教人者，不越乎此矣。"（第 2445~2449 页，出自《圣贤道统传授总叙说》）

卷之四十一《诸儒三·朱子》

"先生自少厉志圣贤之学。"（第 2633~2647 页，出自《朱子行状》）

卷之四十二《诸儒四·朱子门人》

晦翁先生之门，从游者多矣。季通之来，先生必留数日，往往通夕对床，不暇寝。从先生游者，归必过其家，听其言论不忍去，去皆充然有所得也。其负英迈之气，蕴该洽之学，智极乎道德性命之原，行谨乎家庭唯诺之际，于先生之门，可谓杰然者矣。（第 2691~2692 页）

"西山在朝。"（第 2697 页，出自《与真景元直院》）

卷之四十五《学三·总论为学之方》

"静处下工，诚为长策。"（第 2864 页，出自《复陈师复寺丞》）

"人能于虚静处认得分晓。"（第 2864~2865 页，出自《答林公度》）

"致知持敬两事相发。"（第 2865 页，出自《与胡伯量书》）

"学问须是就险难穷困处试一过。"（第2865页，出自《复甘吉甫》）

"进道之要固多端。"（第2865~2866页，出自《复胡叔器书》）

"为学须随其气质。"（第2866页，出自《与胡伯量书》）

古先圣贤言学，无非就身心上用功。人心道心，直内方外，都未说近讲学处。夫子恐其识见易差，于是以博文约礼对言。博文先而约礼后，博文易而约礼难。后来学者专务其所易而常惮其所难，此道之所以无传。须是如《中庸》之旨，戒惧慎独为终身事业，不可须臾废离，而讲学穷理所以求其明且正耳。若但务学而于身心不加意，恐全不成学问也。（第2866~2867页）

人之为学，但当操存涵养，使心源纯静；探赜索隐，使义理精熟；力加克制，使私意不生；三者并行而日勉焉，则学进矣。（第2867页）

为学只要收拾身心，勿令放逸。如临深渊，如履薄冰，如见大宾，如承大祭，盖理义非由外铄，我固有之也。此心放逸，则固有之理先已昏惑纷扰而失其正矣，便说得天花乱坠，亦于我何有干涉？况亦未见心不纯静而能理明义精者。理义无穷，如登嵩华，如涉溟渤，且要根脚纯实深厚，然后可以承载。初涉文义，便跳踉有自喜之意，又安能任重而致远耶？世间固有全不识学问，而能质实重厚、小心畏慎者，不害为君子；亦有亲师取友讲明道义，而轻狷浮薄者，未免为小人。此等处，皆后生所当别识，先以戒慎厚重为心，然后可以言学也。（第2867~2868页）

"古人为学，大抵先于身心上用工。"（第2868~2869页，出自《复饶伯舆》）

留意讲习，若是实体之于心，见吾一身之中实具此理，操而存之，实有诸己，则不至流于口耳之学。（第2869页）

今世知学者少，都以易说了学问。但能敛束身心，便道会持敬；但晓文义，便道会明理。俯视世之不学者既有间，仰观昔者圣贤之言学条目，又不过如此，便道为学都了，不知后面都不是。惟孔子全不如此，逐日只见不足，如曰："学而不厌，诲人不倦"，乃曰："何有于我哉？"如曰："德之不修，学之不讲"，乃曰："是吾忧也"，岂圣人不情之语哉？此心直是歉然。今之学者，须当体得此心，切实用功，逐日察之念虑心术之微，验之出入起居之际，体之应人接物之间，真个无歉，益当加勉，岂可一说便了着？（第2869~2870页）

问："孟子才高，学之无可依据。学者当学颜子入圣人为近，有用力处，如何？"曰："如博文约礼、克己复礼、不迁怒、不贰过等，皆用力处，就务实切己下工，所以入圣人为近。"（第2870~2871页）

问："濂溪曰：'圣希天，贤希圣，士希贤'一条。"曰："才说为学，便以伊尹颜子并言，若非为己务实之论。盖人之心量，自是有许多事。不然，则偏狭了，然又不可不知轻重先后，故伊尹曰志，颜子曰学，《大学》既言明德，便言新民，圣贤无一偏之学。"（第2871页）

卷之四十六《学四·存养》

"静养工夫，且认得性情部分。"（第2911页，出自《答林公度》）

卷之四十七《学五·存养》

"敬是束得个虚灵知觉住，如火炬束得紧时那焰头直上，不束则散灭了。"（第2952页）

"主敬致知两事，相为经纬。"（第2952页，出自《复胡伯量书》）

"持守之方，无出主敬。"（第2952页，出自《复胡伯量书》）

问："前辈说'主一无适'是说得已发时敬，如'惺惺收敛'是说得未发时敬？"曰："未须要辨未发已发，且就自家心一息之间，几番已发未发，虽数千万变，岂无可辨认？且如一个大镜相似，恁地光皎在这里。人来照着，便随他赋形；人过去后，这光皎者自若。"（第2952~2593页）

敬是人之本体。人惟胡思乱想，便失了本然之体。恐惧警畏，正欲收拾他依元恁地。（第2953页）

"人禀阴阳五行之气以生。"（第2953~2955页，出自《敬说》）

"寂然不动，心之体也。"（第2797页，出自《家本仲无欲斋记》）

"理义之精微。"（第2998页，出自《与赵省仓》）

卷之四十八《学六·知行》

"盖尝求其所以为学之纲领者。"（第3020~3021页，出自《新淦县学》）

"学问之道，知与行而已。"（第3021页《李德进毋自欺斋记》）

"圣贤一言一字皆可师法。"（第3021页，出自《与李贯之兵部书》）

《学六·致知》

"致知乃入道之方。"（第3050~3051页，出自《答陈泰之书》）

卷之五十《学八·力行》

"人禀阴阳五行之秀气以生。"（第3132~3133页，出自《杨恭老敬义堂记》）

"古之君子非仁不存。"（第3141页，出自《汉阳军学》）

卷之五十一《学九·教人》

"孔孟之教人。"（第 3194 页，出自《竹林精舍祠堂》）

读书且摸得心路直，方有商量。每学者来，且教他磨励了个心归去。譬如入持一个凿石锥来，如何钻得入？且寄他两面磨得恁地十分尖利，看去甚处都破开了，他便自会去寻揣得。不恁地，见闻尽多，也不济事。（第 3194 页）

"学者初且令识得性情部伍。"（第 3194~3195 页，出自《与某书失名》）

卷五十二《学十·人伦》

"五典者，天叙之常理。"（第 3213 页，出自《郑次山怡阁记》）

朋友者，人类之中志同道合者也，故曰"天叙有典"，岂人力也哉？君臣、父子、夫妇、长幼，一失其序，则天典不立，人道化为夷狄矣，朋友道绝，则此四者虽欲各居其分，不可得也。善而莫予告也，过而莫予规也。观感废而怠心生，讲习疏而实理晦，则五常百行，颠倒错缪而不可胜救矣。然则朋友者，列于人伦而又所以纪纲人伦者。所可重者若此，而世莫之重焉。可不为之屡叹也邪？（第 3213~3214 页）

"斯道之显晦。"（第 3229 页，出自《答郑子羽书》）

卷之五十四《学十二·读书法》

平居当以敬自持，令心虑宁静。至于读书，则平心定气，端庄严肃，须以吾心默观圣贤之语，常使圣贤之意自入于吾心。如以镜照物，妍丑自见，镜何心哉？今人所以不善读书，非是圣贤之意难明，乃是吾心纷扰，反汨乱圣贤之意。读书，只是沉静精密，则自然见得分明。切不可萌轻易自喜之心，便解得六经通彻，亦何足自喜？亦岂敢轻易？才如此，便不足以任重。后生且收敛静退，慊然常若不足，方能有进。（第 3302 页）

观书者最怕气不平，且如公冶长一章，谢上蔡则谓圣人择婿惊人如此，杨龟山则谓圣人所以求于人者薄，可免于刑戮而不累其家，皆可妻也。上蔡，气高者也；龟山，气弱者也。故所见各别如此。要之，当随文平看，方见得圣人之本意，此观书之大法。（第 3302~3303 页）

卷之六十二《历代四·东汉》

"陈太丘送张让父之丧。"（第 3763~3764 页，出自《复李贯之兵部》）

卷之六十五《君道·圣学》

"帝王之学。"（第 3951 页，出自《朱子行状》）

《君道·臣道》

"臣子之于君父。"（第 3975 页，出自《复刘师文宝学》）

附录四：《四书大全》中的黄榦资料

根据山东友谊书社1989年出版的《四书大全》共辑录：《大学》部分2条，《中庸》部分3条，《论语》部分有158条，《孟子》部分有10条。粗体部分为四书原文，之后的便是黄榦的注解。[1]

《大学》

知止而后有定，定而后能静，静而后能安，安而后能虑，虑而后能得。

大学之道，在于明德、新民。明德、新民之功，在于至善。至善之理又在于必至而不迁。故此一节，但以此为言，曰知、曰得，止之两端。定者，知所止之验，虑者，得所止之始。曰静、曰安，则原于知而终于得，有必至不迁之意矣。（第41~42页）

自天子以至于庶人，壹是皆以修身为本。

天子庶人，贵贱不同，然均之为人，则不可以不修身。诚意、正心，所以修身。治国、平天下，亦自齐家而推之。（第53页）

读《中庸》法

《中庸》之书，《章句》《或问》，言之悉矣。学者未有不晓其文，而能通其义者也。然此书之作，脉络相通，首尾相应，子思子之所述，非若《语》《孟》问答之言，章殊而指异也。苟徒章分句析，而不得一篇之大旨，则亦无以得子思著书之意矣。程子以为："始言一理，中散为万事，末复合为一理。"朱子以"诚"之一字为此篇之枢纽，示人切矣。（第319页）

《中庸》自是难看，石氏所集诸家说，尤乱杂，未易晓。须是胸中有权衡尺度，方始看得分明。今骤取而读之，精神已先为所乱，却不若子细将章句研究，令十分通晓，俟首尾该贯后，却取而观之，可也。（第321页）

---

[1] 这里所辑的材料主要是《四书大全》所收录黄榦解四书的材料，每段材料后用括号注明所在《四书大全》的页码。

《中庸》与他书不同，如《论语》是一章说一事，《大学》亦然。《中庸》则大片段，须是尭读，方知首尾，然后逐段解释，则理通矣。今莫若且以《中庸》尭读，以《章句》子细一一玩味，然后首尾贯通。（第321页）

《论语》

从内容上看，《四书大全》中抄录黄榦的《论语》部分是以疏解朱熹的《论语集注》为主旨，应为黄榦所著《论语通释》的部分。就此处抄录涉及内容来说，所抄录为《论语通释》全本的可能性不大。而且关于这一点，还可据《勉斋年谱》所载得到印证："《论语通释》卫灵公篇'谁毁谁誉'章记云：先师之用意于集注一书，愚尝观之，一字未安，一语未顺，覃思静虑，更易不置。或一二日而不已……用心之苦如此，而学者顾以易心读之，安能得圣贤之意哉。追念往事，着之于此，以为世戒。"这里提到对"谁毁谁誉"章有通释，但这并不见于《四书大全》当中，可见，《四书大全》所抄录《论语通释》的部分只是选录，而非全本。

《四书大全》中《论语》部分的勉斋材料如下：

子曰："学而时习之，不亦说乎？"

"《集注》言学，而《或问》以知与能并言，何也？"曰："言人之效学于人，有此二者。先觉之人，于天下之理该洽贯通，而吾懵然未有所知也。于是日听其议论而向之，未知者始有所知矣。先觉之人，于天下之事躬行实践，而吾怅然未有所能也，于是日观其作为而向之，未能者始能矣。大抵读书穷理要当尽圣贤之意、备事物之情，非吾好为是详复也，理当然也。世之学者，意念苟且，思虑轻浅，得其一隅便以为足，则其为疏率也亦甚矣。学者观于此，亦足以得养心穷理之要矣。"曰："若是，则学之为言，固无所不学也，今《集注》于此，乃以为人性皆善，必学而后能明善而复其初，何也？"曰："学问之道固多端矣，然其归在于全其本性之善而已。明善，谓明天下之理；复其初，则复其本然之善也。于《论语》之首章，首举是以为言，其提纲挈领，而示人之意深矣。"（第783~784页）

人不知而不愠，不亦君子乎？

学而至于成德，又岂有他道哉。其所自来者，亦不过是而已，非体之之实，孰能知之哉。（第792页）

君子务本，本立而道生。孝弟也者，其为仁之本与！

人之一心，虚灵洞彻，所具之理，乃所谓德也。于虚灵洞彻之中，有理存焉。此心之德也，乃所谓仁也。义礼智，亦心之德，而独归之仁，何也？义礼智者，德之一端，而仁者，德之全体，以仁能包四者，故心德之名，独仁足以当之也。故仁之为德，偏言之，则与义礼智相对，而所主惟一事，专言之，则不及义礼智，而四者无不包也。（第795页）

子曰："巧言令色，鲜矣仁！"

苟知心驰于外、务以悦人者之非仁，则反而求之，心存于内而无私当理者，即仁也。（第802页）

曾子曰："吾日三省吾身：为人谋而不忠乎？与朋友交而不信乎？传不习乎？"

为人谋，则必欲实尽其心。交朋友，则必欲实践其言。讲学于师，则必欲实用其力。盖曾子天资醇厚，志学恳笃，其于《大学》既推明诚意之旨，而传之子思，又断以诚身之义。至其自省，又皆一本乎诚。盖不极乎诚，则凡所作为，无非苟简灭裂，是岂足以尽人事之当然，而合天理之本然也哉？（第805~806页）

子曰："道千乘之国：敬事而信，节用而爱人，使民以时。"

"敬事而信"，敬与信对也。"节用而爱人"，俭与慈对也，此皆治国之要道，故两句言四事，而各以"而"字贯之。"使民以时"，又慈中之一事，故独系于后，但言所存，未及治具，故曰"务本"。（第809页）

子夏曰："贤贤易色，事父母能竭其力，事君能致其身，与朋友交言而有信。虽曰未学，吾必谓之学矣。"

子夏此语，与曾子三省，是皆心存乎诚，求造其极者也。然子夏务实行而抑文学，曾子务实行而兼传习，则曾子之用功愈密，而用心愈弘，是则子夏之所不能及矣。（第818页）

过则勿惮改。

外重厚而内忠信，则其本立。友胜己而速改过，则其德进。（第823页）

有子曰："礼之用，和为贵。先王之道斯为美，小大由之。"

如天子之服十二章，上公九章，各有等数，此是节。若山龙华虫之类为饰，此是文。如冠如婚，此是人事。若冠礼里有三加揖让升降处，此是仪。若天子冠礼则当如何，诸侯则当如何，各有则样，此是则。（第833页）

有子曰："信近于义，言可复也；恭近于礼，远耻辱也；因不失其亲，亦可宗也。"

以实之谓信，事之已见而以其实者也。约信，与人期约而求其实者也。（第839页）

子曰："君子食无求饱，居无求安，敏于事而慎于言，就有道而正焉，可谓好学也已。"

尹氏所谓笃志，为不求安饱而言也。所谓力行，为敏事慎言而言也。以是四字,而继之以《集注》"不敢自是"之言,然后足以尽此章之旨。盖此章谓之好学,非笃志力行不自是,亦无以见其所以为好也。(第844页)

子贡曰:"《诗》云:'如切如磋,如琢如磨。'其斯之谓与?"

若谓无谄无骄为如切如琢。乐好礼为如磋如磨,则告往知来一句便说不得。子贡言无谄骄,夫子言未若乐与好礼,子贡便知义理无穷。人须就学问上做工夫,不可少有得而遽止,《诗》所谓如切磋琢磨,治之已精而益致其精者,其此之谓与?(第848页)

子曰:"赐也,始可与言诗已矣! 告诸往而知来者。"

此章须是见得切磋琢磨在无谄无骄、乐与好礼之外,方晓得所已言、所未言。前之问答,盖言德之浅深;此之引诗,乃言学之疏密。(第849页)

子曰:"《诗》三百,一言以蔽之,曰'思无邪'。"

直指则非微婉,全体则非一事,直指故明,全体故尽,此一言所以辞约而义该也。(第859页)

"道之以德,齐之以礼,有耻且格。"

义理人心所同得,故善之当为,不善之可恶,皆人心所同然者。教之以德礼,则示之以所同得者,故恶不善而进于善,有不待勉而从。若徒以政刑强之,彼但知君上之令,不得不从,初不知吾心所有之理,尚不知不善之可恶,又安能进于善耶?(第862页)

七十而从心所欲,不逾矩。

十年而后一进者,亦圣人之心,至此而自信耳。学虽已至,而未敢自信,必反复参验,见其必然而无疑,然后有以自信,此尤足以见圣人之所以为圣人也。苟惟谓圣人谦辞以勉人,则皆架空之虚辞耳,故《集注》虽以勉人为辞,而终以独觉其进为说。(第870~871页)

子夏问孝。子曰:"色难。有事弟子服其劳,有酒食先生馔,曾是以为孝乎?"

事亲之道,非贵于声音笑貌也,而以色为难者,色非可以强为也,非其真有深爱存乎其心,惟恐一毫拂其亲之意者,安能使愉婉之状貌,见于颜面也哉?其告子夏者,所以发其笃于爱亲之念也。或曰:"敬与爱,两事常相反也。敬则病于严威,爱则病于柔顺。今其告二子者如此,得无举一而废一乎?"曰:"敬与爱,皆事亲之不能无也。父母至亲也,而爱心生焉。父母至尊也,而敬心生焉。皆天理之自然,而非人之所强为也。然发之各有节,而行之各有宜,或过或不及,则二者常相病也,故圣人因其所偏者而警之,所以勉其不足,而损其有余也。四章问孝,其一则不辱其亲，其二则不辱其身，三则敬，四则爱。学者于此四者而深体之，事亲之大义，尽于此矣。述《论语》者聚而次之，警人之意深矣。"（第881页）

察其所安。

"视其所以"，兼君子小人视之。"观其所由"，则先之为小人者，不复观之矣，所观者君子也。"察其所安"，则君子所由之未善者，亦不复察之矣。察其所由之善，而欲知其安不安也。盖所以既为小人，何必复观其所由，所由既未善，何必复察其所安。（第888页）

子曰："君子不器。"

"各适其用，不能相通"。以物言，舟之不可为车之类也。以人言，优为赵魏老，不可以为滕薛大夫是也。"用无不周"，见君子之不器。"体无不具"，原君子之所以不器也。（第891页）

见义不为，无勇也。

非鬼而祭，见义不为，事非其类而对言之，亦告樊迟问知之意也。一则不当为而为，一则当为而不为，圣人推原其病之所自来，则曰："非鬼而祭"，有求媚要福之心也，"见义不为"，无勇敢直前之志也。（第917页）

子曰："人而不仁，如礼何？人而不仁，如乐何？"

仁者心之德，心之全德即仁也。游氏云"人心亡矣"，于仁之义最亲切。（第925页）

林放问礼之本。

本之说有二：其一曰仁、义、礼、智根于心，则性者，礼之本也，故曰"中者天下之大本"；其一曰礼之本，礼之初也，凡物有本末，初为本，终为末，所谓"夫礼始诸饮食者"是也。二说不同，《集注》乃取后说。曰："俭者，物之质，戚者，心之诚"，则便以俭戚为本，又取杨氏"礼始诸饮食"以证之。（第927页）

子曰："大哉问！"

得其本，则质文华实皆在其中。盖文之与华，亦因质与诚而生也，有本则有末，末固具于本矣。如木有根本，则有枝叶华实，其本立，则此木全体枝叶华实，皆在其中也。（第928页）

礼，与其奢也，宁俭；丧，与其易也，宁戚。

圣人因俗之弊，感放之意而为是言，本非以俭戚为可尚，特与其流于文弊，则宁如此耳，其言之抑扬，得其中正如此。（第930页）

或问禘之说，子曰："不知也。知其说者之于天下也，其如示诸斯乎？"指其掌。

根于天理之自然，谓之仁。形于人心之至爱，谓之孝。真实无妄，谓之诚。主一无适，谓之敬。仁孝诚敬，凡祭皆然。交于神明者愈远，则其心愈笃。报本追远之深，则非仁孝诚敬之至，莫能知之行之也。其为说精微深远，岂或人所能知。况又鲁所当讳乎？以报本追远之深，而尽仁孝诚敬之至。即此心而充之，事物之理，何所不明。吾心之诚，何所不格哉？

子曰："射不主皮，为力不同科，古之道也。"

不主皮，未尝以贯革为非也，但取其中，而贯与不贯不论耳。虽矢不没而坠地，不害其为中也，若主贯革，则惟有力者得射，世之能射者寡矣。不主贯革，则人皆可射也。（第962页）

子曰："赐也，尔爱其羊，我爱其礼。"

当时诸侯虽不告朔，而羊尚在，是礼之大体虽亡，而犹有一节存也。有一节，则因此一节以复其大体。若去羊，则是并此一节之礼去之矣。（第964页）

子曰："《关雎》，乐而不淫，哀而不伤。"

先生晚年再改削《集注》，止于此章。（第969页）

子曰："管仲之器小哉！"

局量，指心之蕴蓄。规模，指事之发见。心者，器之体。事者，器之用。不能正身修德，则心之所向可知，不能致主于王者，则事之所就可知。局量褊浅，则规模必卑狭，未有不能正身修德，而能致主于王道者。（第971页）

子曰："里仁为美。择不处仁，焉得知？"

居必择乡，居之道也。熏陶染习以成其德，䀌恤保爱以全其生，岂细故哉？夫子称子贱，而叹鲁多君子，以此也。（第987页）

子曰："不仁者不可以久处约，不可以长处乐。仁者安仁，知者利仁。"

安仁、利仁，则所存者天理，故安于义命所当然，而物欲不能以累其心，所以处约、乐之久，而不为之动也。（第991页）

子曰："苟志于仁矣，无恶也。"

人心不可两用，志于此必遗于彼。所患者，无其志耳。夫仁者，此心之全德。诚志于仁，则必先存此心天理之公，而去其人欲之私，恶念何自而生乎？（第994页）

子曰："富与贵是人之所欲也，不以其道得之，不处也；贫与贱是人之所恶也，不以其道得之，不去也。"

博弈斗狠、奢侈淫肆之类，皆所以取贫贱之道。"不以其道"者，谓无此等事，而为水火盗贼、（注误）陷于刑戮之类，以致贫贱也。（第995页）

子曰："人之过也，各于其党。观过，斯知仁矣。"

人虽有过，不可以其过而忽之，于此而观其类，乃可以得其用心之微也，或谓："与仁同功，其仁未可知，与仁同过，然后其仁可知，记礼者之意，亦可取乎？"曰："如此，则是必欲得其人之过而观之，然后知其仁，恐非圣人之意也。"（第1005页）

子曰："君子之于天下也，无适也，无莫也，义之与比。"

"于天下"，言于天下之事无不然，惟义之从，不可先怀适莫之念也。（第1009~1010页）

子曰："放于利而行，多怨。"

谓之放，则无一言一动不在于利也。谓之多，则其怨之者不但一二人而已。惟其放利，所以多怨。（第1013页）

子曰："不患无位，患所以立；不患莫己知，求为可知也。"

求诸己，而在人者有不得，在我无憾矣。求诸人，而在我者有不足，只自愧而已。（第1015页）

子曰："焉用佞？御人以口给，屡憎于人。不知其仁，焉用佞？"

"当理而无私心"，朱子据所闻于师者而言，此章即己之所见而言。"全体"二字，已足以该"当理无私心"之义。加以"不息"二字，又五字未尽之旨。盖亦因其已闻，而发其所独得，故《子文文子章》，虽引师说，而《或问》乃曰："仁者心之德，而天之理也，自非至诚尽性，通贯全体，无少间息，不足以名之"，则亦引前章之说，以释后章之旨，亦足以见前说之义，为详且密也。（第1049页）

子曰："晏平仲善与人交，久而敬之。"

朋友，人伦之一，可不敬乎？摄以威仪，相观以善。一有不敬，则失朋友之道矣。惟其久而敬也，则愈久而愈亲。拍肩执袂，以为气合，酒食游戏相征逐，以为生死不相背负，未有能全交者也。夫子美平仲之善，交友之道，尽于此矣。（第1075页）

子张问曰："令尹子文三仕为令尹，无喜色；三已之，无愠色。旧令尹之政，必以告新令尹。何如？"子曰："忠矣。"曰："仁矣乎？"曰："未知，焉得仁？"

喜怒不形，释三仕、三已，无喜愠。物我无间，释旧政告新。知有其国，而不知有其身，通释上两章。（第1078页）

子曰："巧言、令色、足恭，左丘明耻之，丘亦耻之。匿怨而友其人，左丘明耻之，丘亦耻之。"

巧令、足恭，谄人也。其可耻者，卑贱而已。藏怨外交，奸人也，其

为险谲尤可耻。（第 1097 页）

子曰："已矣乎！吾未见能见其过而内自讼者也。"

自讼而见于言，不若不言而自责于心之深切。（第 1104 页）

子曰："十室之邑，必有忠信如丘者焉，不如丘之好学也。"

夫子自言好学，固是谦辞。然圣人惟生知，所以自然好学。学者一出一入，而不加之意，正以其不能真知义理之切身故尔。（第 1105 页）

子曰："雍也可使南面。"仲弓问子桑伯子，子曰："可也简。"仲弓曰："居敬而行简，以临其民，不亦可乎？居简而行简，无乃大简乎？"子曰："雍之言然。"

居，谓身所自处。行，谓见于所行。观其以居对行，则是以处身对行事明矣。居敬而后可以行简！（第 1114 页）

哀公问："弟子孰为好学？"孔子对曰："有颜回者好学，不迁怒，不贰过。不幸短命死矣！今也则亡，未闻好学者也。"

存养之深，省察之明，克治之力，持守之坚，故其未怒之初，鉴空衡平，既怒之后，冰消雾释。方过之萌，瑕类莫逃。既知之后，根株悉拔。此所以为好学，而《集注》以为克己之功也。（第 1114~1115 页）

论颜子之天资，则只是明与刚。论颜子之用功，则只是敬与义。惟其明且敬也，故几才动处便觉。惟其刚且义也，故才觉便与一刀两段。既明矣，又持之以敬。既刚矣，又辅之以义。天资、学力两极，则血气岂能轻为之动？念虑岂能再使之差？此所以谓之"不远复"也，所以谓之"有不善未尝不知，知之未尝复行也。"不远，是觉得早，复，是斩断得猛烈。（第 1121 页）

子曰："回也，其心三月不违仁，其余则日月至焉而已矣。"

仁，人之安宅也，以宅譬之。"三月不违"，则心为主，在仁之内，如身为主而在宅之内也，"日月至焉"，则心为宾，在仁之外，如身为宾在宅之外也。（第 1132 页）

季康子问："仲由可使从政也与？"子曰："由也果，于从政乎何有？"曰："赐也，可使从政也与？"曰："赐也达，于从政乎何有？"曰："求也，可使从政也与？"曰："求也艺，于从政乎何有？"

程子言人各有所长，意则大矣。然如三子之达、果、艺而可以从政，则恐亦非凡人之所可能也。（第 1134 页）

子曰："贤哉，回也！一箪食，一瓢饮，在陋巷。人不堪其忧，回也不改其乐。贤哉，回也！"

颜乐之说，《集注》以为从事于博文约礼，《或问》以为无少私欲、天理浑然，二说不同，何也？《集注》① 博文约礼，颜子所以用其力于前，《或问》② 天理浑然，颜子所以收其功于后。博文则知之明，约礼则守之固。凡事物当然之理，既无不洞晓，而穷通得丧与凡可忧可戚之事，举不足以累其心，此其所以无少私欲，天理浑然，盖有不期乐而自乐者矣。（第1143页）

子曰："君子博学于文，约之以礼，亦可以弗畔矣夫！"

博文约礼，语两言之。以博对约，则约当为要，然"约之"谓为"要之"，已觉不顺。若谓"约我"为"要我"，则尤非文理。故或以"约"为"束"，文义顺矣，又非博约相对之义。尝思之，博，谓泛而取之以极其广；约，谓反而束之以极其要。则于文义庶皆得之。（第1178页）

能近取譬，可谓仁之方也已。

或以为痿痹者，不识痛痒之谓也。如此，则觉者为仁，仁其可以觉言乎？曰："所谓仁者，当于'气已不贯'上求之。"（第1190~1191页）

子曰："德之不修，学之不讲，闻义不能徙，不善不能改，是吾忧也。"

修，治也，谓去其疵类而全其善也。（第1201页）

德以修而日新，学以讲而日明，徙义则善日益，改不善则过日损，四者修身之大要也，不此之务，可无忧乎？（第1203页）

游于艺。

道者，义理之总名；德者，吾身所学而有得之善；仁者，本心之德；艺者，六艺之事；是四者，皆人所不可不留意者，但三者最重，而艺稍轻。四者之序，则志者，向之而不忘，据者，守之而不失，依者，随之而不离。是三者，皆不可须臾舍也。游，则若用力若不用力而已。上三者，则互举并行而不相悖。游艺，则有不必专心致志耳。（第1214页）

子谓颜渊曰："用之则行，舍之则藏，唯我与尔有是夫！"

用之、舍之，存乎人；则行、则藏，应乎己，则无意、无我可见矣。用之行矣，至舍之则藏；舍之藏矣，至用之则行，则无必、无固可见矣。（第1223页）

子曰："暴虎冯河，死而无悔者，吾不与也。必也临事而惧，好谋而成者也。"

临事而敬惧，则有持重谨畏之心。好谋而图成，则有周悉万全之计。

---

① 原文为"或问"，当为"集注"。
② 原文无"或问"二字，据文意补上。

敬其事，则无忽心，无惰气，临事必能戒惧，非怯懦而恐惧也。成其谋，则不妄动，不亟取，于事必有一定之谋，既成而不怨于素，自无侥幸速成之弊也。无非抑其血气之勇，而教之以义理之勇焉。（第1225页）

子曰："我非生而知之者，好古，敏以求之者也。"

圣人虽生知义理，然其为道广大无穷，故未尝有自足之心，亦必博学审问，参之古人，不能自已，此其所以为圣人也。（第1249页）

子曰："圣人，吾不得而见之矣；得见君子者，斯可矣。"子曰："善人，吾不得而见之矣；得见有恒者，斯可矣。亡而为有，虚而为盈，约而为泰，难乎有恒矣。"

亡为有，虚为盈，约为泰，三者夸大期妄之意，不实之谓也。人惟实也，则始终如一，故能有常。今其人不实如此，又岂敢望其有常哉？夫子称圣人君子善人不可得见，而卒及乎此，又可明夫有恒者之亦不可见也。（第1262页）

曾子有疾，孟敬子问之。

曾子之意，则但欲其在外之无不正。而《集注》之意，则以为未有不正其内，而能正其外者也。况夫暴慢也、信也、鄙倍也，皆心术之所形见者也。不正其内，安能使其外之无不正乎？有诸中必形诸外，制于外必养其中，则心可正，理可明，敬可存，诚可固。修身之要，孰有急于此者乎？此曾子将死之善言，不独可为孟敬子之师法而已。（第1299~1300页）

颜渊喟然叹曰："仰之弥高，钻之弥坚；瞻之在前，忽焉在后。"

吴氏所释卓尔之意，最为切实。尝以其意推之，夫圣人之道，固高明广大，不可几及。然亦不过性情之间，动容之际，饮食起居，交际应酬之务，君臣、父子、兄弟、夫妇之常，出处去就，辞受取舍，以至于政事施设之间，无非道之寓。（第1364页）

子疾病，子路使门人为臣。

"久矣哉"，责子路之素行如此也。"欺天"者，晓之以理之正，"且予"以下，则告之以利害之实，圣人之言，委曲详尽如此。（第1371页）

子在川上，曰："逝者如斯夫！不舍昼夜。"

夫子所云，盖合道器、兼体用而言。（第1378页）

子谓颜渊，曰："惜乎！吾见其进也，未见其止也。"

智愚、贤不肖之分，惰与不惰、止与不止之间耳。知"逝者如斯"之意，则诚不容于止且惰矣。（第1384页）

子曰："三军可夺帅也，匹夫不可夺志也。"

共姜，一妇人也。而以死自誓，其志之不可夺如此，况志于仁，志于

道，可得而夺乎？（第1388~1389页）

子曰："可与共学，未可与适道；可与适道，未可与立；可与立，未可与权。"

常者，一定之理；变者，随时之宜。遇事之常，但当守一定之理。遇事之变，则不得不移易，以适时之宜，此经权不可无变之说然也。然天下之理，惟其当然而已，当经而经，当然也；当权而权，亦当然也。权虽异于经，而以其当然，则亦只是经，此程子"权只是经"之说然也。有有辨之说，则经权之说始明。有程子之说则经权之义始正。（第1402页）

君在，踧踖如也。与与如也。

下大夫侃侃，接下以严。上大夫訚訚，事上以和。敬而不忘向君，忠敬之道备矣。（第1412页）

趋进，翼如也。

色勃，足躩，被命之初也。揖与趋进，行礼之际也。宾退，礼卑之后也。皆天理之节文所当然。至于揖之左右，衣之前后，手之翼如，皆礼文之至末者。圣人于此，动容周旋，无不中礼，盛德之至也。（第1416页）

出，降一等，逞颜色，怡怡如也。没阶趋，翼如也。复其位，踧踖如也。

此记在朝之容，有五节：一入门，二过位，三升堂，四下阶，五复位。（第1421页）

私觌，愉愉如也。

此章言出使有三节。执圭，礼之正也，享礼则稍轻，私觌则又轻矣，故其容节之不同也如此。（第1425页）

吉月，必朝服而朝。

古人衣服不苟如此，盖衣，身之章也，轻用之，是轻其身也。后世朝祭之服，皆不如古，而士君子之服，其色其制，无一合于礼矣。（第1432页）

齐必变食，居必迁坐。

或曰"'齐必有明衣布'，并所脱'寝衣'一简，当属上章。'齐必变食，居必迁坐'，当属下章"，则上章言衣服，下章言饮食，似有伦理，当存之。"（第1434页）

虽疏食菜羹，瓜祭，必齐如也。

饮食以养生，故欲其精。然亦能伤生，故恶其败。至于失节纵欲，无不致其谨焉。圣人一念之微，莫非天理，学者不可不戒也。（第1442页）

子曰："从我于陈、蔡者，皆不及门也。"德行：颜渊，闵子骞，冉伯牛，仲弓。言语：宰我，子贡。政事：冉有，季路。文学：子游，子夏。

四科之目，因其所得而称之，举其最优者为言也。（第1462页）

子曰："孝哉，闵子骞！人不间于其父母昆弟之言。"

父母昆弟之言，或出于私情，人无所非间于其言，是为公论，夫子所以称之。（第1465页）

颜渊死。子曰："噫！天丧予！天丧予！"

颜子在，则夫子虽亡而不亡，以道存也；颜子死，则夫子虽存，道固无传，终亦必亡而已矣。故以颜子之死而为己之丧也。（第1470页）

颜渊死，子哭之恸。从者曰："子恸矣。"

以夫子之圣而得颜渊，盖将相与讲明斯道，以示天下后世，其为助大矣。不幸而短命死焉，夫子安得不兴丧予之叹，而不自知其为恸耶？（第1471页）

颜渊死，门人欲厚葬之，子曰："不可。"

门人欲厚葬，尊贤之情也。子曰不可，安贫之义也。盖不以情胜义，所谓爱人以德，而不以姑息也。丧予之叹、有恸之哀，非厚于颜子也，为道也。请车却之，厚葬责之，非薄于颜子也，为道也。圣人之心，无适非道也。（第1472页）

季氏富于周公，而求也为之聚敛而附益之。

聚敛已自不是，况季氏以诸侯之卿而富过于周公，则本富强矣，今又聚敛以附益之，则非义之中，又非义矣，圣人所以恶之深也。（第1487页）

柴也愚，参也鲁，师也辟，由也喭。

问："柴愚、参鲁、师辟、由喭，此乃生质之偏如此，夫子言之，所以欲四子克其偏而归于全也，然参竟得道统之传，何也？"勉斋黄氏曰："愚者暗，辟者少诚实，喭者粗俗。若夫鲁，则质厚而已，未尝不明，未尝不诚实，未尝粗俗，比之三子已争些。况质厚者为之难，一为之，则确实下工，直用力到底，如弘毅，如易箦等处皆可见，安得不传道耶？"（第1491页）

子曰："回也其庶乎，屡空。赐不受命，而货殖焉，亿则屡中。"

夫子之论回赐，一则言其得道之不同，二则言其处贫富之有异，盖举两事反复言之。"货殖"则不如"屡空"，"亿中"则不如"其庶"也。（第1495页）

季子然问："仲由、冉求可谓大臣与？"所谓大臣者：以道事君，不可则止。

"以道事君"，谓审出处之宜，尽责难之义，必守我之正道，而不容悦以苟顺君之私欲也。（第1502页）

今由与求也，可谓具臣矣。

大臣者，异乎群臣而超乎其上者也。具臣者，等乎群臣而混乎其中者也。（第 1503 页）

子路、曾晳、冉有、公西华侍坐。一章

问："孔门英才多矣，何为不得乎此，而点独得之？回、参不必类乎点也，而又独得斯道之传，何也？"勉斋黄氏曰："资禀高则不局于卑，志量大则不溺于小，见识明则异说不能惑，趋向正则外诱不能移，此点之学，所以人不能及也。人品不同，则学之志亦异。人为技艺之学者，有一见而超然解悟，有终日矻矻而竟无所得者，亦无怪点之独得也。若颜子，则其资禀、志量、见识、趋向，当无异乎点，而深厚、沉潜、淳实、中正必有过于点者，故其见虽同，而其得则异于点也。点之子参，其见不及乎晳，而其学则近于回，以其用力之笃，则遂与回等，而非点所及也。"曰："晳之不及乎回、参，而卒未免为狂者之归，何也？"曰："天下之理，固根于人心，而未尝不形见于事物。为学之方，固当存养乎德性，而亦不可不省察乎实行。夫是以精粗不遗，而表里相应，内外交养，动静如一，然后可以为圣学之全功也。点之志则大，质则高，识则明，趣则远，然深厚、沉潜、淳实、中正之意有不足焉，则见高而遗卑，见大而略小，见识有余而行不足，趋向虽正而行则违，此所以不及乎回、参也。虽然，自回、参而论之，点诚有未至；自学者论之，点之所见，岂可忽哉？规规薾薾于文义之间、事为之末，而胸中无所见焉，恐未易以狂语点也。"（第 1525~1526 页）

颜渊问仁。子曰："克己复礼为仁。一日克己复礼，天下归仁焉。为仁由己，而由人乎哉？"

心之全德，莫非天理，则言仁而礼在其中。事皆天理，而心德复全，则言礼而仁在其中。皆以天理为言，则仁即礼，礼即仁，安有复礼而非仁者哉？其曰事皆天理者，以视听言动之属乎事也。复归于礼，则事皆合乎天理矣。（第 1528 页）

子贡问政。子曰："足食。足兵。民信之矣。"

夫子初答，为政之先后也。再问复告，义理之轻重也。所谓"民信"，至此而后民有以全其信也，非谓至是而后方施信于民也。然则教民以信，其可一日缓乎？（第 1561 页）

哀公问于有若曰："年饥，用不足，如之何？"对曰："百姓足，君孰与不足？百姓不足，君孰与足？"

"君孰与不足"，但言民既皆足矣，则君虽不足，无人与君不足者。无人与君不足，则当竭力以奉其上矣，何不足之患哉？"君孰与足"，言民既不足矣，则君虽独足，无人与君足者。无人与君足，则君亦安能保其足哉？（第1567页）

子曰："片言可以折狱者，其由也与？"子路无宿诺。

人惟忠信也，不惟可以通天下之务，而又可以释天下之疑。苟无忠信、诚悫之心以莅之，则吾心膠扰昏惑。既无以察人之情伪，吾以诈御彼，彼亦以诈应之，又安能片言而服人哉？故片言折狱，而实之以无宿诺也。（第1579页）

子曰："君子成人之美，不成人之恶。小人反是。"

小人成人之恶，谓迎合容养，以成其为恶之事也。不成人之美，忌克诋毁，使不得成其善也。（第1582页）

樊迟请学稼，子曰："吾不如老农。"请学为圃。曰："吾不如老圃。"

贫而为老圃之事，亦未为过者。樊迟之志，岂亦有为许行之说者而慕之欤？故夫子以大人之事告之。（第1616页）

子曰："诵诗三百，授之以政，不达；使于四方，不能专对；虽多，亦奚以为？"

问："《诗》三百篇，人未有不读者也，而达于政、能专对者，何其少耶。"勉斋黄氏曰："亦视其所以读之者何如耳。为人耶？为己耶？诵说耶？践行耶？卤莽耶？精切耶？二者之不同，而能不能判矣。验之于心，浃洽而通贯；体之于身，切实而专确，则亦奚不能之足患哉？（第1618页）

叶公问政。子曰："近者说，远者来。"

此非有意于求其说且来也，有意于求其说且来，则必有不说不来者矣。行吾之所当行，而其效如此，乃所谓政。（第1634页）

子夏为莒父宰，问政。子曰："无欲速，无见小利。欲速，则不达；见小利，则大事不成。"

事之久、速，有自然之次第。事之大、小，有自然之分量。循其自然之理，而无容心，可也。一有欲速见小利之心，则私心而非正理矣，宜其不达而大事不成也。（第1634~1635页）

樊迟问仁。子曰："居处恭，执事敬，与人忠。虽之夷狄，不可弃也。"

居处，指幽独而言，未有事者也。执事，指应事而言，未涉乎人也。与人，指接物而言，则涉乎人矣。能恭敬而忠，则天理常行，而人欲不萌矣。又能无适而不然，则流行而无间断，仁之为道，孰外乎此？（第1638~1639页）

子曰："不得中行而与之，必也狂狷乎！狂者进取，狷者有所不为也。"

孔子之门，从游之士，皆极天下之选，夫子犹叹中行之难得，思狂、狷者而与之，盖进道之难如此。狂、狷虽不同，而其力量皆足以进于道者也。今持不逮之资，而悠悠以进于学，是皆夫子之所弃也。（第1646页）

子曰："君子和而不同，小人同而不和。"

和之与同，公私而已。公则视人犹己，何不和之有？惟理是视，何同之有？私则喜狎昵，所以常同；乐忌克，所以不和。（第1648页）

子贡问曰："乡人皆好之，何如？"子曰："未可也。""乡人皆恶之，何如？"子曰："未可也。不如乡人之善者好之，其不善者恶之。"

不以乡人皆好、皆恶而定其人之贤，必取决于善者之好、不善者之恶。盖善者循理，故所好者，如己之循理者也。不善者徇欲，故所恶者，必不如己之徇欲者也。此其所以为贤也。（第1650页）

子曰："刚毅、木讷，近仁。"

刚，强劲。毅，坚忍。（第1653~1654页）

子路问曰："何如斯可谓之士矣？"子曰："切切、偲偲、怡怡如也，可谓士矣。朋友切切、偲偲，兄弟怡怡。"

所谓士者，陶泳于诗书礼义之泽，必有温良和厚之气，此士之正也。至于发强刚毅，则亦随事而著见耳。子路负行行之气，而不能以自克，则切偲怡怡之意常少，故夫子箴之。（第1655页）

子路问事君。子曰："勿欺也，而犯之。"

伪言不直，谓之欺。直言无隐，谓之犯。欺与犯，正相反也。夫子告子路之辞，推其本意，乃是一戒一劝，两面平说之辞。若反复以观，则能无欺而不能犯，则未免有回互之失；能犯矣而不能勿欺，则未免有矫饰之病，此又不可不以为戒也。（第1711~1712页）

曾子曰："君子思不出其位。"

位，身所处之地也。为君则思君道，为臣则思臣道，此位也。当食则思食，当寝则思寝，此亦位也。越所处而思，则为出其位矣。（第1718页）

子曰："君子耻其言而过其行。"

言放易，故当耻。行难尽，故当过。（第1718页）

子曰："不逆诈，不亿不信。抑亦先觉者，是贤乎！"

未见其事，而疑其必欺，故为逆诈。未见其事，而度其必不实，故为亿不信。然诈不信，虽以事见，而可以理知，故虽不逆、不亿，而以先觉为贤者，理明故也。（第1722页）

子曰："莫我知也夫！"子贡曰："何为其莫知子也？"子曰："不怨天，不尤人。下学而上达。知我者其天乎！"

穷通荣辱，天也。用舍予夺，人也。常人之情，置事于浅近，索理于渺茫，足以惑人之耳目，而以为能，此所以人知之也。圣人浑然天理，穷通荣辱、用舍予夺，皆理之所不能无者。顺而受之，又何怨尤之有？人事之中，便是天理，又何必舍人事，而求之于渺茫哉？如是，则泊然若不见其所长者。然天理流行，而圣人与之无间，如此，所以人不知而天知也。（第1729页）

子曰："贤者辟世，其次辟地，其次辟色，其次辟言。"

问："四者固非优劣。然贤者之处世，岂不能超然高举、见几而作，乃至发见于言色而后辟之耶？"勉斋黄氏曰："出处之义，自非一端，随其所遇之时，而酌其所处之宜，可也。卫灵公顾蜚雁，则辟色矣。问陈则辟言矣，岂夫子于此为劣乎？此所以不可以优劣言也。"（第1736页）

子路宿于石门。晨门曰："奚自？"子路曰："自孔氏。"曰："是知其不可而为之者与？"

晨门见己而不见圣人，故云然。然无孔子之圣，则宁自处于抱关耳。其言圣人则非，而自处其身则是，亦贤也已。（第1738页）

子路问君子。子曰："修己以敬。"曰："如斯而已乎？"曰："修己以安人。"曰："如斯而已乎？"曰："修己以安百姓。修己以安百姓，尧舜其犹病诸！"

非谓修己以敬之外，又有充积之功也。修己以敬，而可谓君子，则是充积之盛在其中矣。特言其功效之远，则指夫自其充积之盛者而出耳。修己以安人，犹曰修己以敬而可以安人也。修己以安百姓，犹曰修己以敬而可以安百姓也。子路疑修己以敬之一言，不足以尽君子。故夫子指其效验之大者而言，以见决非君子不足以当之也。（第1744~1745页）

阙党童子将命。或问之曰："益者与？"子曰："吾见其居于位也，见其与先生并行也。非求益者也，欲速成者也。"

礼之于人，大矣。老者无礼，则足以为人害。少者无礼，则足以自害。夫子于原壤、童子，皆以是教之。述《论语》者，以类相从，所以著人无老少，皆不可以无礼仪也。（第1749页）

卫灵公问陈于孔子。孔子对曰："俎豆之事，则尝闻之矣；军旅之事，未之学也。"明日遂行。

夫子对灵公，以军旅之事未之学。答孔文子，以甲兵之事未之闻。及观夹谷之会，则以兵加莱人而齐侯惧。费人之乱，则命将士以伐之，而费又北。又尝曰"我战则克",夫子岂有未学、未闻者哉?特以军旅之事,非所以为训耳,然欲以俎豆之事启之,则夫子之拳拳于卫,亦可知矣。(第1752页)

子曰:"可与言而不与之言,失人;不可与言而与之言,失言。知者不失人,亦不失言。"

不与之言,不知其可与言也。与之言,不知其不可与言也。故惟知者不失人,亦不失言。(第1769页)

子贡问为仁。子曰:"工欲善其事,必先利其器。居是邦也,事其大夫之贤者,友其士之仁者。"

大夫言贤,以见于行事者也。士言仁,方见于修身者也。(第1773页)

子曰:"吾犹及史之阙文也,有马者借人乘之。今亡矣夫!"

"今亡矣夫",叹古人谦厚之意,不复见也。(第1801页)

子曰:"事君,敬其事而后其食。"

敬事后食,臣之道也。饩禀称事,君之道也。(第1816页)

子曰:"辞达而已矣。"

此为学者喜于工言辞者设,然其曰"达而已矣",则非通于理者,亦不能达也。圣人之言,未尝有所偏也。(第1818页)

季氏将伐颛臾。

冉有此言,但知费为季氏之邑,而为季氏子孙谋也,岂复知有鲁哉?(第1826~1827页)

孔子曰:"益者三乐,损者三乐。乐节礼乐,乐道人之善,乐多贤友,益矣。乐骄乐,乐佚游,乐宴乐,损矣。"

节礼乐者,欲其循规蹈矩而不敢纵肆也。道人善者,志于为善以成其身也。多贤友者,乐于取友以自规正也。骄乐者,恃气以陵物,则不复循规蹈矩矣。佚游者,怠惰而自适,则不复志于为善矣。宴乐者,多欲以求安,则不复望人之规正矣。此其所以相反也。(第1840页)

孔子曰:"侍于君子有三愆:言未及之而言谓之躁,言及之而不言谓之隐,未见颜色而言谓之瞽。"

言有及、未及者,或数人侍坐,长者当先言。不言,则及少者。或君子先有问,则承问者当先对,不以少长拘也。既有及、未及,而又有未见颜色者,虽及之而言,亦须观长者颜色,或意他在,或有不乐,则亦未审言也。(第1841页)

孔子曰:"君子有三戒:少之时,血气未定,戒之在色;及其壮也,血气方刚,戒之在斗;及其老也,血气既衰,戒之在得。"

三者自少至老，皆所当戒。然三者之好，又各随其血气而有最甚者焉，故各指其最甚者，而使之深戒也。血气未定，不能胜人，而志气尚锐，岁月尚长，亦未急于贪得，故惟色为可戒。盖男女之欲，惟年少为最甚者也。血气既刚，则涉历既深，而贪得之念，尚如未定之日，惟其刚强有足恃者，故惟斗为可戒。血气既衰，则色与斗之念皆足逞者，而日暮途远，忧戚百集，故于得为可戒也。（第1843页）

孔子曰："君子有九思：视思明，听思聪，色思温，貌思恭，言思忠，事思敬，疑思问，忿思难，见得思义。"

九思固各专其一，然随其所当思而思焉，则亦泛然而无统矣。苟能以敬义为主，戒惧谨独而无顷刻之失，然后为能随其所当思而思矣。（第1850页）

卷十七·阳货第十七

阳货欲见孔子，孔子不见，归孔子豚。孔子时其亡也，而往拜之，遇诸途。谓孔子曰："来！予与尔言。"曰："怀其宝而迷其邦，可谓仁乎？"曰："不可。""好从事而亟失时，可谓知乎？"曰："不可。""日月逝矣，岁不我与。"孔子曰："诺。吾将仕矣。"

"日月逝矣，岁不我与"，盖谓夫子既老，可以有为之日月已过矣。岁运而往，其去甚速，岂复与我而为我少缓乎？是亦讽使速仕也。（第1865页）

子之武城，闻弦歌之声。夫子莞尔而笑，曰："割鸡焉用牛刀？"子游对曰："昔者偃也闻诸夫子曰：'君子学道则爱人，小人学道则易使也。'"子曰："二三子！偃之言是也。前言戏之耳。"

弦歌，弦且歌也。合乐曰歌。人声、丝声，皆堂上之乐也。教以弦歌而谓之学道者，使人人习于和平中正之音，以养其心。而所歌之诗，又皆温柔敦厚，合乎礼义，则自然皆趋于人所当行之道，乃所谓学道也。君子在上者能学道，则知抚乎下矣。小人在下者能学道，则知顺乎上矣。上抚乎下，下顺乎上，安有不治者乎？（第1874页）

子张问仁于孔子。孔子曰："能行五者于天下，为仁矣。"请问之。曰："恭、宽、信、敏、惠。恭则不侮，宽则得众，信则人任焉，敏则有功，惠则足以使人。"

"行五者则心存理得，何也？"曰："心主乎五者，则无非僻之杂，而心之德常存。以五者勉之事，则无悖谬之失，而事之理常得。'又言其效'，通指'不侮'至'使人'，五者欲其以是验之，如答颜、冉问仁，

亦以归仁、无怨之效言也。"（第1879页）

"吾岂匏瓜也哉？焉能系而不食？"

匏瓜系而不食，盖言匏瓜蠢然一物，系则不能动，不食则无所知。吾乃人类，在天地间，能动作，有思虑，自当见之于用而有益于人，岂微物之比哉？世之奔走以糊其口于四方者，往往借是言以自况，失圣人之旨矣。此不可以不辩。（第1883页）

子曰："由也，女闻六言六蔽矣乎？"对曰："未也。""居！吾语女。好仁不好学，其蔽也愚；好知不好学，其蔽也荡；好信不好学，其蔽也贼；好直不好学，其蔽也绞；好勇不好学，其蔽也乱；好刚不好学，其蔽也狂。"

问："蔽之为义，何也？"勉斋黄氏曰："《集注》以为遮掩，言有所不见之谓也。学所以明理者。学，谓效之师友之言行，求之方册之记载，皆学也。所以学，欲观夫理之所当然者而效法之也。"（第1887页）

仁知信直勇刚，皆美德也。又必学以明其理，何哉？六者，德之大目耳。轻重、浅深、当施、不当施之间，其理固多端也。今但见其大目而好之，不务学以究其理之曲折，则见其一而蔽其一，未有不流于一偏者也。仁，主于爱，偏则不分轻重贤否，而流于愚。知，知人所难知，偏则穷高极远，而流于荡。信而偏，则执一不通，而流于贼。直而偏，则迫切不舒而流于绞。勇则直，径而乱，刚则坚，守而强，是皆得其大目而不学，有所蔽，以至于此也。（第1887~1888页）

子曰："小子！何莫学夫诗？诗，可以兴，可以观，"

兴、群、怨，皆指学诗者而言，观则似指《诗》而言，谓可考诗人之得失也。然以为观己之得失，亦可通。下文既有多识，为以此识彼，则此观为观己，然后四语皆一意也。（第1889页）

子曰："色厉而内荏，譬诸小人，其犹穿窬之盗也与？"

穿窬，内怀为盗之实，而外饰非盗之状以欺人。故以譬夫内本柔弱，而外为严厉以欺人者也。（第1895页）

子曰："乡原，德之贼也。"

既以乡为一乡，又以为鄙俗者，乡之得名，本以鄙俗为言也，故曰"我犹未免为乡人也"，亦犹都鄙之称，都之为言美也，鄙之为言俗也。然则乡者亦鄙俗之类欤？其称原人而必加之以乡者，以见其鄙俗，非公论之所在，故是非错谬，而称之以为原也。（第1896页）

德者，务合乎理者也。乡原求媚于世，则不必皆合乎理，而委屈迁就，似乎理而实非理，使人之为善者，莫知乎理之正。是天下之正德，反为乡原所害也。如廉洁，理之正也。乡原不以为廉洁以异俗，故亦同乎流俗，而外为说以自盖，使人视之似廉洁。然实非廉洁，而反以害廉洁之正也。故贪夫不足以害夫廉，似廉非廉者，乃所以害夫廉也，此夫子所以深恶之也。（第1897页）

子曰："道听而途说，德之弃也。"

观此，则轻浮浅露者，真不足以为学也。（第1898页）

子曰："恶紫之夺朱也，恶郑声之乱雅乐也，恶利口之覆邦家者。"

是非善恶，最相反也。圣人不之恶者，以人心自有正理，而正、不正之相反易辩也。惟夫似是而实非，似善而实恶，则人心疑惑，而足以乱正。此孔子所以恶乡原而又及乎此也。（第1905页）

卷十八·微子第十八

微子去之，箕子为之奴，比干谏而死。孔子曰："殷有三仁焉。"

《或问》言仁与《集注》不同者，先师言仁之义，则固以"心之德，爱之理"为主矣，言人之所以至于仁，则以为"无私心，而皆当理也"。《或问》之言指三子之所以至于仁而言也，《集注》之言正指仁之义而言也。然其曰"不咈乎爱之理，而有以全其心之德"，曰"全"、曰"不咈"，则《或问》之意，亦在其中矣，读者默而识之可也。（第1931~1932页）

柳下惠为士师，三黜。人曰："子未可以去乎？"曰："直道而事人，焉往而不三黜？枉道而事人，何必去父母之邦。"

列二章于篇首，以见古人出处不同，亦各有义，然后著孔子之事，以见圣人之出处也。（第1935页）

子路从而后，遇丈人，以杖荷蓧。子路问曰："子见夫子乎？"丈人曰："四体不勤，五谷不分。孰为夫子？"植其杖而芸。

列接舆以下三章于"孔子行"之后，以明夫子虽不合而去，然亦未尝恝然忘世，所以为圣人之出处也。然即三章读之，见此四子者，律以圣人之中道，则诚不为无病。然味其言，观其容止，以想见其为人，其清风高节，犹使人起敬、起慕。彼于圣人，犹有所不满于心如此，则其视世之贪利禄而不知止者，不啻若犬彘耳，是岂非当世之贤而特立者欤？以子路之行，行而拱立丈人之侧，若子弟然，岂非其真可敬故欤？尝谓若四人者，惟夫子然后可以议其不合于中道，未至于夫子者，未可以妄议也。贪禄嗜利之徒，求以自便其私，亦借四子而诋之，欲以见其不可不仕，多见其不知量也。（第1953页）

大师挚适齐，亚饭干适楚，三饭缭适蔡，四饭缺适秦。鼓方叔入于汉，播鼗武入于汉，少师阳、击磬襄入于海。

列此于逸民之后，以叹鲁之末世，决不可以复仕也。（第1961页）

周公谓鲁公曰："君子不施其亲，不使大臣怨乎不以。故旧无大故，则不弃也。无求备于一人。"

列此于乐工之后，以叹周之盛世，其待亲贤如此，则岂有乐工相率而去也哉？（第1963页）

周有八士：伯达、伯适、仲突、仲忽、叔夜、叔夏、季随、季騧。

此篇多记仁贤之出处，列于《论语》将终之篇。盖亦叹夫子之道不行，以明其出处之义也。其次第先后，亦有可言者。君子之用于世，其或去、或不去，莫不有义焉。三仁，柳下惠是也。孔子于齐、鲁，知其不可仕而遂行者，义也。知其不可仕也，而犹往来屑屑以救斯世，接舆、沮、溺、荷蓧丈人，未免有疑焉者，亦义也。列逸民之目，而断之以无可无不可，所以见夫子出处之义也。至于乐工相率而去之，则又以明夫决不可以有为也。称周公之言，以见古人之亲亲而尊贤，敬故而器使，一出于仁厚之意，则安有望望而去之者哉？此周之人才所以盛。而举一姓八士以终之，所以伤今思古，而叹夫子之道穷也。（第1964~1965页）

卷十九·子张第十九

此篇所记，不过五人，曰子张、子夏、子游、鲁子、子贡，皆孔门之高弟，盖《论语》一书，记孔门师弟子之答问，于其篇帙将终，而特次门人高弟之所言，自为一篇，亦以其学识有足以明孔子之道也。（第1967页）

子张曰："士见危致命，见得思义，祭思敬，丧思哀，其可已矣。"

大节固所当尽，然断之以"其可已矣"，则似失之太快，而不类圣人之言。《集注》以为庶乎其可，则固恶其言之太快矣。（第1968页）

子夏之门人问交于子张。子张曰："子夏云何？"对曰："子夏曰：'可者与之，其不可者拒之。'"子张曰："异乎吾所闻：君子尊贤而容众，嘉善而矜不能。我之大贤与，于人何所不容？我之不贤与，人将拒我，如之何其拒人也？"

以上三章，子张之言，皆有过高之病。一章以致命、思义、祭敬、丧哀为高，故有"其可已矣"之言，则其于察理，必有所不周。二章以执德弘、信道笃为高，故有"焉能为有亡"之言，则其于待人，必有所太薄。三章以能容人为高，故有"不拒人"之言，则其于善恶，必有所不察。夫子尝称其过，曾子尝称其难能，又称其堂堂，则是其资禀趋向，未免有过

高之病也。(第 1972 页)

子夏曰:"虽小道,必有可观者焉;致远恐泥,是以君子不为也。"

农圃、医卜,施之目前浅近,不为无益,然求如圣人之道,无所不通,则不可也。小道,安知非指杨墨佛老之类耶？曰小道,合圣人之道而小者也；异端,违圣人之道而异者也。小者犹可以施之近,异端不可以顷刻施也,彼之无父无君,又何待致远而后不通哉？(第 1973 页)

子夏曰:"日知其所亡,月无忘其所能,可谓好学也已矣。"

求之敏,则能日新；守之笃,则能不失。进学之道,无以复加于此矣。(第 1974 页)

子夏曰:"博学而笃志,切问而近思,仁在其中矣。"

《集注》初本谓"心不外驰,而事皆有益",盖以博、笃、切、近为"心不外驰",学、志、问、思为"事皆有益"。夫以学、志、问、思为有益于事,乃是有所求而得之,不可以为求此而得彼也。后乃以"所存自熟"易之,则专主于心之所存而言。人惟无所用其心,则其心放逸而不收。学之博,则此心常有所系着,而不放逸矣。人惟所志苟简而不坚也,则其心泛滥而不一。志之笃,则此心常有定向,而不泛滥矣。问不切,思不近,则其所用心,皆在吾身之外矣。切问近思,则皆求其在己者,而无复外驰之患矣。人能尽此四者,则虽学问思辨之事,而自有得夫操存涵养之效,所以谓仁在其中矣。(第 1976 页)

子夏曰:"小人之过也必文。"

有过,过也。惮改而文以为欺,又增益其过也,故曰"重其过"。(第 1981~1982 页)

子夏曰:"君子有三变：望之俨然,即之也温,听其言也厉。"

俨者,手恭而足重。温者,心平而气和。厉者,义精而辞确。(第 1983 页)

子夏曰:"大德不逾闲,小德出入可也。"

子夏此语,信有病矣！然大德小德,皆不逾闲者,上也。大德尽善,而小德未纯者,乃其次也。若夫拘于小廉曲谨,而临大节则颠倒错乱者,无足观也矣。子夏之言,岂有激而云乎？此又学者不可不察。(第 1985 页)

子游曰:"子夏之门人小子,当洒扫、应对、进退,则可矣。抑末也,本之则无。如之何？"

形而上,谓超乎事物之表,专指事物之理言也。洒扫应对,事虽至粗,其所以然者,便是至精之理。其曰"理无大小"者,非以洒扫应对为小,形而上者为大也,盖不但至大之事,方有形而上之理,虽至小之事,

亦有之，故曰"理无大小"也。（第1989~1990页）

精究义理，极其微妙，以至于入神。神者，理之妙而不可测者也。所精之义，至于入神，义理之至精者。程子引《易》中此语，与洒扫应对对言。洒扫应对所以然者，即至精之义也。（第1990页）

然，犹云如此也。其如此者，洒扫应对之节文；所以如此者，谓有此理而后其节文之著见者如此也。（第1991页）

洒扫应对虽至小，亦由天理之全体而著见于事物之节文。圣人之所以为圣人者，初不外乎此理，特其事事物物皆由此理，而不勉不思、从容自中耳。（第1991~1992页）

所引程子四段，首言"理无大小"，以见事有大小，而理则一也；次言"道无精粗"，以见学有精粗，而道则一也；又次言"是其然必有所以然"，所以发明上二段，所以无大小、无精粗之意；又次言"便可到圣人事"，则亦以其所以然，而无大小精粗者为之也，亦足以见其编次之意至精而不苟矣。（第1993页）

子游曰："丧致乎哀而止。"

观"游夏论学章"胡氏所谓"子游脱略小物者"，则宜其言之出乎此，终亦足以见孔门高弟，重本务实之意可法也。（第1997~1998页）

曾子曰："堂堂乎张也，难与并为仁矣。"

以上两章，言子张之难为仁。既足以见子张好高之病，又有以见仁之为德根于人心，惟求之至近，而修其在内者，为足以至之。今也尚难能之行，饰堂堂之容，则其去仁远矣。孔门以求仁为先，而所言如此，可谓知为仁之方也已。（第1999页）

孟氏使阳肤为士师，问于曾子。曾子曰："上失其道，民散久矣。如得其情，则哀矜而勿喜。"

得情而喜，则太刻之意或溢于法之外。得情而矜，则不忍之意常行于法之中。仁人之言盖如此。（第2003页）

子贡曰："君子之过也，如日月之食焉：过也，人皆见之；更也，人皆仰之。"

过也，明白而无掩覆，故人皆见。更也，莹彻而无瑕疵，故人皆仰。（第2005页）

陈子禽谓子贡曰："子为恭也，仲尼岂贤于子乎？"子贡曰："君子一言以为知，一言以为不知，言不可不慎也。夫子之不可及也，犹天之不可阶而升也。夫子之得邦家者，所谓立之斯立，道之斯行，绥之斯来，动之斯和。其生也荣，其死也哀，如之何其可及也。"

一言善为知，一言不善为不知。知、不知系于一言，不可不谨。（第2010页）

立之，谓制其田里。道，谓道之以德。绥，谓抚安之。立之，固也。动，谓鼓舞之道之深也。立之，道之，绥之，动之，皆圣人政化之施。斯立，斯行，斯来，斯和，皆天下感动之速。或曰："子贡知足以知圣人，今乃不言其德而称其得邦家之效，何也？"曰："天之德不可形容，即其生物而见其造化之妙。圣人之德不可形容，即其感人而见其神化之速。天下之理，实大则声宏，本深则末茂，感动之浅深、迟速，未有不视其德之所至者。圣人道全德备，高明博厚，则其感于物者如此，因其感于物以反观圣人之德，岂不晓然而易见哉？"（第2013页）

卷二十·尧曰第二十

宽则得众，信则民任焉，敏则有功，公则说。

《论语》末篇，历叙尧、舜、禹、汤、武王相传之道，而先之以执中，得其要矣。其下泛及赏善罚恶，责己恕人，大纲小纪，本数末度，无不具举。盖帝王之道，初无精粗，凡事之合天理，当人心者，是其所以为道也。所谓执中，正以其事事物物，无适而非中耳，岂虚空无据而可谓之中乎？（第2024页）

子张曰："何谓四恶？"子曰："不教而杀谓之虐；不戒视成谓之暴；慢令致期谓之贼；犹之与人也，出纳之吝，谓之有司。"

惠易费，劳易怨，欲易贪，泰易骄，威易猛，今至于不犯人情之所易，则美之至者也。杀不可也，甚则不教而杀。视成不可也，甚则不教而视成。致期不可也，甚则慢令而致期。吝不可也，甚则与人而亦吝。今至于犯人情之所已甚，则恶之至者也。此一尊一屏，圣人之所以深戒之也。（第2029页）

子曰："不知命，无以为君子也。不知礼，无以立也。不知言，无以知人也。"

知命，知其在天者。知礼，知其在己者。知言，知其在人者。知天，则利害不能动乎外，而后可以修诸己。知礼，则义理有以养乎内，而后可以察诸人。知天而不知己，未必能安乎天。知己而不知人，未必能益乎己。（第2032~2033页）

《孟子》

所以谓人皆有不忍人之心者，今人乍见孺子将入井，皆有怵惕恻隐之

心，非所以内交于孺子之父母也，非所以要誉于乡党朋友也，非恶其声而然也。

陵阳李氏谓："腔子指人身言。天地间充塞上下，浑然生物之意，无有空处。人得此以为心，则亦四体百骸充塞遍满，无非此恻隐之心。触处即是，无有欠缺也。"此说极是。（第2253~2254页）

今滕绝长补短，将五十里也，犹可以为善国。《书》曰："若药不瞑眩，厥疾不瘳。"

历引三人之言，所以释滕文之疑。终以药瞑眩，所以厉其志。（第2334页）

由君子观之，则人之所以求富贵利达者，其妻妾不羞也，而不相泣者几希矣。

此章形容苟贱之态，殊可贱恶。然流俗滔滔，务为卑谄，无所不至，摇尾乞怜，自少至老，无一念不在是。未得，则愁忧穷蹙，志气薾然，甘于不胜其小。既苟得，则志得意满，骄亲戚，傲闾里，哆然自视，不胜其大，可贱甚于乞墦，而莫之觉也。学者深明义利之辨，充吾羞恶之心，而养吾刚大之气，然后知孟子此言，诚末俗之箴砭也。（第2607页）

孔子，圣之时者也，孔子之谓集大成。集大成也者，金声而玉振之也。金声也者，始条理也；玉振之也者，终条理也。始条理者，智之事也；终条理者，圣之事也。

孔子之异于三子者，知之至而行之尽。三子之不及孔子者，知有所蔽于始，而行有阙于终也。此孔子所以独得其全，而三子仅得其偏也。（第2671页）

然则犬之性，犹牛之性；牛之性，犹人之性与？

告子既不知性与气之分，而直以气为性，又不知气或不齐，性因有异，而遂指凡有生者以为同，是以孟子以此语之，而进退无所据也。（第2723~2724页）

夫性者，人物所得乎天之理也，仁、义、礼、智之属是也。生者，人物所得乎天之气也，有知觉而能运动者是也。性者，万物之一原。有生之类，各得于天，固无少异，但所禀之气，则或值其清浊美恶之不齐，故理之所赋不能无开塞、偏正之异。此人物之所以分也。然以气而言，则所禀虽殊，而其所以为知觉运动者反无甚异。以理而言，则其本虽同，而人之有是四端，所以为至灵至贵者，非庶物之可拟矣。告子之学，不足以知此，但见其蠢然之生，即以为性，而又谓凡得此者无有不同，则是不惟不知性，亦不知气；不惟观于外者，乱于人兽之别，而其反于身者，亦昧于

天理、人欲之几矣。(第 2726 页)

《诗》曰:"天生烝民,有物有则,民之秉夷,好是懿德。"孔子曰:"为此诗者,其知道乎?故有物必有则,民之秉夷也,故好是懿德。"

学者知理之无不善,则当加存养之功。知气质之有善、有不善,则当施矫揉之力。(第 2746 页)

孟子曰:"仁,人心也;义,人路也。"

心,是谷种,心之德,是谷种中生之性也。生之性便是理,谓其具此生理而未生也。若阳气发动,生出萌芽后已是情。须认得"生"字,不涉那喜、怒、哀、乐去。(第 2776 页)

然后知生于忧患而死于安乐也。

恐惧修省,常生于忧患。骄奢淫泆,必起于宴安。当陁穷困踬之余,其操心危,其虑患深,其刻厉奋发以进于善,有不期然者矣。(第 2855 页)

孟子曰:"养心莫善于寡欲。其为人也寡欲,虽有不存焉者,寡矣;其为人也多欲,虽有存焉者,寡矣。"

孟子尝言"求放心"矣,又言"存其心"矣。"操之则存,舍之则亡",心之存亡,决于操舍。而又曰"莫善于寡欲",何也?操存固学者之先务,然人惟一心,而攻之者众,声色臭味交乎外,荣辱利害动乎内,随感而应,无有穷已,则清明纯一之体,又安能保其常存而不放哉?此孟子发明操存之说,而又以为莫害于寡欲也。虽然,寡欲固善矣,然非真知夫天理人欲之分,则何以施其克治之功哉?故格物致知,又所以为寡欲之要,此又学者之所当察也。(第 3021 页)

参考文献

一 古籍

（宋）陈淳：《北溪大全集》，文渊阁四库全书本，台北：台湾商务印书馆1987年版。

（宋）陈淳：《北溪字义》，熊国祯、高流水点校，中华书局1983年版。

（宋）陈宓：《复斋先生龙图陈公文集》，宋集珍本丛刊，线装书局2004年版。

（宋）陈义和编撰：《勉斋先生黄文肃公年谱》，吴洪泽校点，四川大学古籍整理研究所编儒藏，四川大学出版社2007年版。

（宋）程颢、程颐：《二程集》，王孝鱼点校，中华书局2004年版。

（宋）黄榦：《勉斋先生黄文肃公文集》，四川大学古籍整理研究所编，宋集珍本丛刊，线装书局2004年版。

（宋）黄榦：《勉斋先生黄文肃公文集》，文渊阁四库全书本，台北：台湾商务印书馆1987年版。

（宋）黄榦：《黄勉斋先生文集》，中华书局1985年版。

（宋）李心传撰：《建炎以来朝野杂记》，徐规点校，中华书局2000年版。

（宋）李心传：《道命录》，四库全书存目丛书本，齐鲁书社1996年版。

（宋）陆九渊：《陆九渊集》，钟哲点校，中华书局1980年版。

（宋）吕祖谦：《吕祖谦全集》，黄灵庚、吴战垒主编，浙江古籍出版社2008年版。

（宋）黎靖德编：《朱子语类》，王星贤点校，中华书局2004年版。

《宋史全文》，汪圣铎点校，中华书局2016年版。

（宋）周敦颐：《元公周先生濂溪集》，湖南省濂溪学研究会整理，岳麓书社2006年版。

（宋）周敦颐：《周敦颐集》，陈克明点校，中华书局2009年版。

（宋）周敦颐撰：《周敦颐集》，梁绍辉、徐苏铭等点校，岳麓书社2007

年版。
（宋）赵顺孙：《四书纂疏》，文渊阁四库全书本，台北：台湾商务印书馆 1986 年版。
（宋）张载：《张载集》，章锡琛点校，中华书局 1978 年版。
（宋）真德秀：《西山读书记》，文渊阁四库全书本，台北：台湾商务印书馆 1986 年版。
（宋）朱熹撰：《朱子全书》，朱杰人、严佐之、刘永翔主编，上海古籍出版社、安徽教育出版社，2002 年版。
（宋）朱熹撰：《四书章句集注》，中华书局 1983 年版。
（元）脱脱等撰：《宋史》，刘浦江等标点，吉林人民出版社 1995 年版。
（明）程敏政辑撰：《新安文献志》，何庆善、于石点校，黄山书社 2004 年版。
（明）戴铣：《朱子实纪》，四库全书存目丛书本，齐鲁书社 1996 年版。
（明）胡广等纂修：《性理大全》，山东友谊书社 1989 年版。
（明）胡广等纂修：《四书大全》，山东友谊书社 1989 年版。
（清）黄宗羲原著，（清）全祖望补修：《宋元学案》，陈金生、梁运华点校，中华书局 1986 年版。
（清）黄宗羲：《明儒学案》，沈芝盈点校，中华书局 2008 年版。
（明）宋端仪：《考亭渊源录》，续修四库全书本，上海古籍出版社 2002 年版。
（明）杨应诏：《闽南道学源流》，四库全书存目丛书本，齐鲁书社 1996 年版。
（明）朱衡撰：《道南源委》，丛书集成初编，中华书局 1985 年版。
（清）李清馥：《闽中理学渊源考》，文渊阁四库全书本，台北：台湾商务印书馆 1986 年版。
（明）凌迪知：《万姓统谱》，文渊阁四库全书本，台北：台湾商务印书馆 1986 年版。
（清）王梓材、冯云濠辑：《稿本宋元学案补遗》，北京图书馆出版社 2002 年版。
（清）万斯同：《儒林宗派》，文渊阁四库全书本，台北：台湾商务印书馆 1986 年版。
（清）朱彝尊撰：《经义考新校》，林庆彰等主编，上海古籍出版社 2010 年版。
〔韩〕韩国民族文化推进会编：《韩国文集丛刊》，首尔：韩国民族文化推进会，1998 年版，电子检索网址 http://db.itkc.or.kr。

二 研究著作

蔡方鹿：《朱熹与中国文化》，贵州人民出版社 2000 年版。
蔡方鹿：《朱熹经学与中国经学》，人民出版社 2004 年版。
蔡仁厚，《宋明理学·北宋篇》，吉林出版集团有限责任公司 2009 年版。
蔡仁厚：《宋明理学·南宋篇》，吉林出版集团有限责任公司 2009 年版。
陈代湘等著：《朱子门人哲学》，海南出版社 2009 年版。
陈来：《朱子哲学研究》，生活·读书·新知三联书店 2010 年版。
陈来：《朱子书信编年考证》，上海人民出版社 1989 年版。
陈来：《仁学本体论》，生活·读书·新知三联书店 2014 年版。
陈荣捷：《朱子门人》，华东师范大学出版社 2007 年版。
陈荣捷：《朱子新探索》，华东师范大学出版社 2007 年版。
陈荣捷：《朱学论集》，华东师范大学出版社 2007 年版。
陈支平：《朱熹及其后学的历史学考察》，商务印书馆 2016 年版。
陈国代：《朱熹在福建的行踪》，作家出版社 2007 年版。
单晓娜：《理念与行止：黄榦研究》，中国社会科学出版社 2014 年版。
邓庆平：《朱子门人与朱子学》，中国社会科学出版社 2017 年版。
丁为祥：《学术性格与思想谱系——朱子的哲学视野及其历史影响的发生学考察》，人民出版社 2012 年版。
方彦寿：《朱熹书院与门人考》，华东师范大学出版社 2000 年版。
方彦寿：《朱熹考亭书院源流考》，中国文史出版社 2005 年版。
方彦寿：《朱子与朱门后学论丛》，福建教育出版社，2022 年版。
傅小凡：《朱子与闽学》，岳麓书社 2010 年版。
高令印、陈其芳：《福建朱子学》，福建人民出版社 1986 年版。
高令印、高秀华：《朱子学通论》，厦门大学出版社 2007 年版。
何俊：《南宋儒学建构》，上海人民出版社 2004 年版。
黄家鹏：《黄榦传》，团结出版社 2019 年版。
黄俊杰、林维杰主编：《东亚朱子学的同调与异趣》，台北：台湾大学出版中心 2006 年版。
林维杰：《朱熹与经典诠释》，台北：台湾大学出版中心 2008 年版。
刘树勋主编：《闽学源流》，福建教育出版社 1993 年版。
刘述先：《朱子哲学思想的发展与完成》，台北：台湾学生书局 1982 年版。
路漫编著：《黄榦：朱子学第一传人》，福建人民出版社 2017 年版。

牟宗三：《心体与性体》，上海古籍出版社 1999 年版。
孟淑慧：《朱熹及其门人的教化理念与实践》，台北：台湾大学出版中心 2003 年版。
彭永捷：《朱陆之辩：朱熹陆九渊哲学比较研究》，人民出版社 2002 年版。
钱穆：《朱子新学案》，台北：三民书局 1971 年版。
邱汉生：《四书集注简论》，中国社会科学出版社 1980 年版。
束景南：《朱熹年谱长编》，华东师范大学出版社 2001 年版。
束景南：《朱熹研究》，人民出版社 2008 年版。
束景南：《朱子大传》，福建教育出版社 1992 年版。
王春林：《〈书集传〉研究与校注》，人民出版社 2012 年版。
王锟：《朱学正传——北山四先生理学》，上海三联书店 2010 年版。
向世陵：《理气性心之间——宋明理学的分系与四系》，人民出版社 2008 年版。
解光宇：《朱子学与徽学》，岳麓书社 2010 年版。
谢光宇：《新安理学》，安徽人民出版社 2007 年版。
谢无量：《谢无量文集．第 3 卷，朱子学派·阳明学派·王充哲学》，中国人民大学出版社 2011 年版。
徐公喜：《朱子门人学案》，江西人民出版社 2018 年版。
许家星：《经学与实理：朱子四书学研究》，中国社会科学出版社 2021 版。
杨燕：《〈朱子语类〉经学思想研究》，东方出版社 2010 年版。
余英时：《朱熹的历史世界：宋代士大夫政治文化的研究》，生活·读书·新知三联书店 2004 年版。
张岱年：《中国古典哲学概念范畴要论》，中国社会科学出版社 1987 年版。
张加才：《诠释与建构——陈淳与朱子学》，人民出版社 2004 年版。
张立文：《朱熹评传》，南京大学出版社 1998 年版。
张立文：《朱熹思想研究》，中国社会科学出版社 1981 年版。
张品端：《朱子学在海外的传播与影响》，中国社会科学出版社 2019 年版。
周茶仙、胡荣明：《宋元明江西朱子后学群体研究》，江西人民出版社 2013 年版。
〔美〕田浩：《朱熹的思维世界》，陕西师范大学出版社 2002 年版。
〔美〕田浩：《旁观朱子学：略论宋代与现代的经济、教育、文化、哲学》，华东师范大学 2011 年版。
〔日〕市来津由彦，《朱熹門人集団形成の研究》，东京：创文社 2002 年版。

〔日〕吾妻重二，《朱子学の新研究——近世士大夫の思想史の地平》，东京：创文社 2004 年版。

三　研究论文

这里主要列出有关黄榦的重要专题性论文。

学位论文：

〔韩〕池俊浩：《黄榦哲学思想研究》，博士学位论文，北京大学，2001 年。
单晓娜：《理念与行止——黄榦研究》。博士学位论文，华东师范大学，2012 年。
高云萍：《北山学派研究》，博士学位论文，浙江大学，2007 年。
李思远：《黄榦理学思想研究》，博士学位论文，西北大学，2021 年。
刘佳佳：《黄榦事迹著作编年》，硕士学位论文，山东大学，2021 年。
罗参峰：《黄榦诗文编年考证》，硕士学位论文，暨南大学，2021 年。
王奕然：《朱子门人考述与思想研究——以黄榦、陈淳及蔡氏父子为论述核心》，博士学位论文，台湾师范大学，2013 年。

学术论文：

陈荣捷：《黄榦的〈朱子行状〉》，《孔子研究》1986 年第 2 期。
方彦寿：《黄榦著作版本考述》，《历史文献研究》总第 25 辑，中国历史文献研究会编，华中师大出版社 2006 年版。
李同乐：《南宋浙江朱子学发展的境遇和特点》，《江南大学学报》（人文社科版）2012 年第 6 期。
林日波：《真德秀与朱熹弟子交游考》，《古籍整理研究学刊》2008 年第 2 期。
李才栋：《考亭嫡传勉斋后学北山四先生与书院教育》，《江西教育学院学报》1994 年第 3 期。
高云萍：《浙东朱子学的链接——何基与朱熹、黄榦的思想关联》，《中共宁波市委党校学报》2010 年第 6 期。
何俊：《庆元党禁的性质与晚宋儒学的派系整合》，《中国史研究》2004 年第 1 期。
陆建猷：《宗朱学派的四书学思想》，《西安交通大学学报》（社会科学版）2002 年第 3 期。
石立善：《朱子门人丛考》，《湖南大学学报》（社会科学版）2014 年第 3 期。
孙明章：《略论黄干及其哲学思想》，《福建论坛》（文史哲版）1985 年第

1 期。

陈逢源、Peng Ping：《"传衍"与"道统"——〈四书大全〉中黄榦学术之考察》，《孔学堂》2020 年第 2 期。

田智忠：《当"道体"遭遇"理本"——论朱子"道体论"的困境及其消解》，《哲学研究》2020 年第 4 期。

吴婕：《继统明道：黄榦对朱子道统论的传接》，《原道》2022 年第 1 期。

许家星：《朱子学的治学方法、精神及其当代意义——以朱子、勉斋〈论语精义〉之辨为中心》，《哲学动态》2019 年第 10 期。

许家星：《"勉斋之说，有朱子所未发者"——论勉斋的〈中庸〉学及其思想意义》，《江汉论坛》2016 年第 1 期。

许家星：《朱子学的羽翼、辨正与"内转"——以勉斋〈论语〉学为中心》，《中国哲学史》2015 年第 4 期。

许家星：《饶鲁〈中庸〉学的道论及其思想史意义》，《哲学动态》2013 年第 10 期。

徐永文：《南宋赣东北朱子后学初探》，《上饶师范学院学报》2007 年第 4 期。

朱仲玉：《试论金华学派的形成、学术特色及历史贡献》，《浙江师范大学学报》1989 年第 4 期。

〔日〕冈田武彦、屠承先，《关于宋明儒学思想发展动向的一个考察》，《哲学译丛》1988 年第 2 期。

后　记

"上下四方曰宇，往古来今曰宙"，宇宙是所有空间、所有时间及其中存在所有事物的总称。一切都在宇宙当中，宇宙就是"至大无外"的"大一"。从其作为一个整体来说，宇宙是一体。从其处于生生不息的变化当中来说，宇宙是生生。宇宙的生生是整体意义上的生生，由万物具体的生灭变化构成，又和万物各自的生灭变化有所不同。儒家以生生一体为宇宙本体，此本体即仁体。与有限、相对的具体事物不同，作为本体的生生一体就是指，宇宙处于生生不息的变化当中，此变化无始无终、恒常不息，同时又是一个相互关联的整体，此整体无限绝对。如此无限绝对的宇宙是任一具体事物存在与变化的逻辑前提。这点与唯物辩证法的普遍联系与永恒发展观相似。从宇宙论来说，生生一体就是宇宙本身；从本体论来说，生生一体兼涵体用，即体即用；从人性论来说，生生一体即虚灵本性；从价值论来说，生生一体即以仁为核心的根本价值原则。生生一体既是宇宙论与本体论，也是人性论与价值观，因此也就具有根本的方法论意义。儒家的宇宙论、本体论、人性论、价值观和方法论内在统一。我们不仅可以就此理解世界本身，还可以用来理解世界当中所有具体事物，其中也包括个体生命。生生一体就是个体生命的本性与存在方式。生生首先代表个体生命的不断成长与变化，一体既是处于特定社会历史当中人我共在的整体，也是包含肉体生命、精神生命和社会生命在内的个体生命系统本身，更是由前后相续的不断成长与变化所构成的全部人生。

在学术研究的不断成长与展开当中，学者的学术生命不断有序延展可以成就一个相对独立的意义整体。作为一项系统学术研究的主要成果，专著的本质是这种意义整体最重要的客体化形态。2009 年，在导师向世陵先生的细心指导和鼓励下，我确定以朱子门人作为博士论文选题。当时，内心大致有一个关于朱子门人研究三步走的设想：先是朱子门人群体研究，然后是朱子门人个案研究，再是朱子门人专题研究，每个阶段争取出版一部专著。多年来，我基本都走在这个设想当中。2017 年出版第一部专著《朱子门人与朱子学》时，我在后记中就写道："希望这是一个新的起点，自此延展的个人学术生活可以逐渐成就一个内在关联的意义整体。"时隔七八年，这部以朱子去世之后最重要的传人黄榦为主要对象的专著即将出版，这是我的第二部专著，也意味着三步走当中的第二步基本完成。

就本书具体研究过程来说，当初以朱子门人群体为主题写作博士论文时，黄榦就成为不可忽视的重要研究对象。大体来说，我对于黄榦的研究有两个阶段。一是朱子门人群体研究阶段。黄榦作为蔡元定去世之后最重要的朱子门人，也是朱熹去世后最重要的朱子学代表人物，是我当初进行朱子门人群体研究的重要对象。一直到现在，我手边使用最多的元刻本勉斋文集和勉斋年谱都是那时在人大图书馆复印的。这个阶段侧重在朱子门人群体当中揭示黄榦的重要学术思想贡献，主要从学术思想体系的拓展、朱子门人群体的凝聚和朱子学派道统论的奠基等方面凸显黄榦在门人群体当中所扮演的重要角色。其主要成果构成我第一部专著《朱子门人与朱子学》的重要章节。二是围绕黄榦的专门系统研究。2014年至2015年，我以韩国高等教育财团访问学者的身份在韩国建国大学进行客座研究，合作教授为郑相峰教授。2014年8月底去韩国之前，我就了解到建国大学图书馆有四库全书和不少中文文献。因此，我虽然计划延续朱子门人研究，但没有带多少纸质书籍。等我到首尔安顿好后，就开始在建国大学图书馆借阅四库本的《勉斋集》。由于不能把书借出图书馆，当时也不知道网上已经有电子版的《勉斋集》，于是，我就开始手动把四库本《勉斋集》输入电脑中。至少有两三个月的时间，每周除了闭馆的一天外，我基本上白天都到建国大学图书馆去抄书。从早上开馆进去，到中午回住处吃饭，然后下午再继续到图书馆抄书。这个工夫虽然笨拙，但对于我进行黄榦专门研究却非常有意义。我原本对《勉斋集》就有一定了解和研究，在这几个月逐字逐句的抄写过程中，我对勉斋文献的阅读也随之更为细致深入。并且，受到陈来先生《朱子书信编年考》的影响，我在抄写过程当中，有意识地考证《勉斋集》当中书信与诗文的写作时间。这一考证虽然花费了不少时间，但同样进一步加深了我对于具体文本和黄榦生命历程的熟悉程度。当我基本完成这一考证之后，黄榦思想研究的信心和底气也大为增强。抄书和考证成为加深文献理解的重要方法。到2015年8月底回国时，有关黄榦的专门研究大体成形，已有稿件近三十万字。在2017年顺利结束第一项国家社科基金青年项目"朱子门人与朱子学研究"之后，我便计划以黄榦为主题申报来年的国家社科基金项目。比较幸运的是，在2018年我便以"黄榦思想研究"为题成功获批国家社科基金后期资助项目。此后历经三年疫情，到 2022 年年底，我完成课题研究的所有任务，提交结题。后因各种原因，结题成果到现在得以出版。

我过往的哲学经历中，阶段性的特征非常明显。高中阶段接触并喜欢上哲学，大二初步确立大学教师的职业期待，大四确立中国哲学作为考研方向，硕士毕业后进入高校从事哲学教学，博士阶段开始哲学学术研究。一路走来，非常幸运，当初的喜好依然保持，当年的期待已然实现，哲学的道路继续延展。这种幸运离不开众多师友的悉心指导与热心提携，也离不开父母妻女的大力支持与无限包容。感恩他们！

此书出版时，我已从工作二十一年的江西师范大学转入母校南昌大学，开始人生的一个新阶段。写下这个后记时，我即将开始清华大学国学研究院的访学，我的北京身份也将从北人变为清北人。希望今后，自己不断延展的个人学术生活可以进一步丰富这个内在关联的意义整体；期待自己，能够收获更为丰盈的生命成长。

是为记。

邓庆平
2025 年 2 月于南昌